LA VIE QUOTIDIENNE
À
LA MECQUE
DE MAHOMET À NOS JOURS

€10

DU MÊME AUTEUR

La Poésie arabe moderne entre l'Islam et l'Occident, Khartala, 1981.

LA VIE QUOTIDIENNE
À
LA MECQUE
DE MAHOMET À NOS JOURS

SLIMANE ZEGHIDOUR

Hachette

A mon père, confraternellement.
A Radouan, sans paternalisme.

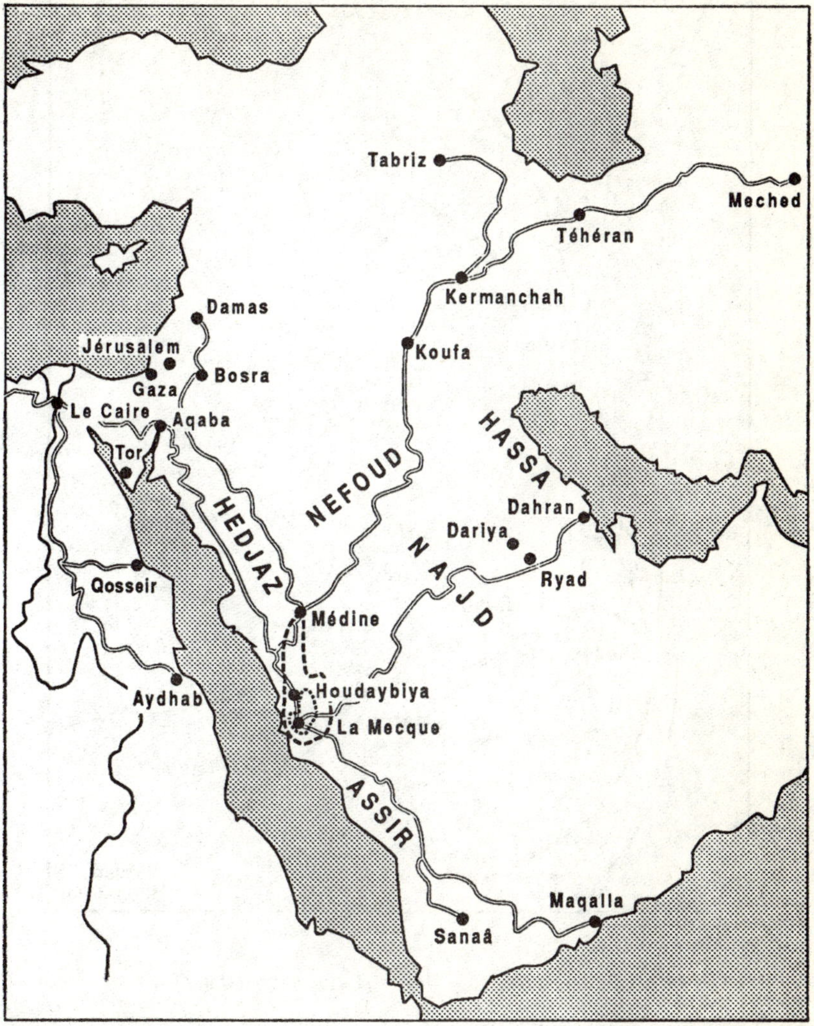

Le périmètre sacré et les routes traditionnelles du Pèlerinage

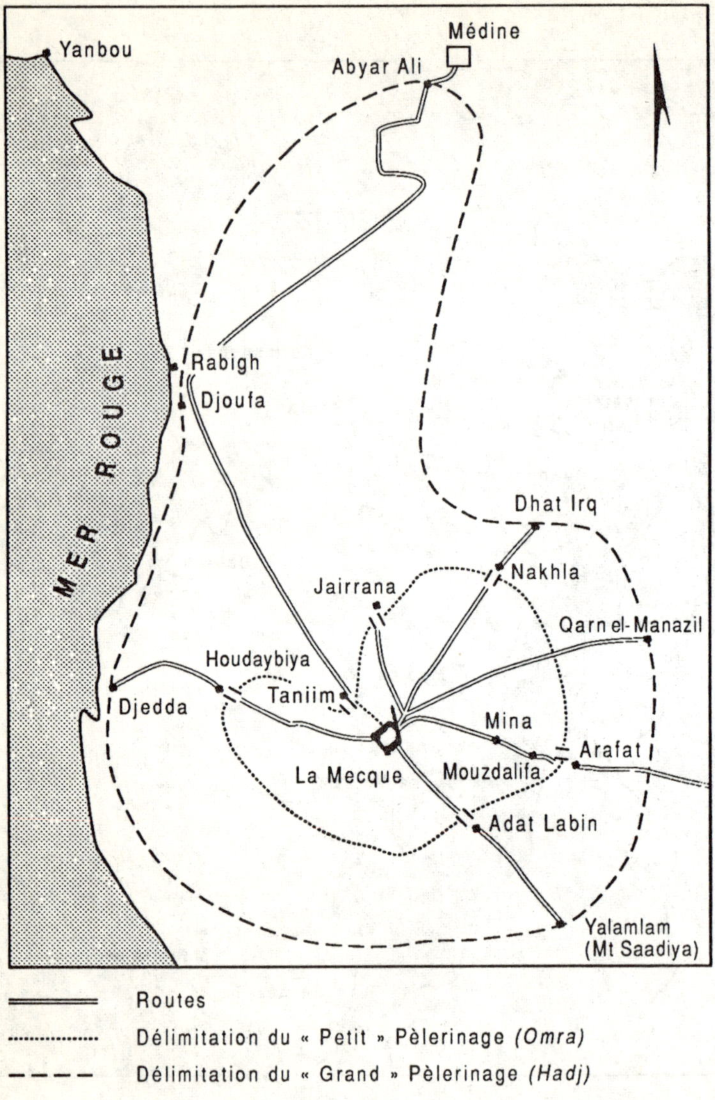

Le périmètre sacré

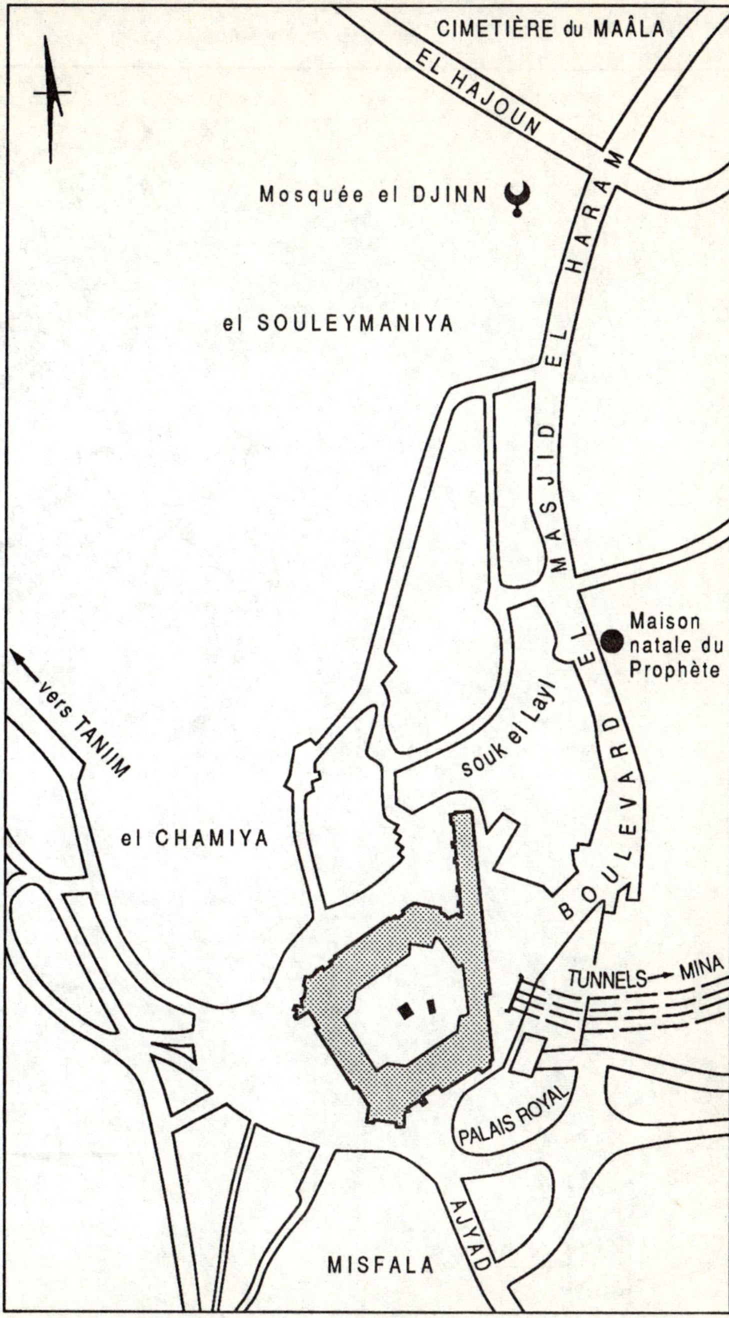

Détail du plan de La Mecque autour du Haram

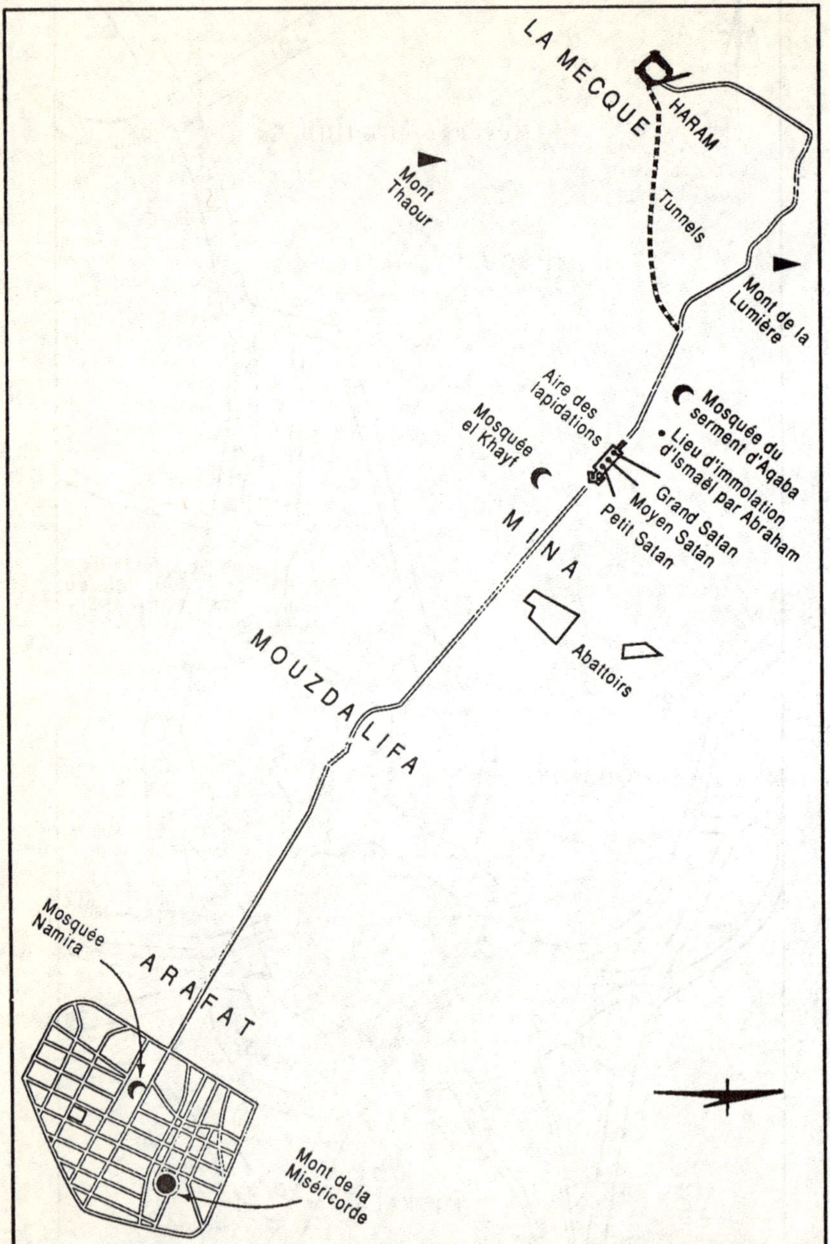

Itinéraire rituel La Mecque - Arafat - La Mecque

LES RITES DU PÈLERINAGE

Du 1er chaoual, 10e mois du calendrier lunaire **au 8 dhou-el-hidja,** 12e lunaison qui clôt l'année musulmane.

Ablution et port du vêtement rituel *(ihram)* du pèlerinage à l'entrée du territoire sacré *(Miqat).*

« Tournées de l'arrivée » autour de la *Kaâba.*

Processions entre les deux collines sacrées de Safa et Maroua. Ces cérémonies qui se déroulent à la Mosquée de La Mecque constituent à la fois l'essentiel des rites de la *Omra* et le prélude au *hadj,* lequel a pour théâtre le désert s'étendant à l'est de la Ville sainte.

8 dhou-el-hidja, jour de l'Abreuvement

Départ pour la plaine désertique d'Arafat à 25 kilomètres au sud-est de La Mecque.

9 dhou-el-hidja, jour d'Arafat

Stationnement des fidèles dans le recueillement et la prière. C'est un rite impératif sans lequel le pèlerinage serait frappé de nullité.

Le Débordement.

Au coucher du soleil, les pèlerins quittent Arafat et se dirigent vers La Mecque. Ils s'arrêtent dans le val du Mouzdalifa afin de ramasser les petits cailloux destinés à la lapidation des trois stèles symbolisant Satan, rite qui va se dérouler les jours suivants à Mina.

10 dhou-el-hidja, jour du sacrifice

7 cailloux sont jetés sur la stèle représentant le Grand Satan, dans le ravin de Mina, situé à 6,5 kilomètres de La Mecque.

Rasage ou coupe symbolique des cheveux.

Immolation éventuelle d'une bête en mémoire d'Abraham. Levée partielle de l'*ihram.*

Départ pour La Mecque pour l'accomplissement des « tournées du Débordement » qui consacre le retour du fidèle à la vie profane.

Retour et nuit à Mina.

11 dhou-el-hidja, jour de la dessiccation *(tachriq)* et du séchage au soleil de la viande des animaux sacrifiés.

Lapidation successive des 3 stèles de Satan à raison de 7 cailloux chacune. Nuit à Mina.

12 dhou-el-hidja, *tachriq.*

Journée à Mina. Renouvellement des lapidations. Retour définitif à La Mecque possible.

13 dhou-el-hidja, *tachriq.*

Ultime journée à Mina pour ceux qui ont voulu y rester jusqu'au terme maximal du *tachriq.* Retour à La Mecque et fin du *hadj.*

Tournées de l'Adieu autour de la *Kaâba* avant de quitter la Ville sainte.

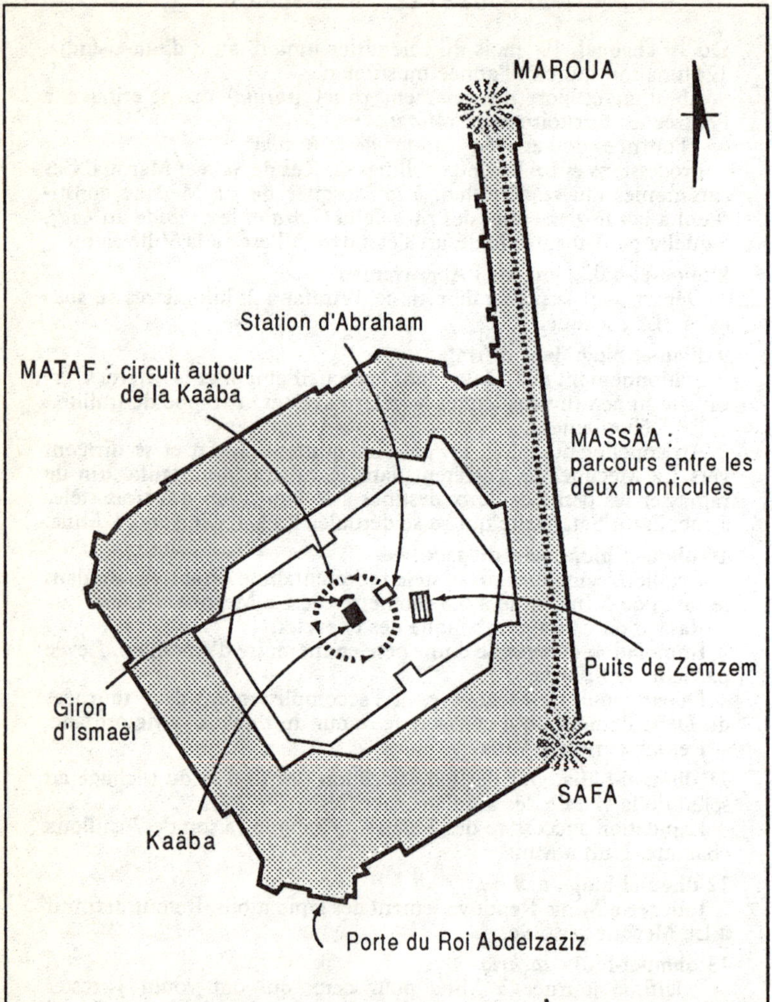

Plan de la Mosquée Sacrée (Haram)

AVANT-PROPOS

MÊME si le pèlerinage de La Mecque n'était qu'une « escroquerie » comme le suggérait l'écrivain algérien Kateb Yacine lors de son périple dans la Ville sainte en 1949, l'immense rassemblement porté par un pieux enthousiasme, la profonde émotion vécue par chaque participant laveraient de toute imposture ces retrouvailles annuelles auxquelles j'ai eu le privilège de me joindre en juillet 1988. C'est la dernière grande aventure collective, l'ultime épopée religieuse du siècle. Une épopée humaine mûrie depuis près de quinze siècles dans l'« ombre chaude de l'islam » (Isabelle Eberhardt).*

Un genre littéraire arabe s'en est longtemps nourri : la Rihla, *le récit de « pérégrination » à La Mecque et dans les hauts lieux de la foi coranique. C'est un art essentiellement maghrébin, cultivé par des pèlerins soucieux de décrire à leurs coreligionnaires la Terre sainte comme s'ils y étaient. Impressions spirituelles et anecdotes édifiantes se mêlent aux témoignages désabusés et aux réquisitoires sans merci. Généralement, l'homme en prend un coup et La Mecque en sort grandie.*

L'Andalou Ibn Jobayr et son émule tangerois Ibn Battouta ont laissé, au Moyen Age, des rihlas *campant la nature ambiguë de La Mecque, sa double vocation de champ de foire et de terre sainte, de Maison de Dieu et de forum humain.*

« Celui du pays de l'islam qui mérite le mieux d'être puri-

* *In Le Monde* du 26 décembre 1986.

fié par le sabre et d'être lavé de ses souillures (...) c'est bien le pays du Hedjaz, dont les gens ont manqué à l'honneur de l'islam et attenté aux biens et au sang des pèlerins, fulmine Ibn Jobayr; ils imaginent de traiter les pèlerins comme on ne traiterait point les Dhimmis*. »

« Les gens de La Mecque se distinguent par de belles actions, des générosités parfaites, par leur excellent naturel, leur libéralité envers les malheureux et ceux qui manquent d'appui, enfin par le bon accueil qu'ils font aux étrangers », se félicite Ibn Battouta.

Pour ma part, l'image contrastée que me renvoyait cette littérature sur la métropole de l'Islam ne lui ajoutait que plus d'attrait.

Comme toute maison musulmane qui se respecte, celle où j'ai grandi avait son tapis représentant la ville natale de Mahomet. La première fenêtre sur le monde, la première invitation au voyage.

J'ai répondu à l'appel de l'Orient, à la convocation coranique une première fois en 1987 pour le « Petit Pèlerinage ». Je me suis laissé prendre par l'âpre atmosphère de la Mère des cités, j'ai succombé à son charme rugueux. Après avoir atteint mon but, j'ai erré des jours et des nuits dans le labyrinthe bétonné de la cité sainte pour prendre son pouls quotidien, j'ai trouvé mon repos dans des mosquées sans ornements, récupéré mes forces dans d'humbles gargotes. J'ai ouvert mon cœur à l'appel du muezzin, aux rumeurs du Temple. Je me suis ensuite rendu à Médine au tombeau du Prophète.

*En 1988, je suis retourné à La Mecque pour accomplir le « Grand Pèlerinage ». Je me suis dilué dans le fleuve de l'*Oumma*, j'ai ainsi remonté le cours de l'Histoire jusqu'à l'aube du temps musulman, l'hégire. J'ai marché, couru, psalmodié. J'ai été saisi par la grandeur de l'Islam, ému par ses petites misères, parfois indigné. J'avais enfin retrouvé La Mecque des* rihlas.

Paris, mars 1989.

* Les chrétiens et les juifs vivant en terre d'islam.

Première partie

Aller à La Mecque

CHAPITRE I

LA MECQUE DE L'ISLAM

« D'où que tu sortes, oriente
ton visage vers la Mosquée sacrée »
Coran : 2; 149

La vie quotidienne à La Mecque. Voilà une formule propre à éveiller les soupçons d'un musulman bon teint. Autant dire de la majorité des croyants, lesquels se meuvent au-dessus des péripéties de ce bas monde, dans une spiritualité tranquille. L' « immense bonne conscience de l'islam [1] » dont la *Kaâba*, le « cube », sise à l'intérieur de la Mosquée sacrée, constitue l'alpha et l'oméga du temps et de l'espace. Car le quotidien, ce magma de circonstances triviales, de combinaisons illusoires, ce chaos de faits et de gestes, de méfaits et de paroles, n'est qu'un théâtre d'ombres. L'ombre du sacré. Le profane. Or, le berceau de Mahomet est une cité sainte. Exclusivement vouée au culte de Dieu. S'attarder sur sa silhouette terrestre, scruter ses mouvements au jour le jour, percevoir ses humeurs, en un mot, la regarder vivre, relèverait de l'idolâtrie qui ne perçoit que les formes, ne connaît que le présent. Soupeser le profane, c'est profaner sans mesure.

Pour autant, les perspicaces autorités séoudiennes, protectrices attitrées, mais parfois controversées, de La Mecque ne s'y sont pas trompées. Arguant du statut spécifique de la patrie du Prophète, elles ne permettent aucun autre accès qu'aux strictes fins du pèlerinage. Et encore, cette franchise demeure-t-elle soumise, entre autres conditions, à l'obtention plus ou moins laborieuse d'un visa rigoureusement restrictif. Deux semaines, telle est la durée moyenne d'un séjour légalement circonscrit aux Lieux saints : La Mecque, Médine, mais aussi Djedda, point de passage et lieu de départ obligé des pèlerins. Aussi les journalistes, ces redoutés historiens du quotidien, sont-ils proscrits, les reportages prohibés, la photographie interdite, à moins d'une autorisation spéciale. Les sondages sont bannis : les fidèles ne nourrissent pas une diversité d'opinion, ils s'abreuvent à la source d'une foi unitaire. Les enquêtes sociologiques sont interdites. A La Mecque, les hommes ne sont pas en relation avec d'autres hommes mais avec Dieu, leur Créateur. Il n'y a rien à explorer, à découvrir. Il faut y implorer Dieu, se découvrir à sa miséricorde. Le vice suprême serait de s'y rendre en simple touriste, en voyeur.

La vie en rose, ou plutôt en vert, à La Mecque [2]? Certes, il y a dans l'air le chatoiement des prairies paradisiaques qui, dans l'au-delà, languissent des fidèles. Côté jardin. Côté cour, il y a celle de la Mosquée, la « Demeure de Dieu », le Seigneur des mondes, mais aussi celle du roi, le « serviteur » des Lieux saints, le maître de l'Arabie Séoudite. Dans ses avenues, que la langue arabe appelle *el Ahya*, les « lieux de vie », se côtoient le dévot émacié et le négociant ventru, le milicien vigilant et le théologien absorbé, l'homme enturbanné et la femme voilée. Tout vibre et témoigne. Même la pierre. Des îlots d'opulence bétonnée émergent de faubourgs miteux. Le pot d'argent contre le pot de terre. La Mecque, c'est également l'ouïe de Dieu et les oreilles des murs. Richesse discrète et indigence criante, quémandeurs de foi et mendiants de pain. Crainte de l'Éternel et peur de la police. Une morale incandescente et un soleil sans voiles calcinent les corps. La bénédiction « descendue » du firmament, l'islam, conjuguée sur tous les modes, et l'abondance jaillie du sol, le pétrole, font aujourd'hui de La Mecque l'œuvre commune par excellence du Ciel et de la Terre.

En fait de Mecque, il y en a deux : la céleste et la terrestre. Vraies et fausses jumelles, elles se superposent, se chevauchent, se combattent mais finalement se tolèrent. Les pèlerins honorent l'une et sacrifient à l'autre. Hermaphrodite cité, ouverte aux vents de l'Esprit non moins qu'aux vagues du monde.

Le spirituel et le temporel, le religieux et le profane, l'éternité et le quotidien se sont entretissés à La Mecque comme une étoffe de Damas dont les mêmes dessins apparaissent, à l'endroit, en satin sur fond de taffetas et, à l'envers, en taffetas sur fond de satin. A l'encontre de saint Augustin qui soutient, dans sa *Cité de Dieu*, qu'aux fins dernières la métropole terrestre et la ville céleste trouveraient leur aboutissement respectif dans l'Enfer et le Paradis, l'islam enseigne qu'elles sont vouées à s'absorber l'une dans l'autre.

Le droit de cité reconnu par le message du Prophète aux nourritures terrestres s'étend jusqu'à l'Autre Monde. Alors que dans le Paradis du saint nord-africain les bienheureux contemplent, extasiés, l'indicible lumière divine et que son Enfer est moins un lieu matériel qu'une condition de l'âme, l'Éden islamique représente une véritable Arcadie où les voluptés de la chair et les délices de la bonne chère se succèdent. L'Enfer est un territoire de feu et de cendres, de braises et de cailloux.

Une sorte de Janus que La Mecque. Pour autant que l'on puisse se risquer à la personnifier et à lui trouver un parallèle dans la religion romaine. Les parallèles ne se rencontrant jamais, la métropole de l'Islam remplit, cependant, à l'instar de la divinité païenne, les fonctions d'intermédiaire, de passerelle obligée car unique, entre le monde d'ici-bas et l'au-delà, de passage du néant à l'histoire, la transition du passé au futur. La Mecque au seuil de l'éternité. Bicéphale comme la statue de Janus, la ville « anoblie » affecte deux têtes : la face voilée d'une tradition sclérosée et le visage stigmatisé par une modernité débridée. Deux profils, celui d'une bourgade orientale avec ses souks, ses épices et sa fièvre débonnaire, mais aussi celui d'une banlieue occidentale avec ses autoroutes, ses rues sans enfants, ses foules solitaires. Dotée d'une double ouïe, elle se laisse bercer par les sirènes du passé tout en écoutant les rumeurs du futur. Deux regards l'écartèlent entre l'Orient qui l'anime encore de sa nonchalance féline et de son inextinguible bonne conscience, et l'Occident, dont elle chérit les armes et les produits et dédaigne l'âme. La Mecque a, comme le globe dont elle constitue le « nombril », selon la *Sunna*, le livre de la Tradition * musulmane, deux pôles.

Mais, en vérité, tranche le Coran, « à Dieu reviennent l'Orient et l'Occident. Il dirige qui Il veut vers une voie droite » (Coran : 2; 143)! La noble Mecque. Cette ville qui, apparemment, ne sait plus où donner de la tête, dont le cœur chavire et l'œil s'égare, demeure le pôle magnétique des consciences, l'horizon suprême des cœurs et des corps musulmans. C'est ainsi que la bigarrure ethnique, la pluralité des langages, les dissensions doctrinales, les disparités sociales, la diversité des environnements qui tissent l'ample tapis de l'islam n'ont jamais détourné les fidèles, en dépit de l'éparpillement, des guerres et des schismes, de leur centre de ralliement spirituel. La Mecque, c'est le Croissant polaire de l'*Oumma*, la communauté universelle des croyants musulmans. A l'incapacité historique des sociétés islamiques de se donner un pouvoir temporel unitaire, correspond l'adhésion unanime, le consensus absolu, autour de la *Kaâba*, clé de voûte de l'univers. « Où que vous soyez, engage le Créateur, tournez-vous dans sa direction afin que les gens n'aient point d'arguments contre vous » (Coran : 2; 144). Unité de Dieu, de lieu, de temps, de communauté. La religion coranique se déploie horizontalement, d'où l'impératif d'un point terrestre où convergent les dévotions. L'orientation, des esprits, des corps et de l'esprit de corps, est un des signes majeurs du dogme musulman. A telle enseigne qu'une prescription de l'orthodoxie islamique qualifie les croyants de « gens de la Direction et du Rassemblement », *Ahl el Qibla ou-el-Djamaâ*.

La *Qibla*, c'est la « Direction » de la *Kaâba*, « le premier temple posé pour les hommes » (Coran : 3; 96). La « Demeure de Dieu », *Bayt Allah*, par excellence, « bénie et Direction pour les mondes » (*ibid.*). « Comme nous te voyons, dit le Créateur à son Envoyé Mahomet, tourner et retourner ta face vers le ciel, nous t'orienterons vers une

* La Tradition désigne la *Sunna* et le *hadith*. Seuls les versets du Coran font l'objet d'une référence exacte.

Direction que tu agréeras. Dirige donc ta face vers la Mosquée sacrée » (Coran : 2; 144). Certes, comme il ressort des noms des points cardinaux arabes, où la racine *chml*, par exemple, désigne tant le « nord » que le côté « gauche », la vie sémite est orientée vers l'est. De même le livre de la Genèse mentionne-t-il que le jardin d'Éden se trouve à l'« Orient » (Gn. : 2; 8). « Et voici que la gloire du Dieu d'Israël vint de la direction de l'Orient », s'exclame le visionnaire Ezéchiel (Ez. : 43; 1-2); l'évangéliste Matthieu, quant à lui, compare l'avènement du Fils de l'homme à « l'éclair qui sort du Levant » (Mt. : 24, 27).

Aux débuts de sa prédication, Mahomet assigna à ses fidèles Jérusalem, qui se trouve dans l'axe nord-ouest de La Mecque, comme point de mire de la prière rituelle. Néanmoins, son émigration de La Mecque, la *Hidjra* d'où « hégire », son installation à Médine au voisinage de puissantes tribus judaïsantes et les démêlés politico-doctrinaux qui l'opposèrent à celles-ci le conduisirent à opérer une solennelle volte-face. La Mecque est désormais consacrée pôle universel de la prière. Jérusalem *El-Qods*, la « sacrée », demeure cependant, aux yeux de l'islam, la *Qibla* ultime, la cité d'audience du Jugement dernier. Moïse, Jésus et Mahomet s'y retrouveront en sainte compagnie. Telle une fiancée, La Mecque promise s'arrachera alors au sol pour rejoindre Jérusalem et y fusionner avec elle.

Dans l'économie musulmane du salut, judaïsme, christianisme et islam procèdent d'une source unique, le Dieu Un, et se rattachent également à Abraham, Ibrahim en arabe, le premier « soumis » (c'est le sens du mot musulman), selon le Coran (3; 67). Dans l'inspiration de Mahomet, l'islam, c'est-à-dire la « soumission » à la souveraineté divine, n'est pas tant « descendu » sur Terre pour invalider le judaïsme ou pour annuler le christianisme que pour en rectifier le cours commun, dévié, suivant son optique, du sentier de Dieu. Dans cette perspective, l'islam ne discute pas les messages de Dieu, il les conclut. Mahomet est donc appelé le « Sceau des prophètes ».

Géographiquement distinctes, La Mecque et Jérusalem constituent spirituellement une entité indivisible. Leur relation est en résonance avec la corrélation des religions abrahamiques. En effet, pour exclusives qu'elles soient, celles-ci participent d'une matrice unique. Elles sont appelées à refluer vers cette source ainsi que le professe l'eschatologie musulmane qui, curieusement, néglige Médine. La Mecque et Jérusalem, saintes sœurs siamoises, l'avers et le revers d'une unique pièce divine. Témoins de l'éclosion et de l'évanouissement du monde, elles sont les deux mamelles de l'humanité monothéiste, les deux vases du sablier de l'éternité.

Mais l'espérance de la réconciliation universelle se nourrit de la singularité même de l'islam. De fait, l'observance de la Direction mecquoise veut démarquer les croyants authentiques des croyants fourvoyés. Elle divise temporairement l'humanité pour faire définitivement régner Dieu. Elle sépare le musulman du non-musulman. Elle signifie que la « voie droite » – le chemin de La Mecque – est frayée depuis Mahomet. Elle attend que les sentiers se rejoignent en elle, tels des ruisselets. La route de Jérusalem passe par La Mecque et la Résurrection traverse l'islam.

La métropole musulmane ne se réduit donc pas à une simple ville : c'est un jalon dans la marche de l'humanité vers sa destinée. Un carrefour des révélations divines successives. Une étape vers le salut universel, un révélateur, un état d'esprit.

L'orientation des esprits croyants dans l'espace prime sur l'enracinement des corps. L'homme, enseigne la philosophie musulmane, est le seul animal qui n'ait pas la face tournée vers le sol. S'écarter de la Direction signifie dévier du sentier de Dieu, sortir du droit chemin, dégénérer en mécréant de grands chemins. L'inobservance de la *Qibla* frappe d'une nullité sans appel toutes les démarches pieuses. La propagation *urbi et orbi* de l'islam à partir de La Mecque suscita d'emblée la question de l'orientation juste de tous les fidèles vers la demeure de Dieu. Des spéculations sur des têtes d'épingles opposèrent mathématiciens et astronomes. Des traités spéciaux, manipulant force théorèmes et trigonométrie sphérique, furent rédigés afin d'orienter chaque mosquée vers la Mère des mosquées. Les axes de la *Qibla* projetteraient de la Maison de l'Islam (*Dar-el-Islam*, l'ensemble des terres islamiques), sur une mappemonde, la figure d'une roue dont ils seraient les rayons et la *Kaâba* le moyeu.

Rivées au Temple mère, les mosquées constituent la colonne vertébrale des cités musulmanes. Elles les connectent ainsi à leur sainte métropole, la « Mère des cités » (Coran : 6; 92). Chaque mosquée est, de ce fait, considérée comme une succursale de prières de La Mecque, un îlot du saint territoire. Ainsi, truffée de portions du terroir sacré, c'est toute la planète qui devient sainte comme l'atteste un *hadith*, un dit de Mahomet : « La Terre m'a été assignée comme oratoire. Pour moi son sol est pur. Aussi, en quelque endroit qu'il se trouve à l'heure de la prière, le fidèle de ma communauté doit prier. »

Tout se tient et se maintient. L'immense domaine de l'islam apparaît, à la lumière de cette géo-spiritualité, comme une maison dont les montagnes seraient les murs, les plaines les corridors, les villes autant de chambres, les forêts les jardins et La Mecque la chapelle. Agglomérations et mosquées sont orientées vers la Mère des cités, mais également la vie quotidienne des musulmans à La Mecque même.

En effet, cinq fois par jour, du lever du soleil à l'apparition du croissant, des millions de musulmans, disséminés sur les cinq continents, se détournent de leurs occupations profanes, se lavent les mains, les bras, le visage, les parties génitales et les pieds, pour se recueillir face à Dieu, se prosterner en direction de son Temple. Les orants de la Ville sainte se tournent vers la Mosquée, cependant que ceux qui se trouvent en son enceinte se rangent autour de la *Kaâba*. Ils constituent la « poitrine » de l'Islam. Le cercle vertueux. Les prières quotidiennes aiguillent le croyant sur le pivot de son existence, le nombril du monde. Dans les circonstances essentielles de sa vie il le prendra à témoin. Les corps des amants pieux s'enlacent, puis dorment, face tournée vers La Mecque. La « petite mort » et le grand sommeil s'arriment. A l'occasion d'une « grande mort », les sépultures doivent être orientées vers elle. Les hommes, mais aussi les animaux. Les victimes – bœufs, moutons, poulets – égorgées à Alger, Paris, Karachi ou New York sont obligatoirement disposées en direction de la Mère de cités. Les exportateurs de viande, australiens, irlandais, argentins, français, font appel à des « coopérants » musulmans afin d'immoler dans la bonne direction les millions d'animaux que la cuisine et le rite islamiques, sevrés par la faillite des agricultures locales, sont obligés de quérir chez les « fourvoyés » (Coran : 25; 44, 46). Lors de la circoncision, le visage du petit garçon doit toujours être dirigé vers l'Anoblie. Témoin privilégié des joies et des peines, elle essuie les larmes des émotions, assèche le sang des sacrifices.

Un propos de Mahomet dans la *Sunna* défend de se tourner vers elle pour déféquer. On discute encore, çà et là, la question de savoir si l'on peut accomplir cet acte le dos tourné à La Mecque, signe manifeste d'irrévérence. Il est interdit de se moucher, de cracher dans sa direction – à la face de Dieu, en somme.

Dieu merci! Sud-Coréens, Taiwanais et Suisses en particulier, ont mis au point des boussoles qui indiquent avec une helvétique précision l'axe du saint pôle de l'Islam : autant dire qu'on ne va pas à La Mecque, vers Dieu, en marchant, mais d'abord en priant vers elle. Toutefois, s'y rendre en pèlerinage, *hadj*, est une obligation pour tous les croyants qui en possèdent les moyens physiques et matériels. Le *hadj* constitue (avec la profession de foi : « Il n'y a de dieu que Dieu et Mahomet est son prophète », la prière, cinq fois par jour, l'aumône rituelle annuelle et le jeûne du mois de ramadan) l'un des cinq piliers de l'islam.

« La vie quotidienne à La Mecque » est une formule qui désigne un repère ponctuel, une échéance arbitraire du temps. Ce sont les mouvements du soleil et de la lune qui en ponctuent le cours. L'homme en épouse le rythme. Le temps est simultané à la création du Monde, Dieu en est la source et la destination. Au Permanent, l'océan du temps; aux hommes, l'écume des jours. Dans l'existence musulmane, ce n'est point la course de deux aiguilles sur le cadran d'une horloge qui donne ses pulsations au jour, mais les cinq stations des cœurs, aiguillés vers La Mecque, et les prosternations des corps. A chaque jour que Dieu fait suffit sa peine, dirait un chrétien. A chaque jour que l'homme décompte suffisent ses prières, répondrait un musulman. « L'homme vit un jour sur la terre »; le mot de Lamartine coïncide avec la conception islamique du temps.

En effet, sur les 440 occurrences du mot « jour » dans le Livre de Dieu, 385 évoquent le Jour par excellence, celui du Jugement dernier. Jour « inévitable », « terrible » que celui de la Résurrection, du Rassemblement à La Mecque transférée alors à Jérusalem, examen de passage obligé vers la vie vraie, éternelle. Ce jour attend son heure. « Fracassante », avertit le Coran, elle mettra à bas ce déjà bas monde, restituera aux corps déchus leurs âmes ravies. C'est le Jour du compte et du châtiment, *yom el hissab ou-el-iqab*, car les actions et les omissions des hommes seront alors exactement pesées par le Maître du Jour, de l'éternité. L'univers et le temps sont faits pour aboutir à un jour. S'il n'y a qu'un seul Jour des comptes, pourquoi décompter les jours, pourrait déduire un pieux musulman? Du reste, ce Jour, aucun être humain ne saurait en pressentir l'avènement. Même l'Envoyé de Dieu, Mahomet lui-même, n'en connaissait pas la date. Dieu en est le souverain exclusif, comme l'affirme la sourate inaugurale de son Livre, la *Fatiha*, l'« ouverture ».

Comme le feu est fait d'étincelles, l'océan de gouttes et l'*Oumma* d'individus, le Jour suprême est fait de jours qui se suivent et se ressemblent. Comme aux yeux de Platon le temps est l'image mobile de l'éternité, les jours sont, au regard de l'islam, l'image mobile du Jour. Au cœur du désert La Mecque en est le sablier. Dans la cosmologie musulmane, l'espace et le temps jaillissent à la *Kaâba*. Ils s'y absorberont. La patrie du Prophète fut et sera une goutte dans le temps, un point dans l'espace. Un germe, un point final. Il y a de ce fait une solidarité entre l'espace et le temps. La Mecque ne peut davantage être isolée du monde que les jours du Jour, de l'éternité. Pour régner, Dieu rassemble. Seul le diable divise à cette fin. A la limite, diviser le temps reviendrait à morceler un des attributs de Dieu, l'éternité. Ce serait fragmenter l'Unité, profaner le sacré. Le profane est profanation. Le « licite » et le « dissolu » ne dérivent-ils pas de la même racine arabe [3]?

Ville sainte, La Mecque ne vit que par et pour le pèlerinage – canonique et collectif comme le *hadj*, ou facultatif et individuel comme la *omra*. Dépourvue d'agriculture, d'industrie et même d'artisanat, elle subsiste, outre la grâce de Dieu, par la piété et les deniers des pèlerins. Ces « hôtes » de la Maison de Dieu sont livrés tout au long de leur pieux séjour aux bons soins d'hôteliers, de restaurateurs, de guides et autres prestateurs de services dont la passion du lucre n'a de comparable que celle que témoignent leurs proies pour l'Enrichisseur suprême. La Mecque, temple de Dieu et des marchands. Mahomet n'a pas chassé les marchands du Temple. Il était lui-même issu de cette classe.

« En tout, le souk marche d'accord avec la mosquée », soutenait Omar, le deuxième « successeur », calife de Mahomet. Toutes les cités traditionnelles de l'Islam s'articulent autour de ces deux pôles. La parole du marchandage est d'argent et le silence de la prière est d'or. Par quelque biais qu'on tente de la saisir, La Mecque se révèle d'un caractère ambigu. Son secret et sa transparence : sa dualité foncière. Elle vit au rythme de deux temps et affiche deux calendriers, le grégorien et le musulman, solaire et lunaire, religieux et profane. Il y a un temps et un contretemps. Autres temps, mêmes mœurs.

La vie quotidienne à La Mecque concerne en premier lieu les natifs séoudiens puis, de proche en proche, les travailleurs immigrés au bail rigoureusement déterminé et les pèlerins accourus de tous les pays; elle implique enfin toute la Maison de l'Islam et, accessoirement, la stabilité de la planète. L'*Oumma* s'organise ainsi en cercles concentriques à partir de la *Kaâba*. Les Mecquois sont le premier cordon, l'avant-garde qui s'interpose entre les fidèles dont elle répercute, eu égard à sa diversité ethnique, nationale et sociale, l'ensemble des préoccupations, et le Saint des saints dont elle réfléchit le rayonnement spirituel.

Si, dans la géopolitique moderne, La Mecque fait partie intégrante du Royaume séoudite, elle demeure en principe un territoire indépendant qui ne saurait être revendiqué par aucune sécession partisane. Cependant, cette cité gorgée de sacré fut toujours un sacré enjeu, suscitant les pires conflits, attisant d'inextinguibles haines. Trop mystique pour ne pas être politique. Trop désintéressée pour ne pas exciter l'intérêt. Trop œcuménique pour ne pas engendrer le sectarisme. Morceau de Ciel sur terre, elle est tout autant un nuage de sainte poussière dans le firmament. La Mecque entre ciel et terre, maison de Dieu guettée par les démons.

Métropole religieuse de l'Islam, elle en est également la capitale politique. Source de légitimité politique, elle a vu défiler au cours des siècles émirs, sultans, califes et, plus près de nous, rois, présidents et autres colonels. L'islam étant un système « complet et global », il imbrique inextricablement la religion, l'État et le siècle[4]. Aussi les prétendants musulmans au pouvoir se prescrivent-ils d'accourir faire allégeance au « Roi des Deux Mondes », afin de gagner l'obéissance de leurs coreligionnaires. L'homme d'État musulman représente d'abord l' « ombre de Dieu sur terre ». Gouverner à l'ombre du Seigneur, à la lumière de son Livre. Il n'est jusqu'à l'actuel général-président turc, Kenaan Evren, dirigeant d'une République tonitruamment laïque, qui n'ait jugé opportun de prendre le chemin de La Mecque – de Canossa, murmurèrent les mauvaises langues – et d'accomplir une ostensible *omra* au lendemain de sa prise de pouvoir. En 1988, son Premier ministre Turgut Ozal accomplit le « Grand » Pèlerinage en grande pompe. En devenir le « protecteur » est un honneur que se disputèrent inlassablement despotes éclairés et révolutionnaires enflammés. Mettre la main sur La Mecque, avoir la haute main sur l'*Oumma*. La Mecque, éternel brandon de discorde.

Une chaîne continue relie la sécession de l'anticalife Ibn Zoubayr en 683 à l'hécatombe qui entacha le *hadj* de l'année 1987. Un collier de tragédies. Des dissidences se sont cristallisées à l'ombre de la *Kaâba*, des complots y furent éventés. Des royaumes s'y sont préparés, confortés ou anéantis. Dieu seul reste Roi.

Les dissensions politico-religieuses qui encombrent les siècles musulmans se nourrissent d'une carence interne à l'*Oumma* : l'absence d'une interprétation générale des textes sacrés, d'une autorité normative, capable de l'ériger en sens, en droit et en dénominateurs communs. C'est l'inflation des interprétations dogmatiques exclusives qui consume, éteint et ravive l'islam. A cet égard, la prise de La Mecque par l'émir Abdelaziz Ibn Séoud en 1924 inaugure une ère nouvelle. Une radicale métamorphose de l'aire sacrée, un changement d'air. La Ville sainte dut en effet régler ses pendules sur l'heure de l'imam Abdelwahab, l'ardent théologien du XVIIIe siècle de l'ère chrétienne, la tête pensante et légiférante du bras séoudite. Monuments rasés, pratiques cultuelles « païennes » abolies, tabac et musique bannis. L'islam, La Mecque à visage wahhabite. Ouverte, en théorie, à tout croyant qui frappe à sa porte en se réclamant de Dieu et de son Envoyé, à l'exception des « égarés » et autres bahaïs *, La Mecque vit néanmoins, se réveille, prie, commerce, mange, lit, se promène et s'endort à la mode wahhabite. Les ressortissants des diverses obédiences minoritaires islamiques : chiites, druzes, etc., sont tolérés dans le sens propre du terme. Ce sont des « fautifs » qu'on supporte. A condition qu'ils s'abstiennent de toute pratique sulfureuse. Le wahhabisme a gagné droit de cité dans la Mère des cités.

Cette ville où se délient les liens du sang et où fusionnent les esprits servit de symbole aux précurseurs du nationalisme arabe moderne dont le premier manifeste, publié par le Syrien Abderrahmane El-Kawakibi (1849-1902) à l'aube de ce siècle, s'intitulait précisément *Oum-el-Qoura*, « la Mère des cités ». La Mecque. Tout un programme. Lors des préparatifs de la fameuse « révolte arabe » contre les Turcs ottomans, Thomas Edward Lawrence (1888-1935), Anglais d' « Arabie », dessina pour l'État projeté du Hedjaz des timbres à l'effigie de La Mecque, qui en est le chef-lieu. Mais ni le nationalisme laïque du Syrien ni le califat rêvé par le Britannique n'y firent souche. Sollicitée par tant de « protecteurs », éreintée par tant d'amants, La Mecque s'est livrée corps et âme au dernier venu, Abdelaziz Ibn Séoud, le restaurateur de la dynastie séoudite.

Bastion séoudien certes, mais également congrès de l'*Oumma*, rencontre annuelle au « sommet » de la Terre, de

* Bahaïs, disciples de Baha Allah (1817-1892).

la mystique et de la politique. Tous élus de Dieu, les pèlerins sont aussi les députés de diverses causes à cette assemblée. Groupés pour la plupart en fonction de leur appartenance nationale, ils arborent souvent comme signe distinctif le fanion de leurs patries respectives. Ainsi des Iraniens qui, depuis l'avènement de Khomeyni, manifestent à La Mecque en rangs serrés, emblèmes déployés, slogans d'exécration scandés sous la houlette d'un imam, sur la terre de Dieu. Il s'en faut de peu que les cercles concentriques de l'*Oumma* se muent en spirale. Nationalisme et panislamisme s'entortillent mutuellement jusqu'au vertige. Dieu lui-même aurait peut-être du mal à reconnaître les siens. Larmes d'émotion, gouttes de sang. La Mecque, théâtre de divines tragédies.

Tribune pour les uns, La Mecque est aussi un jardin, un miroir, une ville témoin pour les autres. Tels ces explorateurs musulmans qui ont, au cours des siècles, parcouru les Lieux saints et en ont dépeint les couleurs et le toucher avec un tel bonheur qu'ils firent école et consacrèrent un genre littéraire : la *rihla*, la « pérégrination » mise en récit. Tenant autant du guide archéologique, du manuel d'histoire, du reportage que du témoignage personnel du narrateur, ces *rihlas* constituent les seuls restes de ce que fut jadis La Mecque. Tant il est indiscutable que pas un seul vestige de quelque ancienneté n'a échappé à l'ouragan wahhabite. Ces pèlerins conteurs ont exploré la Maison de Dieu comme un amant avisé le corps et l'âme de sa maîtresse. Restituant aux sites leur histoire, ils font de chaque colline le créneau d'une bataille, de chaque rocher une pierre de touche ou d'attente, de tel oued la source d'un courant spirituel ou le lit d'une révolte. Avec un autre regard et des préoccupations spéciales, des voyageurs occidentaux, chrétiens – *horresco referens* – se sont aventurés, au péril de leur vie, au berceau de l'islam. Quelque discutables que fussent leurs motivations et les procédés dont ils usèrent afin de circonvenir leurs vis-à-vis musulmans, leurs témoignages sont précieux. Allégés de l'emphase propre au *hadj* croyant, ces rapports révèlent et une approche singulière de La Mecque et un visage insoupçonné de la Mère des cités. Son côté cour. Autant de pierres aussi dans son jardin...

Cette ville qui en a vu de toutes les couleurs ne connaît que deux saisons d'inégale durée. Un mois bien nommé, *dhou el-hidja*, « celui du pèlerinage » collectif. C'est le sommet annuel de la piété, l'apothéose de l'islam. Rassemblement sans pareil, le *hadj* est le plus grand rassemblement religieux du monde. Quelque deux millions de cœurs frémissants, acheminés par voitures, bus, bateaux et avions investissent la Maison de Dieu et débordent son demi-million d'âmes. Sous son linceul de coton et d'humilité, l'*Oumma* n'est plus que la lumière d'elle-même; elle est mouvement, esprit et chair, La Mecque en est le microcosme.

Les rites du pèlerinage accomplis, la Mère des cités se retourne comme un gant et étale le plus grand marché du monde. Une camelote glanée dans toutes les zones franches ou frelatées de la planète envahit les parvis des mosquées, les allées et les avenues de la ville. Ici l'âge d'or côtoie l'âge d'argent.

Le *hadj* terminé, tout rentre alors dans le désordre du quotidien. La Mecque se ressaisit. Elle se dévoile, ses habitants deviennent visibles, ses démons reviennent. Originaires de toutes les contrées de l'islam, ses natifs sont néanmoins cloisonnés dans des quartiers spécifiques. Les Arabes sont minoritaires. Javanais, Pakistanais et Afghans prédominent. Les Séoudiens, presque invisibles, règnent mais ne gèrent point. Les immigrés confinés dans le double statut de musulman éternel et de résident temporaire cultivent le silence le plus éloquent. Le pointage au poste d'emploi et le respect des prières canoniques fixés à la mosquée sont indispensables à la validité du séjour.

Dans l'attente du *hadj* suivant, La Mecque se prélasse, mais ne dort jamais. Décru, le fleuve des pèlerins n'est jamais asséché. Tous les jours, de nouveaux visages apportent la caution de leur foi, le témoignage de leur islam, les nouvelles de leurs pays. Colloque avec Dieu, colloques entre hommes : La Mecque, porte-voix de l'*Oumma*.

Temps profane, temps sacré, solaire et lunaire, se suivent sans se rencontrer jusqu'au Jour où « la Lune et le

Soleil seront réunis» (Coran: 75; 9). Dans l'attente il faut bien vivre au jour le jour le quotidien, même à La Mecque. La sainte cité a sa vie prosaïque, son côté trivial, sa vulgarité ainsi que tout le cortège tenace et prolifique des servitudes qui saturent l'existence humaine. La vie, la mal-vie, les faits et gestes s'insèrent dans une trame qui, de fil en aiguille, de jour en jour, tisse le tapis vert qui mène au Jour, au bout du tunnel. La Mecque, prunelle de l'Islam. Œil de cyclone.

C'est dans la singulière tension entre le Ciel et la Terre dont la Maison de Dieu est tout ensemble le théâtre, le témoin et le sujet, que les mots et les choses qui s'y cachent et s'y échangent trouvent leurs proportions, leur perspective et leur sens. Tant le religieux imprègne le profane, le présent trahit le passé, le local témoigne de l'universel. La *Kaâba,* le cube, caisse de résonance de l'Islam.

Exclusivement islamique, elle est l'unique ville au monde, domaine de l'Islam compris, à se vouloir intégralement «monoconfessionnelle». Quoique fermée aux non-musulmans, cette capitale de «la Religion» est le laboratoire de l'*Oumma* où s'affirme, se remodèle et se perpétue son visage. Tradition et modernité se livrent en cette arène un combat d'avant-garde qui tient en haleine tout l'Islam. Car celui-ci naquit ici et il y «renaîtra». Gestation, mûrissement. Incantation, décantation. Une tranche de vie de La Mecque est une authentique biopsie de l'Islam.

Le fidèle de Dieu semble indifférent à l'idée d'un temps qui passe, use et s'use. Un temps qui serait succession, mouvement, aventure. A l'aphorisme héraclitien: «Tu ne te baigneras jamais deux fois dans le même fleuve», il pourrait repartir: «Tu feras indéfiniment tes ablutions avec la même eau.» Pour lui le temps use le marbre mais polit la foi. Il ruine les royaumes humains mais glorifie celui de Dieu. Athènes et La Mecque. Dans ce lieu de tous les commencements et des fins dernières, l'échelle du temps s'aplatit.

Que pèsent, dès lors, dans cette économie de la durée, les péripéties qui tissent et déchirent chaque jour que l'homme décompte? Peu de chose en somme, de simples accidents de parcours sur la «voie droite» qui conduit au Jour. Le Prophète ayant scellé la chaîne des révélations, il abolit dès lors tout passé et tout futur. Il n'y a plus rien de nouveau sous la lune. La Mecque est hors du temps. L'ère musulmane ne commence-t-elle précisément lorsque Mahomet en émigra? L'hégire, le temps lui sont tout simplement étrangers. Elle est à chaque instant ce qu'elle fut et ce qu'elle sera. Sur son sol, sous son ciel, aucun geste n'est involontaire. Tous les actes, toutes les conversations ont été préécrites, tout est *mektoub*, « écrit d'avance ».

Le Livre de Dieu inspire, justifie et sanctionne toutes les démarches du croyant. C'est la constitution exclusive de La Mecque. Le comportement de chaque individu est intégralement réglé sur celui de Mahomet tel que la Tradition écrite en restitue l'épaisseur. Car l'Envoyé demeure un « Beau Modèle » à imiter (Coran: 33; 21) jusques et y compris dans les plus élémentaires gestes, paroles et usages de la vie quotidienne. Cette « imitation de Mahomet » conduit le fidèle à une identification si intime avec le « modèle » qu'il arrive à s'absorber en lui. « Le Prophète nous a tout appris, dit une maxime, jusqu'à la manière de déféquer. » Dans cet univers, tout homme devient contemporain de Mahomet. Une croyance maghrébine affirme qu'à la Résurrection tous les musulmans mâles se présenteront devant le Juge suprême sous les mêmes traits physiques que le Prophète. Les femmes, elles, affecteront ceux de sa fille, Fatima. Au coin de la rue, derrière chaque musulman se profile l'Apôtre de Dieu. La Mecque à l'heure de Dieu, à l'heure due.

Même l'actualité brûlante, qui enflamme les uns et endurcit les autres, a sa source dans des tensions et spéculations séculaires. Car ici, rien ne se conçoit ni se fait sans la caution de la Tradition, du passé. « Ce qui est passé est mort », dit un proverbe arabe, mais à La Mecque il ne saurait être occulté, il demeure un éternel présent. Le quotidien n'est que la transcription fidèle des hiers. L'actualité brûlante, perçue sous cet angle, est toujours anachronique. C'est toujours du réchauffé. Le sens de la vie quotidienne mecquoise émane de sa postérité.

En islam il n'y a pas d'avenir prévisible mais un devenir inévitable. La vie de tous les jours n'est point censée baliser les voies du futur. Elle est récapitulation quotidienne du passé. Le temps semble s'y dérouler à rebours.

La Mère des cités est objectivement une des villes les moins « agréables » du monde : climat suffocant, défaut de vestiges archéologiques, point de loisirs... Pourtant, quelle allégresse timide et rayonnante sur les visages des badauds, quelle frémissante sérénité dans les regards et les mains. Une fierté débonnaire à couper au cimeterre emplit les ruelles, parfume les vents de sable. Même les coups du sort et ceux, plus douloureux, des hommes sont porteurs d'espoir. Des filiations secrètes enchevêtrent les injustices et les paradoxes; dans leurs entrelacs, chacun tente de discerner un dessein divin. « L'islam est né proscrit et il finira proscrit », a révélé le Prophète, et de conclure : « Sois dans ce bas monde comme un étranger, ou un passant. » Depuis l'hégire, l'Émigration, l'islam vit en « exil », loin de La Mecque tandis que nombreux sont les habitants de la Mère des cités qui ne résident, peinent et prient qu'avec des titres de séjour éphémères. L'islam a le mal de La Mecque. La Mecque languit de l'islam.

CHAPITRE II

UN ALLER COMPLIQUÉ

LA consigne transmise par Dieu à son ultime messager, Mahomet, est très claire, indiscutable : « Exhorte les hommes au *hadj* » (Coran :22, 27). Néanmoins, pour répondre de manière adéquate à l'appel divin, il ne suffit pas, loin s'en faut, de l'entendre. Il faut d'abord être musulman; ensuite, satisfaire à un ensemble de conditions sociales, familiales, personnelles et cultuelles requises avant de prétendre légitimement au pèlerinage de La Mecque. Tous les hommes sont appelés mais il y a peu d'élus.

Le sens commun orientaliste et médiatique a souvent tendance aujourd'hui à présenter l'islam comme une religion simple, dotée d'une doctrine aussi concise que limpide, à la portée immédiate du *vulgum pecus,* bien loin des labyrinthiques mystères chrétiens, de l'entrelacement vertigineux des 613 règles mosaïques et des élucubrations hindouistes. A un système religieux aussi sobre correspondrait, naturellement, un culte austère et une pratique dépouillée, commode. Le prêt-à-prier en quelque sorte. Cette assertion ne résiste pas à l'épreuve de la réalité quotidienne musulmane. C'est une vue de l'esprit, une idée reçue.

Car, si la dernière religion révélée offre effectivement au commun des mortels une théorie compendieuse et limpide du monde et de l'homme, elle n'en a pas moins donné naissance à une législation pointilleuse, d'une exigence de tous les instants. C'est la *charia,* la « voie » royale de l'islam, un prodigieux enchevêtrement d'obligations, d'astreintes, d'interdits assortis, selon les obédiences, de dispositions diverses et variées, voire contradictoires. Ceci pour la théorie.

Quant à la pratique, nonobstant sa « simplicité » ostensible, elle est particulièrement contraignante. Prières quotidiennes, ablutions régulières, lavage du corps après chaque conjonction sexuelle, aumônes rituelles, jeûne du mois de ramadan..., tous les rites canoniques de l'islam requièrent du fidèle un surcroît d'endurance, une vigilance constante, une réelle abnégation. A cet égard, le dernier des cinq commandements coraniques, en l'occurrence le pèlerinage, n'est pas le moindre des sacrifices dont s'honore l'*Oumma*. Au contraire.

Tous les chemins ne mènent en effet pas à La Mecque. S'y rendre relève tout simplement de la course d'obstacles. Ceux notamment érigés par des générations d'*oulémas*, à coups de règles, de conventions, hérissant le saint sentier d'incontournables normes restrictives, minant chaque arpent de clauses strictes dont l'infraction invaliderait *ipso facto* le pieux transport du pèlerin. Heureusement pour l'islam et surtout pour les musulmans qui, les yeux rivés sur l'horizon mecquois, la foi chevillée au corps, passent par-dessus cette jungle législative dont l'observance scrupuleuse des stipulations rendrait purement et simplement impraticable le *hadj*. Nécessité fait loi. « Dieu veut alléger pour vous vos devoirs, car l'homme a été créé faible » (Coran : 4; 28)!

Pour autant « Dieu impose aux hommes le pèlerinage à ce Temple, à quiconque en a les moyens » (Coran : 3; 97). Ce dernier amendement relatif au « pouvoir » de se rendre à La Mecque est capital. Il a fait couler beaucoup d'encre et dodeliner bien des turbans. Car, eu égard à la difficulté de l'entreprise, la question des dérogations à un impératif sacré s'est posée d'emblée à l'exégète comme au législateur musulman. Comment évaluer des « moyens » laconiquement mentionnés par le Livre saint, sur la base de quels critères pourrait-on faire le départ entre le fidèle « en état de » et « hors d'état de » se rendre à la Maison de Dieu? Des *oulémas* se réfugièrent derrière de plus cléments versets pour acquitter de l'obligation du *hadj* les humbles et les invalides. « Dieu ne veut vous imposer nulle gêne » (5; 6).

A travers ces discussions internes au *Dar el-Islam* mais également à la lumière de la critique moderne des textes, certains islamologues, tel Régis Blachère dont la translation du Coran en français est devenue un classique, n'hésitent pas à soutenir que la clausule relative aux moyens indispensables du pèlerinage est « une addition ultérieure... et constitue une dérogation dont la nécessité n'est apparue que plus tard [1] ».

Cette conjecture réalise, aux yeux d'un musulman moyen, une profanation sans nom du texte sacré. Le sacrilège suprême. Comment le Coran qui est la Parole même d'Allah, inaltérable et éternelle comme lui, pourrait-il souffrir une adjonction humaine, une annotation opportuniste dictée par de mesquines considérations terrestres? Le Verbe est inaccessible, c'est un miracle inimitable que même une coalition d'humains et de *djinns* * ne saurait plagier (17; 90). Pour un bon croyant, le Coran constitue plus qu'un attribut de Dieu, c'est une entité douée d'une existence souveraine, immarcescible. Cette croyance au demeurant représente une des causes majeures de la stagnation de l'exégèse coranique. C'est l'inhibition principale, psychologique et politique, à l'éclosion d'une lecture historique, moderne et novatrice du Livre de Dieu toujours porté aux nues de la spiritualité, maintenu hors de l'histoire humaine.

Pourquoi, dès lors, sonder une parole incréée, rechercher des couches historiques, repérer des genres littéraires, identifier d'éventuels rédacteurs, à l'instar des exégètes bibliques, protestants puis catholiques, lesquels ont entrepris sur la fin du XIXe siècle une exploration systématique et des Écritures et de la Terre sainte à la lumière de l'archéologie, de la linguistique et de l'anthropologie? Au grand dam des Églises officielles qui finirent cependant par intégrer substantiellement leurs apports.

Pourtant le Coran comporte quelques séquences qui attestent une chronologie, des amendements notables et même des abrogations de la prédication : « Quand nous substituons un verset à un autre, Dieu sait très bien ce qu'il

* Dans l'Islam, êtres imaginaires, invisibles et omniprésents.

révèle; les incrédules disent: "Tu n'es qu'un faussaire!", mais la plupart sont ignorants» (Coran: 16; 101-103).

En tout état de cause, si la réalité de l'ajout demeure discutable, celle du problème auquel il s'applique est incontestable. En effet, tant que le *hadj* ne concernait que les populations du Hedjaz, sa réalisation ne posait pas de difficultés majeures. Mais l'expansion miraculeuse des armées croyantes en étendit l'obligation à des multitudes répandues sur des terres immergées à mille lieues de la *Kaâba*. Dès lors, ou bien tous les musulmans en état de s'y rendre se retrouvent chaque année dans la cité natale de leur Messager, occurrence humainement et matériellement inconcevable, ou bien une toute petite minorité seulement mérite le privilège du périple, auquel cas un des piliers fondamentaux de l'islam s'en trouverait amoindri et, par voie de conséquence, l'édifice de la Maison de l'Islam.

L'*Oumma* a opté pour la seconde branche de l'alternative sur laquelle elle est assise depuis quatorze siècles. Mais le dilemme reste en suspens. Mahomet lui-même en était embarrassé au point de s'emporter comme nous le montre la Tradition dans un de ses récits où affleurent souvent de savoureux aveux. « Ô hommes! Dieu vous a prescrit le pèlerinage, accomplissez-le donc! » rappelait l'Envoyé à ses sectateurs. L'un deux lui demanda alors: « Est-il obligatoire chaque année? » Le Prophète demeura silencieux. Le scrupuleux croyant insista tant et si bien que l'Avertisseur lui répondit tout à trac: « Si j'avais dit oui, le *hadj* aurait été obligatoire chaque année et vous n'auriez pu vous en acquitter. » Et de conclure, manifestement agacé, lui qui est entré dans la postérité comme un Beau Modèle de pondération et de sérénité: « Laissez-moi donc! Cessez de me demander des précisions sur un sujet tant que je ne vous les fournis pas moi-même; car les peuples qui vous ont précédés n'ont dû leur perte qu'à l'étalage de leurs questions et de leurs divergences avec leurs prophètes. Lorsque je vous donne un ordre, accomplissez-le de votre mieux et si je prononce quelque interdiction, observez-la absolument! »

Il ne suffit donc pas de vouloir pour pouvoir. Mais pour pouvoir réaliser un *hadj* spirituellement valide, il faut expressément le vouloir tant il est vrai qu'en islam les actes, profanes et plus encore pieux, ne valent que par les intentions qui les précèdent immédiatement et les accompagnent. L' « intention », la *niya* du Coran, qui domine tout acte religieux et conditionne sa validité est un authentique signe du dogme islamique. C'est la condition *sine qua non* du pèlerinage à La Mecque. La clé spirituelle.

Cependant, avant de formuler la rituelle intention solennelle, le prétendant à l' « émigration vers Dieu » se doit d'être adulte, sain d'esprit et bien portant physiquement. Il lui incombe de disposer de ressources suffisantes pour couvrir amplement tous ses frais de voyage sans pour autant laisser les siens démunis. Il ne saurait s'endetter à cet effet ni s'en aller pérégriner sans avoir intégralement acquitté ses dettes. Il doit en outre s'affranchir de l'habituelle procrastination musulmane pour ne laisser aucun problème en suspens. Aplanir les différends conjugaux, les antagonismes filiaux, passer l'éponge sur les rancœurs accumulées ici ou là, régler les litiges avec les voisins, apaiser les conflits professionnels; assainir en somme toutes sortes de contentieux triviaux est impératif pour se mettre en condition. Le bon futur *hadj* n'imaginerait d'ailleurs jamais laisser ces discordes pendantes jusqu'à son retour. Ne risquerait-il pas alors d'être fautif voire injuste et de perdre ainsi le bénéfice de son pèlerinage! Libéré, si tant est que cette émancipation soit possible, des pesanteurs terrestres, le postulant peut désormais s'abstraire des affaires courantes pour arrêter son intention de se rendre à La Mecque, mais aussi son choix d'une des diverses combinaisons du *hadj.* Il y a, en effet, le *hadj* ou « Grand » Pèlerinage, célébré annuellement à une date fixe, et la *omra* ou « Petit » Pèlerinage, ouvert toute l'année. Le fidèle peut ainsi opter soit pour le premier seul, autrement dit un *hadj ifrad,* « singulier », soit pour un cumul des deux. Auquel cas son attention sera encore sollicitée pour trancher entre un *qiran,* c'est-à-dire une « conjonction du petit et du grand sans rompre l'abstinence rituelle entre les deux, et un *tamattou,* « réjouissant », qui se déroule ainsi : *omra,* abandon de l'habit et retour à la vie ordinaire et aux nourritures terrestres, enfin nouvelle ablution puis *hadj.*

Cette dernière occurrence a, de tout temps, les faveurs des fidèles. D'abord parce que Mahomet accomplit son unique pèlerinage selon ce rite mais également parce qu'il permet au croyant d'établir un sain équilibre entre les devoirs de l'esprit et les droits du corps à la jouissance.

Quant à la femme, soumise aux mêmes conditions que l'homme, elle ne pourrait toutefois pas, eu égard à sa condition sexuelle, « voyager durant deux jours, si elle n'est accompagnée de son mari ou d'un parent avec lequel l'union serait illicite ». Ainsi parlait Mahomet! Une veuve ou une jeune célibataire (la vieille fille étant une espèce encore presque inconnue en islam) devra donc être chaperonnée par le père, le fils ou le frère. Plus « laxistes », deux des quatre grandes écoles sunnites, la chaféite et la malékite, dont l'influence est prépondérante en Égypte et au Maghreb, estiment que la tutelle d'un parent avec lequel les relations sexuelles seraient illicites n'est pas une condition absolue. Dans leur optique, la femme adulte peut se rendre à la Mère des cités en compagnie d'un groupe féminin ou même « d'une femme de condition libre, musulmane fiable ». Rien ne s'oppose, en revanche, au déplacement des enfants avec leurs parents. On en voit de tous âges à La Mecque, mais leur pèlerinage n'a aucune validité religieuse. Ce sont les parents qui en recueillent les dividendes spirituels. L'enfant devra attendre l'âge adulte pour être enfin en mesure d'articuler le premier acte de foi, le « premier pas » du *hadj* : la *niya,* l'intention.

Une fois sa décision intérieurement prise, le pieux volontaire s'en ouvre à sa famille. Les youyous se répandent aussitôt aux alentours. C'est la fête. Les voisins prennent alors ce qui leur tombe sous la main, une bouteille de limonade, des pâtisseries, un paquet de lessive, n'importe quoi pour ne pas arriver les « bras longs », et se précipitent chez le futur *hadj.* Les musulmans sont constamment à l'affût de la moindre occasion de se réunir, de tout prétexte pour festoyer. Car, lors de ces retrouvailles, il y a souvent des mets succulents à goûter, de bons mots à savourer, des coquettes à croquer des yeux et peut-être même, si Dieu le veut, à frôler.

Celles-ci se rendent volontiers dans la maison du partant, lourdes de présents, également de ragots de cuisine, ivres de curiosité. L'épouse du pèlerin en herbe a-t-elle acquis, pour l'occasion, une nouvelle nappe, va-t-elle découvrir un clinquant service à café à faire pâlir d'envie une aveugle, a-t-elle changé ses rideaux fanés? De même y accourt-on pour assister à l'ordre d'arrivée des uns et des autres, proportionnel à l'amitié réelle que nourrit tout un chacun pour le héros du jour. La « qualité » des visiteurs est toujours savamment dosée.

Déléguer son épouse à sa place est, pour une relation de l'hôte, une manière de lui témoigner un mécontentement sérieux mais pas dramatique. Députer un fils aîné revient à lui rappeler que l'intimité entre les deux foyers est éteinte tout en lui signifiant, pour le rassurer, que le feu de la rancune ne couve pas pour autant. Par une sorte de cynisme débonnaire, certains saisissent la circonstance pour étaler au grand jour, à l'échelle d'un hameau ou d'une rue, un contentieux jusqu'ici gardé sous le sceau du secret, escomptant ainsi un règlement rapide sinon avantageux.

A cette fin, ils commettent à la cérémonie leurs enfants en bas âge. Tout le monde comprendra. Manière benoîte et gouailleuse de dire : « Tu ne t'en tireras pas aussi facilement, mon frère, tu dois d'abord reconnaître mon dû comme te le recommande expressément la loi de Dieu. » Imparable moyen de pression, car un homme se rendant à la *Kaâba* est toujours partant pour une concession.

Mais boycotter sa demeure ce jour-là, même en raison de la plus sainte des colères, c'est commettre un affront grave, encourir l'opprobre unanime.

Cependant que les convives devisent bruyamment de choses et d'autres, certains brodent mentalement leur rapport : état des lieux, inventaire des boissons et des douceurs servies, recensement de chaque personne présente... Le maître de céans apparaît enfin, grave, timide et radieux comme un jeune marié. Ses remerciements et les vœux qu'il formule pour chacun d'entamer un jour, à son tour, le chemin de Dieu, ramènent soudainement l'assistance à l'ordre du jour. L'air de rien, le « futur *hadj* » – c'est déjà un statut –

prend ensuite la température du groupe, estime le niveau des divers « représentants », afin d'évaluer sa cote de popularité. Naturellement, il ne fait pas l'unanimité, qui est, au demeurant, l'apanage du Créateur et de son Envoyé. C'était prévisible.

Un grand dîner s'impose donc. « Le sel et l'eau », suivant l'expression consacrée, lavent les outrages, diluent les litiges, ressoudent l'amitié. Une victime expiatoire, chevreau, bélier ou taureau, est à cette occasion ostensiblement sacrifiée sur l'autel de l'amnistie. Grands et petits, jeunes et vieux, proches parents et amis lointains, malades et bien-portants, riches et pauvres, connus et inconnus, tout le monde est convié au banquet. Les commensaux goûtent à tous les plats, discutent de la pluie et du beau temps, débattent des enfants et de la politique pour finalement s'appesantir sur la vanité de ce bas monde.

Et de se répandre en congratulations, louant l'amphitryon d'avoir ainsi trouvé sa « vraie voie » vers le monde authentique. Monde d'où ils le chargent, toutefois, de leur ramener, qui une chéchia « mecquoise » (de fabrication chinoise en fait), qui un transistor ou une poupée parlante, ignorant que cette dernière « abomination » est proscrite de Terre sainte, comme y furent bannies il y a quatorze siècles, par Mahomet en personne, de semblables idoles païennes. Les plus pieux l'implorent de leur rapporter quelques flacons d'eau du puits de Zemzem.

Dans les pays accablés de pénuries socialistes, le pèlerin est souvent chargé par ses proches d'acquérir des objets aussi inattendus que friteuse, savon en poudre, coton, lames de rasoir et même stylos. A telle enseigne qu'en Algérie, où la disette endémique de produits de consommation courante s'apparente à une ascèse contrainte, aller à La Mecque est devenu synonyme d'« aller faire les courses ». On a même vu des *hadjis* de ce pays regagner leurs pénates avec pour seuls et ô combien enviables bagages des pneus d'automobiles. Détail notable : tous ces objets « précieux » sont payables « à la commande » et en devises fortes, s'il plaît à Dieu.

Tout compte fait, les hôtes passent allégrement l'éponge sur les litiges et autres dissensions. Les conflits personnels prennent facilement une tournure tragi-comique en terre d'islam pour se résoudre par le coup de théâtre attendu : le banquet de réconciliation. A croire que les gens ne s'aiment jamais autant que lorsqu'ils se brouillent puis se rabibochent.

Décidément, pour le candidat au *hadj,* il n'y a que le premier pas, l'« intention », qui ne coûte rien. En effet, à peine a-t-il accompli ce pas en avant que l'entourage, pendu à sa djellaba, le fait aussitôt reculer de trois autres vers le train-train des obligations triviales. Mais s'est-il jamais vraiment abstrait du ronron quotidien par la seule grâce de son désir de pérégriner? Combien partent-ils enrichis d'avoir payé leurs dettes, en laissant leurs familles réellement à l'abri du besoin, le cœur léger d'avoir apaisé les conflits routiniers? Les conditions de vie de l'écrasante majorité des fidèles de Mahomet sont à ce point austères, pour ne pas dire déplorables, que certaines dispositions du *hadj,* élucubrées par des *oulémas* tatillons, sont franchement démesurées.

Pourtant, point n'est besoin d'être grand *ouléma* pour constater aux alentours de la Maison de Dieu que la grande masse de ceux qui répondent à l'appel du Maître des deux mondes, multitudes de petites gens au grand cœur, cohortes d'infirmes, d'illuminés et de mutilés à l'optimisme cependant intact, est, au regard de la Tradition, impropre à ce service divin. Les nantis y sont en revanche incroyablement rares en dépit de la proposition du Prophète : « Toute dépense faite intentionnellement pour Dieu est rendue au centuple : un dirham est compté pour sept cents! », et de sa mise en garde : « Quiconque peut faire le pèlerinage et ne le fait pas, qu'il meure donc juif ou chrétien! »

S'il vaut mieux, avant de s'engager sur la voie de la Mère des cités, s'adresser au Bon Dieu et à son Messager qu'à ses saints *oulémas* – « car le meilleur viatique est la piété » (Coran : 2; 197) –, il faut néanmoins surmonter ensuite les barrières légales de chaque État, satisfaire enfin aux prétentions draconiennes des gardiens des Lieux saints. Mais en réalité, le voyage a commencé au moment précis où le fidèle a fixé les termes de son intention, s'engageant ainsi d'emblée sur la Voie droite, aux dédales insoupçonnables.

Depuis cet instant unique, il marche sur les pas d'Adam, Abraham, Ismaël et Mahomet. Il est aux anges.

Cet état de grâce recèle probablement le secret providentiel qui permet d'endurer impassiblement les pires tracasseries administratives, la morgue, les lubies des bureaucrates et la cupidité des voyagistes. La quête d'un dossier d'inscription, la course effrénée entre mairies, commissariats, préfectures et consulats, les attentes interminables de tampons et de signatures, sont vécues comme autant d'accidents de parcours qui ne sauraient distraire quiconque du but poursuivi. Les invités de Dieu se sont fait une religion de ces avanies absurdes, de cette cruauté dérisoire et de ces attentes stériles : simples haltes dans la longue marche. On y reconnaît même la main du Diable. Une croyance musulmane, que ne renierait pas Léon Bloy, professe que les tourments de ce monde ne seraient que les joies du Paradis, vues à l'envers, dans un miroir. Il convient donc de s'y résigner comme à une infirmité congénitale. Du reste, Mahomet n'a-t-il pas énoncé que le *hadj* est un *djihad,* un combat exemplaire ? Le chemin de La Mecque tient à la fois de la quête initiatique et du parcours du combattant. C'est une odyssée mille et mille fois répétée.

Les modalités de départ vers La Mecque sont variables selon les pays et les systèmes. Les chances aussi. En effet, si le musulman réside en Albanie, son espoir, « réactionnaire » par la force des choses et du parti, s'évanouira en vœu pieux. Même si les deux tiers environ des 3 millions d'Albanais sont musulmans, le pays se déclare athée depuis 1967. La constitution de 1976 confirme dans son préambule « avoir détruit les bases de l'obscurantisme religieux » (art. 54) et interdit ainsi formellement « de créer des organisations à caractère religieux, d'avoir une activité et de mener une propagande religieuse ». Tous les lieux de culte ont été mis hors d'usage, au mieux transformés en musées ou en sièges du parti.

S'il est citoyen de la Chine communiste, le croyant peut déjà rêver au *hadj* sans passer pour un personnage extravagant. Car, depuis 1978, le culte de la religion de Mahomet a repris dans la patrie de Confucius avec la bénédiction du pouvoir communiste. Le gouvernement Deng Xiaoping revalorise ses musulmans (estimés à 14,5 millions lors du recensement de 1982) à coups d'impressions du Coran et de restaurations de minarets, en vue de rétablir les ponts avec les marchés arabo-musulmans, partenaires commerciaux séculaires de l'empire du Milieu. L'Association des musulmans de Pékin a ainsi établi, dans une mosquée de la capitale, une compagnie commerciale chargée de contacter les sociétés et les banques des pays islamiques. Signe des temps, la chéchia blanche et dentelée, typique des *hadjis* mais également appréciée des fondamentalistes, est de fabrication chinoise. Un journaliste français a constaté, en parcourant le Nord-Ouest de la Chine, « que tous les habitants mâles de la petite ville musulmane de Linxia, jadis appelée la " petite Mecque ", portent la fameuse chéchia bien que quelques dizaines d'entre eux seulement aient fait le pèlerinage à La Mecque »[2]. S'y rendre est, sans jeu de mots, un véritable casse-tête chinois pour ces fidèles. Il faut nécessairement être membre actif d'une organisation dite de masse relevant du parti communiste, militer sous ses auspices athées; être aussi assidu aux réunions de cellule qu'aux assemblées de prière; enfin, avoir en plus de ses états de service une sacrée baraka : triés sur le volet, quelques centaines d'individus seulement sur des centaines de milliers de bien « intentionnés » feront, étroitement encadrés, le voyage. Une petite brèche dans la Muraille de Chine.

Soviétique, le croyant nourrit sous Gorbatchev l'espoir que les lueurs de la glasnost et les petits pas de la perestroika déblaieront aussi le chemin du berceau de Mahomet. L'Arabie Séoudite qui n'a pas encore rétabli ses relations diplomatiques avec l'URSS, pour cause de « mécréance dogmatique », n'y a même pas de légation susceptible de délivrer l'indispensable visa pour les Lieux saints. Pourtant, il n'est pas inutile de rappeler que lorsque le cheikh Ibn Séoud (restaurateur de la dynastie du même nom) prend le 29 janvier 1927 le titre hégémonique de « roi du Hedjaz, du Najd et de ses dépendances », l'Union soviétique a été l'une des premières puissances à le reconnaître, juste après la France mais avant l'Angleterre!

Et lors des graves dissidences qui faillirent emporter son trône en 1930, le nouveau roi s'adressa à Staline pour renflouer les caisses vides de l'État. Une mission commerciale soviétique se rendit la même année à Djedda, alors capitale. Mais les interférences américaines et les demi-mesures soviétiques amenèrent le royaume wahhabite à rompre toutes relations avec l'URSS.

Néanmoins, le Kremlin a constamment, avec des fortunes diverses, nourri une politique islamique. Aussi voit-on régulièrement dans les réunions panislamiques les mêmes « représentants des frères d'URSS ». Bon an mal an, quelques dizaines, munis de visas exceptionnels, accomplissent le pèlerinage. On est loin du dégel, mais la glace est rompue, une lucarne est ouverte. L'Union soviétique ne pourra rétablir face à la Maison de l'islam son image de marque, gravement compromise par l'aventure afghane, que si elle reconnaît à ses sujets musulmans ce qu'elle accorde déjà, parcimonieusement, à leurs concitoyens juifs, arméniens et estoniens : la liberté de vivre et de prier au pays, de partir en pèlerinage pour celui qui en a les moyens.

L'empire marxiste-léniniste ne saurait faire l'économie d'une relative émancipation des peuples qui le composent. C'est du moins, en gros, l'analyse et le pronostic optimistes que murmurent les intellectuels musulmans soviétiques à l'oreille de leur coreligionnaire de rencontre. En attendant, le meilleur moyen d'émigrer d'un pays d'Europe orientale est d'invoquer, pièces justificatives à l'appui, le droit de réunion des familles. Aussi une lettre d'invitation adressée par un parent résidant à l'étranger constitue-t-elle encore le principal motif légal pour une demande d'émigration. Les juifs, les Arméniens, les Ukrainiens et les Allemands soviétiques sont à cet égard des « privilégiés » car ils peuvent, diasporas obligent, se prévaloir de parents disséminés à travers le monde. Ce n'est point le cas des musulmans. Il y a bien, de nos jours, de fortes communautés tcherkesses originaires du Caucase du Nord, établies notamment en Jordanie et en Israël, comme il y a une puissante colonie ouzbèke, native de Boukhara, qui a fait souche à La Mecque et à Médine. Elles ont toutes dû fuir d'abord l'avance tsariste, irrésistible à partir de 1864, puis la vindicte marxiste des années 20. Quelques familles jordaniennes d'origine caucasienne ont bien renoué le contact avec leurs cousins soviétiques, cependant que, pour la grande masse des transplantés, le seul lien avec la patrie perdue se réduit à une intime et pudique nostalgie. Ces « musulmans des quatre piliers », le cinquième concernant le pèlerinage étant impraticable, ne cessent pas pour autant, aux yeux de la loi coranique, d'être des croyants. En effet, un verset du Livre réprouve tous les apostats « excepté celui qui a subi la contrainte et dont le cœur reste paisible dans la foi » (Coran : 16; 106).

Cet islam du silence, mis en porte à faux par les aléas de l'histoire, n'est pas sans précédent. Déjà, au lendemain de la Reconquista, les fidèles du Prophète restés dans la péninsule Ibérique furent contraints d'embrasser la foi chrétienne. Pour atténuer leur drame, le moufti d'Oran leur adressa clandestinement, en 1504, une *fatoua* – avis juridique fondé sur le Coran – spécifique. Largement diffusée sous le burnous, ce samizdat islamique prône la pratique classique de la *taqiya,* la « circonspection », qui consiste en réalité à adopter extérieurement tous les rites de la religion imposée, tout en demeurant intimement attaché à la vraie Religion. Célébration de la messe, hostie, baptême et communion, consommation de vin et de porc n'excluent nullement, dans ces conditions, le malheureux fidèle de l'*Oumma.* C'est un martyr.

De toutes les démocraties populaires, la Yougoslavie est la seule qui reconnaisse officiellement ses ressortissants musulmans comme une communauté spirituelle spécifique, voire nationale. Dotés de 2 000 mosquées, d'autant d'imams, formés à la faculté de théologie islamique de Sarajevo, ils ont en principe le droit de mettre en application le cinquième commandement de l'islam. Cependant, un salarié moyen de la Fédération devra économiser, sa vie durant, sur toutes choses pour couvrir les frais du *hadj.* Qui plus est, l'absence de relations diplomatiques avec l'Arabie Séoudite rend encore plus aléatoire l'horizon mecquois. Le Royaume nourrit une virulente phobie du communisme, « avatar suprême de la franc-maçonnerie et du sionisme ».

Justement, dans le même ordre de préjugés, l'administration séoudienne a longtemps opposé une fin de non-recevoir aux velléités de pèlerinage des musulmans israéliens. Passer d'une Terre sainte à l'autre n'est point une sinécure. Néanmoins, depuis 1978, à la suite d'un accord aussi laborieux qu'implicite intervenu enfin entre Israël, la Jordanie et l'Arabie Séoudite, une ligne d'autobus relie, via le Royaume hachémite, Jérusalem à La Mecque. Le fidèle de Mahomet, citoyen d'Israël (l'État juif reconnaît une citoyenneté commune et trois nationalités principales : la juive, la druze et l'arabe, cette dernière englobant chrétiens et musulmans), devra, après avoir articulé son « intention », se rendre à Jérusalem, la ville saturée de statuts. Première *Qibla* de l'islam et troisième cité sainte, la métropole des trois religions abrahamiques, territoire neutre en vertu du plan onusien de partage de la Palestine en novembre 1947, est, peu après la première guerre israélo-arabe de 1948-1949, divisée en deux secteurs, israélien et jordanien, puis entièrement prise par l'État hébreu en juin 1967, annexée un mois après et enfin décrétée « capitale éternelle de l'État d'Israël » par la Knesset en juin 1980. Pour corser cet imbroglio, les musulmans, citoyens israéliens de « nationalité arabe » mais se définissant naturellement comme palestiniens, espèrent voir un jour, quant à eux, la ville trois fois sainte érigée en capitale de la future Palestine.

En attendant, les fonctionnaires qui les accueillent avec une courtoisie circonspecte dans une annexe hiérosolymitaine du Haram el-Chérif, le Noble Sanctuaire aux deux mosquées, el-Aqsa et le Dôme du Rocher, sont aussi palestiniens mais de nationalité jordanienne. Fonctionnaires du ministère hachémite des Affaires religieuses, ils sont préposés notamment au bon fonctionnement des lieux de culte de la cité. Ils constituent en réalité une manière de légation aux compétences spéciales représentant les intérêts de la Jordanie auprès d'Israël. Du reste, la décision sans appel du roi Hussein de couper tous les ponts avec les territoires occupés de Cisjordanie, à partir du 21 juillet 1988, ne concerne aucunement Jérusalem. La route de la Terre sainte reste donc ouverte.

Lorsque son dossier est agréé – les voies de la Maison de Dieu sont impondérables –, il est exigé du pèlerin de payer d'avance les frais de transport en autobus climatisé et d'hébergement dans les villes saintes, les dépenses pour la nourriture et les boissons restant entièrement à sa charge. Selon des pèlerins galiléens qui ont participé au *hadj* de 1988, le montant s'élevait alors à 270 dinars jordaniens (5 000 F environ). Pour les bas de laine israéliens, c'est un prix exorbitant. Le jour J, ils embarquent à Jérusalem et se rendent, à travers la Cisjordanie, jusqu'au pont Allenby par où ils pénètrent en Hachémie. Les autorités jordaniennes retirent aussitôt leurs documents israéliens aux passagers, qui ne les récupéreront qu'à leur retour. En échange, ils leur délivrent des titres de voyage, spécialement mis au point pour leur permettre l'accès du Hedjaz.

Autre contrée, autre trajet, autre trajectoire. Mais cependant, même ouverture des frontières de l'Arabie à l'intention des musulmans sud-africains. L'inexistence de relations diplomatiques n'empêche pas pour autant les liaisons téléphoniques entre la Séoudie et les pays d'Afrique australe, le Zimbabwe excepté. Indiens d'origine pour la plupart, les croyants vivent leur religion sans contrainte à l'ombre de l'apartheid, la « séparation » institutionnelle des diverses communautés. Le « développement séparé » de l'islam, qui isole les fidèles des Noirs, des Asiatiques et autres *coloured*, semble jouir de la complaisance des autorités de Pretoria. Un bureau de la Ligue islamique mondiale, organisme d'obédience séoudienne, fonctionne régulièrement à Johannesburg. L'étudiant qui souhaite approfondir sa science en Terre sainte, comme le candidat au *hadj*, y passent nécessairement pour solliciter le feu vert formel qui leur permettra d'obtenir un visa à leur arrivée à Djedda après avoir fait un inévitable crochet par l'aéroport de Lagos au Nigeria.

Les États musulmans et arabes ont de tout temps manifesté le plus grand intérêt pour la question du pèlerinage. Le gouvernement séoudien également, qui compte un dynamique ministre du *hadj* et patronne un Institut de recherches sur le pèlerinage de La Mecque. Aussi, de strictes et prévoyantes dispositions arrêtées par les « gardiens » des Lieux saints et ratifiées par les pays intéressés président à l'organisation et au déroulement, étape par étape, du plus grand rassemblement religieux du monde.

Chaque « pouvoir frère » est responsable de ses ouailles. C'est à lui qu'il revient d'en fixer le nombre, d'en garantir l'état sanitaire, de prendre toutes les dispositions nécessaires afin de leur assurer le transport comme l'hébergement à l'intérieur du royaume, et ce, naturellement, en scrupuleuse conformité avec la législation du pays d'accueil. Cela va de soi. Tout État devra, le cas échéant, répondre de la moralité comme des agissements de ses ressortissants. Toute pétaudière, agitation ou émeute lui en sera expressément imputée. A ce propos, Ryad a décidé, dans la foulée des affrontements entre policiers séoudiens décontenancés et pèlerins iraniens tétanisés qui ont endeuillé le *hadj* de 1987, de limiter, de manière drastique comme à son habitude, le quota de pèlerins au prorata de la population des pays d'origine. Un quotidien séoudien a aussitôt affirmé que le « droit de l'Arabie Séoudite de garantir la sécurité et de faciliter à tous les musulmans l'accomplissement du pèlerinage aux Lieux saints est un droit indivisible et relève de la souveraineté territoriale du Royaume », lequel, poursuit le journal, « ne permettra jamais à quiconque d'interférer, de quelque manière que ce soit, dans l'exercice de ce droit »[3].

De fait, la dix-septième conférence ministérielle de l'Organisation de la conférence islamique (OCI), réunie à Amman en mars 1988, a solennellement confirmé la dynastie séoudite dans son rôle de « gardienne des Lieux saints », tout en approuvant, par voie de conséquence, sa décision de réduire fortement le nombre de pèlerins autorisés à accomplir le *hadj*. Aucun chiffre précis n'a été fourni.

Néanmoins, si l'on tient compte du fait que, la même année, près de 900 000 pieux visiteurs « étrangers » (à la Péninsule arabique s'entend, dans le jargon local) ont pu fouler le sable saint d'une part; de l'estimation courante de 900 millions de musulmans dans le monde d'autre part, la proportion d'un croyant pour mille s'impose incontestablement. L'Iran khomeyniste, qui a vu ainsi réduire des deux tiers la masse ordinaire de ses pèlerins, a opté tout simplement pour le boycott *sine die* du cinquième pilier de l'islam. Des croyants moins emportés voient dans l'arrêté séoudien comme l'instauration, pour l'*Oumma*, d'un *numerus clausus* qui ne veut pas dire son nom. En tout état de cause, désormais seul un nombre infime de fidèles pourra répondre à la convocation de Dieu.

Il est déjà advenu à maintes reprises jadis que l'expédition du *hadj* fût rendue aléatoire voire temporairement impossible pour cause de guerres, de brigandage, d'épidémies ou, plus fréquemment, de rapines des bédouins. Mais ces embûches étaient dénoncées avec véhémence et leurs auteurs ordinairement pourchassés et réduits.

Naguère, plus pacifiquement et avec un surcroît de persuasion, des personnalités, relayées quelquefois par des théologiens modernistes, ont timidement essayé d'« attenter » à la pratique traditionnelle de certains piliers de l'islam, en les réduisant à leur plus simple expression. Il a été ainsi proposé de ramener le mois lunaire de jeûne à trois jours; de substituer à l'hécatombe annuelle, lors de la fameuse « fête du mouton », de millions de victimes ovines, caprines et bovines, le sacrifice symbolique d'une seule bête par la main de la plus haute autorité religieuse de chaque pays, collectivement commise pour la circonstance... L'ancien président tunisien, Habib Bourguiba, proposa quant à lui d'abolir purement et simplement le jeûne de ramadan au nom de la... Tradition. Arguant d'une disposition canonique qui dispense effectivement de l'abstinence rituelle les fidèles mobilisés dans un combat pour et au nom de la foi, le « Combattant suprême de la foi » a déduit que les musulmans contemporains sont engagés dans un vertigieux *djihad*, une guerre sainte et sans merci contre des ennemis autrement plus coriaces: l'indigence, la maladie, la faim.

Foin de réformes. La voix de l'outrecuidant fut aussitôt noyée sous des tombereaux d'imprécations, assourdie par les anathèmes des bien-priants. Ces derniers retorquèrent qu'un *djihad* devrait plutôt être déclaré contre semblable innovateur.

Pour autant la décision séoudienne de *numerus clausus* du pèlerinage est historique. Car c'est bien la première fois[4] que des représentants patentés de l'*Oumma* ferment la Maison de Dieu au plus grand nombre de ses serviteurs, autrement dit rendent passablement caduc le cinquième pilier de l'islam. Le cheikh Saïd Chaabane, chef du Mouvement de l'unification islamique, formation intégriste sunnite de Tripoli du Liban, peut bien vilipender, dans un de ses sermons reproduit par un mensuel iranien francophone, les mesures séoudiennes, et vaticiner : « Aujourd'hui, les idolâtres [les Américains] ont mis la main sur les saints *harams* [lieux interdits aux « mécréants »]; ils font exécuter leurs complots et leurs plans diaboliques par leurs alliés [séoudiens] dans le but de soulever des révoltes et de créer des divergences au sein de la communauté musulmane et afin de faire peur aux musulmans[5]. » Il prêche dans le désert.

L'Arabie Séoudite a rallié la majorité écrasante des États islamiques autour de son « innovation ». Mahomet n'a-t-il pas prophétisé dans un célèbre *hadith* que son *Oumma* « ne sera jamais unanime sur une erreur »? Plus que son contenu (car depuis toujours le *hadj* n'impliquait qu'un nombre limité de fidèles), c'est plutôt sa nature contraignante et surtout l'unanimité l'entourant qui font de l'édit wahhabite un véritable précédent dont ne manqueront pas de s'autoriser de futurs *mohdiths* « innovateurs », « pervers » et autres hérétiques. C'est un arrêt qui pourrait même faire jurisprudence dans la législation relative au pèlerinage.

Blasé par les inlassables discordes entre sultans, interdit par la dialectique, les arguties et les paradoxes des *oulémas*, le commun des croyants a, depuis longtemps, confié son sort au Maître des deux mondes. Son lieu et son heure de naissance, les joies et les peines, les moindres faits et gestes, les événements les plus triviaux, les pensées les plus fugaces, les rêves mêmes qui tissent sa vie n'ont-ils pas été envisagés, mis en forme et fixés avant sa venue sur terre par le Créateur? Les gardiens des Lieux saints peuvent bien légiférer, les gouvernements trier les fidèles admis à faire le pèlerinage de La Mecque, le destin de chacun demeure entre les mains de Dieu. Au-dessus des aléas administratifs c'est la Providence qui décide, en dernier ressort, du départ de chacun.

Tout se passera donc comme prévu par Dieu seul. *Mektoub*, c'est écrit dans le registre divin. Aussi, aucun prétendant au *hadj* n'éprouve le moindre abattement devant le « seuil de tolérance » prévu par les Séoudiens.

En revanche, pour ne pas l'enfreindre, les États ont mis en place des commissions spéciales chargées de recueillir puis de centraliser toutes les demandes d'émigration vers Dieu. Placées généralement sous la tutelle du ministère des Affaires religieuses, ces administrations proposent en définitive de véritables *hadjis* « clés en mains ». A la manière des agences de voyage, elles s'occupent des visas, du transport, du logement. En s'activant de la sorte, chaque gouvernement espère conforter sa légitimité en manifestant sa vocation islamique. Car, pour socialistes, révolutionnaires, laïques ou libéraux qu'ils se proclament, tous les États à majorité musulmane se prévalent, peu ou prou, de l'islam – comme en font foi leurs constitutions. Ceux qui ne s'y réfèrent pas ouvertement, telles la Turquie et l'Indonésie par exemple, se rattrapent en ménageant les meilleures conditions de pèlerinage à leurs ressortissants, qui le leur rendent toutefois bien mal. La conversion d'un gouvernement en voyagiste a également ceci d'appréciable qu'elle alimente ainsi directement sa trésorerie. En outre, tout groupe de pèlerins constitue un échantillon de l'opinion publique de chaque pays. N'est-il pas implicitement censé représenter tout un peuple au forum annuel de l'*Oumma*? De fait, le départ des *hadjis* est partout vécu comme un événement national. Les journaux, les radios et surtout la télévision tiennent au courant les croyants restants, jour après nuit, rite après cérémonie, du déroulement du *hadj*.

Leur retour, pourtant prévisible, fait régulièrement la une des quotidiens tandis que, sur le petit écran, il est annoncé juste après l'éternelle, l'inamovible chronique des activités quotidiennes du chef de l'État local, qui inaugure généralement tous les journaux télévisés du tiers monde quelle que soit la gravité de la conjoncture internationale.

C'est dire le poids politique du pèlerinage de La Mecque; creuset humain idéal pour retremper la légitimité d'un gouvernement mais également observatoire irremplaçable pour repérer ceux qui la mettent en doute et qui se sont donné rendez-vous à la Maison de Dieu afin de bénir leurs desseins subversifs. Tant de révolutions fermentèrent à l'ombre de la *Kaâba*, tant de dissidences y furent ourdies. Tant de conjurations couvèrent avant d'être finalement éventées dans la Ville sûre. C'est ainsi que le pèlerinage musulman est devenu, par la force des choses, une affaire d'État. Pour mémoire, c'est durant le *hadj* que furent fomentés la révolte des Cipayes contre les Britanniques en Inde (1857) et le soulèvement du cheikh Bouamama contre les Français en Algérie (1880).

Fort de son « intention », dont l'administration n'a cure, de se rendre auprès de Dieu, le fidèle dûment muni de ses papiers d'état civil doit, parfois un an à l'avance, s'inscrire à la mairie de sa résidence ou, dans certains pays, dans une agence, publique ou privée, de voyage. Quelques États, comme le Maroc, la Turquie ou l'Égypte, concèdent à des organismes privés le pouvoir de prendre en charge un nombre limité de pèlerins, un peu à la manière des compagnies aériennes qui allouent des billets de voyage à des « agents agréés ». Dans tous les cas, le voyage est organisé et ses modalités supervisées par le ministère de l'Intérieur, celui des Cultes, lequel n'est souvent qu'une annexe du premier, et enfin celui des Affaires étrangères.

Les bureaux de voyages sont en principe tenus d'honorer toutes les demandes d'émigration vers Allah, sans autre critère que l'ordre d'inscription, jusqu'à l'épuisement des « tickets » qui leur sont spécialement impartis. Mais, en réalité, les choses du *hadj* étant ce qu'elles sont, personne ne s'encombre plus de ce scrupule, pas même le postulant préoccupé avant et après tout d'accéder à la Demeure divine coûte que coûte. L'Enrichisseur lui rendra au centuple les frais de son déplacement en sus de la récompense particulière au pèlerinage.

Plus prosaïques, les « agents agréés » cherchent, eux, à s'enrichir *hic et nunc*. Et c'est ainsi que la sous-traitance des « bons de *hadj* », comme les appellent les Algérois par allusion aux « bons de rationnement », dégénère normalement, au vu et au su de tout le monde, en marchandage sordide, en trafic d'influence et en juteux agiotages, à l'instar des spéculations sur les billets d'entrée à certains spectacles musicaux ou sportifs. Pour donner le change, le chef d'agence délivre ordinairement quelques places mais garde par-devers lui le reste du lot qui est immédiatement mis à l'encan. Sa devise : attendre et voir venir petites gens et gros bonnets résolus à acquérir un billet pour La Mecque.

Les tickets de *hadj* sont octroyés à la tête du client ou plutôt à sa bourse. La transaction s'exécute rapidement entre quatre yeux et le prix fort versé de la main à la main. Les tarifs se révèlent on ne peut plus réguliers dans ce marché noir aussi fréquenté, dans la plupart des pays islamiques, que le bazar. Ce souk parallèle est fort de ses propres cours des valeurs, de son éthique fluctuante, de son utilité publique. C'est le « *hadj* bizness ». Honni soit qui mal y pense!

Il y a tout de même des gens qui arrivent à monter dans un avion en direction de La Mecque sans trop d'accrocs. Ces « volontaires de Dieu » sont convoqués par l'administration, après la clôture des inscriptions pour le *hadj*. Cette convocation vaut généralement acceptation de la demande. En effet, lorsque la liste des partants est close, chaque région retient, suivant l'ordre des inscriptions, le nombre d'admis à émigrer qui lui a été imparti. L'heureux lauréat est alors soumis à un contrôle médical de routine dont la fonction, théoriquement, est de préserver la Séoudie des infections et autres épidémies qui parcourent le *Dar-el-Islam*.

Après cet « examen », l'aspirant *hadj* est vacciné contre diverses maladies contagieuses auxquelles son pays est éventuellement vulnérable. Sage précaution, si l'on songe aux risques constants que comporte le rassemblement annuel de centaines de milliers de personnes de tous horizons sur un territoire exigu, auxquels s'ajoutent la pauvreté en eau et la promiscuité. En ce qui concerne le sida, châtiment providentiel dont la morale musulmane agite l'épouvantail pour mieux accabler le célibat, blâmer la mixité et stigmatiser toutes relations sexuelles hors mariage, le sous-directeur d'un hôpital mecquois nous a assuré qu'en Afrique noire les ambassades séoudiennes soumettaient la faveur de chaque visa à la présentation d'un test négatif récent dûment certifié. Si l'on en croit ce responsable hospitalier, les fidèles africains du Prophète sont, jusqu'à nouvel ordre, les seuls à être touchés par cette mesure.

Après avoir sacrifié aux cérémoniaux bureaucratiques et payé d'avance les frais de son aventure, le pieux voyageur regagne ses pénates et attend, confit en prières, l'ultime convocation des « autorités compétentes » comme il a entendu celle de Dieu. Les diverses commissions officielles mettent en chantier la logistique du voyage : obtention des visas, réservation des billets, etc. En coordination avec le ministère séoudien du *hadj*, la masse des pèlerins est ensuite contingentée en groupes, dotés chacun d'un matricule particulier et soumis à un calendrier de voyage spécifique.

Ultime précaution avant le départ, ceux qui parmi les États ont sporadiquement maille à partir avec des intégristes, passent discrètement au crible la liste des pèlerins suspects d'opposition sacrée. Au dernier moment, quelques-uns seront éventuellement interdits de *hadj*. L'administration arguera, avec force regrets, d'une disparition inopinée de passeports. D'autres seront du voyage mais bien flanqués, en plus des anges gardiens aux petits soins de tout fidèle qui se respecte en Dieu, de chaperons spéciaux à l'affût des contacts irréguliers de chacun.

Néanmoins, cette curiosité officielle ne semble se préoccuper que de la sécurité du gouvernement. En effet, alors que le passé judiciaire, fiscal et, bien entendu, politique de chaque partant est copieusement revisité à cette occasion, sa situation présente, la condition de sa famille et son état physique sont manifestement ignorés. Il lui suffit de ne pas présenter d'infection grave. En témoignent les infirmes, lépreux et autres culs-de-jatte qui agonisent dans les hôpitaux mecquois quand ils ne trépassent pas écrasés par la foule. L'examen médical le plus distrait leur aurait formellement interdit un tel périple.

Pour un Algérien, par exemple, partir à La Mecque est une aventure qui tient littéralement de la loterie. Déjà soucieux d'éviter la sortie de devises fortes, Alger avait imposé un quota sévère d'admission au *hadj* bien avant l'arrêté de Ryad en mars 1988. Résultat : beaucoup d'appelés, malgré le prix de l'expédition équivalant à douze mois de salaire moyen, et peu d'élus. Pour ne pas créer de jaloux, on institua, il y a quelques années, le tirage au sort comme moyen officiel d'admission au *hadj*. Le procédé est aussi simple qu'aléatoire. Une fois closes les listes des inscriptions, les Cultes affectent à chaque gouvernorat un nombre limité de places, naturellement beaucoup plus réduit que celui des candidatures. Une commission se réunit alors dans chaque région, rassemble puis brasse les milliers de noms inscrits et procède, en présence de fonctionnaires compétents, au tirage au sort qui désignera les gagnants. C'est la « tombola », le hasard qui tranche. Pas toujours, cependant.

Car le hasard peut être programmé. Des fonctionnaires opèrent un « prélèvement » sur le lot des places accordées (quelques dizaines) afin de les négocier ensuite au meilleur service, au prix fort. Un billet pour un parent, un autre pour un « type bien placé » et puis un troisième pour quiconque en paierait le prix en devises.

En raison notamment des frais généralement prohibitifs du passeport international (équivalant au tiers du Smic en Algérie par exemple), nombre de pays confectionnent un « passeport pour le *hadj* ». Moins cher, il offre en outre aux Séoudiens une garantie quant à l'origine musulmane du porteur.

Les recalés à l'examen de passage du *hadj* peuvent se présenter l'année suivante. *Inch'Allah*. Sinon, il ne leur reste qu'à se rendre en Europe d'où ils prendront le chemin de La Mecque. C'est effectivement le raccourci le plus simple qui soit. « Les derniers venus sont toujours les mieux servis en islam », observait avec une ironie forcée un avocat algérien, contraint de faire un « crochet » par Paris, en parlant des pèlerins français fraîchement convertis à la foi du Prophète.

Pour un croyant résidant à Londres, Francfort ou Paris, il suffit de se présenter à l'ambassade du Royaume avec un billet d'avion aller-retour, réservé si possible auprès de la compagnie nationale Saudia pour faire bon effet, et d'un passeport valide comportant toutefois au moins trois pages vierges pour accueillir la douzaine de tampons qui sanctionneront les différentes étapes du pèlerinage; éventuellement aussi d'un certificat de conversion. Le visa du *hadj*, valable environ de deux semaines à un mois, est gratuit. Il faut en revanche régler rubis sur l'ongle la taxe spéciale du pèlerinage. En 1988, elle s'élevait à 869 ryals séoudiens, soit 1 600 F environ *.

Las! Le lauréat du pèlerinage se doit de passer l'éponge sur tous ces tracas, d'écarter tout motif de rancune, pour s'imprégner amplement de la sérénité requise pour la rencontre de Dieu. Le cœur léger, il ne lui reste plus qu'à purifier son corps en procédant au *ghousl*, la grande ablution, afin d'alléger la chair de la poussière du monde, de la sueur des jours. De changer de peau.

* 1 ryal valait à peu près 2 F en 1988.

CHAPITRE III

CAP SUR LA MECQUE

L'INTÉRIEUR du Tristar L.1011 de la Saudia est tout vert. Les différentes nuances de la couleur traditionnelle de l'islam [1] s'y imbriquent, de la moquette au plafond, comme pour évoquer l'unité de l'*Oumma.* Ce n'est pas l'unique concession à la religion. Les coquettes hôtesses maghrébines qui égaient, d'ordinaire, les austères vols de la compagnie séoudienne sont mises en congé pour toute la période du pèlerinage. Elles sont remplacées par des Philippines, des Américaines, des Françaises... Des non-musulmanes « décemment » vêtues, cependant. Jupe couvrant bien les genoux, veste stricte, le cou enveloppé dans une sorte de cache-col à l'aspect satiné, la chevelure ramassée sous un simple couvre-chef.

C'est que l'avion constitue la première « vitrine » du Royaume aux yeux des wahhabites, préoccupés plus que jamais de s'imposer comme les tenants les plus intransigeants de la morale islamique. Les boissons alcoolisées y sont proscrites, cela va sans dire. La nourriture se conforme rigoureusement aux recommandations coraniques comme, d'ailleurs, sur les vols d'Air-France à destination de pays où l'islam est religion officielle. Les envoûtantes psalmodies coraniques du cheikh Abdelbasset achèvent de conférer à l'appareil une atmosphère de mosquée. Hormis la présence du pilote, ordinairement américain, et celle des hôtesses « infidèles », il s'agit d'une authentique tranche de vie mecquoise : rigueur morale, comportements uniformes, bigarrure ethnique. En effet, les stewards sont égyptiens, tunisiens ou soudanais, les passagers de toutes races, mais chacun est musulman.

On comprend que les conseillers en relations publiques des Séoudiens aient jugé plus opportun de mettre au vert, si l'on ose dire, leurs employées croyantes. Car, en cette période sacrée entre toutes, il serait aventureux d'exhiber des musulmanes, peut-être célibataires de surcroît, chargées de veiller au confort des pieux passagers, déjà purifiés quant à eux et apprêtés pour le voyage de leur vie. Ils ne se rendent pas, en effet, d'un simple point du globe à un autre.

Sagement assis, chacun porte sur ses genoux son *ihram*, la tenue obligatoire du pèlerin : deux grandes serviettes en coton blanc, vierges de tout usage et surtout de toute couture. *Ihram* désigne en réalité indistinctement la purification du corps par la grande ablution et le vêtement net et propre qui la consacre. Au temps des caravanes et des pèlerinages à pied, le fidèle ne procédait à la toilette rituelle et ne se mettait en état d'*ihram* qu'une fois arrivé à un *miqat*, autrement dit l'endroit précis, sur chaque voie importante d'accès à la Ville sûre, qui démarque le territoire sacré du profane.

De nos jours, le vertige de la vitesse et le nombre extraordinaire des participants au *hadj* bouleversent quelque peu cet usage. Se baigner en avion est problématique, encore que certains tentent de s'y purifier. Se « blanchir » à l'aéroport de Djedda est possible, mais délicat du fait de l'écrasante promiscuité du lieu. Aussi la plupart des partants se lavent-ils d'abord chez eux et font-ils peau neuve sous leur toit pour n'endosser l'*ihram* qu'en Terre sainte même.

Avant de sortir de sa maison pour se rendre à celle du Promoteur, le voyageur doit quitter sa peau. Muer comme un serpent, renoncer à tout panache, laisser ses plumes. Il doit se détourner de l'existence profane, l'inévitable *dounia* que la Tradition présente sous les traits hideux d'une vieille fille stérile, édentée, aigrie et sèche comme un coup de trique, pour entamer une vie nouvelle. Il lui faut, en somme, se refaire une virginité.

L'eau à partir de laquelle Dieu créa toutes choses vivantes (Coran : 21; 30) a les mêmes vertus purificatrices en islam que le feu dans le christianisme (Mt. : 3; 11). Aussi la sévère réglementation du *hadj* prescrit-elle, comme une seconde condition de sa validité, le bain rituel, le *ghousl*, terme on ne peut plus ambigu qui veut dire, pour une oreille moyenne, « laver rituellement tout le corps ».

Cette toilette est impérative au terme de tout rapport sexuel. Dans le cas contraire, les partenaires sont impropres à la prière, à la lecture du Coran, au témoignage devant les tribunaux religieux. La dépouille d'un croyant doit également être « purifiée » de la même manière avant sa mise en terre. Mais *ghousl* suggère tout autant des notions aussi proches que suer, nager, s'imprégner de parfums, se frotter d'onguents, coïter plusieurs fois avec une femme, l'inonder de sperme sans la féconder.

Cette nature équivoque du vocabulaire religieux a encouragé toutes sortes de codifications du *ghousl*, mêlant, selon les *oulémas*, les impératifs hygiéniques aux ratiocinations maniaques sur les organes génitaux et les fonctions digestives. Grâce à Dieu, pourrait-on dire, cette législation obsessionnelle demeure confinée aux facultés de théologie et ne mord que partiellement sur la rue du *Dar-el-Islam*.

Communément, chacun apprête une baignoire ou à défaut une bassine d'eau. Les douches sont impropres car la lotion du corps doit être manuelle. Nu comme un ver, l'impur proclame alors son « intention » de se décrasser de sa vie passée, de se purifier, de devenir un *hadji*. Et de mouiller puis savonner ses parties « honteuses ». C'est la sphère corporelle la plus délicate dont la netteté seule peut conférer la pureté. Après quoi il mouille ses deux mains et les glisse lestement sur sa tête avant de puiser manuellement de l'eau qu'il verse à trois reprises sur son chef en massant le cuir chevelu. Dans la foulée, il prend un petit vase et fait soigneusement couler le liquide absoluteur sur le côté droit du corps, puis sur la partie gauche. Prières et invocations ponctuent chaque geste, accompagnent le moindre filet d'eau. Il lui faut mouiller et frotter sa carcasse sur toutes les coutures. Les plis du nombril, les creux des oreilles, la partie inférieure du menton, les plantes des pieds, sans oublier, au passage, les narines. Gare aux gestes obscènes, même involontaires! Si, par aventure, il lui arrive de toucher par inadvertance son sexe avec la paume de la main après l'avoir lavé, le *ghousl* est nul. Il devra tout recommencer.

« Celui qui entreprend les rites du pèlerinage correctement et ne commet pas d'obscénités sera aussi pur qu'un nouveau-né », promet le Prophète au futur *hadji.* A l'imitation du Beau Modèle, il est bon de s'oindre de parfum après ce bain de jouvence, d'en imprégner son corps et ses vêtements qui doivent, au demeurant, être propres et modestes. L'Intercesseur de l'*Oumma*, qui a décidément tout prévu pour le pèlerinage de ses ouailles, les met clairement en garde : « Ne portez pas de vêtements de soie, ni de brocart. Ne buvez pas dans les vases d'or ou d'argent!... Ce sont là des choses pour les mécréants en ce bas monde et qui seront pour vous dans l'autre. »

Néanmoins, l'usage du parfum étant notoirement considéré comme préparation à l'union sexuelle, il est conseillé de s'en asperger avant la prise de l'*ihram.* Mahomet est on ne peut plus net lorsqu'il souligne qu'il n'y a pas d'odeur plus agréable à Dieu que l'haleine fétide des croyants qui jeûnent; mais lui-même répétait, au soir de sa vie, que les femmes et les parfums étaient les plus réjouissants fleurons de l'existence. Ainsi que la prière, ajoutait-il.

C'est un sujet commun de plaisanteries que d'observer si l'épouse d'un pèlerin sur le point de partir se rend au hammam ou pas. Si elle s'y rend et en ressort avec une démarche fleurant bon l'ambre, si en plus elle s'approvisionne en viandes, légumes et autres bonnes herbes, tout le monde, du retraité libertin à l'adolescent encombré par sa virilité inemployée, aura compris. Si l'heureux ainsi gâté est d'un âge avancé, les jaloux se morfondront de sa verdeur persistante. S'il est jeune, on conclura qu'il veut partir le cœur léger et la chair apaisée. En tout bien tout honneur. Mahomet lui-même se parfumait et faisait le tour de ses femmes avant de prendre l'*ihram.*

N'empêche, des croyants tatillons hésitent à « goûter au petit miel » de leurs épouses comme ils craignent de s'enduire des capiteuses senteurs qui accompagnent sa consommation. La cause en est que certains *oulémas* ont supputé que des traces d'arômes pourraient subsister sur le corps du pieux épicurien et risquer d'imprégner son *ihram*. Le prestigieux imam mésopotamien Ghazali (1058-1111) qui a élaboré un véritable guide de la bonne conduite du *hadj*, balaie allégrement ces doutes en rappelant qu' « il resta du musc au coude du Prophète après l'*ihram* ». La négligence prophétique fait jurisprudence.

A y regarder de plus près, on s'aperçoit que la plupart des *hadjis* se « purifient » bien avant d'endosser leur uniforme rituel pour des motifs plus superstitieux que canoniques. Comme l'Avertisseur, qu'on n'entendra jamais assez, a dit « nul n'est plus proche de la mort que le voyageur, le soldat ou le vieillard », d'aucuns, surtout parmi ceux qui n'ont jamais bougé de chez eux, redoutent de trépasser avant d'accéder à la demeure de Dieu. Dans le doute, ils ne s'abstiennent pas de partir; ils prennent cependant le soin de se laver de leurs péchés. Il arrive même que la fête qui honore le pèlerin sur le départ dégénère en psychodrame.

Manifestement convaincu, on ne sait par quels mauvais esprits, qu'il ne reverra plus les siens mais rejoindra dans un saint anonymat les cohortes des malheureux, enviés malgré tout, qui meurent chaque année à La Mecque, emportés par les flots tumultueux de leurs frères ou terrassés par le soleil quand ils sont épargnés par les infections, le futur *hadji* « craque ». Les yeux rougis par les pleurs, la mine rabougrie, il convoque ses proches effondrés, fait son testament et exprime ses derniers souhaits comme s'il allait mourir l'instant d'après. Des femmes s'évanouissent. Quelquefois, cette représentation du deuil devient si tragique que le partant renonce tout simplement à son pèlerinage. Dieu est clément et miséricordieux, après tout.

En tout état de cause, la plupart des émigrés procèdent à un autre *ghousl* à La Mecque même, par acquit de conscience ou pour se laver d'une infraction involontaire : menstrues, pollutions nocturnes, accès de démence, vomissements, etc.

C'est enfin le moment tant espéré du départ. Muni de sa convocation, de ses titres de voyage, du matricule de son contingent sans oublier son *ihram*, le *hadji* en herbe console les siens, lorsqu'il n'est pas lui-même affolé. Puis il se retire dans un coin pour exécuter les deux prosternations de la « prière du voyage ». Gymnastique propitiatoire pour se garantir contre les mauvaises surprises du voyage et les tourments du séjour. « Seigneur, j'ai l'intention de me sacraliser pour le *hadj* de ta Maison; Seigneur, facilite-le-moi et accepte-le de ma part », murmure-t-il. A haute voix, il prononce ensuite la *talbiya*, la « réponse » du fidèle à l'appel coranique : « Appelle parmi les hommes au pèlerinage! Ils viendront à pied ou sur toute monture au flanc cave. Ils accourront par tout passage encaissé » (Coran : 22; 27), qu'il devra répéter le plus souvent possible durant son exode vers l'Écouteur suprême : « Me voici devant Toi, me voici devant Toi! Me voici devant Toi! Pas d'associé à Toi; me voici devant Toi! En vérité la louange et la bienfaisance t'appartiennent à Toi seul, la royauté aussi. Pas d'associé à Toi. » En affirmant la royauté intégrale, l'autorité impartageable de Dieu, le « répondeur » confirme gravement son destin de musulman, littéralement de soumis au Rassurant, et son adhésion fervente au Parti de Dieu, le Hezbollah.

Le nouveau combattant range son petit barda, très peu de choses en somme, une serviette, un peu de savon et quelques livres s'il n'est pas illettré. En état d'*ihram*, il n'aura en effet besoin d'aucune parure, toute coquetterie étant proscrite. En plus, il ne veut pas s'encombrer de bagages afin de pouvoir en ramener pour tout son argent. Il fait d'interminables adieux à ses parents, embrasse ses voisins puis franchit le seuil de sa demeure. Du pied droit, forcément, car par ce geste, il quitte le monde. C'est la première enjambée dans son nouvel univers.

Par ce mélange singulier de religion, de droit, de morale et de bons usages dont la loi islamique a le secret, la droite a toujours la préséance. Elle constitue le bon côté de l'islam. Mahomet enseigne qu'il ne faut jamais entrer du pied droit dans les latrines ni du pied gauche dans les mosquées. Et de mettre en garde : « Lorsque l'un de vous boit qu'il ne souffle pas dans le vase, lorsqu'il se rend à un lieu d'aisance qu'il ne touche pas la verge ni se torche avec la main droite. »

Ainsi prévenu contre les faux pas, le passager prononce en s'éloignant de son foyer, au milieu des youyous, des lamentations et, parfois, au son assourdissant des salves de fusils et autres pétards, la gracieuse invocation recommandée par l'imam Ghazali : « Seigneur, toi qui es mon compagnon en ce voyage et mon remplaçant auprès de ma femme, de mes biens, de mes enfants et de mes amis, garde-moi et garde-les de toute affliction et de tout malheur... Fais que la terre se déroule sans peine sous mes pas; rends-moi ce voyage facile; accorde-moi le salut de mon corps, de ma foi et de ma fortune; permets-moi d'accomplir le pèlerinage de ta demeure et la visite du tombeau de ton Prophète, Mohamed. Seigneur, c'est en toi que je cherche un refuge contre les peines du voyage, les maux du sort capricieux, les mauvaises pensées qui me viendraient sur ma femme, sur ma fortune, sur mes enfants, sur mes amis... » Et il s'en va, contrit, rejoindre ses pairs à la gare d'autobus, au port, mais plus généralement à l'aéroport. Peu de croyants, cependant, jouissent de l'érudition indispensable pour articuler des prières aussi stylisées. Aussi n'est-il pas rare de voir des pèlerins sortir ce jour-là de chez eux, passer au bureau de tabac faire provision de cigarettes, tancer vertement un enfant qui en jouant les a effleurés de son ballon et même aller au commissariat porter plainte contre un malotru qui aurait, par exemple, égratigné sa voiture ou donné l'impression de guigner les femmes de sa maisonnée. Quoi! on ne ferait pas ça à un *hadji*.

Notre siècle, disait Paul Morand, a inventé un vice nouveau : la vitesse. Pour un musulman, le bouleversement des moyens de locomotion se traduit par un réel manque à gagner spirituel. « Qui va en pèlerinage à La Mecque sur une monture, énonçait l'Envoyé, n'a pour son compte que soixante-dix bonnes actions à chaque enjambée de celle-ci mais qui y va à pied en a sept cents à chacun de ses pas. » On n'arrête pas le progrès. N'étant point « coupable » du confort des voyages modernes, le pèlerin saute allégrement dans un taxi, en proclamant à voix forte la grandeur de Dieu : « *Allah Akbar!* » Commodité du déplacement dont beaucoup, toutefois, concevront un vague sentiment de culpabilité. On le sait, beaucoup de croyants se rendent auprès de Dieu pour se décrasser de leurs péchés, réels ou imaginaires – ce qui revient au même. Or, quelle valeur accorder à une traversée du purgatoire en avion, semblent déduire les âmes simples? Aussi, nombreux sont ceux qui prennent le bus, climatisé, qui offre l'avantage d'être moins cher et le « mérite » d'être harassant. Ceux qui embarquent sur des bateaux n'ignorent pas que le Prophète a prédit le paradis pour tout croyant qui mourrait noyé. Les plus « défavorisés » sont, à cet égard, ceux qui prennent l'avion. Autant désigner ainsi la majorité écrasante des émigrés de Dieu.

A Jakarta, Islamabad, Dakar ou Alger, l'ambiance des aéroports est à la même température. On reconnaît celui qui n'est jamais sorti de son hameau à son attitude figée. Apeuré, il attend au garde-à-vous qu'on le mène là où Dieu veut. Les couples de paysans se signalent par leur timidité hagarde. Ramassés sur leur solitude, ils attendent des heures sans bouger ni tousser. Ils sont ailleurs ou nulle part. Ils aimeraient être invisibles. Les vrais et les faux dévots n'ont d'yeux que pour leur Coran ou quelque autre vade-mecum du bon pèlerin. Signe particulier, indubitable, d'un intégriste : son regard, fiévreux, illuminé, embrasé. En nombre respectable et souvent respectés, les fondamentalistes font ostensiblement bande à part. Signe des temps.

Il y a aussi les inévitables *hadjis* de profession. Ils se rendent à la Maison de Dieu comme d'autres vont à la mosquée. Régulièrement. La pose avantageuse, le contact agréable, ils devisent aussi familièrement avec les douaniers qu'ils s'empressent à assister leurs compagnons de route. Ils ont de ces « connaissances » autres que théologiques et certaines « protections » dans l'administration, qui leur ouvrent la porte de La Mecque. Des gens enviés, au bon vouloir recherché et à la vindicte redoutée. Enfin, au milieu de ce tout-venant bigarré, de ces costumes bariolés, des visages fermés et des yeux grands ouverts, des mines de rien et de tout, évoluent de fins limiers à l'abord quelconque mais au regard louche, cagots de profession et mouchards par nature. A l'écart, les membres de la Délégation officielle, commise à accompagner les pèlerins et à les épauler en cas de nécessité, scrutent la pieuse multitude avec une condescendance résignée. La tenue négligée, le sérieux étudié, ces chaperons en service commandé n'ont qu'un mot à la bouche pour répondre à l'inquiétude et aux appels de leurs protégés putatifs : « Après! »

Dieu merci! la présence pacifiquement remuante de nombreux enfants, l'affairement apaisant des mères allaitant leurs bébés, la béatitude pudique qui illumine quelques visages et la sérénité *sui generis* des vieillards musulmans achèvent de donner une touche d'humanité et de commisération à la plus rebutante promiscuité.

Les plus aisés parmi les partants se font filmer par leurs proches. Sourires en coin, ils arborent, qui son chapelet, qui le Livre de Dieu, face à l'objectif familial. Scènes mémorables. A caméra, caméra et demie, les équipes de la télévision viennent, comme de coutume, filmer les émigrés sur le départ. Le feuilleton annuel du *hadj* commence. Les « héros » sont déjà tendus, mais il y a heureusement des esprits bien inspirés qui leur souffleront les répliques convenables. Par souci d'authenticité, l'« acteur » rassure, au micro, sa famille sur son état général, puis enchaîne, objectivité oblige, sur la sacro-sainte litanie : merci à l'administration des Cultes qui s'est exténuée à faciliter aux candidats les démarches pour constituer leurs dossiers! Reconnaissance éternelle à la commission sanitaire qui les a déclarés aptes à émigrer! Longue vie au chef de l'État à qui reviennent les mérites de cette diligence et de cette sollicitude! Enfin, pour faire bonne mesure, chacun rend grâces à Dieu, but et destination de toute chose! Fin du premier épisode.

A Londres, à Francfort ou à Paris, les aéroports connaissent l'ambiance de tous les jours. Stricte, anonyme, d'une brillance froide. Des points chauds y apparaissent cependant à l'occasion du *hadj* avec les bousculades bon enfant et les rieuses algarades des foules croyantes aux comptoirs des compagnies qui desservent Djedda, passage obligé de tout pèlerin accouru par la voie des airs.

Le groupe avec lequel nous nous apprêtons en cet été 1988 à embarquer à Roissy, sur un vol de la Saudia, constitue un échantillon de l'*Oumma*, saisissant de contradictions et de vérité. Maghrébins, Turcs, Africains, Pakistanais, Américains et Français, musulmans d'origine ou convertis, ils accourent tous, pour paraphraser le Livre des livres, en taxi, en bus, en train, par les monotones autoroutes ou les vitreuses salles de transit, à l'appel de Dieu (Coran : 22; 27). L'annonce du départ imminent déclenche un branle-bas de combat enthousiaste. Un flot d'hommes et de balluchons déferle sur le guichet qui livre le passage à l'avion, dans un brouhaha de souk qui fait sourire policiers et hôtesses manifestement familiers de cette effervescente piété. Sacs de voyages, cabas et autres musettes sont ouverts un à un et copieusement fouillés. Pour des raisons évidentes d'hygiène commune, les autorités séoudiennes interdisent rigoureusement l'importation individuelle de toute nourriture comme de toute denrée périssable sous quelque forme que ce soit. Compréhensifs, les pèlerins se défont de leur ravitaillement et s'engouffrent dans l'avion en glorifiant le Donateur (Coran : 43; 13-14). Vestige impressionnant de leur passage, une accumulation de boîtes de sardines, de sachets de café soluble et même de conserves de couscous.

Dans l'avion, l'atmosphère est déjà grave. Les vertes nuances de la carlingue et les psalmodies du Coran éclairent à peine la mine craintive des pieux migrateurs. Terreur de l'accident et crainte de Dieu. Soudain, les réacteurs s'emballent et l'appareil s'ébranle pesamment pour se mettre en piste. Les émigrés de Dieu retiennent leur souffle comme s'ils allaient sauter dans l'inconnu, lorsqu'une parole venue du premier âge de l'islam déchire l'oppressant silence, comme l'aube de la vraie Religion déchiqueta la nuit épaisse de la *djahiliya*, la barbarie : « Gloire à celui qui nous prodigue ce bienfait que nous n'aurions pas pu acquérir de nous-mêmes! C'est à notre Seigneur que nous retournerons », entonne une voix caverneuse assourdie par les hennissements des milliers de chevaux qui propulsent l'avion et l'arrachent du sol. Des gens se voilent le visage en marmonnant des prières, des enfants pleurent. Un vieillard, pressé par un besoin naturel mais ne sachant pas ouvrir sa ceinture de sécurité, implore l'aide de ses voisins. « Tu veux faire le gros pipi ou le petit? » interroge un steward tunisien. « Le gros », adjure le vénérable chenu. « Ce n'est rien, conclut doctement le garçon de service, c'est la peur. Invoque Dieu. » L'avion monte irrésistiblement tandis que la bande sonore déroule, sur un ton détaché presque sépulcral, la prière que récitait Mahomet chaque fois qu'il prenait le départ pour une expédition : « Dieu nous te demandons pour notre voyage l'immunité de la piété... Dieu agrémente ce déplacement et raccourcis ses distances... Dieu c'est en toi que nous nous protégeons des dangers de la route, de l'affliction de l'attente, de l'incertitude à propos de nos parents et de nos enfants. » L'avion se stabilise enfin sur son altitude de croisière. Les ceintures de sécurité et les langues se délient.

Décidément le *hadj* n'est plus l'apanage des hommes âgés. Aujourd'hui, grâce à Dieu qui semble avoir enfin exaucé la prière de son Prophète en facilitant le voyage, les adultes jeunes répondent à l'appel aussi nombreux que leurs parents. Ils sont là, serrant leurs *ihrams*. Maghrébines ayant consumé leur jeunesse dans des groupuscules féministes redécouvrant au bout du tunnel la brise de l'islam, qui rompt leur isolement et les ramène au bercail, à la cuisine, à la maternité, dans le droit chemin de La Mecque; les cheveux et le corps recouverts de fichus et d'amples robes assorties, elles rient de leur passé. Jeunes Turcs célibataires, fatigués, insistent-ils, plus par la solitude et son cortège d'alcool et de débauches que par les 14 heures de travail dans les ateliers de confection du Sentier; ils vont se ressourcer, se refaire une virginité. Un maître d'hôtel indonésien, vieux rescapé des pogroms anticommunistes de 1964, qui a finalement troqué sa casquette rouge pour une chéchia verte. Des Africains simples qui veulent simplement visiter la Maison de Dieu.

Des Maghrébins, plus éclectiques, cherchent apparemment moins à battre leur coulpe qu'à consacrer une révolte couvée dans les cités HLM ou les foyers d'immigrés. D'autres, recalés lors du tirage au sort, y vont par défi, pour montrer que nul ne peut barrer le chemin de Dieu. Un

Suisse converti, apparemment éploré d'avoir été dépris de ses fromages, lit le Coran dans le texte. « Qu'importe, lui souffle son voisin et coreligionnaire français, la meilleure provision est la piété. » Amen.

L'ambiance est fraternelle mais masculine. Seuls les hommes s'interpellent, discutent, des agences de voyage notamment. Un Marseillais raconte que les voyagistes de la cité phocéenne prennent 500 F de commission rien que pour le visa, normalement gratuit, obtenu par leurs soins. Pour ne pas participer à cette « escroquerie » il passe par Paris. « Voilà où en arrive l'islam aujourd'hui », tonne-t-il. « Ce sont les juifs de Mahomet » *(yahoud Mohamed)* tranche un étudiant par cette façon bien maghrébine de désigner les faux dévots musulmans. « S'il n'y avait que ça! » observe un vieillard édenté. Il ne croit pas si bien dire.

D'ordinaire, en effet, la Saudia offre un service à bord digne des grandes compagnies internationales. Mais, en période de pèlerinage, elle propose, pour les mêmes tarifs, un service minimum, passablement bâclé de surcroît.

Que les guichets réservés dans la plupart des aéroports du Moyen-Orient aux « ouailles arabes » *(el raâya el-ârab)* soient généralement de véritables Fourches Caudines, tout le monde s'en est philosophiquement fait une religion. Qu'en pleine saison sacrée, sur le chemin de La Mecque, les « Délégués du Clément » *(woufoud el Rahman)*, comme les appellent joliment les Séoudiens, soient traités avec si peu d'égards de la part d'une compagnie aérienne convenablement réputée, n'étonne pas mais laisse rêveur sur le peu de cas que le musulman fait de son « frère en *Oumma* ».

Ni boissons avant le déjeuner ni présentation habituelle de l'attrayante carte du menu. Il est vrai que tous les passagers étant musulmans, ils n'auront cure en cette occasion de la qualité des repas. La plupart sont analphabètes et de condition modeste. Une simple collation fera l'affaire. La belle affaire. Nous nous sommes étonnés auprès d'un steward d'une telle économie dans les moyens du bord : « Tu vas à La Mecque, nous rétorque-t-il, pour remplir ton cœur, pas tes yeux ou ton ventre! »

« Quand le ventre est plein, il demande à la tête de

chanter », dit un adage maghrébin, ou de prier, c'est selon. Le repas terminé, c'est déjà le moment de la prière de la mi-journée. Car « qui néglige l'heure de la prière de l'après-midi perd le fruit de ses œuvres », dit l'Avertisseur.

Et c'est la ruée vers les cabinets de toilette. Consensus implicite : tout un côté des lieux d'aisance, déjà transformés en salles d'ablutions, est exclusivement réservé aux femmes. Les claquements de portes, les clapotis des robinets et les disputes entre les disciplinés et les resquilleurs esquivant la queue, se mêlent aux invocations de ceux qui gardent leur place et leur sérénité en égrenant leurs chapelets.

« Mes frères, indiquez-moi la direction de La Mecque! » Voilà la question. Les stewards semblent les derniers concernés par l'agitation des fidèles. Les hôtesses se sont volatilisées. Les orants délibèrent, supputent des orientations diverses, parfois même opposées. « Dieu est partout et la terre est ronde » juge un Sénégalais. « Prions dans la direction du vol », proteste un Marocain. « Prions alors sur nos sièges », conclut un Algérien avec une autorité candide. Adjugé. Assis, les orants miment gravement avec la tête et le buste les prosternations rituelles. Cette manière de faire est fondée sur un avis du Prophète. En effet, un homme souffrant d'hémorroïdes vint lui faire part de sa difficulté à prier communément. « Prie debout, répéta l'Envoyé conciliant; si tu ne peux pas, fais-le assis; si tu n'y arrives pas encore, fais-le alors couché sur le côté. » Sourds à cette réserve, des puristes prient normalement, sur leurs petits tapis à même le sol. Le temps d'une prière, l'avion prend des airs de mosquée volante.

« Y a-t-il un imam dans l'avion? » La question fuse d'une rangée de sièges à l'autre, provoquant un début de panique. Au commencement il y a, comme c'est souvent le cas dans les emportements collectifs, une rumeur. Un ouvrier marocain raconte à son voisin somnolent que l'imam d'une des mosquées de la banlieue parisienne l'a sérieusement mis en garde contre le risque de perdre tout le bénéfice de son *hadj*. C'est que parfois, lui expliqua le religieux, avant l'atterrissage à Djedda, l'avion est obligé, pour des raisons techniques, d'exécuter des rotations qui le conduisent à outrepasser le *miqat*, la frontière sacrée de La Mecque. Nul ne peut la franchir sans avoir rigoureusement accompli le rite de l'*ihram*. Le cas échéant, tout le *hadj* serait annulé. Comme un homme averti en vaut deux, le prolétaire maghrébin, taraudé par la crainte de survoler à son corps défendant les sables bénis, épancha son redoutable secret dans l'oreille la plus proche. Il n'en fallait pas davantage pour propager une rumeur effarée et confuse. Un début d'émeute à dix mille mètres du sol... grec.

Il n'y a pas d'imam dans l'avion. Terrifiés par le remue-ménage, les stewards s'intéressent enfin aux préoccupations des usagers. « Ce n'est pas vrai, clament-ils, l'avion ne violera pas le périmètre sacré! Imaginez-vous le scandale, le Roi n'est pas fou, quand même. » « Dieu seul est Roi », lance à la cantonade une vieille femme à l'accent indéterminé. « Oui, d'accord, renchérit un Pakistanais, mais le pilote est américain. Il peut faire de nous ce qu'il veut! »

Celui par qui le désordre est arrivé se lève enfin. « Mes frères, j'ai économisé une année durant pour venir embrasser cette terre et sentir l'odeur du Prophète. Je ne veux pas échouer avant même d'arriver. Allons voir le pilote! » clame-t-il sur un ton qui trahit un passé syndical. Des vieux se lamentent dans un coin à l'idée d'avoir tout sacrifié pour rien. L'entreprise de leurs rêves s'affaisse en banqueroute spirituelle.

Le visage chaviré, apparemment plus à cause du risque réel d'un accident d'avion que de la violation somme toute improbable de l'espace saint, un Turc exhibe un guide du *hadj* et tente d'expliquer dans un français approximatif que « Dieu est plus savant, mieux voyant que nous tous. Plus fort que l'Américain. Il a créé le pilote et l'avion comme il a créé l'âne ou la chèvre. On a le droit d'attendre jusqu'à l'aéroport pour nous doucher et tout et tout. » Paroles en l'air. Autant prêcher dans le désert.

Au fond de l'appareil, les toilettes sont prises d'assaut. Les gens qui s'attardent un peu à l'intérieur sont rappelés à leur devoir de « faire » vite à coups de poings sur les portes. « Quoi! tu accouches? » demande ironiquement un Algérien à son compagnon. Deux frères maliens ont quant à eux érigé une sorte d'enceinte à l'aide de draps tenus par chacun. A l'abri de cette « tente » de fortune, leur mère se déshabille en vue d'endosser son *ihram*. Entre-temps, les voyageurs occupant les sièges alentours ne se sont pas fait prier d'aller voir ce qui se passe ailleurs.

Malheureusement, ni la majorité des passagers ni le personnel de bord, littéralement débordé, ne semblent au courant d'une *fatoua* récente, élaborée par d'éminents *oulémas* qui impose Djedda comme point de départ de la sacralisation.

Travailleurs immigrés en France pour la plupart, les passagers savent trop bien qu'il faut être en règle avec la législation du pays d'accueil pour y vivre et travailler en paix. Émigrant vers Dieu, ils sont infiniment plus préoccupés de se conformer à la Loi divine. Il y va du droit de leur séjour au Paradis. Mais, comme il n'y a pas d'imam pour pallier l'incompétence des stewards et indiquer aux passagers qu'ils peuvent attendre tranquillement jusqu'à la descente pour se purifier, chacun saute sur son siège, prend son *ihram*, sa trousse de toilette et fonce vers les cabinets aux portes desquels trépignent d'impatience ceux qui ont déjà décidé de s'y laver les mains et le corps. Odeurs de transpiration, de savon et de bain. Ambiance de hammam et de café maure. Cependant, dès que la portière des WC transformés en salle de bains et en cabine d'essayage s'ouvre et qu'un nouvel homme apparaît tout de blanc vêtu, la foule se ressaisit, le couvre de bénédictions et se range en une haie impeccable pour lui permettre de regagner son siège sous le regard médusé et le rictus goguenard du personnel de la Saudia. Un gaillard sort de la salle d'eau, les bras écartés comme s'il voulait embrasser la terre entière. Sourcils épilés, barbe en broussaille et quelques dents en or, il gonfle le thorax et exhale son exaltation dans une retentissante psalmodie : « Me voici, mon Dieu, me voici devant toi... » Certains ne peuvent s'empêcher de pouffer de rire devant le spectacle. Beaucoup s'esclaffent dans leurs barbes.

Les cabinets de toilette sont mis hors service. Cuvette bouchée, parterre imbibé, fragments de savonnettes, rasoirs jetables, bandages herniaires et slips abandonnés, s'amoncellent comme autant de vestiges des servitude du corps. Qu'importe si les WC s'abîment pourvu que les corps revivent.

« Gloire à celui qui nous prodigue ce bienfait... » La bande magnétique annonce l'arrivée à bon aéroport et amorce une descente en feuille morte dans l'or du couchant. « *Al hamdou lillah*, Dieu soit loué! » jubilent les passagers. L'avion se pose lestement sur la terre ferme et sainte.

Djedda! La Grand-Mère. Ève. Le souvenir de la première femme du monde remonte à la mémoire. C'est ici en effet que chut du Paradis, tombée des nues, la compagne d'Adam. Aujourd'hui des centaines de milliers de ses lointains descendants quittent leurs mères patries pour venir reprendre terre dans la patrie de leur mère.

La ville répondait au nom de « Sirène de la Mer Rouge ». Une sirène qui attirait les marchands et autres trafiquants de la Méditerranée et de l'océan Indien. Une ville d'eaux troubles. Elle céda, néanmoins, un beau matin aux psalmodies des sirènes musulmanes et se laissa baptiser Djedda, la « route large et longue », par les soins du troisième successeur de Mahomet, le calife Othman ibn Affan. Le monstre marin tourna le dos aux aventures de la mer.

La mère de l'humanité foula la terre ferme ici même, raconte la tradition musulmane, tandis qu'Adam atterrit à Ceylan au sommet du pic d'Adam. Le serpent tentateur tomba à Ispahan en Iran. Quant à *Iblis*, le Satan de l'islam qui suborna le premier couple humain, il descendit lui aussi à Djedda. La croyance populaire assure que la Grand-Mère partit d'ici vers l'orient à la rencontre d'Adam.

Djedda désigne ainsi la Grand-Mère et la voie sacrée des hommes. « Djedda est la pointe du combat, rappelle Mahomet, La Mecque est le point d'attache. » Pour rejoindre la Mère des cités il faut bien passer par la Grand-Mère. Djedda!

La porte de l'avion s'ouvre. Autant ouvrir la portière d'un four. Une haleine de dragon s'engouffre dans les poumons remplis de prières. Une chaleur à couper le souffle. Le temps d'embrasser un paysage ample, d'un ocre franc à peine démenti par quelques carrés de verdure. Un autobus doté d'un élévateur vient cueillir les passagers de plain-pied. Quel contraste entre la chaleur naturelle et le moelleux du paysage ambiant et la froideur artificielle du car. Un vrai igloo. Quel déphasage entre ces hommes pleurant, chantant, impatients de fouler la noble poussière et l'immensité nivelée, asphaltée de l'aéroport international du roi Abdelaziz. Recouvrant 105 km^2, il comporte d'impressionnantes aires de trafic et plusieurs terminaux d'une ultra-moderne facture. Celui-ci, spécialement conçu pour accueillir les foules pèlerines, se détache à l'horizon. Vu de loin, l'allure est saisissante. On dirait une ronde de derviches tourneurs géants dont les têtes, les bustes, les jambes seraient invisibles. Des robes gonflées par le vent et suspendues entre ciel et terre.

Les passagers mettent enfin pied à terre et s'engouffrent dans un long couloir qui mène à la salle d'attente. La blancheur des murs et l'air conditionné glacial rappelleraient l'intérieur d'un réfrigérateur, n'étaient les bouffées de chaleur moite qui se dégagent des toilettes. Des croyants dorment sur le sol, les poings fermés. C'est que les formalités de police et de douane sont infiniment laborieuses. Pour filtrer les dizaines de milliers de passagers qui arrivent chaque jour, les Séoudiens mettent en place une formidable logistique. Batteries d'ordinateurs, augmentation des effectifs de police, renforts de gendarmes et même embrigadement de jeunes scouts au service des arrivants. Tout est mis dans la balance pour le franchissement de la frontière du Royaume. N'empêche, l'accomplissement des formalités de police et de douane peut, selon les périodes, s'étaler sur six heures ou demander un jour complet d'attente climatisée. « Dieu est avec ceux qui patientent » (Coran : 22; 34-35).

Les pèlerins s'installent presque à même le sol sur le carrelage. Sur un mur, un immense panneau souhaite à tout le monde la bienvenue en treize langues, du malais au portugais en passant par le français. Derrière une vitre, une seconde salle où s'affairent militaires et émigrés de Dieu pour faciliter les contrôles de police. Au fond, une troisième est réservée à l'inspection des bagages. Des éléments des forces de la sécurité intérieure, timides et corrects, veillent à la régulation des passages d'un hall à l'autre.

Prier. Comment deviner la position du soleil sous les néons, mais surtout comment connaître l'heure exacte lorsqu'on a face à soi deux horloges disposées côte à côte, affichant chacune une heure différente? Deux poids, deux mesures du temps en Terre sainte? En fait l'Arabie fonctionne au rythme d'un temps à deux vitesses.

Il y a ainsi deux calendriers, le solaire grégorien et le lunaire hégirien, auxquels correspondent une heure profane et une heure religieuse. Le jour musulman commence au crépuscule. Aussi lorsque le soleil disparaît derrière l'horizon de Djedda, de La Mecque ou de Médine, l'horloge dite « arabe », religieuse, affiche zéro heure tandis que la pendule solaire appelée *zaoualite*, sonne 18 ou 19 heures selon les lieux et les saisons.

Il faudrait une baraka exceptionnelle pour que le simple fidèle, la tête engourdie par la rumeur des ventilateurs, l'esprit déphasé par le décalage horaire et les membres courbatus par la durée du voyage, puisse choisir son heure.

« Dieu est le plus savant », se disent entre eux les croyants. Et de se mettre en rangs vers la direction supposée de La Mecque. Plusieurs groupes de prière se forment un peu partout dans l'immense hall du transit. Orientés chacun au petit bonheur la chance, ils ne se prosternent pas au même moment. Curieusement, les fidèles des diverses provenances n'arrivent pas encore à aller les uns vers les autres, à se mélanger au moins le temps d'une oraison. « Ils se comportent comme si Dieu recevait ses créatures en audiences particulières par nationalités et à des heures différentes », observe un commerçant camerounais qui en est à son sixième pèlerinage. En réalité, les fidèles, dont beaucoup n'ont jusqu'ici jamais franchi les limites de leur douar, sont terriblement timorés. Ils ne peuvent encore se ranger qu'avec les gens qui ont voyagé à leurs côtés. Question de familiarité mais pas de nationalité.

Quel bazar! C'est le plus chatoyant défilé des modes vestimentaires du globe. Des hommes à demi nus en état d'*ihram* tiennent conseil avec leurs épouses et mères amplement enveloppées de haut en bas : de véritables amas de draps. Des Indiennes emmaillotées de satin rose et bleu lisent. A côté d'elles, des Maghrébines venues de Paris en jupes plissées et qui, une fois à terre, sortent le costume traditionnel de la femme marocaine, une sorte de robe longue à capuchon. Des Algériennes débarquent en tenue de sœurs musulmanes : manteau bistre, ample châle tombant sur les épaules, le tout coiffé par un fichu noué sous le menton. A Alger, elles ne font pas une trotte sans que quelque jeune plaisantin dans le vent ne se gausse d'elles en les traitant de « 404 bâchées ». Allusion aux Peugeot très appréciées au Maghreb. Dans un coin, indolemment assises, discutent des « tentes ambulantes ». C'est ainsi, du moins à Damas, qu'on désigne les femmes se couvrant intégralement de haut en bas avec des draps noirs. Les Turcs arrivent. Râblés, barbus, ils captent l'attention par leur calme et la discipline de leurs mouvements. En plus du physique et de l'allure spécifique, ils sont revêtus d'« uniformes » particuliers. Le pantalon à rayures verticales grises et beiges et la chemise d'un brun orangé pour les hommes. Une ample robe tablier de la même couleur pour les femmes et un fichu assorti. Tous arborent, cousus à même leur habit de *hadj,* un drapeau turc. Leur arrivée fait sensation. Sages et taciturnes, ils vont à La Mecque comme ils iraient à la guerre. En ordre.

Des Algériens débarquent en ordre dispersé. Les hommes, en djellabas immaculées, portent fièrement le *chèche*, ce turban blanc ou safran particulier à l'Afrique du Nord, que les Algérois désignent narquoisement par le sobriquet de « 33 tours ». Les femmes se cachent derrière la tenue islamique que l'on pourrait qualifier de « moderne » : une sorte d'imperméable bleu cendré, un large foulard qui couvre la tête et le cou et ne laisse visible que le visage au regard souvent dissimulé par de grosses lunettes de soleil. Des bas et des gants assortis rehaussent le prestige de la tenue croyante.

Bruyants et rigolards, les Égyptiens s'annoncent. Ce sont les « Américains » du monde arabe à cause du nombre effarant d'obèses parmi eux. Quelques fellahs nubiens, émaciés et glabres, noyés dans de larges robes en forme de bouteille, apparaissent çà et là, au milieu de la masse charnue, adipeuse et velue de leurs compatriotes. Il est vrai que dans le pays des pharaons, la richesse et l'ascendant d'un homme se mesurent aussi à l'aune de son embonpoint. La raison du plus gros y est encore souvent la meilleure.

La salle d'attente est blanche de monde. Il y a toutefois, au milieu des gens revêtus d'*ihram* et de ceux encore traditionnellement habillés, toute la gamme des accoutrements « mixtes », mariant, selon les moyens de chacun, la livrée musulmane à la défroque occidentale. Cette combinaison vestimentaire a déjà créé son uniforme « classique » : la belle veste de tweed que porte ce Palestinien par-dessus son *abaya* (une version orientale de la djellaba) en est un élégant exemple. Elle connaît également les engouements de la mode. Elle a même ses frimeurs et ses dandys. Par exemple, ce Marocain en tenue de cow-boy, bottes incluses, dans un pays de canicule permanente, mais avec un burnous sur les épaules. Il ne lui en faut pas plus pour devenir le « superman » des douaniers. Et ce Kabyle parfaitement à l'aise dans sa djellaba, les yeux rieurs sous son béret basque. On dirait un pèlerin « franchouillard ». Comme ces jeunes femmes qui, en remontant furtivement leurs robes pour s'asseoir, découvrent des jeans bleu délavé. Mais la palme de l'originalité revient à ce Libyen qui se pavane en complet-veston et cravate, avantageusement coiffé d'une chéchia. Certains hommes pouffent littéralement de rire en remarquant qu'il porte des chaussures de football dûment dotées de crampons. Des rires convulsifs secouent quelques femmes.

Moins risibles, les heures succèdent aux heures. Les aiguilles du temps donnent minuit pour l'horloge solaire et 5 heures pour sa voisine. Déjà cinq heures d'attente. Sans nourriture, sans eau et sans sièges suffisants pour se reposer. Les WC, intensément visités, dégagent une molle tiédeur de bain, alourdie d'une odeur rance, nauséeuse. Des pèlerins y entrent endimanchés pour en ressortir enveloppés d'*ihram*, propres à la prière du vendredi, laissant les effluves repoussants de ce bas monde derrière eux. Le péché a une odeur.

La tension monte, la cote de popularité des Séoudiens

baisse. Il faut croire qu'ils ne sont pas en odeur de sainteté parmi les invités de Dieu. Les pauvres bidasses chargés de veiller sur la bonne patience des voyageurs sont brutalement assaillis de questions, de récriminations et même de menaces par ceux des fidèles que la fatigue et le sommeil n'ont pas encore couchés sur le carrelage. On entend : « Vive Khomeyni ! » Une voix s'écrie : « On ne vient pas de Tel Aviv, tout de même ! Dieu est grand ! »

Un soldat inquiet de ce début de fronde demande par radio des renforts. Aussitôt, une escouade de ses collègues investissent la salle. Fermes mais mesurés, ils demandent à chacun de garder son calme et de patienter. Ceux qui s'étaient assoupis, ceux qui dormaient par terre, sans oreillers, sur leurs deux oreilles, les poings fermés et les jambes écartées, se réveillent en sursaut. En deux temps trois mouvements, ils sont prêts à prier et à crier.

AÉROGARE DE DJEDDA : 2 HEURES DU MATIN (HEURE SOLAIRE)/7 HEURES (HEURE MECQUOISE)

« La salle à côté est presque vide et les postes de police attendent ! » s'écrie un Camerounais en montrant des bras la salle mitoyenne. Un bougonnement approbateur secoue la torpeur de la salle. Impassibles, les Turcs ramassés sur eux-mêmes dans un coin, loin des toilettes, restent debout, légèrement voûtés vers l'avant par l'âge ; ils égrènent leurs chapelets avec une moue pensive. Leurs femmes bâillent ou murmurent des prières. Les Algériens s'énervent : « On est des musulmans, nom de Dieu ! Laissez-nous donc passer, on ne va pas vous prendre votre pétrole ! » lance un vieillard au visage trompeusement angélique. Les miliciens royaux se retirent pour aviser avec leurs responsables. Les têtes s'échauffent sous les ventilateurs. Par piété ostentatoire ou par fatalisme, un groupe de Libyens et d'Algériens se met en rang pour prier. Pour déterminer la *qibla*, ils n'ont pas été par quatre chemins. Il leur suffit de tourner le dos aux sanitaires. Debout, ils se préparent aux prosternations rituelles sous le regard perdu de leurs épouses restées assises. Les mentons sont hauts, les regards presque goguenards. Pendant que les autres pourfendent les Séoudiens, jurent et « blasphèment », eux ne perdent pas le nord. Les autres se braquent contre les douaniers, eux se tournent vers Dieu.

En priant, ils bâillent, regardent leurs montres comme si le temps leur était compté, ajustent leurs pieds et lèvent les bras : « *Allah Akbar!* » Ils se prosternent en posant le front et le nez sur le sol jonché de mégots et de cigarettes, puis relèvent le buste et se reposent sur leurs jambes pliées, les mains ouvertes sur les cuisses. Ils s'inclinent derechef en proclamant la grandeur du Dompteur. Tableau renversant que le contraste entre ces hommes courbés dans le calme et le recueillement et ces autres qui, autour d'eux, se démènent comme de beaux diables pour passer à la salle des contrôles de police. Imperturbables, les orants se redressent nonchalamment, serrent leurs mains jointes sur le cœur et vaquent à leur office. Certains jettent des regards furtifs et intéressés au-dessus de la mêlée qui emporte le hall.

D'autres, visiblement gênés, tapotent des pieds sur le sol tout en restant suspendus aux lèvres de l'imam qui les oriente. Ils se grattent le bas-ventre, donnent un brusque coup de hanche vers l'arrière en écartant les jambes. Ils s'ébrouent comme s'ils cherchaient à se dégager d'un invisible obstacle. Ces gestes, plutôt triviaux, dégradent la prière aux yeux des fondamentalistes qui y voient une raison supplémentaire de rejeter l'habillement « occidental ». De fait, lorsqu'un fidèle procède aux ablutions qui préparent la prière, il lave à grande eau, entre autres, ses organes génitaux. Acte banal qui n'a aucun effet désagréable, du moins pour qui s'habille en djellaba. Car celui qui porte un pantalon est évidemment gêné dans ses prosternations. C'est même un objet quotidien de taquineries. Comme l'entrecuisse est souvent mouillée au moment du prosternement, les plis du slip et de l'entrejambe du pantalon s'imbriquent à ceux des aines et « garrottent » en quelque sorte les bourses. Au moment où le croyant se relève de tout son corps, l'embarras et parfois la douleur s'emparent des parties honteuses qui se retrouvent ainsi coincées. D'où l'impudique gymnastique pendant la prière, qui courrouce tant les puristes.

Ce serait mal connaître la religion de Mahomet que de s'étonner de cette manie comme de ce « voyeurisme » procéduriers. « Pas de pudeur en religion » affirme la Tradition au diapason de la Parole de Dieu. « Nous avons fait descendre sur toi le Livre pour éclaircir toute chose » (Coran : 16; 89), y compris les méfaits du pantalon. A quoi ne penserait-on pas au seuil de la Maison de Dieu?

« Passez dans la salle à côté avec vos passeports! » s'écrie un soldat. Enfin! L'imam lui-même accélère visiblement les cadences de la prière. Cela est permis. « Celui qui préside à la prière en assemblée doit être bref, confirme Mahomet, car il a derrière lui des gens faibles, malades, âgés ou ayant à faire. » Son devoir fini, chacun ramasse ses chaussures, son sac, appelle sa femme et se rue vers la porte qui livre le passage aux contrôles de police. Des enfants pleurent, des femmes hurlent, des hommes appellent au calme. Débordés, les Séoudiens avisent. « Les femmes et les enfants d'abord! » lancent-ils. La vague humaine reflue aussitôt, s'apaise. Un silence éloquent répond à l'ordre militaire. Ni les hommes ni encore moins leurs femmes n'accepteraient en effet de se retrouver dans des antichambres séparées. Quelle épouse oserait faire face, seule, aux agents des frontières et aux douaniers, se laisser dévisager, répondre aux diverses questions d'usage, loin des yeux de son mari? « Non, non, mille fois non! s'époumone un Tunisien, nous sommes des musulmans, nous, on n'est pas des gens de whisky et de ski! Chacun avec sa famille ou rien! » conclut-il sous les regards approbateurs des pèlerins.

AIRE DE TRANSIT DE L'AÉROPORT : 3 HEURES DU MATIN/8 HEURES

Le hall des contrôles d'identité est plus commode. Il y a des sièges. Des files d'attente s'allongent derrière une ligne rouge tracée sur le sol pour démarquer les guichets de la salle. Une seule personne à la fois peut normalement la franchir, comme à l'aéroport de New York. Mais à Djedda, on fait une exception pour les couples, car une femme « respectable » ne doit pas parler avec un inconnu. Son mari répond d'elle. Ce n'est pas le cas des trois Maghrébines venues voilées pour le *hadj* qui découvrent soudain leurs visages et vont directement au comptoir réservé aux « délégations officielles et grandes personnalités ». Elles exhibent des télex devant le policier décontenancé par leur aplomb. Un grand barbon voûté, à l'œil malicieux, arrive sur-le-champ en faisant de grands signes aux jeunes demoiselles. Celles-ci le reconnaissent et s'empressent de lui baiser révérencieusement la main avant de le suivre dans un couloir « interdit aux personnes étrangères au service ». C'est décidément le guichet des petites vertus qui viennent reverdir l'univers des vieux émirs sous la raison sociale convenue d' « institutrice de français » ou, mieux encore, de *hadja,* pèlerine.

Des membres d'une association musulmane de France sont chaleureusement accueillis par un Séoudien à l'aspect autoritaire. Ils se faufilent derrière lui vers la sortie. « Bande de crabes, leur lance un Égyptien, croyez-vous donc qu'au jour du Jugement dernier il vous pistonnera ainsi pour vous faire entrer au Paradis ? » Des policiers bavardent en s'étirant sur les sièges de leur poste de contrôle « fermé » alors que des centaines de personnes s'agglutinent face à un autre.

Derrière son ordinateur, l'agent est relativement correct. Propre, peu loquace, il est efficace. Rien à voir avec l'insolence soupçonneuse et suspecte de ses collègues arabes. Au Maghrébin, il demande toutefois les noms et prénoms de sa mère et de ses grands-parents paternels qu'il engrange aussitôt derrière l'écran de sa mémoire artificielle. Gare au distrait, plaisantin ou autre menteur qui ne redonnerait pas des appellations identiques au prochain passage. Le dispositif informatique est digne des pays industrialisés. Premier tampon sur le passeport.

Tout droit devant, une salle. Fouille corporelle assidue. Dût la virilité arabe en prendre un sacré coup, un barbu grassouillet, aux gestes vaguement lascifs, tâte chaque personne sous toutes ses coutures jusques et y compris les « parties » qui sont attentivement « soupesées ». Rien de spécial à déclarer.

Contrôle des bagages rapide. Des mains rodées farfouillent dans les fonds de valises et les culs de sacs de voyages, à la recherche de quelque pot-aux-roses. Les Iraniens ont déjà eu la faiblesse de débarquer avec un double langage apaisant et un double-fond de bagages explosif. Les Pakistanais, eux, ont souvent la fâcheuse distraction d'arriver avec un bâton de haschich à la place d'un bâton de pèlerin. LSD et TNT, cocaïne et dynamite, voici les ennemis secrets et publics du Royaume. Une grande affiche collée sur tous les murs de l'aéroport invite les citoyens à collaborer avec les forces de police afin d'enrayer le fléau de la drogue. Mal maléfique d'essence diabolique et d'origine iranienne selon la propagande wahhabite. Défonce des jeunes et défense du territoire séoudien sont incompatibles.

Dernier passage obligé avant la sortie de l'aéroport et l'entrée en terre bénie, le comptoir de la « General Transportation Syndicate ». Là, contre la remise du chèque de 869 ryals acheté par le voyageur au moment de sa demande de visa, les employés égyptiens de la compagnie, les yeux rouges à force de veilles forcées mais le sourire de bienvenue aux lèvres, lui délivrent un carnet de tickets de bus nécessaires à ses déplacements. A savoir : Djedda-La Mecque-Arafat-Mina-La Mecque-Médine et enfin Djedda. Ils lui remettent aussi un mandat de 80 ryals pour le cas où il perdrait ses deniers. Il aurait ainsi à sa disposition l'argent nécessaire pour regagner l'aéroport. Deuxième et troisième tampon sur le passeport.

CHAPITRE IV

LA TERRE PERMISE

EL-DJAZIRA, « l'île ». C'est ainsi que les Arabes nomment leur presqu'île, non sans quelque fierté insulaire. Il suffit pourtant de fixer un planisphère : « l'île des Arabes » s'étale grosso modo au milieu des terres émergées. Insérée entre l'Afrique et l'Asie, elle est suspendue au littoral oriental de la Méditerranée comme un linge qui sèche. Cette charnière entre les trois vieux continents est cernée par la mer Médiane-Immaculée, ou, si l'on préfère, la Méditerranée, la mer Rouge, l'océan Indien et le Golfe arabo-persique.

Selon que l'on regarde vers le couchant ou le levant, sa silhouette massive et vacillante évoque autant une outre se déversant en mer Immaculée qu'une bottine faisant du pied au mastodonte asiatique, sur sa partie la plus chatouilleuse : la Perse. Une île-désert. Une poudrière. Un carrefour également. Elle affecte cependant une inclination marquée pour les contrées occidentales. Semblant tourner le dos à l'Asie, elle s'étire en effet vers l'ouest, en s'élevant graduellement jusqu'aux massifs graniteux qui bordent la mer Rouge depuis le Yémen [1] jusqu'à cette autre « île » arabe qu'est le Sinaï. Face à l'Afrique elle affiche un front de mer haut, souvent escarpé. Les merlons de ce rempart naturel culminent à plus de 3 000 m au sud et sont assez arrosés pour avoir mérité dès l'Antiquité le nom d'*Arabia Felix* [2]. En s'égrenant vers le nord, ils s'assèchent progressivement et dégénèrent en collines volcaniques jusqu'au *limes* de Syrie-

Palestine, l'*Arabia Petraea*[3] des Romains. La traînée rocheuse qui épaissit son flanc occidental et l'embranche aux chaînes du Sinaï et du Proche-Orient constitue la colonne vertébrale de l'« île des Arabes ».

De fait, c'est au fond des échancrures affouillées dans le corps rocheux par les trombes sporadiques et les pluies hivernales que jaillissent les puits, verdissent les oasis, poussent les agglomérations, survivent ou prospèrent les hommes. Aussitôt que les oueds, nés des pluies, s'évaporent sous le regard impitoyable du soleil et désertent leurs lits, les plantes s'y épanouissent et les humains s'y accouplent. Ce bled aride est néanmoins né sous une bonne étoile. Entre deux croissants. Le Croissant fertile[4] qui le coiffe depuis le golfe Persique jusqu'à la mer Morte et le Croissant montagneux qui, jusqu'à la mer d'Oman, le ceint. Ainsi la boucle astrale est presque bouclée. Au cœur de ce diadème naturel bouillonne le désert le plus implacable[5], à peine démenti par une constellation clairsemée d'oasis chétives. Le *deserto incognito*, les sables ardents, les vents incendiaires. Un no man's land. La terre du démon, des *djinns*, de Dieu. La Terre sainte.

Les Anciens, les Grecs et à leur suite les Romains ne connaissaient que les cornes du Croissant montagneux : l'Arabie pierreuse à sa pointe septentrionale, le désert de Syrie et l'Arabie heureuse à son extrémité méridionale, les terrasses aromatiques du Yémen. Au centre se dressent des monts volcaniques, déchiquetés, lunaires : le Hedjaz, la « barrière » par excellence. Bien nommée, cette chaîne de récifs qui relie comme un cordon ombilical les rivages arabes de l'océan Indien au littoral méditerranéen. Elle sépare également la Tihama, les « basses plaines » qui délimitent la mer Rouge, du Najd, le haut « plateau » sablonneux qui recouvre de son linceul incandescent le centre de la péninsule. Le Hedjaz forme ainsi une île dans une presqu'île. Un cratère creusé par les eaux du ciel, modelé par les vents et calciné de soleil en est le nombril. La Mecque, blottie à l'ombre de volcans éteints, à l'abri des têtes brûlées.

« L'anatomie c'est le destin », lança Bonaparte un jour de bataille. On pourrait en dire autant de la ville natale de

Mahomet. La géographie, son relief particulier, en font une retraite et un forum. Une zone neutre et un trait d'union entre les continents, une zone franche. Un sacré lieu. Depuis le dieu El, le Très-Haut des Cananéens, puis de leurs cousins hébreux, les divinités sémitiques résident aux sommets des montagnes. Il est évident qu'en Arabie, ce « plat pays » qui est la matrice des peuples sémites, censés descendre de Sem, l'un des fils du Noé biblique, les éminences rocheuses apparaissent toujours comme des entités vivantes, des murailles supportant le ciel, le toit du monde, des portails qui scellent l'horizon. Chez les Hittites d'Anatolie, ces piliers rocheux étaient eux-mêmes considérés comme des dieux. Devant leur majesté, le regard humain ne peut que s'élever afin d'implorer l'Élevé ou se baisser d'humilité. C'est la résidence des dieux, leur poste d'observation, le siège de leur puissance. Ainsi, aux yeux des Cananéens, les Phéniciens des Grecs, comme dans l'optique des Hébreux, les dieux s'assemblaient sur la crête de l'antique Saphon – actuellement Djebel Aqraâ en Turquie à la frontière maritime de la Syrie. La vénération pour le mont Cassius des classiques[6] demeura suffisamment vivace pour que les empereurs romains Hadrien et Julien l'Apostat y fissent pèlerinage respectivement aux IIe et IVe siècles de l'ère chrétienne.

C'est dans le massif du Sinaï à la jonction du Hedjaz avec l'Arabie pierreuse que la tradition monothéiste a campé le décor de la geste mosaïque. Les volcans qui embrasaient ce chaos rupestre étaient vénérés par les bédouins et sont encore aujourd'hui pris à témoins dans les serments des hommes qui vivent à leur pied. C'est sur un des éperons granitiques que Yahvé descendit au milieu de la fumée et d'un tremblement de terre. Il s'y révéla à Moïse, y établit les décrets, les coutumes et les lois à l'intention de son peuple[7]. Les anciens Égyptiens tenaient le Sinaï pour la « terre des dieux ». Ses parois portent, encore lisibles, des graffiti gravés il y a quatre mille ans en l'honneur des immortels haut placés. Ils constituent, en outre, une des plus antiques ébauches connues de l'alphabet. Murmures de prière, balbutiements de l'écriture.

« Lis au nom de ton Seigneur qui a créé... qui a instruit l'homme au moyen du calame * et lui a enseigné ce qu'il ne savait pas... » (Coran : 96). C'est par cette injonction que Dieu se révéla à Mahomet une nuit du mois de ramadan au sommet du djebel Hira, devenu mont Nour (de la Lumière), à l'est de La Mecque.

Cité des sables, la « vallée impropre à la culture » était cependant connue et reconnue par ses djebels. « Minarets » et mamelons rupestres, secs comme des crânes de morts, leurs flancs corrodés par les eaux, hachurés par les vents de sables, ils ceignaient le noble bourg d'une haie rébarbative. La dérobant aux regards étrangers, ils l'abritaient des convoitises. Ce cloître naturel ne s'ouvrait aux horizons que par les gorges tourmentées qui fissuraient ses remparts rocheux. Lits occasionnels des averses fugitives, elles frayaient les seules voies au territoire sacré. Des portes verrouillaient ces passages où aboutissaient les routes du *hadj*. Les chemins de La Mecque. A cet égard, le plan de la *Kaâba* a été établi de façon que ses quatre coins fussent approximativement axés sur les brèches qui ouvrent la vallée sur le large désertique et, partant, sur les terres musulmanes : l' « angle damascène » vers le nord-ouest; l' « irakien » vers le nord-est; le « yéménite » orienté vers le sud-ouest, l'arête sud-est correspondant, elle, à l'emplacement de la Pierre noire. Jusqu'à l'aube du XXe siècle, l'enclave mecquoise présentait un aspect identique, à quelques pâtés de maisons près, au panorama brossé six cents années auparavant par Ibn Battouta, le Marco Polo maghrébin : « C'est une grande ville dont les édifices sont rapprochés. Elle a la forme d'un parallélogramme, et est située dans le fond d'une vallée que des montagnes entourent; de sorte que celui qui se dirige vers elle ne la voit que lorsqu'il y est arrivé [8]. » Cachée, La Mecque vivait heureuse.

Dans la douceur ouatée d'un palais ou dans la détresse décente d'une masure, l'enfance de tout musulman s'est ordinairement écoulée entre des murs rehaussés de tapis, ornés de gravures représentant la « Ville des villes ». Sur ces

* Roseau dont les Anciens se servaient pour écrire.

images d'Epinal qui tapissent les intérieurs de la Maison de l'Islam, la cité mère est tissée ou dessinée sous l'allure d'un mamelon urbain, construit en un seul pâté autour de la *Kaâba* et noyé au milieu des collines. Un nombril sur un ventre montagneux. Enfance de l'art, enfance de l'aire sacrée.

« Au *Haram* règnent une chaleur torride, un vent mortel, des essaims de mouches[9]. » La formule choc, choquante même au cœur des croyants, de Maqdissi (†988), le maître palestinien des géographes arabes de l'Âge d'or, n'a pas vieilli d'un iota à travers un millénaire. Les temps ont beau changer, la « vallée stérile » se métamorphoser, le temps y demeure inentamé à l'instar du ciel. Incrustée à peine au-dessous du tropique du Cancer, approximativement sur la même latitude que La Havane et Hong Kong, La Mecque, pour être spirituellement aux antipodes de ces métropoles, n'en partage pas moins avec elles la particularité météorologique de ne connaître que deux saisons.

Fournaise ou marécage, voilà la fatale alternative que les humeurs du ciel offrent à la ville du Prophète. De fin mai à septembre, la chaleur est suffocante, périlleuse pour les cardiaques et autres insuffisants respiratoires, la température diurne pouvant grimper jusqu'à 55° tandis que la différence entre le jour et la nuit atteint parfois 60°. A partir de janvier, le mois le plus froid de l'année, la température s'apaise et se stabilise autour de 30°, un redoux miraculeux pour les Mecquois qui y voient une « clémence » providentielle.

Une saison d'enfer que l'été dans ce coin de paradis. A telle enseigne que Mahomet proclamait « bienheureux » les croyants assez endurants pour supporter ses ardeurs. Les traditionnistes musulmans ne tarissent pas de lamentations sur la « malignité de l'air mecquois » et la « géhenne de La Mecque » pour davantage mettre en avant les mérites spirituels qui s'attachent au choix d'y résider, auquel cas le fidèle accède au titre de *moudjaouir*, « voisin de la Maison de Dieu ». Les dards de la canicule, sa réverbération aveuglante et son haleine poussiéreuse grillent les corps, assèchent les gorges, mais surtout criblent les yeux de la pieuse humanité qui s'agglutine autour de la Demeure divine.

Malgré les progrès de la médecine, l'aménagement par l'autorité séoudienne de dispensaires pourvus d'antibiotiques et de collyres, les ophtalmies sèment toujours les ténèbres : chassies, compères-loriots, ectropions, glaucomes, staphylomes et xérophtalmies flétrissent encore les regards des pèlerins provenant des pays chauds, mais également des Mecquois de souche ou d'adoption.

Cependant, ce sont surtout le trachome et l'albugo qui y sévissent le plus fréquemment, stigmatisant les cornées, constellant de taches blanches les prunelles. Le fléau devait être dès l'origine excessivement répandu et constant pour que le Coran ait réservé aux affections oculaires le terme générique *darar*, « dommage », « calamité », comme si elles représentaient le mal absolu (Coran : 4; 95).

Du reste, l'aveugle a toujours fait l'objet d'une perception mitigée de la part de l'Orient ancien comme de l'islam contemporain. En effet, si la cécité est parfois perçue comme un « châtiment [10] » ou une « malédiction [11] », la guérison des aveugles est considérée dans l'Ancien Testament – que révère l'islam – comme l'une des composantes du salut universel [12]. Et, dans la lignée des prophètes qui accordent une place de choix aux non-voyants dans les promesses de la Rédemption [13], Jésus les invite au festin du Royaume et enjoint à ses disciples de les accueillir dans leurs maisons pour anticiper favorablement ce bonheur sans fin [14]. A l'instar de Job qui se glorifiait d'avoir été « les yeux de l'aveugle », le musulman crédite cet infirme d'une « clairvoyance » supérieure et d'une sagesse achevée.

Dans des sociétés où la crainte du « mauvais œil » pèse sur les esprits [15], y compris les plus sécularisés, la personne accablée d'amaurose ne présente, et pour cause, aucun danger. Elle ne voit pas, désire par conséquent moins, ne convoite pas. Épouse, sœurs, enfants, richesses peuvent défiler en toute sécurité devant elle. Réduit à une pure mémoire religieuse, l'aveugle érudit rassure. On pourrait, toutes choses égales, inverser les termes du fameux dicton occidental sur les borgnes en affirmant qu'aux yeux de l'islam, « l'aveugle est roi dans le pays des voyants ». C'est en partie moins dans une éventuelle incurie des infrastructures médicales séoudiennes que dans la force de cette tradition que réside peut-être le secret de la permanence des ophtalmies...

Ainsi, la biographie officielle du célèbre et tonitruant prédicateur islamiste égyptien, le cheikh Kichk (né en 1933), évoquant l'obscurité qui l'a enveloppé au terme de ses études primaires, affirme que « Dieu lui a fait la faveur de la cécité; il a persévéré avec sérieux et assiduité sur la voie de l'étude, et a loué Dieu qui lui avait pris son regard pour faire de lui un voyant[16] ». L'amblyopie était par ailleurs si commune chez les califes abbassides de Bagdad (750-1258) qu'elle fut parfois alléguée comme une preuve physique de légitime descendance. On prétendait descendre d'Abbas, l'ancêtre éponyme de la dynastie abbasside et oncle de Mahomet, si, comme lui, on perdait la vue[17].

Grâce à Dieu, lorsqu'à la brune point la lune du jour musulman, l'obscurité de la nuit montante exhale une brise câline. Accourue depuis le désert marin ou venue des océans désertiques, son haleine régulière se faufile à travers les faubourgs, s'insinue dans le tissu urbain, s'engouffre sous les amples djellabas qu'elle déploie tous azimuts. La fraîcheur à fleur de peau. Tel un couscoussier, la voûte céleste, percée d'étincelles, apaise la brûlante Terre sainte. Le croissant semble si proche, comme un aqueux quartier de melon.

Cette contrée inféconde, qui connaît souvent des sécheresses de trois ou même sept années consécutives, s'est pourtant toujours ressentie de l'hiver. Ses tourments changent : la menace de l'inondation succède au risque de mourir de soif. Disettes d'eau et inondations encombrent ainsi les chapitres des annales mecquoises. Le *Sayl*, le « torrent », promenait sporadiquement la dévastation. Naissant au pied de la muraille rocheuse qui dresse sa barrière bosselée à l'orient de la vallée de Dieu, le fougueux cours d'eau drainait au fond des gorges desséchées le surplus des pluies tropicales de la mousson qui venaient s'échouer sur la chaîne du Saraouat, puis se précipitait dans le val, pénétrait dans la ville par toutes ses venelles et débouchait, en fin de course, sur l'esplanade de la *Kaâba*. Des siècles durant, la cité en but le calice et la boue jusqu'à la lie. Parfois les eaux furieuses démolissaient, sur leur passage vers le saint des saints, les colonnes soutenant les galeries et finissaient même par atteindre le niveau de la Pierre noire, placée à la hauteur d'un homme de taille moyenne, transformant l'enceinte sacrée en une véritable piscine. A telle enseigne que, si l'on croit ses panégyristes, l'anticalife Ibn Zoubayr, préoccupé de manifester avec éclat sa piété, imagina, plutôt que de renoncer à la ronde rituelle autour de la *Kaâba*, de l'accomplir à la nage... Une lubie extravagante, mais néanmoins une prouesse que bien d'autres auraient par la suite tenu à imiter [18].

Les dynastes omeyyades de Damas (661-750) entreprirent de coûteux travaux, creusant des puits, aménageant des réservoirs, élevant des barrages, afin d'entretenir la verdure des jardins et des palmeraies, et également pour canaliser la véhémence des flots hivernaux. Abbassides, Mamelouks, puis Ottomans perfectionnèrent ces ouvrages. Mais le ciel demeurait souvent souverain à La Mecque, au sens propre comme au figuré. En 1885, l'orientaliste hollandais converti Snouck Hurgronje y fut surpris par un orage : « Un quart d'heure plus tard, constata-t-il, l'eau avait atteint deux pieds autour de la *Kaâba* [19]. » Il n'y a pas si longtemps encore, au début des années 80, des trombes intempestives inondèrent le sanctuaire, créant un vide insolite sur l'esplanade. Cela après que le génie civil eut pourtant financé des travaux pharaoniques afin d'exorciser la dévastation lancinante du *Sayl*. Lorsqu'en novembre 1979 des insurgés armés se réfugièrent dans les sous-sols du *Haram*, les pompiers séoudiens, encadrés dit-on par des gendarmes français, les y auraient noyés en inondant les galeries souterraines.

L'intrusion des orages à La Mecque ne manque pas non plus de pittoresque. En effet, lorsqu'il en prend fantaisie à la mousson (de l'arabe *maoussim* : saison), elle y envoie d'abord par bouffées ses touffes nuageuses. Elles arrivent en se déroulant comme des vagues qui se diluent, se confondent et planent sur la ville. Le vent qui les charrie descend ensuite sur la plaine sablonneuse et soulève des nuages de poussière avant d'investir les venelles, de disputer aux hommes leurs djellabas, de clouer les femmes au foyer. La poussière de Dieu achève de saupoudrer Sa Maison. Soudain, une pluie fine comme du couscous commence à tomber, les brumes finissent par mordre la poussière. Et du coup, le sol se met à miroiter sous un ciel lessivé, luisant comme une faïence astiquée. Une clarté argentée, opaline : divine clémence.

Il faut se méfier des cieux qui somnolent. Ils reviennent souvent à la charge, précédés d'essaims de nuages qui foncent sur la ville à la manière d'une escadrille d'avions de reconnaissance. Ils tournoient au-dessus de leur proie, tâtent le terrain. On voit courir leurs ombres sur la plaine, lui donnant l'aspect d'une peau de tigre. Sans crier gare, l'horizon rugit, le ciel se zèbre, la cité se cabre, ne voit que du feu puis de l'eau. « On dirait un phénomène inorganique, métallique en quelque sorte, un concert où n'entrerait que le son du canon, du tambour, de la trompette et de la cloche[20]. » Les cieux déversent alors tout leur saoul, s'affaissent sur la terre. Atterrissant sur les collines, les ondes en suivent aussitôt les pentes naturelles et dévalent les ruelles périphériques, emportant dans la foulée tous les immondices modernes, boîtes de conserves et autres récipients en plastique contre lesquels chats et rats, auxquels était dévolue une partie des services de la voirie, ne peuvent rien – s'enfoncent, toutes gorges déployées, vers le cœur de la métropole. Les rues se transforment en oueds urbains. Les fidèles prennent leurs jambes à leur cou et s'abritent à l'intérieur des boutiques ou sous les bazars couverts. Le *Haram* est usurpé.

Le ciel et la terre, le soleil et les brumes, le feu et l'eau n'ont pas encore engendré à La Mecque ce qu'ils ont si bien prodigué ailleurs : la végétation, les fruits. Quelques arbres plutôt malingres offrent bien de rares taches d'ombre, des jardins sont aménagés, de rarissimes palmiers demeurent encore, mais la cour et le jardin de la Demeure du Dieu de l'Islam forment en définitive une des agglomérations où la couleur verte est rien moins que symbolique.

Pourtant, le Royaume séoudite est en passe d'accéder à une relative autosuffisance alimentaire grâce à de gigantesques travaux de bonification et d'irrigation de millions d'hectares. La Terre sainte proprement dite est, semble-t-il, jusqu'ici, toujours tenue à l'écart de cette réhabilitation du sol. Plus encore, les oasis qui firent la fortune et la réputation de Médine ne sont manifestement plus entretenues, offrant le spectacle de dattiers affalés dans la tourbe. Cette incurie, au demeurant circonscrite au périmètre sacré, se nourrit-elle de l'opinion prêtée au Prophète à la vue d'un soc de charrue : « Cette chose-là n'entre jamais dans une maison sans que l'avilissement y entre aussi » ?

Les sédentaires hedjaziens ont toujours cultivé sur leurs mouchoirs de poche arables du blé, du millet et de la luzerne. Les bédouins quant à eux vivaient plus ou moins à leurs crochets, mais surtout aux dépens des pèlerins astreints des siècles durant à payer rubis sur l'ongle de ruineuses taxes pour franchir les territoires respectifs des diverses tribus. On leur prêtait jadis – ici on ne prête qu'aux pauvres – cette véritable profession de foi : « Nous ne semons ni blé ni mil, notre récolte est le pèlerin. »

Deuxième partie

Dans le jardin de Dieu

CHAPITRE V

LA SIRÈNE DU DÉSERT

COMMENT se retrouver dans la brise torpide qui halète au-dessus du plus grand caravansérail, du plus étrange campement du monde : *Madinat el-houdjadj*, « la Cité des Pèlerins » [1], comme l'appellent improprement la majorité des pèlerins. Conçues dans des bureaux d'études américains, d'immenses tentes de toile tendues par des pylônes et des câbles d'acier ont été plantées au début des années 80 par une entreprise allemande sur les 150 hectares de cette médina d'un autre âge. L'ensemble de ces gigantesques abat-jour de bâche ocre ne couvre pas moins de 510 000 m², rappellent sans cesse les Séoudiens qui ont le goût des chiffres ronds. Les travaux ont coûté la bagatelle de 92 millions de dollars. Que ne ferait-on pour les invités de la Lumière? On ne prête qu'au riche. La ville des pèlerins peut en accueillir 5 000 par heure et 80 000 peuvent s'y abriter en même temps.

AIRE DE TRANSIT DE L'AÉROPORT : 4 HEURES DU MATIN/9 HEURES

Comment se frayer un chemin au milieu des mêlées de voyageurs qui errent en tout sens? Les uns cherchent leurs bagages, d'autres courent derrière leurs maris. L'affolement. Des milliers de personnes dorment à même le sol. Il faut se faufiler au milieu de ces corps qui gisent et ronflent comme on marche sur des œufs. Pour ne pas piétiner les doigts menus de ce bébé qui dort à côté de sa mère, le sein encore dans la bouche. Mais la fatigue, la veille et la faim rendent les pas plus incertains.

Une banque. Les guichets sont cernés par des grappes humaines. Il faut encore faire la queue. Heureusement, la vue de coupures françaises et de billets verts ébranle la cambiste. L'argent « infidèle » n'a pas d'odeur. En suivant les effluves d'huile et de fritures on arrive à un « restaurant » yéménite de fortune. Au menu : riz bouilli et poulet rôti. Une « galimafrée » à prendre avec des pincettes ou à laisser. Une infusion de thé permet d'avaler les morceaux presque avec plaisir. Sur une longue table en Formica, des hommes aux visages chavirés mangent sans conviction. Le Suisse, sevré de ses laitages au moment de l'embarquement, se rattrape en avalant gloutonnement, à la suisse, des petits-suisses d'extraction locale. « Ils sont meilleurs, opine-t-il sérieusement, car ils ne sont pas traités. » Mais Djedda vaut bien une dépense. Ne dit-on pas qu'une prière faite dans la cité d'Ève équivaut à 1 700 oraisons et un dirham à 100 000 ? Il faut donc prier. La bouche encore pleine, le regard vide, les dévots se mettent en rangs. *Allah Akbar*! C'est une piété sans concentration excessive, mais un exercice convivial et dénué de contrition. Un jeu sérieux et gratifiant, une convention sociale.

Le carrousel infernal des charters pollue l'atmosphère par le vacarme strident des réacteurs. La clarté encore timide du jour naissant donne un relief inattendu au panorama, plus proche et plus quotidien. Les méandres de ce campement à la fois archaïque et futuriste s'éclaircissent peu à peu. La Cité des Pèlerins est ainsi organisée en plusieurs allées numérotées et démarquées les unes des autres par des enfilades de piliers, de kiosques à thé et à sandwiches, de banques, de sièges de compagnies aériennes ou simplement d'échoppes. Au moyen de porte-voix grésillants, des Turcs, des Indonésiens et des Bengalis appellent les cohortes égarées de leurs compatriotes à les suivre. Les Maghrébins, les Africains et tous ceux venus individuellement d'Europe ne savent à quel saint se vouer dans un tel bazar, abrutis qu'ils sont par le bruit, les odeurs, les cris, les ronflements et l'enchevêtrement renversant des corps et des bardas qui jonchent le sol.

« Bureau de renseignements » indique une plaque providentielle. Noyés au milieu d'un étalage démesuré de brochures, guides du *hadj*, dépliants, opuscules et livres imprimés en une douzaine de langues, deux hommes, un jeune et un vieillard dorment bouche bée, tête penchée l'une contre l'autre. Un paquet de cigarettes, un briquet et une pomme entamée reposent sur une pile de tracts pour empêcher vraisemblablement les écrits de s'envoler. On se croirait dans un quelconque salon du livre islamique. « Que cherchez-vous? » demande l'adolescent, un Soudanais, sans ouvrir les yeux. Il ne dort pas. Il souffre en réalité d'une hernie inguinale. Lorsqu'il reste longtemps assis, l'éventration s'étrangle, provoquant des tiraillements douloureux. Pourquoi ne pas aller à la consultation du dispensaire ouvert juste derrière son poste? « *Allah ghaleb* » (Dieu est omnipotent), murmure-t-il en ouvrant les yeux pour jeter des regards en coin, au cas où une oreille indiscrète passerait dans les parages. « Je n'ai pas la sécurité sociale. Et vous savez, si je déclare que je suis souffrant, on ne me prendrait jamais pour ce boulot. Comme je ne travaille que trois mois par an, je ne dis rien et je m'acquitte de ma tâche avec l'aide de Dieu. Que puis-je pour vous? » Il explique que pour faire face à l'afflux annuel des pèlerins, les Séoudiens recrutent des dizaines de milliers de bras. Cette main-d'œuvre est levée tous les ans dans des pays africains et asiatiques pour prêter main-forte aux Wahhabites durant le dernier trimestre de l'année musulmane. Saison sacrée entre toutes, dont le pèlerinage constitue l'apothéose. Les « bienheureux » tâcherons d'un *hadj* arrivent alors avant les *hadjis* dans des charters spéciaux pour s'improviser agents administraifs, distributeurs de prospectus, employés de banque, infirmiers ou balayeurs du Vendredi. Ils mangent et dorment, quatre heures sur vingt-quatre en période creuse, sur leur lieu de travail. Salaire mensuel net : 700 ryals, en 1988. A la fin de leurs contrats, ils doivent repartir avec le dernier pèlerin sans demander leur reste. Il y va de leur embauche l'année suivante.

Ayant perdu ses illusions sur les gardiens des Lieux saints, il a néanmoins gardé un sourire et une humeur rafraîchissants. Il explique que les drapeaux suspendus à des hampes plantées au sol sous lesquels s'entassent les dormeurs signalent l'aire réservée à chaque pays. Toute nation participante y possède donc son domaine propre, avec un petit dispensaire et des cabinets de toilette particuliers. Plié en deux, une main appuyée sur le bas-ventre et une autre désignant à notre intention les points de ralliement des diverses nationalités, il nous apprend que les fidèles venus d'Europe ou d'Amérique doivent rejoindre le cantonnement de leurs pays d'origine. Autrement dit, les Français ou les immigrés de l'Hexagone, d'ascendance algérienne, sont rappelés sous le drapeau vert et blanc frappé de l'étoile et du croissant rouges. Quant aux Européens de souche, touchés par la grâce d'Allah, ils ont le choix entre les bannières de leurs compagnons maghrébins, turcs ou pakistanais. Un couple de Tchèques, un Belge et le Suisse laiteux se rangent sous le pavillon marocain. Les Français préfèrent marcher, proximité culturelle oblige, sous les couleurs algériennes. Pieuse « revanche » de l'Histoire. Consciencieux jusqu'au bout des ongles, le généreux Soudanais offre à chacun un tract, un guide du bon pèlerin et une brochure de propagande pour les Lieux saints et leurs gardiens de fait. En couleurs et en version française. « Lisez-les, engage-t-il amicalement, il y a tout ce que vous voulez savoir, *inch Allah*! »

Quel tableau! Le moutonnement des corps couchés et tout le bataclan jeté aux quatre vents de sable. Quel spectacle! Ces pèlerins qui ne retrouvent plus leurs proches, se penchent lentement, silencieusement, sur chaque visage. Cette femme désemparée mais muette qui cherche les toilettes et qui n'ose pas en demander l'emplacement aux hommes. Il faut tout deviner et lui désigner, à la cantonade, les lieux d'aisance. Ce groupe de Marocains qui a d'abord confondu l'emblème turc avec l'étendard chérifien, s'aperçoit finalement de sa méprise, jure et tempête, pour repartir aussitôt à la recherche de la « patrie » perdue de vue. Dans leur braillarde mais joyeuse équipée, ils enjambent les « obstacles » sommeillants comme dans une partie de saute-mouton. En traversant le « territoire » algérien, ils clament à tue-tête « *Allah Akbar*, vive le roi! ». « Féodaux! esclaves! sionistes! », leur répond, les lèvres serrées, un Kabyle sans âge, réveillé par leur charivari.

« Mission médicale algérienne » s'étale en lettres latines et arabes sur le mur d'un édicule en préfabriqué, sous un immense drapeau. Lumières éteintes, sièges vides. Personne. Si : une forme humaine remue sous un amas de feuilles de journaux. Un membre de la *Baâtha*, la « délégation » officielle qui accompagne en principe chaque détachement de pèlerins. Elle est généralement composée de deux religieux, deux médecins et deux « techniciens supérieurs » aux affectations polyvalentes.

Sous sa forme et avec ses compétences actuelles, cette mission officielle du pèlerinage est une création... française qui remonte au début du siècle, en ce qui concerne les pays francophones du moins. Sans aller jusqu'à rappeler que la « Fille aînée de l'Église » fut, des décennies durant, une véritable puissance islamique (du reste, elle le demeure encore relativement), il y a lieu de souligner que l'État français, tout laïque qu'il fût, a constamment veillé de près au bon déroulement du *hadj*. D'abord pour des raisons de prudence politique.

L'insurrection dirigée par le cheikh Bouamama qui enflamma le Sud-Ouest algérien en 1880 fut ourdie à La Mecque, pour ne citer que cet exemple. Craignant les retours de bâtons de pèlerins, les autorités coloniales prirent les choses en main. Toutefois la mise sur pied d'une mission spéciale et les dispositions prises par le gouvernement français dès 1917 pour organiser le pèlerinage, en assurant et les moyens de transport et l'hébergement sur place, fut favorablement accueillie par les « usagers ». En établissant des hôtelleries pour ses sujets pèlerins, la République les mettait à l'abri de la cupidité des trafiquants de sommeil de la ville sainte.

La délégation officielle comportait également des *oulémas* à même de conseiller et d'orienter les fidèles dans le maquis des rites et des lois qui entourent le pèlerinage, tant celles-ci sont compliquées et les croyances divergentes. Enfin, des considérations sanitaires entraient en ligne de compte. Car, depuis la propagation du choléra à partir de La Mecque en 1865, toutes les puissances européennes, paniquées, se mirent en devoir d'entretenir un cordon sanitaire autour des Lieux saints en filtrant les croyants un à un, au départ comme au retour.

Par ce moyen de contrôle des flux des pèlerins, les Français ont entamé une véritable sécularisation du traditionnel patronage des foules pèlerines par les califes et les sultans. De fait, le « président » actuel de chaque délégation du *hadj* est une version moderne, relativement laïque, de l'Émir du pèlerinage (*Amir el-hadj*) une charge inaugurée par le Prophète lui-même lorsqu'il désigna Abou Bakr pour conduire le *hadj* au printemps 631.

La charge, au prestige indiscutable, dépendit ensuite normalement du « successeur » de l'Envoyé. Mais l'histoire de l'islam, avec ses ruptures et ses dissidences, fit éclater la fonction califale en un pullulement instable de sultans, d'émirs et de cheikhs. Ainsi apparurent des « émirs de pèlerinage » égyptiens, irakiens ou damascènes. Morcelée, disputée, la dignité d'*Amir el-hadj* ne perdit pas pour autant son renom.

Chacun était maître de ses pèlerins et responsable de la bonne conduire du convoi, de sa sécurité. Il veillait à l'entretien des montures et dirigait tout un personnel spécialisé, médecins, juges, droguistes, cuisiniers ainsi qu'une police des mœurs et même des gendarmes pour prévenir les razzias bédouines. Les sultans mamelouks du Caire (1250-1517) firent de ces escortes pieuses un instrument pour affirmer leur volonté d'emprise sur les Lieux saints, source irremplaçable de légitimité politique. Le fameux *Mahmal*, cette longue caravane chamarrée, précédée d'un dromadaire portant une façon de baldaquin recouvert de somptueux brocarts bordés d'or et ornés de pendentifs et de fanfreluches, en était le symbole baroque. Les Ottomans (1516-1918) reprirent dès 1517 le flambeau du flamboyant cortège au service de leurs propres desseins. Au *Mahmal* du Caire se joignaient à La Mecque ceux de Damas et du Yémen. On peut toujours admirer au palais Azem, dans la capitale syrienne, un de ces dais au toit conique et aux inscriptions désuètement moirées.

La charge, comme office mais aussi cargaison, exigeait un budget important. Les monarques y mettaient une grosse part, mais l'« émirat » ambulant accueillait volontiers toutes sortes de dons fournis par les agglomérations qu'il honorait de son passage. Les biens des pèlerins morts en route sans héritiers lui revenaient légalement. C'était un grand honneur de commander cette expédition à La Mecque.

Mais les meilleures choses ont une fin. Maître du Hedjaz depuis 1924-1925, Ibn Séoud a proscrit toute parade qui rappellerait un tant soit peu l'emprise politique des Égyptiens ou des Ottomans sur son nouveau domaine. C'en était bien fini du *Mahmal*, de ses fanfares et de ses feux d'artifice. Les Émirs du *hadj* n'avaient plus qu'un rôle diplomatique à remplir. Chaque État s'occupant de l'organisation matérielle du pèlerinage, les wahhabites s'engageaient pour leur part à garantir la sécurité et la paix des Lieux saints. En 1954, l'Égypte nassérienne a supprimé le titre d'*Amir el-hadj* pour le remplacer par celui de « Président de mission du pèlerinage » (*Raïs Baâthat el-hadj*), conversion que la plupart des autres pays arabes et musulmans ont finalement reprise.

Le « délégué » algérien se réveille en une interminable pandiculation, en se frottant les yeux, et demande : « Ah! vous êtes arrivés? » Il attend effectivement un vol en provenance d'Alger. « Technicien supérieur », il est commis à la réception des fidèles et à leur bon départ pour La Mecque. Il remplace également les médecins qui ont déjà rejoint leurs postes en ville sainte. Rien de plus facile du reste, la mission ne disposant, selon lui, que de quatre médicaments : l'aspirine, l'Intétrix contre les diarrhées, l'Ospen en cas de fièvre et, enfin, le Primpéran, remède de cheval contre nausées et vomissements.

Courtoisement, il recommande aux pèlerins individuels de s'agréger à des groupes déjà constitués pour éviter le « casse-tête arabe ». Sur ces entrefaites, le flot des voyageurs attendu nous submerge. « Vite! grommelle-t-il avec un froncement complice des sourcils, une main sur la bouche et l'autre faisant signe aux arrivants de se calmer; vite! allez faire vos ablutions tout de suite pour prendre votre *ihram* avant que ces vandales [*sic*] ne s'y mettent. Sinon, vous en aurez pour deux jours! »

Un vaste bassin pour le lavage des pieds, des lavabos disposés en carré et deux rangées de WC-douches : le laboratoire de la pureté islamique à Djedda. La purification rituelle est obligatoire à partir d'ici. Ceux qui n'ont pas encore le costume du *hadj* peuvent se le procurer (20 ryals pour le chinois et 15 pour le pakistanais) dans l'une des boutiques qui saturent une allée entière de la cité-chapiteau.

Les cabinets sont orientés de telle sorte que lorsque le fidèle se met « en position », il ne se trouve ni en face ni à droite et encore moins de dos par rapport à la *Qibla*. Elle est à son côté gauche. Il n'y a en outre aucun éclairage alors que l'extérieur est noyé de lumière. C'est qu'en islam et de surcroît en terre wahhabite, la solitude n'existe pas car l'individu est suivi en permanence par les *djinns* et les anges, et pisté par le diable. La nudité totale est déconseillée : « N'entrez jamais dans l'eau sans draps car l'eau a des yeux », avertit un auteur traditionnel. Le cas échéant un voile d'obscurité ferait bien l'affaire.

Pâle, grand et légèrement bedonnant, un jeune Turc barbu rappelle à l'aide de gestes adéquats les conditions d'un *ihram* sur mesure. Il faut donc se laver tout le corps, se raser les poils du pubis car il est formellement interdit de les arracher, surtout aux femmes. On peut épiler dans la foulée les aisselles. On se coupe les ongles. On se taille les moustaches sans toutefois les raser complètement. Il s'agit seulement de découvrir la lèvre supérieure. Ainsi, conclut le Turc, on mange, on boit plus aisément, la diction est plus libre et la communication s'en trouve facilitée pour celui de vos interlocuteurs qui a l'oreille basse : « La vue nette du mouvement des deux lèvres l'aide à mieux percevoir les paroles que vous articulez! » Parole d'homme.

Les parties honteuses vont, chez l'homme, du nombril aux genoux et, chez la femme, des pieds à la tête. En deux pièces d'étoffe blanche sans coutures et trois mouvements, le croyant « cache ce que Dieu a caché ». On a opportunément mis en avant le mot d'Aïcha à l'adresse de son époux et Prophète au moment où celui-ci endossait son *ihram* : « Mets ton argent en sûreté dans ta ceinture », pour autoriser le port d'un *kamar*, sorte de ceinture à goussets pour bien tenir autour des reins le pagne du pèlerin. Dans les poches, on fourre son argent. Les sceptiques y mettent un Coran. Des auteurs admettent que les deux tissus de l'*ihram* pourraient être réunis par une pince de bois, une épingle à linge, ou même par une corde sans, toutefois, s'étendre sur l'art et la manière de la nouer. Cette tenue des jours sacrés constitue au demeurant l'habillement ordinaire des Afars et autres Danakils des déserts qui séparent les montagnes d'Éthiopie de la mer Rouge.

Un aménagement intéressant a été apporté à l'interdiction des habits cousus durant la pénitence : les vêtements habituels du pèlerin peuvent être portés en *ihram* pour peu qu'il les retire et... les place simplement autour de ses reins et sur ses épaules. Des interprètes téméraires de la Tradition ont soutenu que seuls les habits collant au corps étaient prohibés, et non les frusques modestes et flottantes.

Les femmes n'ont pas de costume rituel particulier. Il leur est simplement demandé de se couvrir amplement, de la tête aux pieds, avec des étoffes épaisses aux teintes neutres. Les plus émancipées se font remarquer par leurs guimpes et leurs longues robes de forme conique, au tissu si raide que, de loin, on croirait voir passer d'énormes entonnoirs. Les Turques découvrent leurs visages et montrent leurs mains. Le reste demeure enrobé de plusieurs épaisseurs : robes, tabliers et pantalons bouffants garrottés aux chevilles. Bref, impeccablement cuirassées pour affronter la fournaise sainte.

En écoutant l'intarissable Turc s'appesantir sur le cérémonial de l'*ihram*, ceux des Algériens et des Sénégalais qui se sont rassemblés autour de lui finissent par afficher des mines déconfites, des regards désespérés.

« Jamais je ne pourrai me rappeler toutes ces règles, lâche un vieil Oranais. – Eh oui, mon frère, la religion est difficile, tu sais! » relève son voisin africain. « L'islam ce n'est pas un jeu d'enfant! » commente un Mauritanien debout, en retrait, mais dont la voix est aussi audible que ses côtes sont visibles sous son habit de pèlerin. Le jeune Turc, décidément fort versé dans les « sciences » islamiques, sème le désarroi lorsqu'il surenchérit en disant à ses ouailles attendant l'autobus que la purification authentique reste à faire à La Mecque même et qu'elle sera autrement plus ardue, plus contraignante. « Celle-ci, considère-t-il avec l'autorité brusque et candide de la jeunesse, est moins draconienne. Par négligence ou pour toute autre raison le fidèle peut sans dommage grave enfreindre une des interdictions qui s'y attachent... – Lesquelles? l'interrompt un Algérien. – Mais, mon ami... tu les ignores? Mais d'où viens-tu? d'URSS? Eh bien! si l'homme se couvre la tête ou la femme le visage, si au moins trois poils ou trois ongles tombent, s'il se parfume le corps et que la senteur persiste après le bain rituel, s'il porte un vêtement cousu, fût-ce un gant, s'il coupe une plante ou a de " mauvaises pensées ", il doit expier. Il est passible d'une offrande ou même d'un sacrifice, moyennant quoi sa pureté sera sauvegardée. L'*ihram* fait à La Mecque est en revanche inviolable sous peine d'annulation du *hadj.* »

Le savantissime Turc est un ouvrier immigré dont le nom, « administratif » prévient-il, est Attila; son père, ancien militant fascisant et panturquiste, aujourd'hui repenti sur son tapis de prières, le lui donna un jour des années 50. Musulman ardent, nullement complexé par son profil « intégriste », il a converti le nom de l'antique roi des Huns en Atallah, le « don de Dieu », du Roi Un.

Pour faire plaisir à son géniteur, Atallah a d'abord milité dans les rangs des « Loups gris », meutes extrémistes avec lesquelles fraya en son temps un certain Ali Agca, papicide raté. Les errements idéologiques de la faction, ses pérégrinations à travers l'Europe l'ont finalement conduit en France puis à l'islam et maintenant à La Mecque. Installé dans les « environs de Nancy », il coule ses heures entre « le travail pour le patron et le pain et le travail pour Dieu et le Paradis ». Une grande culture religieuse, une foi d'airain, des yeux de braise et un zeste d'humour involontaire.

AIRE DE TRANSIT DE L'AÉROPORT : 5 HEURES DU MATIN/10 HEURES

Les bus arrivent. Le ronflement caractéristique réveille les multitudes allongées. Le technicien-médecin algérien vient nous enjoindre de monter dans le premier autobus qui s'arrête devant les hampes arborant des pavillons de son pays. Facile à dire. Un véhicule s'arrête à l'endroit indiqué. Nous fonçons vers la portière ouverte. Le chauffeur, aussitôt descendu, en barre l'accès et désigne du bras une petite table oubliée derrière une énorme poubelle. Un homme y dort sur ses papiers, une cigarette à demi consumée, éteinte entre ses doigts. Nationalité : soudanaise. Profession occasionnelle : « enregistreur » des personnes qui montent en car pour se rendre à La Mecque. Salaire mensuel : 700 ryals. Conditions de travail : en principe vingt-quatre heures sur vingt-quatre, trois mois durant. En pratique, entre seize et vingt heures par jour. État de santé : bilharziose et hernie « seulement », avoue-t-il sur un ton qui se veut rassurant.

A-t-il besoin de quelque chose? « Vos passeports » murmure-t-il en s'efforçant de sourire. L'heure, le numéro de la voiture et le nom du passager sont dûment couchés sur le registre. Quatrième tampon sur le passeport.

Enfin, nous aurons un siège moelleux, de l'air frais. Un peu de sommeil. Ah non! ce n'est pas encore le moment. Il faut attendre. Drapés chacun dans sa vertu ostensible, les pèlerins, épuisés et heureux de se sentir à l'aube d'une expérience qui s'annonce mémorable, tentent de se distraire du vent brûlant comme pour exorciser l'air embrasé qu'il annonce pour la journée.

Mais l'Esprit souffle où il veut. Atallah se propose d'offrir du thé. Il est cinq heures du matin. « It's five o'clock, lance-t-il sans conviction, l'heure du thé. » Derechef, le restaurant yéménite. Thé de Ceylan. Sueurs, breuvage et proximité d'un ventilateur. Le bonheur à deux sous. Sur une étagère au-dessus des biscuits, au-dessous des bouteilles d'eau minérale et au milieu des cases de fruits secs, se repose, replié sur lui-même en position de fœtus, un des employés, terrassé par la tâche. Marchandise humaine.

Un homme prie face à une poubelle pleine à ras bord de détritus. Il se prosterne et sa tête manque d'un cheveu de cogner l'ignoble récipient. Il a dû se persuader que si un frère dans la foi devait passer devant lui pendant qu'il communiquait avec Dieu, le contact en serait perturbé, et le charme rompu. Pourtant, peu de fidèles se risqueraient à ce jeu. L'espace devant celui qui prie est, en effet, comme sacralisé sur une certaine étendue.

Un adolescent dort dans une brouette, un balai plus long que lui serré entre ses cuisses. Il ne ronfle pas, respire doucement. Il dort comme un mort, comme figé pour l'éternité. Il se retourne. Ses côtes butent sur les rebords de l'engin. Il se réveille. Sri-lankais et bouddhiste, ses bras sont ici pour un trimestre. Gratifications : 330 ryals par mois lunaire, « logement et nourriture compris ». La lune pour ce pauvre diable!

Sur le retour vers le car, nous caressons distraitement la tignasse soyeuse d'un bambin. « Comment sais-tu qu'il est orphelin? » s'exclame Atallah, sans rire. Et d'enchaîner immédiatement sur le génie incomparable, le surhumain esprit d'à-propos et la liberté de langage et d'allure du Prophète. Nous voyant ébahis par cette apostrophe apparemment hors de propos, l'intempestif *ouléma* maintient sa contenance et continue. « Sais-tu que notre Prophète nous a légué une éthique complète du comportement qui ne néglige aucun détail de la vie courante, ne laisse rien dans l'ombre du doute ni à la fortune du hasard. Rien. » Et de nous éclairer, en nous rappelant ce mot du Beau Modèle : « Passe la main sur la tête de l'orphelin en le caressant vers l'avant de la tête et sur celle du gamin qui a encore son père vers l'arrière! » Il n'y a pas de geste gratuit en Religion.

Le « don de Dieu » ne tarit pas d'offrir sa science. Il enseigne que l'envoyé de Dieu a, au cours de sa vie, épuisé la somme inconcevable de toutes les expériences humaines. Il a été ainsi, tour à tour, enfant gâté et orphelin, conducteur de caravanes et sédentaire, marchand et prophète, mystique et guerrier, illettré et prédicateur, monogame et polygame, chef religieux et responsable politique. L'homme complet par excellence, que le Coran impose aux croyants comme modèle édifiant dans les comportements de tous les instants. Hors de Mahomet point de salut. N'a-t-il pas codifié jusqu'à la manière de saluer un juif ou un chrétien? « Répondez-lui seulement : et sur vous! » prévient l'Apôtre, au lieu de : « Et la paix sur vous aussi! »

Pourquoi ces préventions? Parce que les juifs de Médine saluaient les musulmans avec des intentions persifleuses. Ils disaient «*el sam aleïkoum*» («Le poison sur vous») à la place du «*el salam aleïkoum*» («La paix sur vous»). A malins malin et demi, le Sceau des Prophètes leur rendait la monnaie de leur fausse pièce avec un simple «*el saloum aleïkoum*» («Qu'une échelle tombe sur vous»).

Code de bonne conduite, traité de savoir-vivre et mourir, grammaire de la vie en famille et en société, manuel de conversations courantes, répertoire de répliques saines, aide-mémoire de bonnes paroles tout autant que bréviaire pour le bon usage des nourritures, du coït, de l'habillement, de la toilette, de la défécation... en un mot, de tout. Telle est la *Sunna*, la Tradition musulmane, tout entière fondée sur les *hadiths*, les «dits», mais également les faits, les gestes, les préférences, et même les silences du Prophète transmis par des témoins directs puis consignés par les *oulémas* au IXe siècle. Les exégètes en ont extrait des principes juridiques, une «norme» de comportement servant de garde-fou contre les déviations, autrement dit les usages sur lesquels l'Envoyé n'aurait pas statué. Le Beau Modèle incarne le bien et le vrai. Pourtant, à travers ce fouillis de maximes, de conversations, dans ce monumental inventaire de ouï-dire et de on-dit, que de contradictions, quelle trivialité parfois! C'est que partis politiques et écoles religieuses utiliseront bientôt la méthode du *hadith* en faveur de leurs visées particulières. Omeyyades, Abbassides et chiites se combattront à grands renforts de paroles prophétiques... Chaque secte tiendra à posséder son propre florilège de maximes de Mahomet. Le *hadith* servira même à couvrir des ressentiments personnels. L'opinion populaire en fabriquera contre les *oulémas*, les gendarmes et les agents du fisc. Une véritable «science des dits» du Prophète *(Ilm el-hadith)* finira par s'ajouter aux autres branches de la théologie. Des docteurs de la foi, enthousiastes ou dénués de scrupules, se distingueront dans ce sport. Ils attribueront à l'Envoyé des mots crus, quelquefois même obscènes.

Mais comment faire la part de ce qui va sans dire dans la coutume du fondateur de l'islam et de ce qui en dit long sur les contrefaçons dont elle fut l'objet? Dans le doute, la majorité des musulmans s'abstiennent d'en critiquer la teneur détonante. « Si vous rencontrez un beau dicton, n'hésitez pas à le mettre sous mon nom; je dois l'avoir dit », fait-on affirmer au Messager de Dieu afin de patronner toutes les inventions.

Moins timoré, le colonel Mouâmmar Kadhafi a déclenché une tempête d'indignation sur toute l'étendue du *Dar el-Islam* en proposant de mettre purement et simplement au rebut la noble *Sunna* et de ne plus se fier qu'au saint Coran.

« Soyons vigilants. La vie elle-même pourrait bien devenir une longue citation. » La débonnaire mise en garde de l'essayiste américain Emerson (1803-1882) n'a aucune chance d'être entendue par un bon musulman, aux yeux de qui l'homme parfait est celui qui se coule totalement dans le personnage du Prophète, s'identifie à son mode de vie, abolit intégralement sa personnalité dans celle du Modèle universel. Être soi-même, c'est manger par la main de l'Envoyé, parler par sa bouche, raisonner par son esprit...

Peu de croyants, on s'en doute, connaissent la vie et les œuvres quotidiennes de leur guide. Néanmoins, pour le *hadj*, beaucoup se mettent à son école et s'exténuent à calquer le moindre mouvement de leur petit doigt sur son comportement. Si, dans le christianisme, Dieu a créé l'homme à son image, en islam, le fils d'Adam doit modeler sa face sur celle de Mahomet. « Notre apôtre, termine Attalah, est comme un chef d'orchestre. Nous sommes les musiciens, il conduit nos gestes, nos élans et nos silences avec sa baguette. » Sur quelle partition? « Le Coran et la *Sunna* », assène-t-il. L'art d'être musulman. L'air d'être Mahomet.

Manifestement déconfit, un Sénégalais lui demande, un tantinet taquin :

« Est-ce que la Tradition a prévu la cigarette et l'avion?

– Le tabac, non! Il faut donc s'abstenir d'en consommer. Mais l'avion... oui, en quelque sorte; c'est un moyen de transport... une monture. C'est un chameau amélioré, quoi!

Extraordinaire! Merci. »

Des policiers qui, depuis un moment, suivent le colloque du Turc, nous fixent, le regard faussement distrait. Inutile de se faire trop remarquer. Gloire au Bien-Informé!

Gloire au Guide! Enfin le confort d'un siège capitonné, la caresse de l'air conditionné! L'autocar est un havre de repos. Les pèlerins sont calmes, silencieux, presque figés d'émotions contenues. Un vieux couple exhale une tendresse paisible. La bonté. Visages hâlés, froissés de rides mais béats. C'est que la vieillesse est en pays d'islam une véritable promotion sociale. Jamais une personne n'est autant respectée, adulée, consultée et obéie que quand elle a enfin les cheveux blancs, le dos voûté et la démarche hésitante. Du reste, le vocable « cheikh » s'adresse indistinctement au « vieux », au « chef », au « sage », au « maître » et même au « sénateur ».

Notre conducteur regagne son poste. Il décompte d'abord les passeports puis les pèlerins. « Il manque une âme! » s'écrie-t-il, inquiet. En effet, le nombre de passeports en sa possession ne coïncide pas avec celui des passagers. Un seul manque à l'appel et le bus ne partira pas avant de le retrouver. C'est le règlement. Le consciencieux chauffeur demande si quelqu'un connaît la personne en cause... Personne n'est en mesure de répondre pour l'absent. Ni d'en brosser un portrait afin de diligenter des voyageurs à sa recherche.

AIRE DE TRANSIT DE L'AÉROPORT : 5 H 30 DU MATIN/10 H 30

La nuit lève progressivement le camp sous la poussée du jour. La ville des *hadjis* se réveille. Les WC sont pris d'assaut, les marchands de thé bousculés. La tentation de boire, de voir de plus près cette vitalité brouillonne est trop forte. Le chauffeur s'emporte et descend vider son sac à passeports devant son compatriote soudanais. « J'en ai marre de ces Maghrébins, hurle-t-il, quand on n'est pas éduqué on ne voyage pas, nom de Dieu! on reste dans son douar, on mange du pain et des oignons et on loue le Prophète! »

Des Afghans, l'air hagard, courent d'une allée à l'autre. Venus des camps de guérilla ou de réfugiés, munis de laissez-passer pakistanais, ils errent comme des bêtes traquées, maigres, dégingandés, perdus dans des pantalons bouffants, têtes serrées dans des turbans-parasols.

Des soldats se déchaussent, rangent avec soin leurs ranger's et posent précautionneusement leurs pistolets mitrailleurs bien devant eux et commencent à prier. Des enfants jouent à proximité. Un homme dort, la tête enveloppée d'un keffieh et les cuisses largement découvertes. Deux Algérois, la soixantaine gaie, la démarche chaloupée, se dandinent, les visages frivoles et, détail impensable pour des personnes de leur âge, des cheveux chenus noués en une longue queue de cheval. Deux grands-pères visitant la Grand-Mère.

La température et la tension montent. Le chauffeur dénombre derechef les passeports et saute dans le bus pour recenser une nouvelle fois les voyageurs. Miracle. Le compte y est. Le « miraculé » a regagné son siège à côté de son épouse. Il s'essuie tranquillement les mains en demandant :

« Qu'est-ce qu'on attend pour partir?

– Votre majesté, ô cheikh, on n'attendait que votre grâce pour démarrer. Où étiez-vous passé?

– J'étais aux toilettes, pourquoi, qu'est-ce qui te prend?

– Ah oui! Et votre famille ne pouvait pas répondre de vous pour nous laisser partir? grommela le Soudanais. Et dire que monsieur prenait ses aises dans les toilettes climatisées du bus! »

De fait, personne n'a trouvé à redire sur le silence de l'épouse qui eût pu confirmer que son compagnon était dans les WC du car.

A Constantine, reconnaîtra-t-elle plus tard, elle aurait volontiers parlé, elle qui a l'habitude de se disputer même avec des gendarmes; mais, sur la terre de Dieu, non, non et non! Elle n'aurait pas fait entendre sa voix à des hommes inconnus, dût l'autobus s'immobiliser une semaine. Son mari approuve : « On va perdre le bénéfice du *hadj* juste pour ne pas faire attendre des " pieds-de-chèvre " », comme les Algériens se plaisent à désigner leurs concitoyens. Une demi-heure d'attente. Après tout, il n'y a rien là que de très musulman. Dans certaines villes du Maghreb, il arrive encore qu'un maire reçoive en « audience » des mères de famille en se barricadant dans ses bureaux, derrière les volets clos, pour communiquer avec ses administrées demeurées à l'air libre. Ni vu ni connu. Seulement le ouï-dire. La voix de la musulmane n'appartient qu'à son mari. Lorsqu'un inconnu frappe dans une maison et qu'il n'y a ni homme ni petit garçon pour demander « qui est là? », une femme ne doit jamais ouvrir la bouche, encore moins la porte naturellement, mais se contentera de claquer des mains pour signifier qu'il n'y a aucun mâle à la maison.

CHAPITRE VI

DE LA GRAND-MÈRE À LA MÈRE DES CITÉS

AUTOBUS DJEDDA-HOUDAYBIYA : 6 HEURES DU MATIN/11 HEURES

L'AUTOROUTE est large, le paysage plat, monotone. Le car glisse sur l'asphalte comme une noix de beurre sur une poêle, silencieusement.

La plus noble des assemblées est celle où l'on est tourné vers la *Qibla*, murmure Atallah, allégrement affalé sur son siège. Pour quelle raison, au fait, préfère-t-il voyager avec les Algériens plutôt qu'avec les Turcs?

« Ah! mon ami, tu sais... il y a parmi eux beaucoup de gens du MIT... des faux frères.

– Du Massachusetts Institute of Technology?

– Non... C'est quoi déjà, ça... Non, ce sont les initiales des services de renseignements turcs. Je n'ai pas envie de manger, de dormir et surtout de prier en leur compagnie. Mitomane ou mythomane, cet Atallah? Dieu est le plus savant. »

Maniaque des *hadiths* sans aucun doute. Avec un sourire qui rend supportable son afféterie, il cite Mahomet qui jurait que « le pire des gémissements au Jour de la Résurrection sera poussé par qui aurait dédaigné d'étudier en ce monde la science religieuse et par qui l'aurait enseignée sans en avoir profité », pour repartir de plus belle sur les paroles données sans compter par le Prophète. Il sort d'une des pochettes de sa ceinture une petite calculatrice et se lance, tête baissée sur l'engin, dans un inénarrable exercice de haute comptabilité. Mahomet aurait tenu quelque

750 000 *hadiths* (certains savants en fixent le nombre à 100 000, d'autres le gonflent jusqu'à un million!), dans une prédication qui s'est étalée sur vingt-deux années environ, plus précisément de 610 à 632 après J.-C. En divisant le nombre des dits par celui des années d'apostolat, on obtient en arrondissant 35 000 sentences par an, soit à peu de mots près 94 maximes pour chaque jour que Dieu donna à vivre à son porte-parole. « Ce qui nous donne 4 *hadiths* par heure », relevons-nous. « Plus, coupe Atallah. L'Envoyé ne veillait pas vingt-quatre heures sur vingt-quatre. Il dormait, disons, dix heures. Pensez qu'à l'époque il n'y avait ni radio ni télé pour meubler les nuits... » Et de décortiquer l'emploi du temps prophétique avec le zèle d'une secrétaire de direction et la minutie d'un inspecteur de police, en évaluant les heures creuses où le Prophète ne parlait pas : quand il dormait, priait, faisait la sieste, s'isolait pour ses besoins naturels ou avec ses femmes (encore que parmi celles-ci, Aïcha se soit révélée prodigue en rapportant, parfois dans les termes les plus crus, les conversations d'alcôve de l'Apôtre de Dieu), combattait ou écoutait ses adversaires et ses alliés, lorsqu'il se faisait l'interprète de la Parole divine... Tout cela devait bien prendre de seize à dix-huit heures par jour. Ce qui nous fait une moyenne de 12 *hadiths* par heure vécue par Mahomet. « Une vérité, une pensée, un adage toutes les cinq minutes », pérore « Don de Dieu » en laissant tomber la calculette sur ses genoux.

« Mais il parlait comme il respirait, faisons-nous observer.

– Non, il était inspiré! »

Manifestement excédé par l'expression quelque peu sceptique de son vis-à-vis, le Turc repart à l'assaut :

« Oui, la *Sunna* c'est un documentaire sur la vie de notre Bien-aimé au jour le jour... Ses paroles sont nos mots d'ordre ici-bas et les mots de passe du Paradis... Bien sûr, une telle somme de dits est le procès-verbal de la totalité des conversations du Prophète.

– Doit-on les apprendre tous? Est-ce que c'est possible?

– Dieu seul le sait. Même si ce n'est pas possible, ça vaut la peine d'essayer. »

On a souvent accusé le culte islamique d'être une simple gestuelle, une pratique mécanique, un mimétisme compassé. Pour n'être pas entièrement fallacieux, le constat est néanmoins trompeur. Car les croyants recherchent avec une application ardente l'identification à leur Messager plus qu'ils ne la subissent. « Eh Mohamed! » : c'est ainsi que la coutume veut qu'on appelle un croyant dont on ne connaît pas le prénom. Quant aux Européens implantés en terre d'Islam, ils désignaient les femmes indigènes du nom de la fille aînée du Prophète : « Fatima » ou « Fatma », selon les régions. « Le Prophète est plus proche des croyants qu'ils ne le sont les uns des autres » (Coran : 33; 6).

C'est donc une grande œuvre de piété que d'apprendre les *hadiths* et de s'efforcer à imiter ce que l'on sait des goûts et des habitudes du Beau Modèle. On dit que des bienheureux, tel l'imam Bokhari (810-870) – le plus illustre des traditionnistes musulmans, auteur du *Sahih* (« L'Authentique »), recueil de 3 000 maximes prophétiques « autorisées », triées parmi les flots des centaines de milliers qui circulaient à cette époque –, en connaissaient 200 000 par cœur! En définitive, seuls 40 dits, recensés par l'imam Naouaoui (mort en 676) sont considérés par les *oulémas* « d'une importance et d'une authenticité indubitables ». Ce ne sont d'ailleurs pas les plus pertinents ni les plus spirituels, tant s'en faut. Quoi qu'il en soit, un musulman capable d'émailler sa conversation ou de résumer une situation par un bon mot du Prophète gagne d'emblée, comme par magie, l'adhésion de ses interlocuteurs. Le mot de la fin, la bonne parole. A La Mecque et à Médine plus que partout ailleurs, et pendant le *hadj* mieux que jamais.

La conversation s'arrête. L'autoroute est quelconque ou presque. Des panneaux publicitaires défilent à droite et à gauche. Sony. Seiko. Et puis, sur une grande plaque en blanc sur vert fluorescent : « Dieu soit loué! » Ikea. « *Allah Akbar.* » Pepsi-Cola. « Invoque Dieu! » Des chantiers succèdent à des houles d'arbres jeunes. Des montagnes pelées, taillées par les vents de sable en pain de sucre, donnent par-ci par-là quelques rondeurs à ce maigre pays. Encore de la réclame : Ikea. Des slogans : « Dieu soit loué ! » « *Allah Akbar.* » « Invoque Dieu ! » Il n'y a presque pas de voitures individuelles. Beaucoup de Séoudiens quittent les Lieux saints pour toute la période du pèlerinage afin de continuer de jouir de leur liberté de mouvement à Djedda, au Caire, à Tanger, à Marbella ou à Nice.

La route serpente, parfaite et monotone. Le car déroule d'une haleine régulière les 73 km qui séparent l'aéroport de La Mecque. Mais à un détour, le chemin fourche. Un ruban asphalté sort de l'autoroute et décrit un large arc de cercle vers la droite. « No moslem » (*sic*), l'inscription laconique enjoint aux non-musulmans de sortir ici même des rangs des croyants pour se diriger vers Taïf. Une plaque gigantesque, plus défiante pour les « ingrats » qu'accueillante pour les « soumis », rappelle à ceux-là en une foule de langues, y compris le coréen, l'interdiction formelle.

Aucun véhicule ne bifurque. Personne n'en descend. Pour les fidèles la voie est tracée. Ils continuent dans le droit chemin. Un pont... à péage, un immense « Moslem only » et des soldats correctement armés barrent la route. Contrôle d'identité religieuse. C'est un *Miqat*, un des postes frontières qui marquent l'entrée dans le *Haram*, le territoire « consacré », « sacré » et « interdit » aux non-musulmans. L'appellation est en elle-même tout un programme. *Miqat* (singulier de *maouaquit*) signifie à la fois « époque », « temps déterminé » et « rendez-vous » dans un « endroit convenu » pour se rendre à La Mecque.

Tout se passe comme si, en tombant du ciel, la Pierre noire n'avait pas fait des ronds dans l'océan des sables mais avait néanmoins déterminé l'émergence de trois périmètres excentriques. L'enceinte de l'esplanade qui porte la *Kaâba* en constitue le premier cercle. Son franchissement reste soumis en permanence à de strictes conditions de pureté rituelle. Un chapelet de bornes disposées autour de la ville proprement dite circonscrit une seconde aire. Les fidèles désireux d'accomplir la *omra*, le Petit Pèlerinage, devront s'y arrêter pour enfiler l'*ihram.* S'ils résident au centre de la cité, il leur incombe d'en sortir, de se mettre en état de sacralisation pour pouvoir y revenir en règle. Enfin, une ultime frontière englobe la majeure partie du Hedjaz, renfermant le noble terrain sur les seuls musulmans (cf. carte du périmètre sacré). Aucun incroyant ne peut l'enjamber sous peine de sanctions majeures. En période de *hadj,* le pèlerin ne peut le franchir qu'en *ihram,* sous peine de nullité immédiate et sans appel de sa démarche.

Le filtrage est sérieux, sobrement courtois. Les camions de marchandises sont patiemment inspectés. Aucun klaxon d'impatience. Un Français converti s'approche du pare-brise pour mieux observer le manège. Il tient à la main *La Parole donnée* de Louis Massignon en édition de poche. Combien de pèlerins savent-ils qu'ils sont non seulement à la lisière de la sublime poussière mais surtout dans un des hauts lieux de l'apostolat de leur prophète : Houdaybiya, une maigre bourgade que rien, si ce n'est le hasard de la géographie, ne prédestinait à la postérité? Elle fut le théâtre désolé d'un moment crucial de l'histoire musulmane. Mahomet faillit y laisser son autorité. Il en sortit finalement auréolé d'un empire incontestable.

En effet, vers la fin de la sixième année de l'Émigration à Médine, au printemps 628 de l'ère chrétienne, l'Envoyé prend ses partisans de court en leur annonçant que la Voix du Ciel prescrit le *hadj* de La Mecque, alors sous la domination des Qoraychites, ses frères de sang mais adversaires en religion. Il confirme ses adeptes dans sa décision de partir afin d'y accomplir les rites de la *omra.* Pèlerinage pacifique, précise-t-il en invitant les croyants, mais aussi les bédouins qui campent dans les environs de l'oasis, à l'accompagner. Un cortège hétéroclite se met en route dans un grand enthousiasme. Une troupe de 700, 1 400 ou 1 600 hommes, selon les diverses sources, plus 4 femmes, peu d'armes, mais de nombreuses bêtes à sacrifier pour Dieu. Abou Bakr, Omar, Othman et Ali, qui seront successivement les quatre califes « bien guidés », lui tiennent compagnie. Ce sont des conseillers perspicaces. L'Avertisseur sait les écouter.

Ayant eu vent de l'expédition, les Mecquois envoient d'abord des centaines de cavaliers en éclaireurs pour tâter l'ennemi musulman. Prévenu par ses espions, le Prophète, sur l'insistance d'Abou Bakr, se dérobe à l'affrontement et trouve refuge près d'un grand puits, à l'ombre providentielle d'un arbre, à Houdaybiya. Des négociations commencent alors entre des Qoraychites désunis – leur chef Abou Sofyan, l'ancêtre de la dynastie omeyyade, étant en voyage d'affaires – et des musulmans plutôt tièdes. Les deux parties ne mâchent pas leurs mots :

« Que fais-tu avec cette racaille contre ta famille? demande un négociateur à l'Envoyé. Ils te lâcheront à la première occasion. »

Abou Bakr s'indigne :

« Suce le clitoris d'Allât [une déesse de l'Arabie païenne]! Nous, le lâcher? » fulmine-t-il.

Les tractations piétinent. Les hommes qui entourent le Prophète s'engagent solennellement à le défendre jusqu'à la mort. Ce « serment sous l'arbre » restera célèbre. A telle enseigne qu'Omar, devenu calife, abattra le gommier ombreux afin d'empêcher qu'il ne devienne un objet de culte.

Des Pakistanais sont priés de descendre de leur camionnette. Ils ouvrent le coffre arrière. Des pommes, des livres et des jerricans vides. Ils gesticulent, semblent inquiets. Les hommes parlent avec les mains. Salutations. Ils reprennent la bonne route.

Les Qoraychites ne sont pas chauds pour permettre aux « Soumis » l'accès des Lieux saints. Omar s'indigne qu'on s'abaisse à dialoguer avec des idolâtres. Mahomet garde son sang-froid. Il appelle Ali pour consigner par écrit les stipulations d'un pacte entre la « Fraternité » de Médine et l'oligarchie de La Mecque qu'il veut soumettre à ses adversaires : « Au nom d'Allah le Clément, le Miséricordieux », articule-t-il. « Je ne reconnais pas cette formule, répond sèchement le délégué qoraychite. Écris plutôt : en ton nom, Allah! » Mohamed acquiesce et enchaîne, l'air de rien : « Voici le traité de paix conclu par Mohamed, l'Envoyé d'Allah... – Si j'étais convenu que tu étais le Messager de Dieu, proteste son vis-à-vis, je ne t'aurais pas combattu. Écris ton nom et celui de ton père! » exige le païen. Et Mahomet cède encore. Pis, il avalise une clause qui lui enjoint de renvoyer à son bercail tout Qoraychite qui adhérerait à l'islam et le rejoindrait à Médine!

Au terme de ce protocole humiliant pour le Prophète, une trêve de deux ans est instaurée entre les frères ennemis. Cette année, toutefois, les musulmans n'iront pas à La Mecque. En revanche, l'année prochaine, les Qoraychites évacueront la cité pendant trois jours et les croyants pourront y entrer pour accomplir leurs dévotions. Le Prophète est froissé, ses partisans manifestent bruyamment leur mauvaise humeur. Mais les ennemis les plus puissants de la jeune communauté ont tout de même négocié, traité avec son chef comme on le ferait avec une puissance. La promenade dans le désert, la station à Houdaybiya se révéleront finalement payantes.

Mais ce n'est pas d'avoir été le lieu d'une confrontation décisive entre les croyants et les mécréants qui a élevé Houdaybiya au statut d'un *miqat*, séparant l'aridité en aire sainte et en désert profane. Quelle est alors l'origine de ces postes avancés, de ces observatoires de la foi? Autant spéculer sur le sexe des anges ou la topographie de l'Atlantide, encore que l'islam reconnaisse aux êtres surnaturels autant de qualités et d'activités sexuelles qu'aux humains. Une tradition bien établie en donne néanmoins une lumineuse explication. On raconte que, lorsque Abraham posa la Pierre noire à un angle de la *Kaâba* lors de sa restauration par le patriarche, il en jaillit une flamme dont les lueurs se répandirent de proche en proche jusqu'aux limites actuelles du saint territoire. Les démons qui épiaient les actes de l'entreprenant vieillard accoururent de tous côtés vers le feu rayonnant. Ils furent arrêtés net à la lisière de la zone éclairée. Abraham érigea alors aux différents endroits où ils furent éconduits des colonnes de pierre sur lesquelles veillent inlassablement des anges. Autour de ces premières pierres naquirent les bourgades frontalières : les *maouaquit*.

« Houdaybiya vous souhaite la bienvenue », lance un jeune soldat, timide et strict. Le chauffeur montre le sac à passeports. « Tous pour le *hadj*? » demande le Séoudien. « Tous » répond le Soudanais qui semble connaître le militaire. Le véhicule glisse sous la passerelle. Il franchit ce Rubicon, traverse cette « mer Rouge » et pénètre de plain-pied dans la terre enfin permise, dans un tonnerre d'ovations à la gloire de l'Avanceur. « Me voici devant Toi... Me voici devant Toi!... »

La Mecque anoblie : 23 km, indique une plaque.

HOUDAYBIYA-LA MECQUE : 7 H 15 DU MATIN/12 H 15

Deux pèlerins algériens se tournent vers les trois passagers français et les congratulent : « Bienvenue dans la Maison de l'Islam, frères! » Les nouveaux musulmans leur répondent en arabe littéraire, concis, harmonieux, justement émaillé de formules liturgiques. Les deux Maghrébins en restent cois, ne comprenant mot de la langue du Coran. C'est de l'hébreu pour eux. Se remémorent-ils ce dicton algérois « Nous leur avons enseigné la prière et ils nous ont précédé à la mosquée » qui dénote une certaine irritation à l'égard des néophytes? Ils ont cependant l'air ému. Ils embrassent longuement leurs « frères ».

L'exclusion totale des non-musulmans est discutable même au regard de la tradition musulmane. Elle semble plutôt remonter à l'époque ottomane. En effet, le Coran n'interdit expressément qu'aux « païens » l'accès à la *Kaâba* et la pratique de leurs cultes dans ses environs. « Les infidèles ne sont qu'impureté. Qu'ils n'approchent donc point la Mosquée sacrée après la présente année » (Coran : 9; 28). Il s'agit du premier *hadj* musulman conduit par Abou Bakr en 631, dans lequel étaient mêlés aux croyants des « ingrats » venus de tous les coins d'Arabie. Mahomet était alors resté à Médine, où la voix du Ciel lui signifia cependant la mise hors la loi des mécréants et leur expulsion du Temple. Pour autant, le calife Omar y recevait régulièrement des plaignants juifs et chrétiens dans l'enceinte même de la *Kaâba*, à la fin de l'office du Vendredi, pour rendre ainsi une justice solennelle et immédiate. La tradition connaît également le cas d'un médecin chrétien qui pratiquait son art au pied d'un des minarets de la Mosquée sacrée. Jaloux de sa foi, il élevait néanmoins son fils, un certain Daoud, dans le culte d'Allah, d'où le fameux adage arabe : « mécréant pire que le père de Daoud ». De même, toute une population non musulmane, composée d'épouses de croyants, d'esclaves et de marchands, est normalement mentionnée par les chroniques de la Ville sainte. Sans parler des théories de techniciens, ingénieurs et autres architectes infidèles, temporairement importés pour des travaux depuis au moins l'époque abbasside. Jusqu'à nos jours des « coopérants » occidentaux ou asiatiques se rendent aux Lieux saints pour des raisons professionnelles moyennant une cérémonie expéditive de conversion.

A Médine, on a gardé le souvenir de deux chrétiens venus au temps des croisades affublés en musulmans, afin, semble-t-il, de profaner le tombeau du Prophète. On aurait découvert le noir dessein des nécrophiles au moment où le tunnel qu'ils creusaient depuis leur domicile débouchait sur la Noble Sépulture. Ils en sont morts sans sépulture. Depuis, on a entouré le sépulcre de murs épais renforcés de plomb fondu.

Les Séoudiens ont étendu, peu ou prou, cette sacralité à l'ensemble du royaume. Aussi, les personnes d'origine juive n'obtiennent qu'à de rares exceptions des visas d'entrée. Les chrétiens en revanche sont nombreux à travers tout le pays – exception faite du territoire sacré – en qualité de travailleurs temporaires. Bien que beaucoup de ces fidèles du Christ soient d'authentiques Arabes – Palestiniens, Syriens, Libanais ou Irakiens –, il leur est formellement interdit de célébrer ouvertement leur culte, en parfaite contravention avec le beau verset coranique qui proclame : « Pas d'acrimonie en religion » (Coran : 2; 256). L'introduction de bibles ou de crucifix est également interdite. A ce propos, un comité *ad hoc* s'est d'abord adressé à l'ambassadeur d'Arabie Séoudite à Paris puis a envoyé un placet au roi Fahd pour lui demander d'alléger ces restrictions à la liberté religieuse. La réponse est venue du cheikh Abou Bakr Jaber, président de la section Orientation islamique à l'université de Médine : « Loin d'être le signe d'une profonde intolérance de la part des autorités royales séoudiennes, l'interdiction [faite aux non-musulmans de célébrer normalement leur culte] résulte en fait d'une conception islamique selon laquelle l'ensemble du Royaume d'Arabie Séoudite est considéré par l'islam comme une mosquée où deux religions ne sauraient coexister » (*Le Monde,* 20 août 1987), tranche l'*ouléma,* en s'appuyant sur un *hadith* suivant lequel « deux cultes ne coexisteront pas au Hedjaz ». Même si elle s'avère authentique, la sentence prophétique ne concerne en dernier ressort qu'une portion congrue de l'actuelle Séoudie. Ce qui n'empêche point le cheikh wahhabite de pérorer : « Ce complément d'information devrait permettre d'éviter, à l'avenir, de porter des jugements hâtifs sur le prétendu manque de liberté religieuse dans le régime séoudite. »

Si par malheur il arrive à l'un de ces ingénieurs ou agronomes qui contribuent grandement à la mise en valeur et à l'exploitation de la terre comme du sous-sol d'y rendre l'âme, il n'aura pas même droit à un arpent de sable pour le repos éternel de son corps. Sa dépouille devra repartir comme sa personne est venue. Le corps a ses oraisons que la raison ne connaît pas. Au surplus, l'interdiction faite aux non-musulmans d'accéder aux Lieux saints est dérisoire lorsque l'on sait que maints chrétiens occidentaux se convertissent à la foi du Prophète dans le seul but de participer au *hadj.* Et comme il n'est pas question de rendre plus ardus les chemins de la Religion, celui de La Mecque reste en définitive ouvert au commun des « ingrats » pour peu qu'il prenne sur lui d'articuler devant un imam : « Il n'y a de dieu que Dieu et Mahomet est son prophète. »

CHAPITRE VII

LES TOITS DE LA MECQUE

L'AUTOROUTE continue son grand bonhomme de chemin en se faufilant au milieu des buttes rocheuses, hostiles dans leur nudité. Un monument à l'horizon : « Portière de La Mecque » annonce un panneau. Enjambant la voie, un énorme lutrin en béton supportant un livre coulé dans la même matière grise, bouche l'horizon. Le Livre de Dieu. Le ciment de l'*Oumma.* La Mecque à livre ouvert.

HADJ-PARKING : 8 HEURES DU MATIN/13 HEURES

« Me voici devant Toi... Me voici devant Toi... », murmurent, ânonnent, scandent, crient à tue-tête les langues, les bouches et les pieuses poitrines. « *Makka el-Moukarrama* [La Mecque anoblie] 15 km », signale un écriteau. Le bus ralentit. « *Hadj*-Parking », indique une autre inscription. L'autocar bifurque à droite et fonce vers un baraquement perdu dans les sables, noyé de brumes matinales. Des dizaines d'autocars stationnent, des milliers de pèlerins traînent leur fatigue et leurs *ihrams* entre les travées de baraques de tôle et de contre-plaqué. Beaucoup dorment, d'autres prient sous un auvent. C'est le centre de « réception » des *hadjis.* Gare de triage en réalité.

Chaque région de provenance des pèlerins dépend d'un local qui enregistre obligatoirement toutes les arrivées en liaison avec le syndicat des logeurs, les puissants *moutaoui-*

fin; ils en contingentent les groupes au prorata des « places » disponibles dans chaque hôtel. « Bureau des pèlerins » algériens, marocains... iraniens, mais la bicoque est fermée. L'Iran khomeyniste a décidé de boycotter *sine die* le *hadj*. D'ailleurs, le passeport de la République islamique mentionne, noir sur blanc, trois pays interdits à son détenteur : la Thaïlande, à cause vraisemblablement de la drogue et des trop fameux « massages », la Palestine pour cause d'occupation sioniste et l'Arabie Séoudite, l'occupant illégitime des Lieux saints dans l'optique de Téhéran. Ces prescriptions sont sans appel sauf pour la Terre sainte « durant les mois sacrés ». La Mecque vaut bien un *hadj* tout de même. L'ostracisme iranien à l'égard des Wahhabites n'estampille pas seulement les passeports, il remodèle aussi le discours officiel, le langage quotidien. En effet, à l'époque de Reza Pahlavi, le langage dominant qualifiait le premier des Séoudiens de *Malek*, le « roi » en arabe, et réservait l'équivalent perse du titre, *Chah*, à l'autocrate iranien. Or, cette dernière appellation est devenue rédhibitoire depuis le triomphe des ayatollahs, lesquels, dans la foulée de leur guerre contre les symboles « sataniques », ne désignent plus les monarques musulmans par *Malek* qui est un des 99 noms de Dieu, mais leur donnent systématiquement du *chah* infamant : « Chah Fahd », « Chah Hussein » de Jordanie, « Chah Hassan II » du Maroc...

Tout le monde descend. L'atmosphère est suffocante, l'air lourd, la poussière épaisse. Une algarade derrière une mosquée de fortune : les toilettes. C'est normal. Qui ne redoute d'entrer dans la ville natale du Prophète, l'*ihram* flétri de quelque souillure? Un somme dans l'autobus peut bien, par exemple, donner lieu à des rêves érotiques. Même si le pèlerin n'en conserve aucune souvenance, sa pureté rituelle sera néanmoins entachée. Tout ce qui sort du corps, gaz, urine, morve, pus, sang, sperme ou matières fécales, corrompt la netteté du corps, à défaut de l'esprit. Sans le moindre soupçon de pruderie, la loi musulmane ne tarit pas d'imagination pour prévoir toutes sortes d'éclaboussures justiciables d'un lavage rituel. Elle a déterminé également deux sortes d'impuretés, la grande, *janaba*, « mise à l'écart », et la petite, *hadath*, « innovation », « accident ». Celle-ci se résout par un simple *woudhou*, l'ablution des « parties » incriminées, mais celle-là requiert un *ghousl* en bonne et due forme.

« Les toilettes, que Dieu te garde! » demandent les passagers, les paupières plissées par la réverbération de la lumière. Le chauffeur leur désigne d'un geste ample et las tout le paysage et court, le sac à passeports sous le bras, vers le bureau des pèlerins algériens. Un *hadath* peut arriver à tout le monde. Un simple pet, une seule goutte d'urine, un soupçon de sang menstruel ou de sperme, une sieste, un évanouissement et l'on n'est plus bon à rien. Ni à prier, ni à toucher un exemplaire du Coran et encore moins à le réciter. Les anges qui veillent en temps normal sur le fidèle lui faussent aussitôt compagnie. Aussi chacun veut-il se laver de tout soupçon.

Il fait déjà 38° à l'ombre des tôles. Point d'arbres. Grâce à Dieu, un camion frigorifique arrive. Il distribue des sachets d'eau fraîche. Glacés à rompre les mâchoires. C'est un « don » du Serviteur des Lieux saints. Des gens s'aventurent dans la rocaille à la recherche d'un abri pour se « laver ». D'autres n'ont pas attendu l'eau royale pour disparaître à l'horizon. On peut, effectivement, se purifier avec du sable, de la cendre ou des cailloux. Il suffit d'en ramasser une poignée avec la main gauche, et d'en imprégner soigneusement les organes génitaux. C'est l'ablution du pauvre, du voyageur : le *tayammoum*, « plongeon dans la mer ».

Il n'y a aucune honte à cela. Le Prophète rappelle couramment « que celui qui se torche avec des pierres en emploie un nombre impair », traditionnellement fixé à trois. Car Dieu, qui a 99 noms « aime les chiffres impairs » ajoute-t-il. La loi recommande, en outre, de s'accroupir pour satisfaire ses besoins naturels. L'homme qui pisse debout n'est pas admis à témoigner : les éclaboussures dues aux vents ou à la maladresse de ses gestes peuvent souiller l'habit du croyant à son insu.

L'islam est probablement la religion où l'obsession de la propreté corporelle, et singulièrement des organes sexuels, est la plus partagée, y compris dans les milieux « occidentalisés ». Elle remplit des milliers de pages de la Tradition écrite, qui en parle parfois avec les termes les plus salaces, hante le folklore, sature les dialectes d'adages et de calembours. Elle sévit encore et toujours dans les revues islamiques et dans la presse quotidienne. On pourrait écrire des anthologies, rédiger des thèses sur le « courrier du corps » en pays d'islam. Et plus La Mecque, la *Kaâba* et le jour J du *hadj* approchent, plus cette manie sourd par tous les pores, chatouille les membres, absorbe l'esprit du pèlerin dans une exténuante fixation de toutes les secondes sur ses parties honteuses. A l'affût du plus fugace mouvement de son abdomen, il redoute comme la peste toute « fuite » corporelle. Le *hadj* le prend aux tripes.

Pour qui pourrait douter des envahissements de cette phobie des sécrétions corporelles, une promenade au stand iranien de la foire internationale d'Alger serait des plus instructives. En effet, la République islamique y a exposé en 1988 une super-production nationale : une énorme pyramide de cachets anti-flatulents... Les ayatollahs ne pètent pas que du feu.

Autres lieux, autres interdictions. Atallah rappelle justement à un cercle de « frères » toutes les prohibitions qui s'attachent à la nature même de la Terre sainte. En effet, sous peine d'aliéner l'*ihram*, il est interdit d'y couper la végétation, de tuer des animaux, exception faite des corbeaux, des éperviers, des scorpions et autres reptiles dangereux. Territoire tabou : on ne doit pas couper les épines ni faire fuir le gibier, « d'un endroit ombragé pour prendre sa place » par exemple. En revanche, la « pêche est autorisée » sur toute l'étendue du sable saint!

Les fidèles s'agglutinent sous des auvents, à l'ombre des bus. Il n'y a plus d'eau fraîche. Les toilettes ne désemplissent pas. L'atmosphère est irrespirable. « Le voyage est une portion du châtiment suprême », lâche Atallah qui a décidément toujours le mot du Prophète pour rire jaune. « Tout le monde en voiture! lance le conducteur. Tous les hôtels sont pleins à craquer, indique-t-il, c'est pour cela qu'on ne pourra pas tous vous loger au même endroit. Vous serez séparés en plusieurs groupes et répartis à travers la ville. » Ainsi en a décidé la Fondation compétente expérimentale des guides pour les pèlerins des États arabes. Tampon sur le passeport à l'appui.

LA MECQUE, 15 KM : 9 H 40 DU MATIN/14 H 40

Retour sur l'autoroute. Et le défilé des slogans de repartir. Sony. « Dieu soit loué! » Seiko. Pepsi. « Les enfants t'attendent. » Devant nous un chaos de montagnes grisâtres. Sur les crêtes se dressent des créneaux d'une blancheur aveuglante : les premières maisons de la Maison de Dieu. L'image est saisissante. On dirait une barbe poivrée, broussailleuse, éclairée par un sourire éclatant. Encore Pepsi, puis un carrefour très animé sous un ciel de plomb. Des maisons chaulées, des passants bruns vêtus de blanc, des boutiques gorgées de marchandises.

C'est enfin La Mecque.

DEVANT LA MECQUE : 10 HEURES DU MATIN/15 HEURES

« Me voici devant Toi... Me voici devant Toi... », s'époumonent les fidèles apparemment plus soulagés d'arriver au bout de leurs peines qu'émus de fouler en bus climatisé la Mère des cités. « Djeddah street », l'avenue de toutes les arrivées de pèlerins, puis la rue Palais-de-l'Hospitalité (Qasr el-dhiyafa), que prolonge celle d'el-Hajoun qui traverse le cimetière le plus renommé de l'islam, le vénérable Maâla, celui du « Haut de la ville », et débouche sur le boulevard de la Mosquée sacrée (el-Masjid el-Haram).

Le car oblique vers le sud et s'engouffre dans l'artère qui mène au centre de la ville. La circulation est dense, les véhicules collent les uns aux autres comme les anneaux d'une chaîne. Ici, tout ce qui bouge converge. « Me voici devant Toi... Me voici devant Toi », reprennent de plus belle les passagers, impatients de plonger dans la chaleur de l'air, la camaraderie de la foi.

Ils sont en « pays sûr » (Coran : 2; 126).

Mais le large parcours asphalté de la dernière avenue qui conduit les pieux flots humains au cœur de la cité se souvient-il qu'il fut un ravin par lequel les pluies torrentielles se déversaient dans le « ventre de La Mecque » (Bâtn Makka), la cuvette où s'élève la Mosquée des mosquées. « C'est par ici, à travers des gorges rocailleuses, qu'à la tête d'une armée de soumis, Mahomet a investi et soumis sa ville natale en 630 », raconte le conducteur avec toute la suavité du dialecte soudanais. « Me voici devant Toi... Me voici devant Toi... », répondent en chœur les pèlerins. D'une voix émue, les yeux fixés sur le pare-choc de la camionnette qui le précède, il raconte la conquête de La Mecque, le *Fath*, qui veut dire l'« ouverture » mais aussi le jugement, la sentence et la révélation. Tout en descendant l'avenue, à petites avancées, vers le Temple, il remonte dans le temps jusqu'au Prophète.

Le 10 ramadan de l'an 8 de l'Hégire, soit le 1er janvier 630 de l'ère du Christ, Mahomet lève à Médine une troupe de 10 000 hommes et marche sur sa patrie ronchonneuse. Une fois aux portes de La Mecque, les cohortes pieuses allument des milliers de flambeaux. Le spectacle de ce feu d'artifice terrorise la population locale. Abou Sofyan, revenu de ses affaires auprès des siens, se voit confier la mission de négocier avec les assaillants. Mais, comme dit un adage de la Petite-Kabylie, « il est parti inviter des gens et il a fini par souper et dormir chez eux ». Le négociateur se convertit tout simplement à l'islam et s'en retourne annoncer les conditions de l'Envoyé : la cité ne risque rien si elle accueille sans difficulté le vainqueur. La Mecque ville ouverte.

Le jeudi 20 ramadan, les croyants entrent dans la ville qui les railla tant, les ignora du haut de sa suffisance, se gaussa de la piété de l'Avertisseur. « Là où vous êtes maintenant par la grâce de Dieu, pensez, mes frères, à ces hommes harassés par la marche, les pieds enflés, grillés, alors que vous vous vautrez dans ce bus. Priez sur le Prophète. » « La prière et la paix sont sur lui. » Des hommes pleurent déjà en silence. Les femmes semblent absentes. « Il habita où ? » demande un policier à la retraite. « Sous un simple auvent », répond le chauffeur conférencier. Personne ne semble connaître la prière qu'il faut réciter aux portes de la cité : « Je suis venu à Toi d'un pays lointain, chargé de péchés, responsable de tant de méfaits... »

Les musulmans investissent le berceau de leur Messager sans coup férir, sans faire périr. Ou presque. Mahomet voit dans ce succès la main de Dieu, la consécration de sa patrie. « Elle est sacrée, annonce-t-il, de par cet acte de la majesté divine, jusqu'au jour du Jugement dernier. Combattre sur son territoire n'a été rendu licite pour personne avant moi, et ne m'a été permis à moi qu'une seule heure, dans un seul jour... » « *Allah Akbar* », scandent les voyageurs qui s'écrasent déjà le nez contre les vitres pour mieux voir leur ville : les échoppes croulant sous les fruits les plus rares, les vêtements, l'horlogerie. On se croirait dans quelque foire commerciale. De belles maisons, de disgracieux édifices, de charmantes mais piteuses demeures traditionnelles, s'étalent sur les versants du ravin comme des gradins disproportionnés.

« C'est ici, nous souffle Atallah, que pèlerins iraniens et soldats séoudiens se sont affrontés en juillet 1987. » Le car tourne à droite et s'engage dans la rue Ibn Zoubayr, un vétéran du *Fath*, un proche du Prophète qui contesta les Omeyyades et se proclama lui-même calife à La Mecque. La ruelle est plus étroite. Camions-citernes, fourgons, voitures, motos et vélos slaloment sur une « piste » littéralement engorgée de camelots criards, de policiers débordés, de pèlerins fébriles et d'une multitude de chats errants. Le car fend lentement les flots de l'artère califale. D'amples étendards pendent aux balcons des immeubles. Le bus serre à droite, manque à un cheveu près de renverser un aveugle et s'arrête à deux doigts d'un attroupement agité. « Toutes mes félicitations, lance le chauffeur, vous êtes arrivés. Voici l'hôtel où l'on m'a dit de vous déposer. » « Me voici devant Toi... Me voici devant Toi... » marmonnent sans conviction les passagers. « On est devant qui? » demande un Kabyle. « Devant l'hôtel des Algériens » lui répond son voisin de siège, en lui désignant de son menton fuyant un humble emblème national cloué sur les volets fermés d'une fenêtre.

La Mecque hôtellerie : 11 heures du matin/16 heures

« Tout le monde descend! » Une barbe noire, des yeux assortis et une djellaba bouffante surgissent d'on ne sait où.

« Combien? » réclame le barbu. « Quarante-six, *inch Allah*! » répond le chauffeur en lui remettant sa provision de passeports. Serrant contre lui les documents de voyages, l'aubergiste barbu promène ses yeux tous azimuts, passe chacun au crible de son regard un brin carnassier: « Attendez ici, ordonne-t-il sèchement, on loge ceux-là et on s'occupe de vous ensuite. » Il se fraie un passage en récriminant et rentre dans le bureau devant lequel se tassent une quarantaine d'Algériens.

De son côté, le conducteur réclame un bakchich. Sans lui, nous serions encore à Djedda... D'ailleurs, s'il n'était pas épuisé par la faim et la soif, il demanderait bien à la réception de l'hôtel d'accélérer les choses pour ses passagers. Les visages se ferment de colère, de dégoût mais aussi de pitié pour le malheureux Soudanais. En Algérie, le pourboire n'est pas encore entré dans les mœurs. Il arrive que dans un restaurant le serveur rattrape un client pour lui remettre ses deniers « oubliés » sur la table. En réclamer apparaît comme le comble de la servitude. Enfin, chacun retire son bagage de la soute et glisse discrètement une pièce, un billet ou même un paquet de cigarettes au « frère du Soudan frère ».

La chaleur est terrible. Le vent brûlant, lancinant. Les pèlerins prennent d'assaut un marchand de fruits. Ils n'ont d'yeux que pour les bananes et les pommes rouges. C'est que ces produits de la terre se sont volatilisés du marché algérien depuis les années 70. On peut même dire que la majorité des enfants de ce pays n'en ont jamais goûté de leur vie. Une razzia du tonnerre. « Quelle baraka! » s'exclame un vieillard, en avalant gloutonnement sa banane. Tous sont persuadés de manger des douceurs nourries du sol de La Mecque par la vertu d'une prière expresse d'Abraham: « Seigneur, fais de cette ville un refuge sûr et prodigue de fruits à ses habitants » (Coran: 2; 126). En réalité, les pommes viennent du Chili et les bananes du Costa Rica.

CHAPITRE VIII

LES CAVES DE LA MECQUE

La porte du bureau s'ouvre. Un jeune homme grand, brun, aux yeux verts, un peu dégingandé et tenant sur un plateau une énorme brassée de passeports, apparaît : « Bon, dit-il, je vais vous appeler un à un et vous traverserez le hall dans l'ordre. Je répète bien : dans l'ordre! Sinon, je vais faire une sieste avec mes enfants et vous laisserai ici. » Quarante-deux élus passent ainsi sous le ventilateur du vestibule. Un autre homme d'âge mûr, obèse, leur passe quatre petites clés en leur indiquant d'un air bourru : « Neuvième étage. » Et c'est la course vers l'ascenseur, les cris, la pagaille.

La barbe, les yeux noirs et la djellaba ressortent de l'office avec, dans chaque main, un lot de passeports. « Vous êtes 36, dit-il, que Dieu vous garde, 28 sont venus d'Algérie par la voie officielle. Ils n'ont rien à payer. Mais 8 sont arrivés individuellement de France; ceux-là, il leur faut payer d'avance, maintenant, le prix des chambres. Si du moins on leur en trouve! » Il n'a pas fini de parler qu'un cortège s'est formé. Valises, balluchons, sacs de bananes et de pommes, épouses et enfants envahissent le hall de l'ascenseur, prêts pour l'ascension.

« Patientez, patientez! » ordonne le barbu, l'air faussement éploré. « Eh! la barbe! s'exclame un Kabyle, on a payé une année de salaire et tu nous dis encore d'attendre, de mourir debout. » Furieux, le réceptionniste ouvre une bouche dédaigneuse : « Très bien, mon docteur, où sont alors passés les gens qui sont payés pour te recevoir, où est votre Délégation? » Silence gêné, malaise à couper au cimeterre. Car l'irascible barbu n'a pas entièrement tort. Normalement, chaque contingent de pèlerins doit être accueilli à la descente de l'avion par un membre de la Délégation du *hadj*, qui doit collecter lui-même les passeports et servir ensuite d'intermédiaire obligé avec les autorités séoudiennes comme avec les hôteliers. Théoriquement, un fonctionnaire dépêché à cet effet doit réserver les chambres, coordonner les arrivées, répartir les gens à travers les auberges et les étages en veillant à ne pas séparer les couples, ni les groupes voyageant ensemble.

« Où sont les gens de la Délégation? demande tout haut un bossu au regard ardent. – Ils sont en train d'acheter des friteuses et des pneus, s'écrie le protestataire kabyle. – Juifs de Mahomet, que Dieu les brûle et maudisse leur descendance, murmure une centenaire, d'abandonner comme ça les serviteurs du Prophète. » Les dents serrées de rage, un immigré en France grogne : « Baâtha? Quelle Baâtha?... c'est une Baâssa [un doigt au c...] oui. Que Dieu me pardonne... *Allah Akbar*! » Les Français restent imperturbables sous le soleil, presque indifférents au manège qui encombre l'entrée de l'hôtel. Atallah a disparu derrière les vitrines d'une librairie.

« Avancez! » lance le barbu. Les pèlerins s'ébranlent à grands cris vers l'ascenseur. Beaucoup de bruit pour un peu d'ombre et un semblant de fraîcheur. Le réceptionniste les rattrape : « Vous, les 28 *hadjis*, vous allez au dixième étage, voici 3 clefs pour les chambres 6, 7, et 9. » Une cohue inouïe, un remous d'émeute et de panique soulève encore les pèlerins et les jette contre l'ascenseur. Coups de gueules, de coudes, de pieds, et de têtes; tout est permis pour écraser le voisin et arriver le premier pour choisir la meilleure chambre et le meilleur lit. On entend pêle-mêle : « Race putride » (*rassa khamdja*); « faites attention les frères, ma " maison " [l'épouse] est enceinte, sauf votre respect! », ou : « Que Dieu maudisse le jour où vous êtes sortis de vos taudis pour vous " civiliser " et maintenant voyager! » Mais le fin mot de la situation revient à une Constantinoise : « Doucement mes enfants, on n'est pas au mounoubri » [Monoprix],allusion drolatique aux bousculades titanesques et parfois mortelles dans les grands magasins algériens. « Quoi? continue la rieuse grand-mère, vous avez peur que le stock de tomates en conserve ou de lames de rasoir s'épuise? Et après? Vous êtes venus pour voir la Maison de Dieu, pas pour vous goinfrer! Que Dieu vous pardonne. » Elle sourit, épanouie, indulgente. Ils se serrent en gerbes, empilent les bagages sur leurs têtes et font des pieds et des mains pour dégager « encore une place » à un frère.

« Vous, les 8 " Français ", il n'y a plus de places disponibles pour vous! » Peut-on alors récupérer nos passeports pour aller chercher un toit ailleurs? Possible, mais si entretemps des lits se libéraient, nous les perdrions. Une solution : laisser les documents chez le barbu qui répond au nom de Salem et attendre. « Savez-vous, lâche-t-il d'un air goguenard, qu'il faut payer en devises ici avant de mettre les pieds dans l'ascenseur?... Normalement c'est 3 000 F par personne mais... pour vous... vous savez, l'Algérie, le pays du million et demi de martyrs... ce sera 2 500 F par lit... et ne me posez plus de questions... *Allah Akbar*! »

Une Mercedes s'arrête. En descend un petit vieux grassouillet, les mains garnies de chevalières, un collier de barbe et deux petits yeux abrités derrière des lunettes à triple foyer : le propriétaire de l'hôtel. Le hautain réceptionniste s'incline, saisit promptement la main du maître de maison et l'embrasse avec une servilité passionnée. « Qu'attendent-ils ceux-là? » demande sa « présence », comme l'appelle Salem en nous toisant. « Ça y est, mon docteur, je vais les loger au dixième avec les autres. » De la main à la main chacun paie sa « chambre » pour la durée du *hadj*, une quinzaine de jours au maximum. Sans payer ni récupérer notre passeport, nous partons à la recherche d'un meilleur endroit pour loger. Hôtel el-Haram, complet. Hôtel Ajyad : 3 000 F la nuit pour une chambre à deux lits! Hôtel Plaza:10 000 F par chambrée de 5 lits... Retour paniqué à la case départ.

L'ascenseur ne supporte que 6 personnes à la fois. Il y en a déjà 10, deux valises par-dessus les têtes. Un jeune homme supplie : « Soyez gentils, prenez mon père avec vous.

– Où vais-je le mettre, dans ma poche? » lui réplique un quinquagénaire aux cheveux teints en noir de jais et aux sourcils grisonnants.

Dixième étage. Une touffeur d'étuve, lourde d'une odeur tenace de laitue pourrie et de pelures de pommes de terre envahit les couloirs et communique avec les effluves montant des étages inférieurs. Voici une grande pièce. Un grand lavabo, un réchaud, des ustensiles de cuisine et une poubelle, grosse comme un tonneau, qui déborde d'épluchures de tomates, de concombres, de quartiers de pastèques et d'os de poulets. C'est la cuisine collective. Au fond du couloir, la chambre 11. La porte est ouverte : murs nus, plafond barré par un long néon, sol carrelé. Sur un lit de fer, une pile de paillasses en éponge, et sur un mur, au-dessus d'une fenêtre, un climatiseur. C'est l'ordinaire d'une chambre de pèlerins. Salem arrive, suivi du propriétaire. « Jette les éponges par terre », ordonne sa « présence ». Douze nattes posées côte à côte suffisent à paillassonner le parterre : « Prenez place, invite Salem plus obséquieux que jamais; le sommier, vous le laissez pour une personne âgée... Dieu est avec vous! »

Dans un hôtel à La Mecque : 13 h 25/18 h 25

Mettre en marche le climatiseur, avant tout. Le bruit est tel qu'il fait vibrer les murs. Mais entre une fraîcheur assourdissante et un silence étouffant, le choix est simple. Ensuite, prendre la mesure de l'endroit qui nous accueille comme de ce qui nous arrive. La pièce mesure 3 m sur 3,50 m; l'épaisseur d'un « matelas » ne dépasse pas 5 cm. Les couches sont sales, huileuses, effritées, les oreillers pouilleux. Il n'y a pas 10 cm d'espace entre les 12 « lits ». Tout ça pour un « prix de frères » répète le Salem dans le couloir, en amenant quatre Maghrébins de Marseille. A ce compte-là, la chambrée revient à 30 000 F pour toute la durée du séjour, soit 2 000 F par jour!

L'immeuble comporte 12 étages, chacun doté d'autant de chambres, lesquelles accueillent, plus ou moins, une douzaine de dormeurs. En tout : quelque 1 300 personnes dans l'édifice, autrement dit plus d'une centaine par niveau. Pour leurs besoins naturels et leur service cultuel, seulement quatre. Cabinets de toilette : deux WC-douches et deux baignoires poissées de crasse. C'est là un réel progrès si l'on se souvient que l'écrivain marocain prix Goncourt 1988, Tahar Ben Jelloun, qui accomplit le *hadj* en 1975 comme correspondant du *Monde*, écrivait : « Nous partagions une chambre de 10 m^2 avec 6 autres personnes. L'étage, où étaient parquées plus de 60 personnes, ne comptait qu'un seul WC et un seul robinet d'eau, utilisables deux heures par jour [1]. » Le progrès a cependant un prix : « Chacun de nous avait payé pour ce dortoir la somme de 450 ryals, soit environ 600 F » *(ibid.)*. En treize ans, le nombre de cabinets de toilette par étage a donc été multiplié par quatre. Les prix aussi.

Des climatiseurs équipent toutes les chambres, d'épaisses moquettes tapissent les couloirs et la « cuisine » (!) mais pas les chambres. Des extincteurs mais point de colonnes sèches ni de système efficace d'évacuation des locataires en cas de danger : le *hadji* est ici « l'invité du Clément ». La responsabilité de l'hôtelier est sauve.

A l'origine de cette industrie du sommeil dont les méthodes constituent un véritable salmigondis de combines vieillottes, d'intrigues désuètes, de gestion avisée des devises fortes et de spéculations financières à la page, se trouve un personnage : le *moutaouif*, celui qui assiste de tout temps les pèlerins incultes ou invalides à réaliser le *taouaf*, le circuit autour de la *Kaâba*, en dictant à l'un ses prières, en aidant l'autre à marcher.

Bien avant l'islam, La Mecque était déjà un grand centre de pèlerinage. Elle était également un des plus importants champs de foire de l'Arabie, sinon le plus fréquenté. Les pèlerins païens habitaient chez les particuliers moyennant quelques gratifications. L'hospitalité était un métier. En outre, les étrangers n'avaient pas le droit de faire les tournées rituelles autour de la *Kaâba* dans leurs vêtements ordinaires. Ils devaient donc, contre rémunérations, ou emprunter une mise à leurs logeurs, ou acheter un vêtement tout neuf. Comme il fallait rituellement abandonner ensuite la tenue devant le temple, beaucoup s'en sortaient à peu de frais en se pourvoyant dans les « garde-robes » de leurs hôtes, à la grande joie de ces derniers. Ceux qui ne pouvaient s'offrir l'habillement du jour célébraient le rite tout nus comme des vers. Les femmes, elles, devaient se couvrir dans tous les cas, semble-t-il.

La religion du Prophète a reconduit les cérémonies du *hadj* pré-islamique en les épurant des scories païennes. Mais l'expédient qui consistait à louer murs et fripes allait se muer en profession honorable pour les Mecquois. Mieux encore, l'expansion musulmane allait faire affluer des foules inespérées de clients.

Dépourvue d'agriculture, la « vallée stérile » (Coran : 14; 40) a connu avec le triomphe de la Religion la consécration suprême en devenant la Mère des cités. Paradoxalement elle devenait la parente pauvre des cités musulmanes. En effet, peu après la mort de Mahomet (632), une bonne partie de l'oligarchie des banquiers et des lettrés avait émigré vers Médine et, de là, vers d'autres horizons. La *pax islamica*, en rétablissant la sécurité des anciennes voies commerciales, porta par ailleurs un coup mortel à la route caravanière qui reliait l'Arabie heureuse à la Syrie-Palestine et dont La Mecque était l'étape principale. Le Prophète lui-même put en son temps assurer une subsistance aisée à sa famille grâce à ce trafic. Il ne restait dès lors plus rien aux pauvres « Voisins de Dieu » que les ressources du pèlerinage. Le gîte, le couvert et les courses du *hadj* devenaient leur affaire. Ils allaient ainsi tourner vers l'exploitation des émigrés de Dieu les aptitudes qu'ils montraient pour les razzias, le commerce et l'intrigue.

Des siècles durant, les croyants se sont résignés à faire la part du feu et du bien et à se mettre sous la coupe réglée des *moutaouifin*. Et c'est ainsi que, de *hadj* en *hadj*, ces cicérones des Lieux saints ont fini par mettre la main sur tous les entours du Temple comme sur tous les à-côtés du pèlerinage. De l'assistance religieuse dans l'exercice des rites ils ont étendu leurs activités à l'accueil, au transport, à l'hébergement à la nourriture des pèlerins. Véritables gardiens patentés, ils ne lâchaient pas d'une semelle leurs obligés.

Ceux-ci ne pouvaient faire leurs achats que chez des marchands désignés par le *moutaouif*, lequel recevait naturellement une ristourne.

Ayant la haute main sur l'unique source de richesses de la Maison de Dieu, ces chameliers de l'industrie, ces roturiers du désert ont petit à petit, rue par rue, fait main basse sur la ville en accaparant, à vils prix, terrains, demeures et fonds de commerce. D'ententes lâches en rivalités loyales, d'intrigues de sérail en compromis de bazar, de divorces d'intérêts en mariages de raison, les mercantis mecquois se sont accordés pour étendre leur champ d'action à toutes les provinces musulmanes. Accueillir, nourrir et blanchir le pèlerin, c'est bien. Aller le trouver dans sa patrie, l'inciter à accomplir son *hadj*, c'est encore mieux. Ces magnats avant la lettre du tourisme populaire se taillèrent des fiefs inviolables à travers le populeux domaine de l'islam. Chaque *moutaouif* jouissait du monopole concerté d'une ou de plusieurs contrées qu'il parcourait constamment pour réchauffer le zèle des fidèles en leur proposant d'avance l'hospitalité. Évidemment, il ne tarissait pas d'éloges sur leurs prestations. Mais comme il y a toujours loin de la coupe mecquoise aux lèvres du démarcheur, les « croyants » tombaient des nues en découvrant leur « seconde maison » promise : un gourbi miteux, une guitoune improvisée ou un ergastule surpeuplé.

Leurs quartiers de noblesse acquis en terre sacrée, les *moutaouifin* y faisaient souche en plantant le seul arbre que l'Arabe adule : l'arbre généalogique. Et tout un chacun de battre le rappel d'opulents ascendants, de se prévaloir d'ancêtres ayant apporté leur pierre à l'édification de la cité, de se découvrir des familiers parmi les Compagnons du Prophète ou de s'inventer un « pedigree » en se rattachant à une prestigieuse lignée d'*oulémas* ou d'émirs « venus » du Maghreb ou de la Perse. A l'ombre fructueuse de cette forêt ancestrale, des générations de *moutaouifs* ont veillé au grain, au gain. Ils ont prospéré.

Les *moutaouifin* sont devenus, par la force des choses du pèlerinage, des personnages officiels. Répartis en plusieurs groupes dont chacun a son chef, ils sont cependant réunis sous l'autorité d'un cheikh suprême qui répond de la corporation et, si nécessaire, défend ses intérêts auprès du pouvoir en place. Les chefs de ces groupes, qui sont en réalité des clans consanguins, étaient homologués par le Chérif, le « noble », de La Mecque, lequel prétendait descendre du Prophète par son petit-fils Hussein issu du lit de Fatima, la fille de Mahomet, et d'Ali, son cousin et quatrième « successeur ». Moyennant une redevance payée au lointain rejeton putatif de l'Envoyé, chaque catégorie de *moutaouif* consolidait le monopole de la conduite des pèlerins d'une région déterminée et se voyait reconnaître le droit de le transmettre héréditairement de père en fils. Dans les faits, des pèlerins maghrébins, par exemple, ne pouvaient accéder aux Lieux saints que sous la houlette incontournable du *moutaouif* auquel était contractuellement concédé l'apanage du Maghreb. Celui-ci connaît généralement le pays de provenance de son troupeau, ses usages, maîtrise également sa langue. Les pèlerins étaient parqués selon leurs origines dans des quartiers spécifiques dont les noms subsistent encore : rues du Maghrébin, du Boukharien, du Daghestanais... Les souverains musulmans avaient établi depuis le Moyen Âge des accords avec des *moutaouifs* afin d'aménager à l'intention de leurs compatriotes des auberges particulières. Toutefois, la Perse chiite semble avoir été la première à réagir contre les abus et les malversations des voyagistes de la Ville sûre, en mettant en œuvre au tournant du XIXe siècle une véritable logistique parallèle. Moyennant un forfait que les pèlerins payaient d'avance, un comité spécial placé sous la direction d'un *hamladars*, un représentant du Chah de Perse, pourvoyait alors à tous les frais du voyage aller et retour. Pour l'hébergement *in situ*, les délégués chiites jouaient avec maestria de la concurrence que se livraient les hôteliers afin d'obtenir les bouges les moins rébarbatifs aux meilleurs prix. Des communautés de *hadjis* s'efforçaient également de conserver quelque indépendance en louant collectivement des chambres chez des particuliers. On peut supputer, sous réserve d'inventaire, que la décision prise en 1917 par le gouvernement français d'affecter des hôtelleries à l'usage de ses sujets africains tout en garantissant leur entretien par des fondations *ad hoc,* constituait un sérieux coup de semonce aux prévarications séculaires des trafiquants de sommeil. Le Chérif lui-même dut sévir en limitant le monopole qui mettait le pèlerin à la merci absolue du *moutaouif*. Chacun choisirait librement son guide, son lit et ses repas. En revanche, nul ne pouvait mettre fin aux actes de brigandage qui décimaient les caravanes des pèlerins.

Le cheikh Abdelaziz Ibn Séoud qui, dès 1924, bouta le Chérif hors des Lieux saints pour ériger un royaume au nom d'Allah mais portant son propre nom, tourna une page dans l'histoire compliquée du pèlerinage.

Pour la première fois, en effet, la sécurité physique des pèlerins était régulièrement assurée sur toute l'étendue de la Terre sainte. De mémoire de musulman, jamais un cortège de croyants ne s'était déplacé sans avoir subi, à un moment ou à un autre, une razzia. Les pirates du désert sévissaient jusqu'aux portes de La Mecque et de Médine. Vols, viols, assassinats encombrent l'histoire du *hadj*. En 1890, une caravane de Maghrébins fut entièrement massacrée dans les environs de Médine. Sur 446 fidèles, deux seulement réussirent à semer des spadassins qui n'avaient qu'un mot à la bouche : « Votre fortune vous vient d'Allah, notre fortune vient de vous », et un sabre à la main.

Ni les Ottomans, protecteurs nominaux de la Terre sainte, ni les chérifs successifs de La Mecque ne parvinrent à juguler cette contre-industrie du *hadj.* L'émir Ali, fils du chérif Hussein et gouverneur de Médine, fut lui-même capturé par des bédouins en 1920 sur la route de la Ville sûre et gardé en otage. Il ne dut son premier élargissement qu'au versement, rubis sur l'ongle, de 3 000 livres sterling : une fortune. Rançonné une seconde fois, mais dépourvu de fonds, le jeune aristocrate resta captif jusqu'à la livraison par les soins de son père d'un stock de cartouches.

Ibn Séoud ne tarda pas à homologuer la profession des *moutaouifin*. Il les obligea à s'associer en syndicat responsable devant le nouvel État. Dès 1932, ils durent harmoniser les prix des services, en améliorer la qualité (l'hygiène au premier chef) et surtout veiller de plus près au bon déroulement des rites et aux mauvaises graines du pèlerinage. La corporation était aussitôt mise sous la tutelle du ministère du *hadj* et des biens religieux de mainmorte.

Aujourd'hui, les *moutaouifin* sont des personnages d'importances diverses. Certains sont de petits prestataires qui exercent eux-mêmes, avec l'aide de leurs fils et la collaboration saisonnière de travailleurs immigrés, souvent égyptiens. D'autres, les gros turbans, hissés au sommet de la hiérarchie par quelque union matrimoniale bien ficelée, se contentent de diriger une armée contractuelle de serviteurs par l'entremise capricieuse de leurs fils, cousins et autres collatéraux. L'ancien monopole sur les diverses nationalités de pèlerins persiste encore. Et tout « Bureau » de *moutaouif* dispose toujours de missionnaires qui parcourent ses terrains de chasse traditionnels pour sensibiliser les croyants et préparer au mieux la « saison ». Les chefs se réservent, pour leur part, les contrées occidentales, surtout Paris et Londres, où ils se rendent régulièrement, afin de passer des contrats avec des agences de voyages.

En France, plusieurs « agences agréées » travaillent main dans la main avec des *moutaouifin*. Aussi, le fidèle peut réserver depuis Paris, Lille ou Marseille une chambre ou un lit. Arrivé sur place, il ira directement chez qui de droit avec sa seule réservation. Le marché européen semble des plus prometteurs. Pendant le pèlerinage, les voyagistes accompagnent leurs clients. Pour faire acte de présence, mais surtout pour récupérer un « cadeau fraternel » du Bureau. Des cohortes de ces commis et courtiers, fébrilement accourus de Jakarta, de Kuala Lumpur, de Karachi, d'Amman, du Caire, de Lagos ou de Paris, hantent les vestibules empoussiérés des auberges ou les salles d'attente glaciales des Bureaux afin d'y conclure des accords de coopération.

La majorité des *moutaouifs* possèdent un ou plusieurs hôtels. Souvent le même propriétaire gère un hôtel de luxe, un autre de confort moyen et un troisième de catégorie inférieure. Cependant, ils sous-louent aussi des immeubles vides ou des appartements que leurs occupants acceptent de céder – cher – pour la période du *hadj*. Ils exercent en somme une emprise indiscutable sur l'hôtellerie locale. A La Mecque, le roi règne mais c'est le *moutaouif* qui préside au séjour des croyants. Aujourd'hui, tous les gouvernements musulmans louent des maisons et des immeubles entiers à des *moutaouifin* pour des durées variables. Ce sont les délégations de pèlerinage dépêchées par chaque État qui procèdent au choix du lieu et à l'établissement du bail. Dans ce contact direct, loin des yeux du pouvoir mais très près des portefeuilles, se nouent des relations d'affaires inavouables.

Un cas de figure parmi d'autres. Des délégués proposent à un hôtelier de choisir son auberge pour une saison ou pour toute l'année. La question est entendue : le *moutaouif* facturera une somme « légale » qui inclura un pourcentage respectable pour les sympathiques clients. Lorsque le contrat porte sur un millier de lits, c'est-à-dire la moyenne mecquoise pour un immeuble de huit étages, la ristourne est évidemment aussi agréablement imposante que non imposable.

Hormis ces gros coups, il reste toute la panoplie des à-côtés du *hadj* et les annexes des hôtels pour faire encore de l'argent. Situation courante : les membres d'une délégation retiennent 20 chambres pour 100 pèlerins. L'hôtelier propose aux loueurs de rajouter des locataires supplémentaires. Ils acceptent, prennent sur eux de justifier aux yeux de leurs ouailles cette promiscuité – « le *hadj* est un *djihad* » – et passent ensuite à la caisse. Variantes coutumières : tel pays réserve tout un hôtel pour l'usage exclusif de ses ressortissants. L'aubergiste profite de la fébrilité et du désordre inhérents au pèlerinage pour y héberger, au prix fort, des pèlerins étrangers. Quelle aubaine pour les *moutaouifin* agioteurs et les délégués écornifleurs!

Mais aussi pour les employés subalternes. Presque tous originaires de la vallée du Nil, ils mangent de la vache enragée à La Mecque. Méprisés, pitoyables dans leur servilité envers le patron de l'établissement, ils se montrent impitoyables dans leurs rapports avec les clients. Ils grappillent comme ils peuvent en faisant ce qu'ils veulent avec les pèlerins. Ils jettent leur dévolu sur le voyageur qui arrive à bout de forces, prêt à tout pour avoir un semblant de lit. « C'est complet monsieur! lui assènent-ils au visage; peut-être qu'il y a bien encore une place, mais... » Intéressé, le nouvel arrivant insiste supplie « Patientez, monsieur, on ne vous garantit rien vous savez. » De promesses en insinuations décourageantes, ils « cuisinent » leur victime avec un brio consommé, régulant la tension, jouant sur tous les registres affectifs. Tour à tour arrogants et complices, indifférents et généreux, ils jouent la guerre des nerfs. Dans le cours d'une conversation, ils ménagent la chèvre et le chou, manient la carotte et le bâton, sautent du coq à l'âne et lorsque, enfin, l'objet de leurs intrigues affiche un air de bête traquée, ils lui tendent une perche : « Il y a une bonne place mais c'est à 2 500 F!... On n'a rien dit... Et ne dis rien non plus! » Et de conduire leur client dans une chambre quelconque, louée officiellement pour 5 personnes et qui en contient déjà 12. Un dormeur de plus ou un de moins ne fait ni chaud ni froid aux occupants mais son « loyer » équivaut à deux mois de salaire de ces braves valets marrons.

Si l'on considère que chaque *moutaouif* est responsable de 4 000 à 5 000 pèlerins en moyenne pour la seule période du *hadj* (le reste de l'année, les chambres sont moins chères) et qu'il prélève sur chacun d'eux un loyer variant entre 1 500 F et 3 000 F, on mesure l'enjeu financier du cinquième pilier de l'islam.

Enjeu politique également. Les milliers d'agences de voyages répandues à travers le monde musulman et même en Europe, contribuent amplement à populariser le pèlerinage, à stimuler le zèle des croyants et à aiguiser leur désir de partir en Terre sainte. A cet égard elles participent, délibérément ou non, à la vaste offensive de récupération religieuse que mènent avec une tenacité feutrée les gardiens des Lieux saints. Toutefois, la cupidité séculaire et insatiable des *moutaouifin* a valu à la ville natale du Prophète la maxime la plus insolente, la plus effrontée, à la limite du sacrilège : « *el haram Fil-Haram* », « le péché est dans le Sanctuaire ». L'adage joue sur la parenté apparemment contre-nature des termes « péché » et « sanctuaire » que l'arabe désigne par un même mot, *Haram*. C'est du reste un terme qui en dit long sur la religiosité sémitique et musulmane. Dans l'Ancien

Testament, il signifie « interdire à l'usage commun », « consacrer à Dieu », qu'il s'agisse d'une personne, d'un objet ou d'un bien. C'est également l' « anathème » (*herem*) jeté sur un animal de sacrifice, une personne, un peuple ou une ville voués à l'extermination sacrée (Deut. : 2; 34. Jos. : 6; 17-21). Dans le Coran, le vocable recouvre des acceptions analogues. Le *haram* est tout autant une chose sacrée, interdite, inviolable. Aussi désigne-t-il le périmètre de La Mecque, la Mosquée, la *Kaâba*, Médine et Jérusalem.

Du fait que la demeure de Mahomet et de sa famille à Médine était simultanément une mosquée, *haram* finit par qualifier l'endroit voué au culte et les femmes qui habitaient dans ses annexes. Par extension, le mot en était venu à exprimer la « prohibition » de certains aliments, du mariage entre parents, de l'usure, du meurtre; l' « enceinte » qui protège un endroit privé, le « foulard » qui cache un visage féminin, la « pudeur », l' « épouse » et l'« appartement » des femmes. Mais également le bâtard, le voleur, l'excommunié et le vénérable. Tous finalement, bons grains et mauvaises herbes, poussent sur la même racine linguistique.

Cet apparent mélange des genres n'a rien d'étrange pour un musulman bon teint. L'imam Bokhari rapporte que, recevant des délégués d'une tribu, Mahomet les avait d'abord calmement engagés à observer quatre prescriptions de l'islam : la profession de foi, la prière, l'aumône légale, le versement d'une partie du butin. Puis, sans transition, il les prévint contre « l'emploi des gourdes, des jarres noires, des tonnelets formés d'un tronc de palmier évidé et des outres enduites de poix »!

La poisse, la convoitise et le péché font ainsi pendant au *Haram*, comme l'assène terriblement, après s'en être fait une raison, le sens commun musulman. Un jeune banlieusard français qui a faussé compagnie au fils du charpentier de Nazareth pour suivre le caravanier mecquois résume à sa manière la qualité de notre accueil en ville sainte : « Les *moutaouifin* adorent le Veau d'or et nous sommes leurs vaches à lait. »

CHAPITRE IX

FENÊTRE SUR COUR ROYALE

CHAMBRE AVEC VUE : 14 HEURES/19 HEURES

DIX-NEUF heures après notre débarquement à Djedda, nous sommes enfin à l'air frais artificiel sur un semblant de matelas, claquemurés dans une chambre minuscule. La privation enjolive tout. La proximité de la Maison de Dieu embellit la chambre décrépie. La dureté du sol est une caresse, la promiscuité une douce fraternité, faite de familiarité et de pudeur. « Ayez beaucoup de frères musulmans car chaque croyant pourra intercéder pour vous au Jour de la Résurrection » conseille le Prophète. Comment se jeter dans les bras du sommeil et abandonner son corps, congrûment enveloppé d'un simple drap, au risque de « découvrir ce que Dieu a caché »? Le port du slip, nécessairement cousu, est évidemment prohibé et le pagne de l'*ihram* est forcément lâche.

Les matelas sont disposés en carré. La tête contre le mur, les pieds orientés vers le milieu de la pièce, chacun « donne » ses pieds aux autres. En pays d'islam, afficher la plante de ses pieds ou les semelles de ses chaussures à la face d'une personne constitue une offense grave. Beaucoup de croyants ne supportent d'ailleurs pas les Américains à cause de leur manière de s'asseoir en croisant les jambes sur la table. Mais, ici, les hommes sont frères et leurs pieds purifiés. Quant aux parties honteuses, Atallah, qui a déjà l'expérience du *hadj*, montre la voie de la pudeur. Il s'allonge sur le dos, écarte les jambes, ajuste son *ihram* et pose au milieu un lourd sac de toile pour stabiliser son accoutrement. Et tous les *hadjis* de s'endormir ainsi sur le dos, un cabas ou une grosse besace plantée entre les cuisses.

Bruits de pas, claquements de portes et rumeurs de mécontentement dans les couloirs. Facile à deviner. Une file de pèlerins aux yeux lourds s'allonge devant les deux seuls WC-douches réservés aux hommes. Les femmes, elles sont reléguées, après concertation rapide et unanimité facile, dans un couloir particulier où elles « jouissent », étant moins nombreuses, d'autant de lieux d'aisance. On ne les voit pas. Mais on reconnaît leur présence immédiate aux moustaches dissuadant tout « étranger » qui donnerait l'impression de se tromper de vestibule. La majorité des occupants sont des paysans de la Petite-Kabylie qui n'ont jamais voyagé ni cohabité avec des inconnus. Aussi, dès qu'un colocataire s'attarde un tant soit peu dans les cabinets, s'ébrouent-ils d'impatience et tapent-ils violemment des poings sur la porte en implorant : « Je t'en conjure, mon frère, au nom d'Allah, fais vite, Dieu a créé les toilettes pour tous les croyants... Nous aussi nous avons le droit de nous purifier... » Malheur à qui souffre de constipation ou de diarrhée!

Après le passage mouvementé des usagers, le « petit coin » devient inabordable. Par on ne sait quelle désinvolture, les constructeurs séoudiens, ou plutôt leurs travailleurs temporaires, ont préféré installer des cuvettes à l'européenne, alors que les latrines à la turque sont tellement plus pratiques pour des musulmans pratiquants qui se lavent copieusement après chaque soulagement. Certains pèlerins, n'ayant jamais vu ces monstres de céramique, ont tout simplement « fait », puis se sont toilettés à côté, c'est-à-dire à même le sol. Un gâchis. Pour pouvoir s'y enfermer et uriner, le policier à la retraite a dû d'abord prendre tout son souffle, s'engouffrer dans l'antre en retenant sa respiration, pour ressortir quelques instants après en haletant : « Ouf.... Je n'ai plus assez de souffle... Ouf... J'ai pas pu tenir... Ouf... jusqu'à faire mes ablutions... » Les frères présents explosent de rire. « Bravo! champion quand même, le titillent-ils amicalement, quel souffle! » En appuyant malicieusement sur ce dernier mot qui, en arabe, signifie indistinctement « respiration » et

« puissance sexuelle ». Refuge providentiel contre la touffeur des miasmes putridesques, la chambrée froide où les pieuses carcasses gisent paisiblement, comme veillées par les sacs qui préservent leurs intimités. La sieste des justes.

L'hôtel se trouve dans la ville « haute », Maâla. En contrebas, on aperçoit d'une petite fenêtre aux vitres dépolies les minarets qui signalent le *Haram* et, au-delà, les pâtés de maisons perchés sur les collines. Atallah ouvre la lucarne; l'air brûlé et la clarté aveuglante du jour envahissent la chambrette. La cité réverbère comme un brasier sur sa roche luisante, saupoudrée de demeures chaulées.

Un paysage de neige sous un ciel d'enfer, bleu pétrole, poli et lisse. Immuable. Indifférents à l'incendie invisible qui consume la cité, les flots de pèlerins convergent de tous les faubourgs et s'écoulent lentement à travers les rues en direction du *Haram*. Fleuves humains qu'aucune canicule ne peut assécher.

L'HORLOGE DE L'ISLAM. 15 HEURES/20 HEURES

Pour un bon pèlerin il n'y a plus de saisons, ni de jours ni de nuits, encore moins d'heures. « Jette tes montres, brûle tes agendas et brise tes thermomètres! » lance, un tantinet lyrique, ce Kabyle pourtant réveillé par l'intrusion de la chaleur. C'est vrai. Pour l'*Oumma* ici rassemblée, il n'y a plus de durée. Mais uniquement les cinq prières quotidiennes, le saint vendredi et les cinq jours imminents du *hadj* dont le premier est joliment baptisé *yom el-Tarouiya*, le « jour de l'Abreuvement » – des chameaux naturellement, qu'on apprêtait ainsi, dans le temps, à La Mecque, en vue de l'expédition du pèlerinage.

Autrefois, le *hadj* païen consacrait une fête des prémices d'automne, saison propice aux festivités chez les anciens Sémites. C'est ainsi, par exemple, que la célébration israélite des Tabernacles qui donne lieu à l'un des trois pèlerinages rituels du judaïsme antique, est désignée dans l'Ancien Testament comme un *hag* (Juges : 21; 19. Rois : 8; 2, 65). Le *hadj* des Arabes païens intervenait à l'issue de la cueillette estivale des dattes, occasion annuelle de réjouissances mais aussi de commerce. Le mois de *dhou el-hidja*, « celui du *hadj* », fut ainsi, de toute antiquité, un pèlerinage et une foire.

Pour faire concorder l'année lunaire avec l'année solaire et préserver ainsi la coïncidence de *dhou el-hidja* avec la saison des récoltes, on devait ajouter tous les ans un mois supplémentaire au cycle traditionnel. C'était, en l'occurrence, celui de *Mouharram*, le « consacré », qui était intercalé entre la lunaison ultime du calendrier lunaire et celle qui inaugurait un nouveau cycle. Afin de couper l'herbe sous le pied des païens et de se démarquer de leur pèlerinage, le Prophète libère *dhou el-hidja* de tout lien avec le mouvement des saisons. Il supprime donc à Arafat l'intercalation conventionnelle et entérine définitivement le comput lunaire. Option aussitôt confirmée par la voix de Dieu : « En vérité, le nombre des mois est, auprès de Dieu, de douze... L'intercalation n'est qu'un accroissement de l'erreur dans laquelle vivent les infidèles » (Coran : 9; 36 sqq.). Depuis, « le pèlerinage a lieu en des mois connus » (Coran : 2; 197). Du fait de la suppression du mois intercalaire, lequel corrigeait tous les trois ans le décalage entre l'année grégorienne et l'année hégirienne, la date du *hadj* tombe chaque année de dix à douze jours plus tôt que l'année précédente et fait le tour complet du cycle des saisons en 32 ou 33 ans.

Ce refus de toute confusion entre le soleil et la lune est si profond qu'il imprègne même le folklore islamique. Comme dans cette légende maghrébine que raconte notre policier retraité. A l'origine du monde, il n'y avait pas de nuit du tout, seulement une clarté permanente qu'irradiaient deux astres, le soleil et la lune (entités respectivement femelle et mâle en arabe). Mais le soleil, qui était moins radieux et faisait pâle figure devant son compagnon, en conçut une jalousie toute féminine. La lune, de son côté, brillait insolemment de toute sa virilité. Profitant d'un moment d'étourderie du « lion céleste », le soleil se pencha sur la terre, ramassa une poignée de cendres et la jeta au visage resplendissant de la lune. Blessé dans son orgueil masculin, l'astre blémit, son visage s'assombrit. Il se réfugia dans les replis des cieux, de honte mais aussi de terreur devant la vindicte du soleil. En désertant le firmament, la lune laissa un grand vide – la nuit – que le soleil ne pouvait combler de sa seule lumière. Guérie de sa blessure mais éternellement méfiante vis-à-vis de son bourreau astral, la lune ne quittait plus sa tanière qu'une fois la nuit venue et le soleil parti, en se découvrant peu à peu pour ne pas éveiller l'attention rancunière de son ennemi.

Le temps, la détermination des dates correspondant aux principales fêtes islamiques ont toujours fait l'objet de surenchères religieuses. Celles-ci sont devenues de véritables enjeux politiques. Il faut dire que la nature s'y prête particulièrement. En effet, seule l'apparition visuellement constatée par des personnes dignes de foi marque ponctuellement l'ouverture du mois musulman. Or, comme d'un pays musulman à l'autre les conditions géographiques et climatiques ne sont pas les mêmes, sans parler du mouvement horaire, la fixation des jours de fête varie d'une région à l'autre. On a tout de même essayé de passer outre les conditions naturelles, un peu à la manière de Mahomet, et de substituer à l'observation aléatoire du ciel un calcul astronomique et, par conséquent, une définition théorique du temps. Peine presque perdue. A l'instar de saint Thomas, la majorité des croyants ne veulent croire que s'ils voient. « Malheureux sont ceux qui croient sans voir », plaiderait un fidèle du Prophète.

Les chiîtes vivant en milieu sunnite se sont souvent ingéniés à « apercevoir » le croissant la veille ou le surlendemain du jour où leurs frères ennemis le repèrent.

Un des premiers gestes de bonne volonté que le régime tunisien ait fait à l'égard des mouvements fondamentalistes fut justement d'abolir en 1988 le calendrier théorique, une des lunettes laïques du bourguibisme, pour lui substituer l'observation à l'œil nu du ciel. Il n'est jusqu'à la France qui n'ait été secouée par ces querelles lunatiques. En effet, depuis que la Mosquée de Paris est passée, par décision du gouvernement français, sous l'autorité indirecte de l'Algérie, les associations islamiques de l'Hexagone contestent régulièrement le calendrier des fêtes qu'elle propose, quand elles ne l'ignorent pas pour s'aligner sur les dates séoudiennes ou même iraniennes.

Dieu merci, nul ne songerait à remettre en cause la fixation du jour de l'Abreuvement pour le samedi. Tout au plus Atallah regrette-t-il qu'il ne soit pas tombé un vendredi pour y aller de son *hadith* indiquant qu'une station à Arafat un vendredi vaut soixante-dix pèlerinages. Est-ce pour tout cela que La Mecque a la réputation bien établie à travers les pays d'islam d'être le plus fabuleux marché au monde de montres et d'horloges?

Le couloir est bondé. Les toilettes assiégées. L'ascenseur inaccessible. Restent, heureusement, les escaliers. Au huitième étage, l'appartement du *moutaouif*. Sur la porte, une plaque en bronze : « Maison de feu... » – suit le nom du maître des lieux qui lègue à sa progéniture non seulement son immeuble mais aussi sa charge et son prénom. Car ici, dans cette jungle de chênes généalogiques, on reconnaît l'arbre à ses fruits, mais surtout les fils grâce au père. Au deuxième, un carton collé au mur signale en feutre rouge : « Médecins de la *Baâtha*. » L'intérieur est simple : une pièce, une table, deux chaises, un bric-à-brac de médicaments dans un carton, deux médecins qui bâillent. Ils officient ici mais résident ailleurs. Un étage au-dessous : serrant son ventre, un homme d'âge moyen gémit, appuyé contre un mur. De quoi souffre-t-il? De nausées et de violentes douleurs aux reins. Nous remontons rapidement au cabinet médical. « Qu'il monte d'abord ici! », lâche un toubib à la cantonade. Nous protestons contre son indifférence. « Ça ne te regarde pas! C'est mon métier, tu as fais six ans de médecine comme moi? Non? Alors donne du vent à tes jambes. Je voyage depuis des années avec ces *bouhiyoufs* [chameaux, culs-terreux], et je sais mieux que toi combien ils sont barbares et menteurs! »

Près de la réception, des pèlerins « fraîchement » arrivés s'agitent. Un employé égyptien sort d'un débarras au fond du couloir intérieur, portant une sorte de matelas léger enroulé à l'aide de fils électriques. Il le jette, à vingt mètres de distance, en direction d'un client effarouché. A peine celui-ci le saisit-il qu'un oreiller lui vient par la même voie des airs, tombe puis rebondit sur sa tête.

Dans la rue

La rue est toujours aussi engorgée. Des camions-citernes stationnent devant chaque hôtel car l'eau vient de loin, comme les marées pèlerines. Tous les jours, ces puits ambulants remplissent les réservoirs d'eau aménagés sous les édifices. Leurs mugissements conjugués aux braillements des autobus et aux vociférations des passants retentissent d'un bout à l'autre de la ville.

Une gargote : une sorte de hangar avec beaucoup de tables et pour cuisine une grande rôtissoire à gaz où grillent une cinquantaine de poulets, flanquée d'une gigantesque marmite où cuit un quintal de riz. Deux Égyptiens « servent » les clients; un troisième, cravaté et fumant ostensiblement, occupe la caisse comme un pacha son divan. Spécialité mecquoise universellement connue : le poulet rôti servi avec du riz bouilli. C'est le plat national, ordinaire, inévitable, indigeste. Un gaillard surgit, poussant une brouette dans laquelle s'entassent des poulets surgelés. Recroquevillés, solides comme des pierres, les coquelets arrivent du Brésil nous dit le cuistot. Les gens entrent sans dire un mot, s'assoient et attendent. Un serveur attend aussi. La salle est pleine. Il compte le nombre de clients. Ensuite, il prend mécaniquement autant d'assiettes et entreprend de les garnir une à une : une poignée de riz, une moitié de poulet... Puis il passe entre les tablées en distribuant les repas avec une rapidité étourdissante. Au centre de la salle, un gros sac déborde de couteaux, de fourchettes, de cuillères et de pots de plastique : self-service. Le riz est sec comme du gravier, le poulet a la consistance du plâtre. On dirait un morceau de bois brut vernissé. Du bois sur la langue.

Atallah joue à l'Algérien : il sort et revient avec des pommes et des bananes. Le « restaurant » ne fait pas de café. Vivent le thé en sachet, le Pepsi, les limonades et autres « américanades » comme disent les Italiens! La chaleur est inébranlable. Curieusement, les pèlerins ne semblent pas pressés de se précipiter vers la *Kaâba*. Il leur suffit en fait d'être en *ihram* à La Mecque. Tout le territoire n'est-il pas *Haram*? Mais la fatigue, les conditions d'arrivée, l'accueil à l'hôtel et la chaleur tempèrent tous les enthousiasmes. Du reste, les rues ne désemplissent pas de foules compactes, grouillantes sous le soleil maléfique. Beaucoup de fidèles s'abritent sous des parapluies de toutes les couleurs, « innovation » que certains condamnent au nom de la Tradition, car l'interdiction de se couvrir la tête est une des conditions requises pour un bon *ihram*. Néanmoins, des *oulémas* particulièrement tolérants ferment les yeux sur quelques moyens de s'abriter du soleil en tenant au-dessus de la tête une étoffe, une ombrelle ou un journal pourvu que le chef ne soit pas directement touché. Dans la foulée de cette libéralisation, on permet aussi de se réfugier momentanément à l'ombre d'un mur, d'une tente, d'un chameau. On a, en outre, longtemps discuté sur la validité de l'ombrage que projettent des draps posés sur des piquets, tout en admettant qu'ils puissent garantir de la pluie et du froid si le *hadj* a lieu en hiver. Il suffit d'observer la masse des croyants pour constater que, moyennant la pénitence corporelle et le costume rituel, la plupart des invités de Dieu ne rechignent point aux commodités de la société de consommation pour peu qu'ils puissent y accéder. Un certain nombre de fidèles respectent, cependant, l'interdiction de protéger la tête. Impressionnants, ces vieillards pakistanais, émaciés, le crâne fraîchement rasé, luisant et nu sous le soleil à 48 ° à l'ombre. Et avec quelle allure assurée, quel air tranquille ils devisent en cheminant vers la Maison de Dieu! Se souviennent-ils de la promesse du Prophète : « Quiconque résiste une heure de la journée à l'ardeur du soleil de La Mecque, la Géhenne s'éloignera de lui pendant cent ans »?

Au fur et à mesure que le moment de la prière approche, la crue des fidèles grossit et déborde sur les trottoirs. La circulation automobile s'arrête. Hommes, femmes presque aussi nombreuses, enfants et vieillards se dirigent vers le *Haram* d'un pas lent, dans une cohue débonnaire. Ils se sentent à la fois chez eux et devant Dieu. Impossible de sortir de l'auberge et de se glisser dans les rangs des légions pacifiques.

HADJ : MODE D'EMPLOI

C'est peut-être le moment ou jamais de jeter un coup d'œil sur les prospectus et les brochures distribués aux pèlerins dès leur descente d'avion. Un tract émanant du ministère séoudien de l'Information, frappé du sceau de la dynastie – deux sabres croisés surmontés d'un palmier –, proclame dans un français laborieux, truffé d'arabismes, les devoirs réciproques de l'hôte et de l'invité. C'est un « communiqué du Conseil des ministres du Royaume d'Arabie Séoudite publié au terme de sa réunion à Djedda le lundi 27 juin 1988 ».

Après la classique formule liminaire : « Au nom de Dieu, le Tout Miséricordieux, le Très Miséricordieux », le sérail wahhabite rappelle qu'il a d'abord examiné « plusieurs questions intéressant chaque musulman qui arrive dans les Lieux saints ». Et ajoute « avoir pris connaissance des rapports et des renseignements fournis par les autorités de la sécurité » sur la foi desquels le gouvernement édicte ses recommandations pour le pèlerinage. Le Conseil insiste longuement sur les obligations du *hadj* en citant à tout propos le Coran. Ainsi, pour chaque pèlerin « sont interdits tout rapport sexuel, tout acte pervers, toute polémique » (Coran : 2; 197) durant son séjour dans la Cité sûre. Pour le confort des croyants, le Royaume « a mobilisé tous ses moyens financiers et toutes ses forces humaines pour garantir leur sûreté et sécurité ». Sans égards pour toutes ces prévenances royales, « une bande de personnes, égarées et opposées au consensus des musulmans, ont perpétré des actes et des pratiques, au cours du pèlerinage, semant le désordre sur terre ». Faisant explicitement allusion à l'hécatombe du 31 juillet 1987, le Conseil accuse Khomeyni d'attiser les rancunes religieuses et d'inciter constamment ses sectateurs à perturber le *hadj*. Il révèle, au passage, qu'en 1986 les forces de sécurité séoudiennes ont découvert, cachés dans les doubles fonds de quelques valises transportées dans un avion iranien, « 51 kilos de matières très explosives. Il s'agissait, explique le tract, de faire éclater ces explosifs dans les Lieux saints afin de terrifier les pèlerinages [*sic*]. » L'information est authentique. Tout comme la politique des Séoudiens qui ont, dans un premier temps, « recelé les informations portant sur ce crime odieux dans l'espoir de voir ses auteurs en tirer la leçon et se mettre sur le droit chemin ».

Le long manifeste ne tarit pas d'exécrations contre les Iraniens et s'étend sur le *hadj* noir de l'année précédente pour mieux se féliciter, dans une rhétorique qui rappelle les anciennes épopées littéraires arabes : « Cependant, Dieu a protégé sa Maison et assuré la sécurité à ses hôtes. Ils ont été [les Iraniens], grâce à Dieu, refoulés [!], ont battu en retraite houleuse en foulant les uns et les autres aux pieds en rebroussant chemin [*sic*]. » Ignorant tout simplement les 402 morts et les milliers de blessés dont les corps gisants furent effectivement foulés aux pieds dans la panique, le tract se félicite de ce que les invités « ont fait leur chemin vers les Lieux saints dans la sécurité et la quiétude ». Le crime hérétique et le châtiment divin en somme.

Après ces circonlocutions, le communiqué officiel adopte brusquement un ton plus offensif, comminatoire. Les agences de presse et les « journaux étrangers » souligne-t-il (sachant que l'allusion à la presse occidentale donne, aux yeux du lecteur arabe et musulman, un supplément de crédit à l'information), se sont donc mis à publier, dans les semaines qui précédaient le pèlerinage, des nouvelles inquiétantes. L'Iran entraînerait des commandos terroristes de diverses nationalités en vue de les infiltrer parmi les pèlerins. Attention, cher lecteur, semble-t-il avertir, fais attention, ouvre les yeux autour de toi. Car ces piteux activistes sont aux portes de la Maison pour « commettre des actes subversifs dont l'organisation de manifestations anarchiques, le cri [!] d'exclamations athées, à l'instar des pratiques insensées exercées par les membres de la garde révolutionnaire au cours de la saison du pèlerinage de l'année passée ». Le Conseil prend ensuite fièrement acte de l'unanimité des représentants des nations musulmanes en faveur des mesures séoudiennes de limitation du nombre des pèlerins qui fixe, entre autres décisions, un quota de 45 000 invités au lieu des 150 000 pèlerins tolérés l'année précédente pour l'Iran, dont il pourfend encore au passage les dirigeants « mercenaires ».

La conclusion tombe comme un couperet. Le gouvernement séoudien « annonce que les égarés et les agitateurs qui se permettraient de commettre ou même de se mettre à perpétrer un crime ou une infraction aux règles de la sécurité tel [!] que le port d'armes ou d'explosifs, de commettre des actes d'agitation, de terrorisme ou de subversion tel que l'organisation de manifestations, le cri d'acclamation, l'élévation de portraits ou de drapeaux, l'usage de haut-parleurs, le blocage des routes et l'empêchement à l'accomplissement par les pèlerins de leurs dévotions, ces égarés et agitateurs, quelle que soit leur appartenance, à n'importe quel moment où ils se trouveront dans le territoire du Royaume d'Arabie Séoudite, seront traités conformément au texte coranique ». Si l'on en croit cette proclamation officielle, la Parole de Dieu, qui fait naturellement office de constitution du royaume wahhabite, prévoit des sanctions précises même contre l'usage de porte-voix. Quoi qu'il en soit, la sanction prévue par Dieu et adoptée par le Conseil est sans détour : « La rétribution de ceux qui font la guerre à Dieu et à son Prophète et sèment le désordre sur terre sera l'exécution ou la crucifixion ou l'ablation des mains et des pieds opposés ou le bannissement du pays. » En plus, « cela sera pour eux un opprobre ici-bas et dans la vie future, leur supplice sera immense » (Coran : 5; 33). A bon lecteur, salut!

Un policier chétif mais au ton sévère interpelle le gargotier : « Eh! c'est pour bientôt la prière, ne sers plus de clients! » Et de tourner aussitôt les talons pour aller porter l'ordre à la boutique mitoyenne. « Ne faisons pas de politique, dit ironiquement Atallah que sa science islamique a déjà métamorphosé en autorité morale parmi les pèlerins franco-algériens, voyons plutôt ce petit livre qu'on nous a offert! » C'est un petit guide du pèlerin, rouge, avec une photo de la *Kaâba* en couverture. Il est imprimé en français, entre autres, par la Présidence des directions des recherches islamiques, des *fatouas* (avis juridiques fondés sur le Coran et la *Sunna*) et des prêches et orientations, à Ryad en 1983. C'est un cadeau religieux, lit-on sur la page de garde, une « donation pour la cause d'Allah, exemplaire gratuit, non vendable ». En effet, l'auteur de l'opuscule, le cheikh aveugle Abdelaziz ben Abdallah ben Baz, président de la fondation éditrice, déjà rendu célèbre par sa défense acharnée de la conception médiévale d'un univers géocentrique, salue d'abord les « dignes frères pèlerins » et leur annonce que l'organisme qu'il dirige a le plaisir de leur présenter ce « Guide concis qui renferme les renseignements essentiels qu'un pèlerin doit savoir des rites du *hadj* et de la *omra* ».

Le fameux *ouléma* invoque d'emblée des versets coraniques appelant le fidèle à une attitude réservée et à une piété contrite, parle de la nécessité de s'ouvrir à la science religieuse durant le *hadj* puis s'arrête sans crier gare : « Pour plus d'éclaircissements, nous ajoutons ce qui suit : tout homme musulman ne doit pas faire la prière à côté d'une femme ou derrière elle, soit dans la Sainte Mosquée ou ailleurs, pour n'importe quelle raison, s'il a la possibilité d'éviter une telle situation » (p. 9).

La page 12 ouvre le chapitre des « violations aux préceptes de l'islam » où sont, notamment, énumérés les péchés capitaux dûment répertoriés et commentés par le docte turban. Rien d'original dans l'interdiction d'associer des divinités à Allah l'unique. Celui qui s'en rendrait responsable – hypothèse d'école – n'aura pas « accès au Paradis et son refuge est l'Enfer ». Les prières adressées aux morts, le culte des saints et autres intercesseurs égarent le pèlerin qui s'y abandonne et en font un être « tout à fait impie et mécréant selon l'avis unanime des théologiens et exégètes musulmans ». L'allusion est claire. Elle vise les chiites qui tombent en pâmoison devant le tombeau de Fatima, la fille du Prophète, épouse d'Ali, saint parmi les saints du chiisme. Elle met aussi en garde contre tout emportement « païen » les Africains et les Maghrébins, notoirement portés à la vénération des ancêtres et autres marabouts dont les *koubbas* parsèment l'Afrique musulmane. Ben Baz, le « fils du faucon », met à contribution le lecteur pour pourchasser toutes sortes d'infidèles : « ceux qui croient que les régimes et les législations établis par les hommes sont meilleurs que la législation *[charia]* de l'islam ». Suivent ceux qui susurrent que l' « État islamique est anachronique au XXe siècle ou bien que la Religion est la cause de l'arriération de l'*Oumma* ».

Le calame inquisiteur met aussi à l'index celui qui fait la moue devant l'application des règles divines ou, pis encore, tourne en dérision les « préceptes de la religion du Messager ». Sorcellerie, philtres, talismans et voyance mènent au châtiment suprême. « L'alliance avec les polythéistes et leur appui contre les musulmans » exclut irrémédiablement de l'*Oumma* le transfuge. L'apostasie également, et si, toutefois, le renégat échappe à la vigilance de ses proches, il ne l'emportera pas en Paradis. Ne seront pas non plus laissés en paix tous ceux qui ont eu le bonheur de naître « croyants », le privilège d'apprendre la Religion et qui finalement s'en détournent allégrement. Malheur aux égarés! « Et quel pire injuste malfaiteur, scande le rédacteur en citant le Coran, que celui à qui les signes de son Seigneur lui sont rappelés et qu'ensuite il s'en détourne? Certes NOUS [c'est lui qui choisit des lettres capitales pour suggérer une peine analogue] punissons les criminels » (Coran : 32; 22).

Le cheikh « Fauconneau » conclut : « Aucune différence n'existe entre toutes ces violations, qu'il s'agisse du plaisantin, du sérieux ou de l'épouvanté, à l'exception de quiconque est soumis à une contrainte. » Cette dernière réserve s'applique spécialement aux musulmans vivant sous des régimes antireligieux, des pays communistes en l'occurrence.

Une fois explicitées ces conditions de séjour dans les Lieux saints, le guide entame la partie rituelle proprement dite. Sur les 76 pages du petit livre rouge, 18, soit un quart du volume, sont consacrées aux mises en garde de l'*ouléma* wahhabite. Il faudrait donc, à l'en croire, se méfier de son voisin et tourner sept fois sa langue dans le palais avant de parler pour pouvoir tourner tranquillement sept fois autour de la *Kaâba*. Faire un pèlerinage à la sauvette, en quelque sorte. Pourtant, dans une autre brochure du ministère de l'Information, pompeusement intitulée *Avec les hôtes de Dieu*, traduite elle aussi en français, on peut lire dans l'introduction que le *hadj* comporte « beaucoup d'avantages » pour l'*Oumma*. L'un de ces profits « consiste à offrir aux musulmans l'occasion d'échanger les points de vue, de mieux se connaître et de créer les sentiments de l'unité et de la familiarité ». Un sympathique vœu pieux.

Nonobstant les intimidations, les imprécations et autres menaces de crucifixion, émanant au surplus d'un régime qui n'a pas pour habitude de parler pour ne rien dire, force est de reconnaître que le *hadj* actuel, sous le sceptre séoudien, est, comparé à celui des siècles passés, une véritable croisière où les chances de rentrer chez soi entier sont tout de même infiniment plus grandes. Il n'y a pas de commune mesure.

Qu'on médite un instant sur les conditions du *hadj* pendant l'âge d'or de l'islam, en compagnie du voyageur et écrivain andalou du XIIe siècle Ibn Jobayr qui se rendit à La Mecque en 1184 et en rapporta sa célèbre *Rihla* qui demeure sept siècles plus tard un des récits de pèlerinage les plus sensibles, aussi sincère par sa foi que dans ses sursauts d'indignation. Il rapporte qu'en Égypte, les pèlerins qui ne pouvaient acquitter les droits de péage tombaient sous les coups d'une sous-population de soldats et de douaniers effarants de bestialité : « L'un des genres de supplice qu'on y avait inventés consistait, précise Ibn Jobayr, à les suspendre par les testicules ou quelque autre chose affreuse. » Mais à Djedda, poursuit-il, « des tortures semblables ou deux fois pires attendaient ceux qui n'avaient pas payé la taxe... ».

PRIÈRE SUR L'ASPHALTE

« *Allah Akbar*!... Dieu est le plus grand... Je témoigne qu'il n'y a pas de dieu que Dieu... Je témoigne que Mahomet est le Messager de Dieu... Venez à la prière... » Le muezzin entonne l'appel séculaire à pleine voix, contrairement aux mosquées des grandes métropoles musulmanes où une bande magnétique pré-enregistrée, au son souvent éraillé, convoque les fidèles à la prière. Le rappel à l'ordre divin, la confiance retrouvée. La rue s'arrête. Tout le monde rentre dans le rang.

Sur des tapis, sur des papiers journaux ou sur le goudron cuit l'*Oumma* se met au garde-à-vous comme un seul corps. Toutes les boutiques se vident. Les bus et les voitures s'arrêtent. Les occupants en descendent, se mettent en position de saluer le Créateur. Les policiers, qui ont veillé à ce que les commerces suspendent toute activité, se joignent à leurs frères en Dieu. L'avenue qui mène au *Haram*, les venelles qui y débouchent, toutes sont engorgées d'une forêt touffue, blanche, recueillie. Plus rien ne bouge. Silence absolu, pur, cristallin. Des centaines de milliers de bouches sont suspendues aux lèvres, invisibles et cependant combien présentes et intimes, de l'imam.

« Au nom de Dieu, le clément, le miséricordieux... », commence le « chef » de l'assemblée. Il enchaîne sur la sourate de l'Ouverture qui inaugure le Coran. « Amen! » conclut-il en une longue intonation. « *Amiin...* » reprend gravement la multitude infinie. La voix du maître de la cérémonie entame un autre chapitre du Livre avec des accents émus, d'une tristesse virile : « Par le mont des Figuiers et des Oliviers, par le mont Sinaï! Par cette ville sûre! Nous avons créé l'homme d'une étoffe supérieure puis nous l'avons abaissé, ravalé... » (Coran : 95; 1-5). « *Allah Akbar*! », clame l'imam. « *Allah Akbar*! », reprend en écho l'assistance en se prosternant. Une clameur formidable secoue la ville. Impressionnante discipline. « *Allah Akbar*! » Debout, les croyants se taisent, bras croisés, mains serrées sur le cœur. Le cheikh récite pour eux tous. Ils sont un corps unique dont il est la bouche. Sa parole appartient à Dieu. De nouveau, ils se prosternent humblement, se redressent sur les genoux, se penchent encore puis reviennent se reposer sur leurs jambes pliées. Silence. Invocations inaudibles. Pleurs visibles, des hommes laissent déborder leurs yeux. Un vieillard à la mâchoire tremblante essuie d'une main calme un filet de larmes. « *El salam aleïkoum* », « La paix sur vous », disent d'une seule voix les fidèles en tournant la tête d'abord à droite, ensuite à gauche.

Sans transition, les rangs se rompent aussitôt la « paix » échangée. Chacun se lève sans égards pour le voisin invalide ou âgé, dans un désordre joyeux, au milieu des cris des camelots qui, en un clin d'œil, envahissent de nouveau les rues. On dirait une cour de récréation. Les marchandages entre pèlerins et vendeurs à la sauvette, l'œil aux aguets, reprennent leur cours millénaire. Soutiens-gorge, chéchias, transistors, stylos ou livres religieux, tout se vend et s'achète ici. Éberlué par cette fringale d'achats, un Français s'exclame : « Mais, ma parole, c'est la seule joie qu'il y a à La Mecque? »

CHAPITRE X

AU SEUIL DE LA MAISON DE DIEU

IL incombe à chaque pèlerin de se rendre au *Haram* le plus tôt possible après son arrivée en ville sainte afin d'y accomplir les « tournées de la présentation » (*Taouaf el-Qoudoum*), véritables lettres de créance auprès de Dieu. La rue qui descend vers le saint des saints occupe le lit d'un antique ruisseau. De chaque côté, des enfilades ininterrompues de boutiques, bonneteries, horlogeries mais surtout échoppes de bric-à-brac, bondées de curieux et de clients. Au milieu de la chaussée, une file improvisée d'aveugles tendant le bras, de lépreux sans jambes, aux mains rognées par le mal. Pour une fois oublieux d'une sentence du Prophète qui disait : « Fuyez le lépreux comme le lion », les passants s'arrêtent, s'émeuvent de ce spectacle, glissent à la hâte un ou plusieurs billets à chacun et se sauvent. Tous ces mendiants sont des Noirs. Ils viennent spécialement d'Afrique « pour se faire un peu d'argent », chuchotent des Yéménites qui ont la haute main sur le petite commerce de la cité.

Un attroupement. Autour d'un jeune homme atteint d'éléphantiasis, des croyants s'interrogent sur l'aspect monstrueux du malheureux. Le gros orteil de son pied gauche a la taille d'un traversin et ses testicules l'ampleur d'une citrouille. « Ô Dieu, toi qui donnes et qui arraches... maintiens-nous dans ta vénération », marmonne un Égyptien. Quelques spectateurs font des grimaces de dégoût, d'autres se mordent les lèvres pour ne pas rire, d'angoisse probablement. Car les yeux de l'infortuné croyant sont bouleversants. Un regard meurtri, désespéré.

Le chemin continue. Il faut réciter inlassablement la *talbiya*. Voici les pointes des septs minarets du *Haram*. Une loi implicite veut que la Maison de Dieu en ait toujours plus que tout autre oratoire islamique du monde. C'est ainsi, dit-on, que lorsque fut édifiée la mosquée Souleymaniyé en 1550-1557 à Constantinople, ce chef-d'œuvre de l'art ottoman fut doté de six minarets moyennant la construction d'un septième autour de la *Kaâba*. Prestige devait rester à la Mère des cités.

Le *Haram*. Façades de marbre en camaïeu de gris, enfilades de portails à arcades simulées, des rangées de fenêtres en rompent à peine la monotonie. Le monument est robuste, massif, clinquant. La toiture en terrasses laisse jaillir aux différents angles du Temple des minarets hauts chacun de quelque 90 m. Aucune émotion visible sur les visages des fidèles. Personne ne s'arrête à la vue du nombril du monde, aucune exclamation d'émerveillement. Pas de prise de vues.

Il est vrai que le Temple n'a absolument rien d'original, vu de l'extérieur du moins. Sans cesse remaniée, c'est une construction inclassable. Pour autant qu'on puisse être objectif, l'abord du sanctuaire le plus vénéré des musulmans est celui d'un grand hôtel ou d'un bâtiment public plus ou moins enjolivé, émaillé de marbrures. Déjà, dans les années 20, l'éminent orientaliste français Gaudefroy-Demombynes appréhendait que les monuments mecquois soient un jour « déshonorés par des réparations successives, dont les dernières ont été opérées selon le goût bien moderne des gares de chemin de fer et des magasins de nouveautés de l'Europe [1] ». Et encore, le savant biographe du Prophète ne jugeait que sur photographies!

Envisageant l'avenir des Républiques musulmanes d'Union soviétique, Lénine prévoyait que les cheminées d'usines se substitueraient aux minarets des mosquées; les lendemains qui chantent assourdiraient les lendemains qui psalmodient. Sans industrie ni agriculture, La Mecque se consacre, outre le négoce et la prière, à la construction, ou plutôt à la destruction puis à la reconstruction. En fait de cheminées d'usines, les grues de chantier disputent le ciel aux minarets. Les façades qui bordent les alentours du sanctuaire ainsi que les principales artères alignent des édifices qui évoquent les banlieues des grandes villes occidentales, n'étaient la débauche d'enseignes en toutes langues illuminées nuit et jour, les volets irrémédiablement clos des fenêtres et l'absence systématique de cafés et autres estaminets, qui sont les véritables « assemblées populaires » des autres agglomérations arabes.

Cependant, derrière cette ombrageuse et luxuriante « devanture » urbaine, les excavatrices s'acharnent, avec une minutie de rongeurs, à démolir les dernières vieilles demeures, abattant autant de pans de murs que d'histoire. Des pelleteuses fouinent et retournent les entrailles de la terre. Plantée de toute antiquité au fond d'un cirque rocailleux, la ville sort de l'ombre hospitalière pour se répandre, se hisser sur son toit montueux. Désormais l'impérieuse cité voile ses montagnes d'une chape de béton. D'amples tunnels routiers, à double voie, d'une impeccable finition, éclairés *a giorno*, transpercent de part en part toutes les collines et relient les avenues aux petites artères et les faubourgs au sanctuaire, transformant les cuvettes enclavées en vases communicants. A voir les autoroutes, rocades, passerelles et autres échangeurs, on dirait que l'antique « ventre » de La Mecque a été fendu, étripé et ses boyaux répandus au grand jour.

Tous les chemins mènent au *Haram*. Néanmoins, l'enchevêtrement franchement bâclé des voies et des passerelles autour du Temple embarrasse la Maison de Dieu et s'empêtre dans les sentiers battus par l'homme. Les portes qui, des siècles durant, ont livré accès, à travers des voies ombrées, au sanctuaire ambré, ont été piétinées par des autoroutes. Ottomane dès le début du XVIe siècle, La Mecque bénéficia de l'influence des Turcs qui, en spadassins convaincus et en esthètes-nés, l'apaisèrent et l'embellirent. Robustesse des fondations, chatoiement des façades, caravansérails spacieux, sérails ombrageux, palais pudiques, souks couverts, mosquée à ciel ouvert : une ville musulmane, une médina dans le sens littéral du terme – une circonscription urbaine où s'épanouit le *dine*, la religion de Dieu.

Modernisée à la hussarde, à partir des années 70, elle se métamorphose constamment. La Mère des cités est déjà devenue un patchwork de quartiers cossus et de favellas décousues, évoquant Le Caire ou Bogota. La pluralité des ethnies, des nationalités, des langues, des costumes et des usages qui se côtoient, se coudoient, se conjuguent et composent sa trame bariolée, en feraient une humble et vertueuse New York. Ses souks bourrés de pacotille clinquante, ses boutiques assorties des derniers gadgets de l'électroménager et de la photographie, ses vitrines alléchantes garnies du haut de gamme de l'horlogerie et de l'électronique, ployant sous les bijoux coûteux, mettent Singapour ou la place Vendôme, sinon à la portée de la bourse du pèlerin, du moins à celle de sa vue. Mais l'atmosphère affable de ses faubourgs, le cours débonnaire de ses dernières venelles, la pieuse courtoisie des bambins, l'honnêteté foncière de ses commerces et la paix incontestable qui y règne, élèvent La Mecque à la hauteur de sa réputation coranique de Ville sûre. Contre les vents et les marées de la mode et des gadgets, La Mecque reste quand même La Mecque.

Vacarme de moteurs, carrousel de cars, pollution. La place qui prolonge le Temple à l'ouest est tout entière occupée par les camelots, les mendiants et toute la troupe des curieux à l'affût d'une rencontre, d'un bon achat ou qui tout simplement folâtrent. Le soleil s'incline lentement. L'air remue et se fait moins brûlant. Le ciel reste de marbre bleu roi.

L'avenue du Roi délimite cette terrasse, le seul terrain aménagé, l'unique espace dégagé devant le noble édifice. Au milieu s'élève un baraquement préfabriqué, reposant à un mètre du sol sur des pilotis : un dispensaire de fortune. Des centaines de pèlerins, par familles entières, ont élu domicile... sous la construction provisoire. Ils y « entrent » et en « sortent » à genoux pour ne pas heurter le « plafond » de cette étrange résidence. Un camping. Des femmes allaitent. Des hommes dorment. Il y a même du linge qui sèche à l'« extérieur ». Ce sont des nantis : ils ont vue sur le *Haram*. Nul n'y céderait sa place pour tout l'or du monde.

Un camion frigorifique arrive. Une nuée de femmes, d'hommes et d'enfants l'acclament, créant aux portes de la Maison un désordre renversant. Les portières de la glacière s'ouvrent. Deux employés pakistanais de la ville commencent à y ramasser à tour de bras des myriades de sachets d'eau glacée et à les jeter à l'aveuglette, par-dessus une forêt de bras tendus. La première volée fait tomber les bras, les corps s'affrontent, les têtes se cognent : invraisemblable remous. Un homme se retire de la mêlée en serrant son pagne qu'il a failli laisser dans la fraternelle bagarre. Un sachet froid nous tombe sur la tête. Une inscription en français gravée sur l'emballage saute aux yeux : « Eau pure royale, gadeau [*sic*] pour pèlerin » ; le français n'est pas correct, mais le geste est aimable. En effet, le roi Fahd offre cette année quelque 2 millions de litres d'eau potable emballés. C'est marqué sur le sachet, noir sur transparent et en grosses lettres sur les façades de la fontaine ambulante : « offerts par le Serviteur des deux Lieux saints Fahd ben Abdelaziz ».

Dans cette pieuse et placide cour des miracles, les invités de Dieu flânent sans but dans les parages du Réunisseur. Des femmes noires vêtues de noir devisent bruyamment devant d'humbles étalages jetés à même l'asphalte : des chapelets en plastique, des bagues, des peignes et des savates. Des garçons maigres, malheureux comme des pierres, proposent distraitement des Corans en format de poche. Des petites filles insistent vivement pour vendre leurs petits sacs de mil ou d'orge afin que chacun puisse y aller de sa becquée pour les nuées de pigeons bleus qui tourbillonnent entre les jambes des visiteurs. Le seul parmi ces marchands ambulants africains qui parle arabe raconte que ces oiseaux descendent de la colombe envoyée depuis l'Arche de Noé pour explorer la terre inondée : la messagère ailée aurait pris pied sur la *Kaâba*.

Un petit monument inattendu. Une sculpture : un lutrin à quatre pieds supporte un grand livre ouvert surmonté d'une balance à fléau dont un plateau penche nettement. Tout un symbole dans une ville et pour une religion où le trébuchet reste l'archétype de l'équité. Le Coran y consacre maints versets : « Nous avons certes envoyé nos apôtres avec les preuves et fait descendre avec eux l'Écriture et la Balance, afin que les hommes pratiquent l'équité » (57; 25). Un monument dont le déséquilibre vaut tout son poids d'ambiguïté. Mais en fin de compte, personne n'y fait attention. Le musulman n'est pas fétichiste.

Un autre baraquement. Des rangées de cabines téléphoniques. D'ici on peut appeler directement aux quatre coins du monde. Une camionnette arrive en klaxonnant. Les pigeons s'envolent. Des hommes accourent : distribution gracieuse et bâclée de nourriture. Au menu : dattes sèches et pain. Fournées d'affamés. Bousculade. L'ordinaire d'une journée mecquoise.

L'édifice sacré est franchement quelconque, la place est commune aux villes musulmanes moyennes, le bruit de la circulation est assommant, les gens sont pauvres. Néanmoins, quelle densité affective, quel optimisme ambiant! L'Islam a en propre cette capacité d'émailler la médiocrité du quotidien de petites touches d'humanité, de gestes furtifs qui confèrent à ses fidèles une aura indéfinissable. Ce ne sont jamais des misérables, tout juste des aristocrates déchus.

A l'angle sud-est de la Mosquée, au pied de l'antique mont Abou Qobays, s'ouvre le portail le mieux ouvragé. A tout seigneur tout honneur. C'est la « porte du Roi Abdelaziz », le fondateur de la dynastie régnante. Cette dernière dénomination a, en son temps, soulevé un tollé dans le monde musulman, mais actuellement seules quelques feuilles intégristes évoquent encore cette mainmise séoudienne sur la Maison de Dieu.

Le mont Abou Qobays, qui surplombait la colline de Safa et dominait à pic le Temple comme tout le centre-ville n'est plus ce qu'il était. La première montagne créée par Dieu, le « refuge » où fut préservée la Pierre noire durant le Déluge, le Tombeau d'Adam qui y repose, le belvédère d'où le Prophète vit la lune se fendre (Coran : 54; 1) et déclara que La Mecque durerait tant que cette éminence demeurerait – cette mère des montagnes supporte aujourd'hui un gigantesque complexe de palais. C'est le palais royal. Une façade au luxe austère, marbrée, court comme une muraille de Chine le long de la crête du noble monticule. De grandes baies et de petites fenêtres de verre fumé ouvrent sur le *Haram*, offrant l'unique vue générale, à un jet de pierre, sur l'esplanade de la *Kaâba*. Par sa masse et son incrustation dans la roche, la citadelle royale fait vaguement penser au palais de Potala, l'ancienne résidence du dalaïlama à Lhassa. Mais la comparaison s'arrête là. Car l'architecture séoudienne est singulière. C'est un amalgame des techniques militaires de construction – le béton est roi – et des commodités clinquantes propre à l'hôtellerie de luxe, sans compter, pour donner un minimum de couleur locale, le style tarabiscoté des façades et des plafonds du genre néo-mauresque. L'esthétique wahhabite a ses principes : la solidité pour la sécurité, le confort pour la sensualité et l'authenticité pour la légitimité.

« Trop c'est trop, s'indigne un Français converti, le palais du roi, puis à sa base l'avenue du Roi et en face la porte du Roi! Ce n'est pas possible! C'est du Caligula! » De sa loge, le roi peut embrasser non seulement le Temple qu'il domine, mais également ses environs et les quartiers nord de la ville. A gauche, il peut apercevoir la Misfala, la partie « basse » de la capitale sainte avec son avenue d'Abraham (Ibrahim el-Khalil) et sa « rue de l'Hégire ». Vue et forteresse imprenables. Le roi y reçoit ses invités de marque. Hôtes de Dieu et invités du roi ne se côtoient jamais.

Une allée continue entre le flanc sud de la Mosquée et la montagne-palais. Côté Temple, une dizaine de portes aux noms et au passé prestigieux; côté roche et béton, des galeries creusées dans la pierre : les cabinets de toilette. Ici l'entrée des femmes, plus loin celle des hommes. Au milieu, gisant de toutes leurs caracasses rétamées sur des civières de fortune, des Noirs dorment la bouche grande ouverte. Des dizaines sommeillent ainsi, à l'ombre du Roi, au seuil de la Maison de Dieu, devant la porte de Bilal, le premier muezzin de l'islam. Ce passage coincé entre temple et palais constitue le quartier général des portefaix. Moyennant finance, ils tranportent sur des brancards les invalides, les personnes âgées ou malades et leur font faire les circuits rituels. Ce sont des travailleurs dénigrés, sans aucun statut juridique. Leur profession est connue, acceptée et entrée dans les mœurs depuis des siècles, mais ils n'ont ni titre de séjour ni carte de travail. Ils travaillent légalement « au noir » pourrait-on dire.

Ils arrivent pendant les trois derniers mois de l'année islamique, qui sont considérés comme des périodes sacrées et pendant lesquelles les Séoudiens peuvent accorder des visas d'un mois ou même un peu plus. Un des employés du *Haram* est informellement chargé de gérer ces centaines de brancardiers volants. Le recrutement se fait de la manière la plus directe. Le prétendant est d'abord présenté au « chef brancardier » par un de ses familiers qui a déjà tâté du métier. C'est une caution nécessaire. Le recruteur examine attentivement son « client » d'une moue méditative. S'il juge que le candidat a le physique du métier, il lâchera distraitement un « Mets-toi de côté ». « Au suivant », grommelle-t-il. C'est qu'il faut quatre personnes bien bâties pour une seule civière. Deux jeunes porteurs aux biceps proéminents protestent de leur capacité à se suffire. « Tu as déjà porté une Égyptienne de 280 kg? » répond d'un air goguenard le drôle de patron qui négocie des embauches en pleine cour du Temple, à l'écart de toute autre loi que celle du marché et ce, à la jonction de la Maison de Dieu et du palais royal.

Quand le visa d'un porte-croyants arrive à expiration, celui-ci doit nécessairement débarrasser le plancher. Il est impensable qu'il puisse prétendre à une quelconque prorogation de son séjour. Un cousin, prévenu à temps, sera entretemps arrivé pour prendre la relève. C'est ainsi que les Nigérians ont acquis le monopole absolu du portage des pèlerins. Une main-d'œuvre tournante. Un service assuré. Tout cela sans engagement aucun de la part de l'employeur fantôme : ni bulletin de salaire ni congé ni assurances. Merveilles de l'économie libérale.

Les toilettes sont sombres, les cabinets disposés en rangées parallèles, parfaitement orientées. La dignité du noble voisinage est sauve. Une enfilade de robinets et une rigole creusée dans le sol bien carrelé forment le lavabo collectif pour les ablutions. Des pèlerins se rasent, d'autres se frottent les pieds avec de rugueux gants de toilette. Un Turc nettoie son dentier. Dans un coin, des Pakistanais procèdent à un véritable *ghousl.* Minutie des gestes et pudeur. Un policier sort des WC en serrant sa ceinture. L'entrejambe de son pantalon est mouillé par l'eau des ablutions. La toilette intime, la discipline rituelle avant tout.

Toujours côté Temple, les portes d'Ismaël, d'Ali..., et celle du Prophète, par laquelle Mahomet accédait à l'esplanade sacrée en sortant de chez Khadija, sa première et richissime épouse. C'est une porte comme une autre.

En face, côté cour, s'ouvrent sous la résidence royale deux « tunnels pédestres ». Longs de quelque 1 000 mètres chacun, ils glissent sous un amas de montagnes pour relier le *Haram* à la plaine désertique où se déroulent les rites décisifs du *hadj.* Larges d'une douzaine de mètres, ces galeries souterraines disposent de toilettes et communiquent l'une avec l'autre par des ouvertures aménagées ici et là. Des tunnels bien éclairés, passablement ventilés. Rien que de très ordinaire, n'étaient les tapis, matelas, sacs, cabas, balluchons et autres ballots qui encombrent chaque « trottoir » de ces avenues enterrées. Des milliers de personnes y campent en permanence pour toute la période du *hadj.* Beaucoup sont absents de « chez eux », à en juger par les draps soigneusement rangés et les nattes pliées. Ceux qui sont visibles y habitent pleinement. Une vieille grand-mère épluche des pommes de terre, sa bru lave du linge dans un récipient. Deux petits enfants jouent à cache-cache derrière les jonchées de bagages. Au milieu de la chaussée, un va-et-vient de fidèles, cheminant sereinement dans « leur » rue en égrenant les chapelets. C'est un campement somme toute heureux. Si seulement la voirie pouvait y donner un coup de balai pour dégager les amoncellements de bouteilles, de boîtes de limonade, de journaux et autres épluchures rejetées par les riverains juste devant leurs « portes », ou plutôt leurs couches... Comme pour achever de donner une apparence normale, permanente, à ces sous-sols villageois, des policiers font les cent pas, l'air sympathiquement bourru.

Retour à l'air libre. Au-dessus, un pont suspendu longe tout le trajet qui relie les deux monticules sacrés de Safa et Maroua, puis débouche sur le faubourg du « fond » (el Qarara). Voici la fameuse porte de la Paix (Bab el-salam) dont le passage est recommandé par la Tradition. Sa fortune ne vient pas que de son nom qui est un des 99 qualificatifs de Dieu. On raconte aussi que, après avoir soumis la ville en 630, le Prophète l'aurait empruntée pour se rendre à la *Kaâba* et accomplir une *omra*. Un militaire, pistolet mitrailleur sur les genoux, jauge consciencieusement tous les fidèles. Il faut se déchausser. L'introduction de journaux, fût-ce le très pieux *el-Nadoua*, le « conseil », le seul quotidien mecquois. Transistor, appareil de photographie, nourriture, fruits ou limonade sont indésirables. Les petits sacs sont ouverts et inspectés, comme sont fouillées et « tâtées » les femmes par des « sœurs » totalement voilées et dont les mains baladeuses sont elles-mêmes gantées. Il faut montrer patte blanche pour ensuite entrer dans le Temple en avançant d'abord le pied droit.

Une forêt de colonnes barre la vue. L'air est plus frais. Un bourdonnement continu comprime les oreilles. Impossible de s'attarder sur le seuil pour observer les galeries intérieures qui entourent l'esplanade à ciel ouvert de la *Kaâba*. Les admonestations des portiers armés et le torrent intarissable des fidèles entraînent irrésistiblement tout sur leur passage. Le croyant a tout à gagner de ce transport vers le patio vénéré. L'esthète, l'amoureux de l'histoire et l'amateur de monuments historiques n'ont rien à gagner à traverser les travées à l'ombre desquelles s'entassent des dizaines de milliers de pèlerins pâmés d'être dans les environs de Dieu. Rien de particulier dans la construction. L'architecture est fonctionnelle, utile. D'ailleurs les guides officiels, distribués à foison, ne détaillent guère l'histoire monumentale. En revanche, ils s'étendent sur le confort royalement prodigué par la Séoudie. On apprend ainsi que la « grande Mosquée est éclairée par plus de 55 000 lampes et lustres » tandis que « 8 000 ventilateurs contribuent à rafraîchir l'air à l'intérieur ». Juste ce qu'il suffit de savoir sur la Maison de Dieu.

AUTOUR DE LA KAÂBA

De l'extérieur, le Temple présente l'aspect d'une gare clinquante mais sans prétention artistique. L'intérieur ressemble à un hall d'aérogare. Plafonds hauts avec des moulures en plâtre représentant des octogones et des pentagones peints en mauve, jaune citron ou rose saumon. Suspendues par des chaînettes ou de fines barres, des grappes de lustres pendent, des gerbes de ventilateurs brassent l'air chaud pardessus les têtes des fidèles. Des rangées de colonnes accolées saturent l'espace. Tout le sol est en marbre. Les tapis ont été retirés pour toute la durée de l'été, car des petites bêtes s'y développent et indisposent terriblement les orants. Ici et là, placés au milieu de la foule, d'énormes aspirateurs à roues. Devant chaque travée de colonnes, de jolies étagères remplies d'exemplaires du Coran. Vrai toc et faux stuc confèrent à ce haut lieu de l'une des plus grandes religions de l'humanité les dehors d'une immense salle d'attente d'aéroport. Mais l'atmosphère est autrement plus dense. Malgré les bousculades, la cacophonie des invocations en toutes langues le ronflement des climatiseurs, l'assistance respire à pleins yeux, à pleins poumons, une fraternité apaisante, une fierté joyeuse, un bonheur indulgent. De quoi se sentir chez soi dans la Maison de Dieu. Impression que résume pertinemment un fin connaisseur, familier de tous les couloirs de la Maison de l'islam, en découvrant une mosquée au Pakistan : « A l'intérieur, argent, marbre, albâtre, onyx... satin, plastique, chaux, fleurs séchées, composent un décor d'où l'islam – c'est un de ses secrets de fabrication – a su estomper le côté funèbre tout en valorisant l'aspect apaisant. L' " effet tilleul " de la religion mohamédienne [2]. »

Les femmes s'entassent sur la première travée en entrant, la plus éloignée de la *Kaâba*, toute proche des murs d'enceinte. Elles entendent plus les grondements des voitures qui envahissent les abords du Temple que les acclamations des fidèles qui frôlent la *Kaâba*. Elles sont assises en silence ou dorment enveloppées de plusieurs draps, de façon à effacer tous les contours de leurs silhouettes. Mères usées et épanouies par des grossesses successives. Leur fécondité est leur unique joie. Leurs maris peuvent les traiter comme de simples servantes, pour leurs fils elles sont des reines et pour leurs filles des modèles. Quelques jeunes filles semblent distraites, taciturnes. Aucun recueillement, pas l'ombre d'une émotion particulière n'est visible sur leurs visages las, résignés, dignes. A quelques exceptions près. Des femmes pakistanaises, jeunes et graves de beauté, lisent, immobiles, le Coran. Au milieu de ces corps éparpillés sur le marbre, des enfants courent en tous sens, trébuchent, pleurent puis continuent leurs jeux bruyants sous l'œil impassible des mamans.

Le fleuve des croyants progresse lentement vers la cour de la *Kaâba*, en fendant les rangées des voisins de Dieu qui s'agglutinent à l'ombre climatisée des galeries. Il faut ouvrir grands les yeux pour ne pas marcher sur un croyant qui dort les bras tendus et les jambes croisées. Des fidèles lisent le Livre, d'autres le recopient sur des cahiers d'écolier : œuvre pie. Un vieillard sommeille assis, le Coran ouvert sur les genoux, le chapelet dans une main. Cet homme de culture semble cependant ignorer ce *hadith* où le Prophète conseille : « Lorsque dans une mosquée l'un de vous sent l'envie de dormir, qu'il aille s'installer ailleurs qu'à l'endroit où il est. » En tout état de cause, le vénérable dormeur sait qu'au réveil il est passible d'une ablution.

La *Kaâba*. Massive, carrée, superbe et solitaire. Elle trône solidement sous son voile noir, moiré, serti d'entrelacs dorés et d'arabesques argentées. Un tumulte de fidèles tourbillonne massivement autour de la Maison de Dieu. Cent, deux cent mille corps soudés par la foi, noyés de sueur, avancent avec la régularité d'un métronome. Des nuées d'ombrelles planent comme des mouettes sur ce maelström humain. L'émotion est à son comble. Des hommes à l'aspect viril, réservé, fondent brusquement en larmes. Des femmes vacillent. Des enfants, portés à bout de bras par leurs parents, ne réalisent pas encore ce qui leur arrive. Leur *hadj* attend le nombre des années. Des vieillards gâteux, des infirmes et des obèses sont aussi de la partie. Assis chacun sur des litières payantes, ils font leurs tournées, portés à bout de bras par des Africains. Les poitrines exhalent inlassablement : « *Allah Akbar!* » Une fois dans la mêlée, personne ne pourra plus sortir. Le courant est irrésistible. Des personnes paniquent de se retrouver au milieu d'un océan de fidèles exaltés, n'écoutant plus rien d'autre au monde que la voix de leur cœur et n'ayant d'yeux que pour la *Kaâba*. Malheur aux asthmatiques, aux cardiaques et autres diabétiques! Ils pourront crier, supplier, tourner de l'œil; la marée tournante de l'*Oumma* ne s'arrêtera pas. Les risques d'être renversé et piétiné plusieurs fois par des dizaines de milliers de passants sont réels, mais peu de croyants en ont réellement peur. Mourir dans la Maison de Dieu est une félicité, l'accès immédiat au Paradis.

Se « soumettre » à la volonté divine, s'abandonner au rythme de la procession, voilà l'unique façon de regagner la rive du *mataf*, le parvis où les croyants accomplissent le *taouaf* – les tournées rituelles –, le marbre ferme des galeries qui l'environnent. Se garder de jouer des coudes, de pousser son voisin; il suffit de se laisser emporter conseillent avec justesse les vétérans du *hadj*, car la marée blanche qui se brise sur la *Kaâba* se stabilise et continue de tournoyer, ne forme pas un anneau autour du cube voilé mais plutôt une spirale. En se laissant porter par le flot bouillonnant de ferveur et de soleil, le *hadji* peut faire les sept circuits, parfois sans même fouler le sol tant la rotation collective est vigoureuse. Impossible de ralentir le pas, de contempler le cube. Dans la période du pèlerinage, l'affluence des invités est si massive que le simple accès au *Haram*, aménagé pourtant pour accueillir 300 000 orants, devient impraticable à certains moments de la journée.

« *Allah Akbar!* » « *Allah Akbar!* » Une clameur fervente, presque martiale, salue l'approche de la Pierre noire. Encastrée à un mètre environ du sol, dans l'angle oriental de l'édifice, l'objet que tout bon musulman rêve de toucher au moins une fois dans sa vie offre l'aspect d'un œil de poisson : une masse ovoïde en argent poli, avec, au milieu, un cratère sombre qui en serait la prunelle. Les fidèles ne vénèrent que le noir de l'œil : la pierre des pierres.

La pierre angulaire de l'univers que ce petit bout de

roche. Les traditions rapportent que, lorsque Dieu se résolut à créer la Terre, il fit d'abord tomber du paradis céleste ce « germe » pierreux sur lequel s'est progressivement, pierre après pierre, édifié le monde habité. Adam s'y frotta, Noé la sauva du Déluge en la dissimulant au sommet d'Abou Qobays. Abraham l'utilisa pour restaurer le Temple tel qu'il se présente aujourd'hui. On l'appelle aussi « la main droite de Dieu » *(yamin Allah)*. Tout croyant qui la touche ou l'embrasse fait serment de fidélité définitive à Dieu. Le jour du Jugement dernier, elle témoignera en sa faveur. « Je témoigne que cette personne a accompli son *hadj*, déposera-t-elle, elle m'a saluée! »

Tout un chacun veut la prendre à témoin. Mais comment la toucher alors que des pèlerins se poussent sans pitié pour s'en approcher plus rapidement et qu'ils en viennent aux mains, au paroxysme de l'émotion? Aucun invité n'ose avancer sa tête dans la lucarne argentée pour embrasser la Pierre. Sous la poussée de la multitude, il aurait du mal à la dégager. Il risque, à coup sûr, de se fracasser le crâne ou d'avoir les mâchoires brisées. Chacun se contente alors de la caresser de sa main droite qu'il passe ensuite sur son visage ou sur celui de son épouse, de sa mère ou d'un proche moins chanceux.

Le *taouaf* ne s'arrête jamais. Il ne connaît que cinq courts répits quotidiens réservés à l'accomplissement des prières canoniques. Autrement, il ne doit jamais cesser son mouvement, jour et nuit, hiver comme été. « Pas plus que ne s'arrêtent les eaux en mer, les fidèles ne peuvent se figer sur le *mataf*. » C'est l'horloge de l'*Oumma*, sa veille inlassable, les battements de son cœur. La rotation se déroule dans le sens inverse des aiguilles d'une montre. Comme si, en tournant à contresens, les croyants cherchaient à remonter le cours du temps et à devenir, pour quelques tournées, les contemporains d'Adam et d'Ève, d'Abraham, de Hagar, d'Ismaël et de Mahomet.

Le Prophète : justement, cette pierre lui offrit une occasion exceptionnelle d'asseoir une relative notoriété, bien avant la Révélation. La Tradition rapporte, avec quelques embellissements, que la *Kaâba* tombant en ruine, des inconnus avaient profité de son état de délabrement pour voler son trésor. Les Qoraychites décidèrent alors de la restaurer. Mais, superstitieux, ils redoutaient d'abattre les derniers pans de mur. Ils n'avaient pas non plus de matériaux de construction ni de techniciens. Au sud de Djedda, le naufrage d'un navire byzantin transportant du bois en Éthiopie afin d'y construire une église apparut comme un don du ciel. Les Mecquois récupérèrent la cargaison, et ramenèrent aussi avec eux un charpentier copte qui se trouvait à bord de l'embarcation.

Un volontaire brisa enfin les murs de la peur en donnant le premier coup de pioche au monument branlant qui fut bientôt mis à bas. La reconstruction allait bon train. Néanmoins, la ville passa la nuit suivante dans l'anxiété. Les puissances surnaturelles n'allaient-elles pas terrasser l'homme qui osa, le premier, renverser des pans du Temple? Mais au matin il était toujours en excellente santé. L'œuvre continua dans l'enthousiasme. A la fin des travaux, il fallut replacer la Pierre noire à l'angle de l'édifice. Les quatre groupements tribaux qui dominaient La Mecque commencèrent à se disputer cet honneur, menaçant même d'en venir aux mains. Ils décidèrent finalement de prendre pour arbitre le premier homme qui pénétrerait dans le sanctuaire. Il entra bientôt en scène. C'était Mahomet. Il se fit aussitôt apporter une couverture, y plaça la Pierre sacrée, fit tenir chaque bout de l'étoffe par des représentants des clans en présence. Ils soulevèrent la charge symbolique et la portèrent à pied d'œuvre. Mahomet la plaça lui-même à l'endroit approprié.

Il devait avoir trente-cinq ans. Depuis lors, on l'aurait surnommé *el-Amin*, l'homme « sûr », en qui l'on peut avoir confiance.

Les pieuses vagues se jettent sur les murs du Cube, le touchent, le caressent, s'y frottent de tout leur corps. Des gerbes de bras se tendent désespérément dans un tumulte d'acclamations qui fait vibrer le sanctuaire. Un vieillard tremblant, le poignet décharné, les yeux dégoulinant de larmes, veut aussi avoir sa part de baraka en frôlant la noble rocaille. Un colosse africain le soulève de ses lourds bras et le pousse vers le but. Les doigts frémissants effleurent la Pierre noire et tombent lourdement, comme frappés par la foudre. Les yeux ne pleurent plus. Le vieillard a rendu l'âme à son Dieu en lui donnant la main. La foule tourne sans répit, la nouvelle de la mort fait le tour de l'assemblée : « *Allah Akbar!* de toi nous venons et vers toi nous retournerons, Ô créateur des deux mondes, c'est toi qui donnes quand, à qui tu veux... c'est toi qui reprends tes biens... *Allah Akbar!* », lancent d'une seule voix des centaines de milliers de poitrines haletantes. Les croyants commencent à se relayer pour porter chacun, à tour de rôle, la dépouille du martyr. Spectacle inouï : un tourbillon blanc écumeux, des dizaines de civières et des milliers d'ombrelles blanches flottent sur les têtes des tourneurs comme autant de felouques et de voiliers. Et le corps de ce vieillard, dépouillé de son propre pagne, son intimité dévoilée, passe de bras en bras.

Beaucoup d'hommes jeunes se tiennent fermement derrière leurs femmes et les empoignent par les épaules. Même ici, ils craignent que quelqu'un n'en profite pour les « caler », comme l'on dit en français à Alger. Il faut dire que c'est une pratique fort répandue dans les pays méditerranéens et islamiques. Un « commando » d'Égyptiens composé d'une douzaine d'hommes robustes s'approche de la pierre révérée et se place côte à côte de façon à former une digue pour détourner le torrent circulaire des fidèles. Tout cela pour permettre aux femmes de serrer la main de Dieu à l'abri de ce mur viril, sans être frôlées par des inconnus. Cris, protestations, malédictions de toutes sortes fusent de toutes les bouches. « Sacs à fèves! » leur crie un Tunisien, en faisant allusion au légume le plus cher et le moins coûteux pour ces « descendants des pharaons impies », comme on désigne souvent les Égyptiens dans les pays arabes.

La Pierre noire. L'œil de poisson a aussi la forme d'un hublot d'avion. Mais il n'y a pas plus de bloc sombre que de beurre en broche sous le soleil incandescent. En effet, une épaisse couche d'une cire couleur raisin noir recouvre entièrement la roche authentique. Ce sont donc ces centimètres, la taille d'une calotte, de gomme et de résine, que les mains de l'*Oumma* recherchent, que ses lèvres baisent.

La Pierre noire était l'unique fragment, le seul vestige historique subsistant de La Mecque ancienne. Elle est donc mise sous scellé, comme la Maison de Dieu et la ville du Prophète ont été coulées dans le béton, revêtues de marbre et émaillées de stuc, d'argent et d'or. Un enterrement de première classe, mais un enterrement tout de même.

Qu'importent le marbre et l'or, le feu et la cendre! La rivière des Soumis remonte régulièrement le cours du temps, jusqu'à ce jour ensoleillé de janvier 630 où le Prophète, à peine reposé après avoir investi sa ville natale, se dirige vers le sanctuaire, monté sur sa chamelle, tenant une longue verge à la main, suivi d'une armée en liesse, d'une multitude d'hommes, de femmes, d'enfants ainsi que de troupeaux entiers de chevaux et de chameaux. Il entre dans le Temple, touche la Pierre de son bâton comme cette jeune Afghane la frôle de son voile en exultant: « *Allah Akbar!* » Il fait les sept tournées rituelles puis entreprend de renverser les 360 idoles pierreuses dressées autour de la *Kaâba*. Hobal, la divinité majeure de La Mecque et vraisemblablement d'une grande partie des Arabes païens, tombe sous les coups de l'Envoyé d'Allah. Importé vers le IIIe siècle avant J.-C. de Mésopotamie ou de Moab, selon des traditions divergentes, Hobal était un dieu stellaire représenté sous des traits humains par une statue de cornaline amputée du bras droit, que les riches Qoraychites auraient remplacé par un membre d'or. Il se dressait près du puits de Zemzem face à la *Kaâba*. Il était également un maître du sort, dont il partageait toutefois le pouvoir avec Allah, le « dieu » de tous les Arabes comme de tous les Sémites. Le culte de Hobal était le mieux organisé de La Mecque. Trois déesses considérées alors comme des « filles d'Allah » trônaient à ses côtés. Allât (féminin d'Allah), déjà signalée par Hérodote sous le nom d'Alilat et qui incarnait probablement un aspect de Vénus, l'étoile du matin. Les Arabes hellénisés l'identifiaient à Athéna. Puis venait Ozza, la « puissante », et enfin Manat, qui tenait des ciseaux pour couper les fils du destin, déesse qu'on adorait à travers l'Arabie, ou plutôt les Arabies car des Arabes s'étaient implantés depuis la rive orientale du Nil jusqu'au Nord de la Syrie.

La destruction totale des divinités mecquoises n'était pas l'œuvre d'un vainqueur impulsif, d'un révolutionnaire résolu à faire table rase du passé. En homme passionné, tourmenté et susceptible mais somme toute réfléchi, le Prophète hésita longtemps avant d'en appeler au bâton et au marteau. En effet, un des plus émouvants épisodes de sa prédication nous montre un Mahomet intimement déchiré entre sa fidélité à Allah et son attachement à ses compatriotes. « Lorsque l'Envoyé de Dieu, écrit l'historien Tabari (839-923), vit que son peuple s'écartait de lui, il lui fut pénible de constater les manifestations de leur éloignement vis-à-vis de ce qu'il leur transmettait de la part d'Allah. Alors, il souhaita, en son âme, recevoir de la part de Dieu un texte qui le rapprocherait de son peuple. Au point qu'il le désira, qu'il le souhaita... » Sur ce, Allah lui révéla la sourate de l'Étoile : « Avez-vous considéré Allât et el Ozza et Manat cette troisième autre?... » (Coran : 53; 19-20). Et d'enchaîner sur cette affirmation déconcertante pour ceux qui le savaient monothéiste intransigeant : « ... Ce sont les Sublimes Déesses et leur intercession est certes souhaitée [3]. » Lorsque les Qoraychites entendirent ces versets, ils furent remplis de joie et tous se prosternèrent, musulmans et païens. L'enfant égaré semblait enfin regagner le bercail tribal, le consensus primitif. Mahomet renonçait à toute originalité.

Loin de le réconcilier avec les siens, cette révélation paradoxale allait finalement provoquer une rupture irréversible entre l'Apôtre et les idolâtres. Car admettre la validité du culte païen revenait du coup à relativiser le pouvoir d'Allah. Mais affirmer l'omnipotence exclusive de celui-ci signifiait proclamer que les dieux mecquois n'étaient que supercheries. Le Prophète se mettait ainsi en position de tout gagner ou de tout perdre. Il prit alors le parti d'affirmer que l'archange Gabriel lui avait révélé que le diable l'avait abusé en mettant sur sa langue les versets relatifs aux « filles d'Allah », lequel, à l'évidence, « n'engendre pas et n'est point engendré » (Coran: 63; 3). Les versets sataniques furent donc abrogés et remplacés par d'autres qui rejetteront radicalement le culte des « filles » dans les ténèbres de la barbarie.

L'Envoyé demande ensuite les clés de la *Kaâba* et y pénètre. Ses yeux glissent sur le trésor entassé dans ses murs, s'arrêtent sur des fresques qu'il fait aussitôt effacer des parois intérieures sauf, dit-on, des peintures représentant Abraham, Jésus et la Vierge. Parmi les offrandes entreposées dans la Maison, il y a une tête de bélier aux cornes ornées de pierres précieuses, attribuée à Alexandre le Grand, surnommé le « biscornu » par la Tradition, ainsi que des objets précieux envoyés par le roi perse Sapor (mort en 272), peut-être même par le fondateur de la dynastie sassanide (224-651). Les mondes grec et iranien, autrement dit les deux grandes puissances de l'époque, prodiguaient ainsi de manière concomitante leurs faveurs à La Mecque.

Le Messager de Dieu invite ensuite ses compatriotes à lui rendre hommage et à le reconnaître comme tel et à lui jurer fidélité. Une foule compacte d'hommes puis de femmes vient alors défiler devant l'« homme sûr » et lui fait définitivement acte d'allégeance. « *Allah Akbar! Allah Akbar!* », s'époumonent les nouveaux Soumis.

La ronde paradisiaque continue. Des Turcs, agglutinés les uns contre les autres comme des bananes séchées, avancent en cortège compact au milieu de la mêlée. Un pèlerin s'exténue à pousser un homme sans âge vers la Pierre noire: « Il est aveugle, crie-t-il, laissez-le passer... Vous au moins vous la voyez... Lui il ne peut que la toucher... Faites une œuvre pie... » Le vœu pieux s'estompe dans le grondement qui assourdit le sanctuaire.

Le mur. Les pierres grises, chauffées à blanc par le soleil. Le voile noir de la Maison, la *kissoua*, la « housse », tombe jusqu'à hauteur des narines. Elle fleure bon l'ambre et le musc. Tous les visages qui la touchent s'y frottent passionnément, y collent joues et lèvres. Élans du corps d'une troublante sensualité. La *Kaâba* a vu des housses de toutes les couleurs avant de pencher pour le noir musqué. Faite de brocart, de coton et de soie mêlés, elle comporte aux deux tiers de sa hauteur un ruban de versets coraniques brodés de fils d'or : c'est le *hizam*, la « ceinture » du Temple.

Depuis l'époque mamelouke, la *kissoua* est traditionnellement fournie par l'Égypte. Un honneur mais également le symbole d'une souveraineté égyptienne sur les Lieux saints. Ibn Séoud n'était pas dupe de cette « couverture » politique. Au lendemain de sa prise de contrôle sur les provinces saintes (1924), l'intraitable « loup du désert » y interdit l'entrée au *Mahmal* égyptien qui transporte tous les ans la *kissoua*. Le nouveau roi était nu mais Le Caire dut s'incliner. Le souverain wahhabite fit réaliser dans un premier temps la tenture en Allemagne puis en Inde par des tisserands musulmans. Ces derniers installèrent par la suite une fabrique à La Mecque même, à la demande d'Ibn Séoud. En 1937 cependant, l'Égypte envoya encore un *Mahmal* porteur du luxuriant voile séculaire. Grand seigneur, Ibn Séoud accepta, pour la dernière fois, la *kissoua* cairote tandis que le cortège baroque était formellement éconduit.

Traditionnellement, lorsque la tenture est renouvelée, la famille des Banou Chayba qui garde, depuis l'aube de l'islam, les clés de la *Kaâba* récupère l'ancienne housse, la découpe en une infinité de lambeaux pour les revendre ensuite à titre de reliques pieuses. Outre sa valeur religieuse, le voile de la *Kaâba* cache dans sa trame un véritable trésor. Le supplément français d'un quotidien séoudien en révèle les dessous financiers. Son coût global est estimé à 17 millions de ryals, dont 8 pour la main-d'œuvre uniquement. En outre, 670 kilos de soie, 760 kilos de teinture, 15 kilos d'or pur sont utilisés à la fabrication des broderies qui sertissent de versets coraniques et d'invocations liturgiques la robe sacrée[1].

Un Chinois s'aventure à fourrer sa tête dans l'écrin poli de la Pierre noire. Mal lui en prend. Il n'arrive plus à la dégager tant la pression du bloc des fidèles est surhumaine. Les policiers en faction permanente devant la « main droite de Dieu » se dégagent alors de la masse en montant sur une petite assise sur laquelle repose la *Kaâba*, s'accrochent d'une main aux cordages pendant de la *kissoua* et commencent à manier leurs gourdins. Rageusement, ils tapent sur les crânes qui, dans leur élan, menacent d'étouffer une âme. Coups secs, impitoyables, dérisoires. Touché en pleine figure, un jeune Javanais saigne abondamment du nez et des gencives. Émus, les matraqueurs baissent les bras et les fidèles dégagent le Chinois du trou.

C'est toujours sous les auspices du roi, ou, à défaut, de l'émir de La Mecque, que la *kissoua*, dont l'institution remonterait à l'époque du Prophète, est solennellement transportée sur le Temple. Elle est parfois fixée au sol par des anneaux et des cordes mais, pendant le pèlerinage, ses ourlets sont retroussés et relevés par des cordelettes de façon à la maintenir hors de portée des pieds qui arpentent ses entours.

« *Allah Akbar!* » La marée tourne à l'angle de la Pierre et continue sa progression en un tourbillon écumant. Bien au-dessus des têtes brille la porte dorée de la *Kaâba*. Elle s'ouvre dans le mur qui fait face à l'édicule de la « station » d'Abraham (*maqam Ibrahim*) et à l'entrée souterraine du puits de Zemzem situé un peu plus en retrait. Cette façade s'appelle le « lieu d'accolade » (*el-moultazam*) où le pèlerin doit s'arrêter après ses sept tournées, étreindre la devanture pierreuse, y coller son corps en formulant tous ses vœux. Des Africains, la joue écrasée sur la roche, prient les yeux fermés. Des Pakistanais, grands, musclés, l'air presque farouche, « flirtent » littéralement avec le mur. Ils le caressent avec les deux joues, le front, le couvrent de baisers, en haletant de sanglots. Un vieil Indien très digne colle son front sur la pierre chaude. Il ferme les yeux lentement. Ses lèvres tremblent. De ses paupières closes jaillit une larme, cristalline comme une perle; elle descend le long de son nez, bifurque vers la narine, se perd dans la moustache et retombe sur la lèvre inférieure.

De toutes races, de toutes nationalités et de toutes conditions, ils sont enfin au pied du mur saint. Presque nus sous le soleil, dépourvus de toute identité individuelle – les documents de voyage sont dans le coffre du *moutaouif* –, ils n'ont plus d'âme et de souffle qu'en Dieu et de langage commun que son Verbe. Frémissants d'extase, tremblants de douleur, ils s'expriment dans la langue immémoriale de tous les hommes, avec le chant le plus touchant, la parole qui jamais n'aura besoin d'interprète pour parler à tous les cœurs : le sanglot. Le dos tourné au fleuve circulaire, ils pleurent tout leur saoul. Des pleurs déchirants secouent leurs épaules, étouffent leurs voix. Que raconte ce Bengali malingre, la main enflée et lardée de points de suture, en essuyant ses larmes et en se mouchant avec son *ihram*? Et cet Africain, les yeux déjà enflés et qui murmure des mots indistincts? La douleur, la peine presque intolérable mais souveraine. Ici la souffrance prédomine mais on peut au moins rêver au bonheur. Un Égyptien réclame au Créateur une descendance : « Ô mon Dieu, toi qui donnes et enlèves, bénis-moi en ma femme et bénis-la en moi. Bénis-nous. Donne-nous des enfants, ils prieront à nos côtés et viendront te rendre grâces ici même! »

Face à la *Kaâba* il n'y a plus de devant car c'est la limite ultime du monde, son centre de gravité. Espace, temps, lumière et foi, tout rayonne à partir d'ici. Toutes les larmes de l'*Oumma* viennent ici se diluer dans celle d'Hagar et d'Ismaël qui se lamentèrent dans les parages et pour lesquels Dieu en fit jaillir le puits de Zemzem. La *Kaâba* est le seuil de l'éternité.

Au-dessus de ces âmes blessées brille de tous ses feux la porte. Un pan particulier de la housse, entièrement brodé de versets et de dédicaces, tout scintillant d'or et d'argent, recouvre en partie l'accès surélevé de la Maison. Une caresse pour les yeux que les errements de l'écriture arabe. Les lettres s'entortillent, les mots se chevauchent jusqu'au vertige. On arrive finalement à lire que « cette *kissoua* a été tissée à La Mecque anoblie et offerte à la *Kaâba* vénérée par le Serviteur des deux *Harams* sublimes, Fahd ben Abdelaziz Al Séoud que Dieu le protège. 1407 », soit 1987. Sur une autre broderie, un *hadith* en lettres d'argent : « Dieu est beauté et il aime la beauté »; plus loin des versets en caractères dorés : « Pas d'acrimonie en religion » (2; 256), « Dieu est la lumière des cieux et de la terre » (Coran : 24; 35). Et, à plusieurs reprises, les versets qui attestent l'Unité indivisible de Dieu (62, 1-4).

Quant à la porte, « elle a été changée, indique une brochure officielle, par une autre en or pur de 999,99 titres. Le coût de ce projet a atteint 13 millions de ryals. 286 kilos du précieux métal ont été utilisés par la main-d'œuvre séoudienne » à sa fabrication. Elle porte le sceau du roi « Khaled Ben Abdelaziz Al Séoud, 1395 », soit 1975.

Arrivé devant cette ouverture, le Prophète promet de restaurer la forme originelle de la *Kâaba* et d'y ménager deux portes accessibles de plain-pied, une pour l'entrée et l'autre pour la sortie. Il ordonne également de laver l'intérieur de la Maison après l'avoir débarrassée des graffiti et des offrandes païennes. Ibn Jobayr témoigne qu'au Moyen Age la porte de la Maison était ouverte au commun des croyants tous les lundis et vendredis en semaine, tous les jours durant le mois de *rajab*, le septième de l'année lunaire. Les gens l'investissaient aux exclamations de « Seigneur, ouvre-nous les portes de ta miséricorde et de ton paradis » et découvraient ses parois intérieures simplement parées de marbre et d'inscriptions coraniques.

De nos jours, l'intimité de la Maison est interdite, sa visite impensable à tout Invité de Dieu ordinaire. La porte demeure close, inaccessible. Néanmoins, chaque année, le 9 de Celui du pèlerinage, pendant que tous les pèlerins « stationnent » à Arafat, on procède, solennellement mais comme à la sauvette, au changement annuel de la *kissoua* et à la toilette intérieure de la *Kaâba*. La raison principale du choix de cette date, où la ville se vide de ses pèlerins, est que cette cérémonie se déroule ordinairement en présence du roi, des autorités religieuses et des ambassadeurs musulmans accrédités auprès du Royaume, sans parler des chefs d'État qui, chaque année, répondent à l'appel de Dieu. Le monarque wahhabite ouvre alors lui-même la porte, monté sur une sorte de chaire et muni des clés gracieusement prêtées par la famille des Banou Chayba à qui la garde héréditaire reste dévolue.

Des serviteurs entreprennent ensuite de toiletter l'intérieur du sanctuaire à grande eau de Zemzem, parfumée à l'eau de rose. Les murs sont aspergés de parfum. Des encens, de l'ambre et du bois d'aloès brûlent lentement, pénètrent les murs de leurs odeurs mélangées.

L'intérieur du nombril du monde n'est qu'une petite chambre vide dont le toit est supporté par trois piliers en bois. Sur les murs, plusieurs inscriptions commémorent les diverses reconstructions. Dans un coin, un étroit escalier est prévu pour grimper sur le toit, uniquement en cas de réparations impérieuses ou pour le changement de *kissoua.* A l'extérieur, tous les orants doivent se tourner vers la *Kaâba* pour se prosterner, mais à l'intérieur, la Tradition admet que chacun puisse prier dans la direction qu'il désire – comme il pourrait, par ailleurs, faire de même à l'antipode exact du Temple.

«*Allah Akbar!*» L'anneau tournant des croyants glisse sur l'« angle irakien » *(el-rokn el-iraqi).* Devant cette façade septentrionale, il y a le « giron d'Ismaël » *(hijr Ismail)*, sorte de parapet en beau marbre, haut d'un mètre et demi environ, qui s'étend en forme de croissant du coin irakien au « coin damascène » *(el-rokn el-chami).* Dans l'hémicycle ainsi délimité entre la *Kaâba* et le « giron », les pèlerins s'isolent un moment du torrent circulaire pour prier ou tout simplement pour souffler. C'est ici surtout que prend place l'iman de la Mosquée sacrée pour diriger la prière collective. Cette place jouit d'un prestige particulier. Pendant un certain temps, notamment à l'époque d'Ibn Zoubayr, le « giron » a fait partie intégrante de la *Kaâba.* C'est la raison pour laquelle la procession des fidèles n'y pénètre pas mais le contourne. Ce périmètre passe, en outre, pour abriter les sépultures d'Ismaël et de Hagar.

La *Kaâba* n'est pas un cube parfait. En effet, ses quatre façades ne sont pas égales. Elles mesurent entre 9 et 12 m chacune. La hauteur est de 15 m d'un côté mais sa terrasse descend en pente douce vers le « giron ». De ce fait, une gouttière dorée appelée le « cheneau de la clémence » *(mizab el-rahma)* a été aménagée sur ce côté du toit afin de recueillir l'eau des pluies et d'en asperger les fidèles du coin. Lorsqu'il y a une averse moyenne, quand ce n'est pas un orage dévastateur qui oblige les fidèles à continuer leurs tournées à la nage comme cela s'était passé encore en 1951; les hommes s'agglutinent comme des grappes de raisin au

« sein » d'Ismaël. Les femmes n'ont ordinairement pas le droit de s'en approcher en pareille circonstance. Heureusement, les hommes aspergent à leur intention les châles de leurs *ihram* puis s'en vont les essorer sur les mains tremblantes de leurs harems. « *Allah Akbar!* » Au tournant de l'angle yéménite (*el-rokn el-yamani*), des corps se balancent par vagues fondantes sur ce coin de mur pour le caresser, l'embrasser. Un Turc qui n'arrive pas à l'effleurer de sa main se rétracte d'abord et repart à l'assaut en tenant du bout des doigts son guide de bon pèlerin : but enfin atteint. Il frôle avec son livre la roche, fond en larmes puis continue son chemin. Une tradition renchérit sur la valeur de l'endroit en affirmant que 70 000 anges s'y tiennent en veille permanente pour faire chorus aux vœux de chaque fidèle.

La Pierre noire, de nouveau. Un tour est joué. Un véritable tour de force. « *Allah Akbar!* » Les sept tours sont accomplis. Surtout, il ne faut pas jouer des coudes pour sortir du circuit. Une fois au contact des murs, la dynamique mystérieuse de la spirale ramène ceux qui s'abandonnent aux mouvements de ses révolutions vers les rivages du *mataf*, au pied des colonnes qui soutiennent les galeries climatisées.

Quel merveilleux naufrage! Les galeries qui cernent le *mataf* comportent deux étages dont la terrasse, également aménagée pour recevoir « 70 000 pèlerins supplémentaires » indique le guide. Pavée de marbre anti-chaleur, elle est pourvue de garde-fous et d'étagères remplies de Corans. Beaucoup de pèlerins, buste appuyé aux parapets, discutent en regardant de bien haut le *taouaf*.

Tout *hadji* se doit d'accomplir deux prosternations de « salutations à la Mosquée » dès son entrée dans celle-ci, ou d'ailleurs, dans tout autre oratoire musulman. Ce n'est pas toujours facile. Mais, après les sept tournées, il est indispensable de se prosterner devant la « station » d'Abraham. Ce n'est pas le tombeau du patriarche (il se trouve à Hébron), mais la sorte d'escabeau rocheux sur lequel celui-ci s'est hissé pour porter à pied d'œuvre l'ultime pierre à l'édifice sacré. Le fragment de roc est toujours là. Il porte deux empreintes profondes de deux pieds rigoureusement joints :

les traces du premier « soumis » à Dieu. C'est un curieux monument que ce mémorial. La relique est enfermée dans une espèce de lanterne géante posée à même le *mataf*. Haute de près de 3 m, elle a une base polygonale composée de panneaux de cristal épais doublé de grillages ouvragés, le tout surmonté par une manière de casque de cuivre.

« *Allah Akbar!* » En tournant le dos à la *Kaâba*, on se trouve face à l'accès du puits sacré. Une entrée de station de métro, le marbre en plus. De larges marches descendent sous le palier du Temple. Une ouverture pour les hommes et plus loin une autre réservée aux femmes. A l'origine, la source miraculeuse se trouvait près de la station d'Abraham; dotée d'une somptueuse margelle, elle était surmontée d'une voûte. Mais, afin de dégager complètement le *mataf*, les Séoudiens ont pris le parti de raser le puits et d'aménager des salles d'eau sacrée souterraines.

Quelle fraîcheur! Le hall est vaste, le sol carrelé est légèrement incliné dans la direction de la *Kaâba*. Les murs sont en marbre gris comme le plafond trop bas résonnant des pas des pèlerins qui parcourent la surface du *Haram*. Une lumière blafarde accentue cette grisaille plus qu'elle ne l'éclaire. A droite, disposés l'un derrière l'autre, des espèces de larges pupitres incurvés, élevés à hauteur de poitrine, s'agencent comme dans une bibliothèque. A la surface de chacun est creusée une longue rigole tandis qu'au-dessus une série de robinets dispensent une eau sacrée, de surcroît assainie et glacée. Autant de lavabos devant lesquels les fidèles se recueillent, se désaltèrent, se lavent et se mouchent. Comme la chaleur est lancinante et que son feu colle à la peau du *hadji*, on a copieusement mouillé le sol avec le noble liquide pour apprêter ainsi une couche de fraîcheur. En effet, des dizaines de corps sont allongés sur le ciment arrosé, d'autres se vautrent comme des poulains à la surface de ces fonts baptismaux de l'islam. L'*ihram* entièrement imbibé, collant au corps, ils devisent, méditent ou blaguent entre eux comme des collégiens. Enfin un moment de récréation, loin de la cohue, de la canicule, à des milliers de lieues des problèmes quotidiens. Comment croire, en voyant leur chair usée, leurs mains rudes, leurs visages défaits et cependant fiers, qu'ils ont laissé des maisonnées au mieux de leur subsistance, qu'ils se sont offert ces moments de sacré repos, sans grever leurs moyens d'existence ni s'endetter? Rien n'est moins sûr. Beaucoup se reconnaîtraient dans cette observation de Paul Morand qui note dans ses *Voyages* que pour le voyageur, cet insoumis, « il s'agit d'échapper à l'État, à la famille, au mariage, au fisc, aux polyvalents, aux passages à tabac, aux contraventions, aux tabous nationaux ».

L'eau de Zemzem est censée receler des bienfaits miraculeux. Il suffirait d'en boire pour éradiquer les douleurs d'estomac, les maux de tête, vaincre la stérilité, retrouver une vigueur sexuelle, guérir le trachome et Dieu sait quoi encore. C'est l'eau de vie de la Religion. Une source de vie et de jouvence. Elle a jailli d'un coup de bâton magique frappé par Gabriel sur le sol rocailleux afin de sauver d'une soif mortelle le bébé Ismaël et sa mère Hagar, la servante d'Abraham. La « liqueur » sacrée irrigue en permanence la Maison de l'islam. Des pèlerins très pieux ou tout simplement mercantiles en rapportent dans leurs pays par jerricans entiers. Ils la distribuent ensuite à petites gorgées, aux familiers, aux voisins et aux malades. Ils en vendent aussi par petites tasses qui sont ensuite « diluées » dans de gros récipients d'eau profane pour la sacraliser. « Zemzem » signifie « boire à petites gorgées » et « marmonner entre ses dents ».

Le puits est fort ancien. Et il semble avoir été l'objet d'une vénération spéciale depuis l'Antiquité. Les Sémites voient dans les sources des faveurs divines. C'est ainsi qu'ils les appellent par *ayn*, « œil », ou par la racine *bir*, « trésor enfoui », qui est à la source de nombreux noms de villes : Beersheba, les « 7 puits », Bir Hakeim, le « puits de Hakeim »... Bir Ismaël est également une des appellations de Zemzem.

La renommée de cette fontaine s'étendait jusqu'à la Perse, comme le dit un poète ancien : « Les Persans ont marmonné leurs prières autour du puits de Zemzem depuis la nuit des temps. » Un vers que la propagande khomeyniste connaît sur le bout des stylos.

Le puits fut agrandi et embelli par Abdelmouttalib, l'aïeul du Prophète, qui en fit garnir les parois de maçonnerie. Il en retira un jour, dit-on, deux gazelles d'or, des sabres et des cuirasses dont il fit la porte de la *Kaâba*, qu'il revêtit ensuite de plaques en métal précieux, tirées de l'une des deux figurines. Il plaça la seconde dans le Temple.

En arrivant près de la source d'Ismaël, Mahomet boit abondamment de son eau, en regardant la Maison de Dieu. « L'eau de Zemzem, dit-il, est la meilleure sur terre. Elle contient la nourriture qui rassasie. C'est un remède contre tous les maux. » Pas toujours... En 909, la fontaine déborda, ce qui ne s'était jamais vu, et emporta plusieurs pèlerins. Ne sachant pas nager, des dizaines sont noyés dans le *Haram*. Quant à la douceur légendaire de son eau, le Prophète lui-même semble partagé dans son opinion. Il promet par exemple, dans un *hadith*, « qu'un jour sa saveur deviendrait plus délectable que les flots du Nil et de l'Euphrate ». Ce qui veut dire, en clair, qu'elle est moins bonne. Probablement averti par ce « dit » respectable, Méhémet Ali, le premier vice-roi d'Égypte (1805-1848), fit son pèlerinage de La Mecque en emportant des provisions d'eau nilotiques suffisantes pour tout son séjour.

Bien que riche en azote, en calcium et en chlore, l'eau bénite est plutôt lourde et d'un goût âpre. Avec cet humour involontaire dont les érudits musulmans ont le secret, on affirme que le Ciel aurait laissé à l'onde sacrée une saveur déplaisante afin d'enlever aux princes de la terre la tentation de se battre pour sa possession. Le scrupuleux géographe arabe de l'Âge d'or Yaqoubi (mort en 897) estime qu'« on ne pouvait sans inconvénient en prolonger l'usage ». Il y eut pourtant des cas de noyade volontaire, les croyants se jetant tout simplement dans le fond du puits.

« Allah Akbar! » Quelle douceur de vie et de prière dans ce hall au sol aspergé d'eau! Vivre d'amour de Dieu et d'eau fraîche... Au fond, il y a une petite galerie dont l'accès est fermé par des plaques en verre épais : un moteur, un enchevêtrement de tubes luisants, des robinets et des tuyaux puisent et régulent l'écoulement de l'eau. C'est l'emplacement de l'antique puits. Protégé par une enceinte, il est en outre veillé par une sentinelle.

Mahomet se dirige, radieux et grave, vers la colline de Safa, proclame la grandeur de Dieu et s'accroupit sur un rocher. Les Mecquois, conquis par son message ou par sa force, viennent un à un lui faire acte d'allégeance. La voie du Créateur parle alors par sa bouche : « Quand le secours victorieux viendra et la conquête et que tu verras les Hommes entrer par légions dans la religion de Dieu, exalte alors la louange de ton Seigneur et demande son pardon car il est si compatissant » (Coran : 60; 1-2).

Désaltérés, les invités sortent du puits, gravissent les marches qui séparent le *mataf* des galeries et se dirigent au milieu des colonnes, des passants, des assis et des dormeurs qui peuplent l'alentour de la Maison, vers l'éminence rocheuse de Safa, située au pied du mont Abou Qobays afin d'entamer la « course » (*saây*) entre cette petite montagne et celle de Maroua qui lui fait directement face à 400 m environ vers le nord-est. Jadis, les deux monticules se trouvaient à l'extérieur immédiat du Temple. Des travaux d'aménagement, commencés au milieu des années 50, en ont radicalement transformé le panorama. Aujourd'hui partie intégrante de la Maison, le « parcours » (*massâa*), est devenu un spacieux passage couvert et très haut de plafond.

Safa se trouve sous une immense coupole alors qu'elle émerge à peine du sol dallé de marbre. Les pèlerins escaladent sans peine les quelques rocs encore visibles, se tournent en direction de la *Kaâba* toute proche et proclament de toutes leurs forces la grandeur de Dieu. Commence alors le va-et-vient rituel entre les deux élévations. La piste, qui était autrefois un lit de rivière, offre maintenant l'aspect d'un couloir de RER, sauf qu'ici de grandes portes-fenêtres ouvrent sur une tapageuse avenue débordante d'autobus, de véhicules de toutes sortes et de camelots criards. Large d'une douzaine de mètres, le hall sacré est séparé longitudinalement au milieu par un petit couloir réservé à la circulation des voiturettes qui transportent les invalides, les vieillards épuisés ou les pèlerins désireux de s'offrir un *saây* commode. Coût des sept courses rituelles dans ces pousse-pousse mecquois : 80 ryals. Le plafond et les murs de cette curieuse galerie sont de facture néo-classique, pourrait-on dire. Marbre, stuc et plâtre lui confèrent l'allure d'une gare convertie en passage piétonnier. Alors que la lumière du jour pénètre à flots par de vastes ouvertures grillagées mais non vitrées, des centaines de tubes de néon sont allumés tandis que d'innombrables ventilateurs soufflent le chaud et le froid et rendent inaudibles les invocations.

«*Allah Akbar!*» C'est le marathon. Sur le trajet, les pèlerins mâles doivent parcourir à toute allure un espace d'environ 75 mètres, délimité par des colonnes vertes, pour reprendre ensuite leur pas de marche normal. Les femmes ne sont point astreintes à ces changements de vitesse. Chacun doit accomplir sept allées et venues entre les deux saintes bornes avant de s'arrêter à Maroua. C'est tout de même, pour les gens âgés, une marche de quelque 3 km!

«*Allah Akbar!*» Jeunes, vieux et sans-âge courent, traînent des pieds, flânent ou titubent, vont ensemble riants ou hagards, essoufflés ou impavides. Un cul-de-jatte refuse catégoriquement de monter dans le chariot que se propose de lui payer un Indonésien de France. Non : le *hadj* est un *djihad*, une pénitence. L'eau glacée et les climatiseurs, même inefficaces, représentent déjà trop de confort. Des hommes et des femmes, des couples traditionnels qui ne se sont jamais touchés publiquement, qui n'ont peut-être jamais été seuls entre eux en dehors du lit conjugal, se tiennent ici côte à côte et même... main dans la main, chose qu'ils ne feraient jamais ailleurs. « Dire qu'il fallait venir à La Mecque pour voir mes parents se comporter ensemble comme des conjoints européens », médite un maçon syrien qui a offert le *hadj* à ses géniteurs.

Des enfants suivent ou précèdent leurs parents, courent en tout sens, se faufilent au milieu des pèlerins. Une grosse vieille Égyptienne, à la poitrine énorme et au visage enfantin, s'arrête au milieu du parcours, suffoquant de chaleur et de fatigue. Les hommes hésitent à la soutenir, mais des passantes javanaises et africaines la happent à l'instant où elle menace de s'effondrer de tout son corps. Un soldat appelle par radio une ambulance. La sainte randonnée continue son petit bonhomme de chemin.

Contrairement aux circuits de la *Kaâba* qui brassent les individus et enchevêtrent les ethnies, les allées et venues entre Safa et Maroua sont souvent accomplies en petits contingents nationaux, serrés les uns contre les autres derrière un guide qui leur dicte à haute voix des prières qu'ils psalmodient, ânonnent ou bredouillent selon la langue utilisée. Les Turcs prient dans leur idiome, les Pakistanais et les Malais aussi. Cependant, tous les fondamentalistes et l'ensemble des dévots tiennent à invoquer Dieu dans cet « arabe pur » (Coran : 26; 195) de la Révélation. Le pèlerin doit réciter à chaque enjambée les mêmes antiennes. Codifiées par des *oulémas* officiels, imprimées en plusieurs langues dans des vade-mecum que tout un chacun peut se procurer pour une bouchée de pain, elles ne brillent ni par leur originalité ni par une quelconque fraîcheur de langage. Tout au plus, des formules rhétoriques, compassées, impropres à émouvoir un cœur assoiffé d'absolu. Dans un tel décor, elles résonnent comme de simples slogans. Orthodoxes assurément, mais avec quelle impassibilité les prononcent machinalement les croyants! « Il n'y a de dieu que Dieu, à lui la royauté et la louange, il est omnipotent... il tient sa promesse, secourt son serviteur, défait la coalition de ses ennemis. » La langue de bois même en religion. Comment s'étonner dès lors que des Marocains et des Libyens s'y promènent nonchalamment en devisant sur l'unité arabe, le football, ou les prix des cafetières à vapeur?

Pourtant, ce cheminement commémore la quête éperdue d'une femme humble, abandonnée par son maître dans le désert avec un bébé. La Tradition narre en effet qu'Abraham dut, à son corps défendant, fausser la route ici même à sa servante Hagar et à Ismaël, le premier enfant que lui donna celle-ci.

Le soleil consume l'air et les sables, la jeune maman n'a plus rien pour nourrir son nourrisson qui commence à crier de soif. Isolée dans une vallée désolée elle se lamente, tourne en rond et s'effondre. Elle se relève, grimpe sur la colline de Safa. Aucune source en vue. Elle dégringole la colline et se lance vers Maroua. Rien à l'horizon : ni homme ni bête ni arbre ni eau. Elle repart auprès de son fils, le cajole et remonte sur le premier rocher. Le paysage est aride. Elle court encore vers Maroua, retourne à Safa. Sept courses entre les deux collines éreintent Hagar. Elle s'affale enfin au pied de Safa, aux côtés de son enfant, lorsqu'elle entend le roucoulement d'une eau jaillissante. Une source de vie : Zemzem. Comble de la fortune, une tribu nomade passant par la vallée stérile demande à la concubine délaissée la permission de s'installer dans les parages. En échange, les bédouins promettent de subvenir aux besoins de l'enfant et de la mère. C'est ainsi qu'Ismaël, issu d'une Égyptienne et d'un Araméen de Syrie, grandit à La Mecque et y épousa une femme arabe. De leur union naquirent, indiquent la Tradition musulmane et la Genèse, les tribus arabes. D'où, notamment le nom d'Agaréens, fils de Hagar, donnés aux descendants de l'enfant naturel d'Abraham par les Hébreux (1 Chroniques : 5; 10, 19, 20, etc.) comme par les Gréco-Romains. Troublante similitude. *Hagar* signifie, en arabe comme en hébreu, « errer », « fuir » et « émigrer ». L'« errance » de Hagar comme l'Émigration (l'hégire) de Mahomet dérivent, à une nuance près, de la même racine.

La marche continue, les galeries défilent, les portes-fenêtres aussi. Au seuil de chacune, un militaire déchaussé, pour le cas où il lui faudrait pénétrer immédiatement dans la Mosquée, veille avec une vigilance de tous les instants pendant qu'un portier et sa collègue féminine fouillent scrupuleusement les invités. Arrivant de l'extérieur, des fidèles entrent de plain-pied dans la piste, traversent sereinement le flot des pèlerins et accèdent au sanctuaire, sans jeter le moindre coup d'œil de curiosité ou de sympathie aux centaines de « frères et sœurs » qui s'essoufflent à arpenter une voie dont la plupart ne connaissent d'ailleurs ni l'origine ni le sens.

« *Allah Akbar!* » Maroua. Un amas de rocs polis, couleur chocolat au lait, affleure du parquet. Les hommes en foulent le relief et, se tournant vers Safa, lancent leurs slogans sans conviction apparente. Et de retourner au point de départ... Maroua enfin : l'étape ultime. Hommage est ainsi rendu à Hagar. Ici, ceux qui ont opté pour un pèlerinage de « conjonction » (*qiram*) doivent conserver l'*ihram.* Ceux qui ont choisi celui de la « réjouissance » (*tamattou*) peuvent, en revanche, une fois cette *omra* accomplie, abandonner leur pénitence, s'habiller civilement, se parfumer, approcher leurs épouses. Cette dernière possibilité a souvent été présentée comme une obligation. Rien d'étonnant à cela en Islam, où l'effusion sexuelle, où les tressaillements de l'orgasme, sont vécus par le fidèle moyen (c'est-à-dire entre l'intellectuel impénitent et l'intégriste contrit) comme un des plus fervents témoignages de l'abandon de soi à Dieu.

A un humble fidèle qui se plaint de ce que les gens pauvres ne peuvent, à l'exemple des nantis, s'offrir le luxe de faire des aumônes et de gagner ainsi un surcroît de mérites auprès de Dieu, Mahomet réplique : « Quoi? ne vous a-t-il pas donné de quoi faire l'aumône? » Et d'enchaîner : « Dire " Gloire à Dieu " est une aumône... Chaque fois que vous ordonnez le bien c'est une aumône... Chaque fois que vous forniquez c'est une aumône! – Comment, sursaute un témoin, chacun de nous satisferait ses appétits charnels et mériterait par là une rétribution en plus? – Voyons, conclut le Prophète malicieusement, celui qui assouvit ses désirs d'une façon illicite ne se charge-t-il pas d'un péché? De même, celui qui les satisfait de façon licite obtient une récompense supplémentaire. »

« *Allah Akbar!* » Agglutinés sur l'amas rocheux de Maroua, des essaims de pèlerins passent devant un petit Malais râblé et joufflu, qui coupe gracieusement à chacun une petite mèche de cheveu. Le sort en est jeté avec la touffe sur le sol. Chacun est désormais retourné à la vie profane, aux plaisirs terre à terre. La *omra* est finie, l'*ihram* est temporairement aboli. Tout est de nouveau permis. Mais cette coupure reste toute symbolique et sans lendemain, car beaucoup d'hommes viennent au *hadj* sans leur femme. Ils logent par douzaines dans une seule chambre. Très rares sont les privilégiés – gros bonnets et gros turbans – qui louent des chambres individuelles pour eux et leurs gynécées. Pour ceux-ci c'est effectivement la fête. « Le feu d'artifice », murmure en soupirant un « vieux » célibataire algérien de trente-deux ans.

C'est le jeudi soir, le « cinquième » jour de la semaine musulmane, le début du week-end dans la majorité des pays islamiques. Les prosternations du vendredi sont à portée de front et le départ pour Arafat imminent.

« *El salam aleïkoum!* » lance une bouche charnue entourée d'une barbe broussailleuse, surmontée de petits yeux pétillants. Un Égyptien. Il est venu à la Maison en compagnie de son fils, de sa bru et de son petit-fils. Grand-père à trente-quatre ans se vante-t-il. « Il faut multiplier par deux, trois, par dix le nombre des fidèles, déclare-t-il en apprenant que ses interlocuteurs viennent de France; il ne faut pas céder à la vision désespérée, cendrée, brumeuse et cancéreuse des Occidentaux qui adorent les chiens et redoutent les enfants! » Un Sénégalais ose plaisanter : « Eh quoi! on va les nourrir avec quoi? en leur faisant bouffer tes pyramides? » Il n'en fallut pas plus pour que le jeune grand-père rougisse et lance sèchement : « Monsieur, quand on vient de ton pays on a honte. On a honte d'avoir été gouverné par un Senghor, chrétien, animiste et athée! – Oui, mais c'est quand même un Noir », argumente l'Africain, brusquement piqué au vif. Des badauds assistent à l'algarade; chacun y va de sa théorie sur la pilule, la bombe atomique, le papier hygiénique et l'émigration. Un vrai café maure que ce *Massâa.*

C'était un véritable marché aux puces jusqu'au matin de ce siècle. A l'air libre, le noble chemin était encombré de marchands, d'étalages, de chameaux et d'une faune de camelots aux allures de brigands. Les pèlerins devaient se faufiler au milieu des bêtes, enjamber les marchandises posées à même le sable tout en serrant sous le bras leurs escarcelles. Le Temple avait aussi ses voleurs. Ibn Jobayr raconte, entre autres curiosités, qu'on y vendait des douceurs en « figures d'êtres humains ou en formes de fruits; on les expose sur des lits de parade, comme des mariées... ». Aujourd'hui, les boutiques et les vendeurs ambulants se tiennent hors du sentier battu, rôdent comme des maraudeurs aux environs immédiats de la Maison, mais les fantaisies précédentes y sont devenues impossibles. Les poupées de bois, de carton, de cire ou de plastique sont proscrites, bannies comme le furent les idoles que pulvérisa le bâton de Mahomet.

Il est probable que cette jolie coutume de façonner des douceurs en couples de mariés, tout comme celle de la rupture de la sacralisation au terme de la course entre Safa et Maroua, remontent à une tradition antique qui aurait survécu à l'ouragan islamique en se pliant à ses mœurs. En tout état de cause, cette marche rituelle est toujours hantée par les fantômes de deux « coureurs » invétérés : le grand Isaf, « cueillaison », et la belle Nayla, la « faveur ». Originaires du Yémen, ils s'aimaient passionnément. Ils vinrent en pèlerinage à La Mecque. Se retrouvant un moment seuls à l'ombre de la *Kaâba*, ils s'embrassèrent puis s'enlacèrent avec ferveur sur le parvis sacré. Ils furent aussitôt changés en pierres. Les Qoraychites les dressèrent d'abord près de la *Kaâba*, puis à côté de Zemzem et, enfin, l'une à Safa et l'autre à Maroua. Isaf, qui s'élevait sur la première colline, reçut l'épithète de *Moudjaouid el-rih*, le « pourvoyeur de vent », cependant que Nayla se voyait qualifiée de *Moutiim el-tayr*, la « nourricière de l'oiseau ». C'était donc un couple divin bienveillant pour la bonne marche des conditions de la survie humaine –, le vent, la pluie et la fertilité; dans la meilleure tradition sémitique. La saga de ces amants maudits fait penser au mythe des amours d'Adonis et d'Astarté.

Tout invité du Clément est chez lui dans la Maison du Prodigue (Coran : 2; 254). L'hospitalité est une vertu cardinale en Islam à telle enseigne que l'univers entier, dans sa totalité comme dans sa diversité géographique et humaine, est figuré comme une vaste demeure gigogne, un pâté de « maisons » particulières. Pour autant *bayt*, « lieu où l'on passe la nuit » et *dar*, « séjour » sont des mots passe-partout; presque magiques, ils expriment l'intimité de Dieu, de l'homme, de la communauté.

C'est ainsi que la *Kaâba* est la « Maison de Dieu » *(bayt Allah)*. L'*Oumma* réside dans la Maison de l'Islam *(Dar-el-Islam)*, qu'avoisinent la « Maison de la guerre » *(Dar-el-harb)*, les pays en conflit avec les croyants, et la « Maison de la réconciliation » *(Dar-el-solh)*, les nations liées à la « communauté médiane » (Coran : 2; 143) par un accord de paix. Le monde ici-bas et la vie future se passent dans « deux Maisons » *(el-Daraan)*, en l'occurrence la « Maison de la paix » *(Dar-el-salam)*, le Paradis et la « Maison de la perdition » *(Dar-el-baouar)*, l'Enfer. Il y a partout des maisons mais on loge où l'on peut. Les musulmans vénèrent trois maisons sacrées, la *Kaâba*, le Tombeau du Prophète à Médine et les deux mosquées de Jérusalem, mais La Mecque demeure la Maison mère.

Maison antique *(bayt-el-âtiq)*, elle est également la Maison « éternellement visitée » *(bayt-el-Maâmour)*. Quoi de plus naturel alors que d'arpenter ses couloirs, se perdre dans ses méandres, se retrouver au cœur de l'*Oumma*? Voici, de nouveau, le *mataf*, le bassin, le ventre de la ville. Il ne désemplit pas. Les flots de pèlerins font inlassablement tourner la noria sainte. Impossible de poser même un orteil sur le parvis. Tandis que le soleil décline, que le ciel rougit à l'approche de la nuit, la clameur des invocations monte dans l'attente de la prière du couchant *(maghreb)*. Car ce crépuscule béni est l'aube d'un vendredi charnière.

Au terme, d'ailleurs provisoire, d'une série de réfections, le patio du *Haram* est vaste, parfaitement nivelé et dégagé. Les Wahhabites ont rasé les quatres pavillons des grandes obédiences sunnites : la chaféite, la hanafite, la malékite, et la hanbalite dont se réclament les Séoudiens. Il faut reconnaître que, même si la décision royale de balayer cette présence séculaire des écoles musulmanes a été prise à la hussarde et que les conceptions des nouveaux maîtres des lieux en matière de *hadj* ont depuis des décennies force de loi pour tous les croyants, l'*Oumma* ne s'est pas sentie pour autant mutilée. Au contraire, pourrait-on affirmer, si l'on songe qu'à l'heure venue de la prière, les sectateurs de chaque tendance se précipitaient alors dans « leur » petit coin, derrière « leurs » imams. Jaloux de leurs particularismes, ils refusaient obstinément de prier en assemblée unique, aux invocations d'un seul imam. Cela peut sembler incroyable aujourd'hui, mais on assistait à une véritable « prière de relais », comme on le dirait d'une course.

« Trop de capitaines sur un bateau, naufrage pour tantôt » dit un adage arabe. Autour de la *Kaâba,* il y avait quatre imams sunnites et un cinquième représentant la secte chiîte des zaydites dont les adeptes étaient majoritaires au Yémen. Ibn Jobayr décrit avec une ironie dépitée la cacophonie et les cafouillages dont le *Haram* était le théâtre. A l'époque, c'était l'imam chaféite qui inaugurait la prière car il était le représentant local du calife abbasside. Son oratoire se trouvait derrière la station d'Abraham. Se levaient ensuite et se prosternaient les malékites, sous les yeux impassibles des autres fidèles. Leur emplacement se trouvait face à l'angle yéménite. Les hanafites accomplissaient à leur tour leurs dévotions près du « giron d'Ismaël ». Enfin les hanbalites, qui ne possédaient pas de « stand » particulier, priaient souvent en même temps que les malékites puis aux côtés des hanafites lors des prières de l'après-midi. Les hanbalites, qui représentaient la branche la plus rigoriste et la plus opposée aux « hérésies » chiîtes, étaient bien les parents pauvres de l'*Oumma* à la Maison de Dieu.

Les Wahhabites, qui professent un hanbalisme intransigeant, ont tôt fait parvis ras des « boutiques » religieuses qui divisaient l'*Oumma* jusques et y compris sous le toit de Dieu. Qui trouverait à y redire? Que l'on songe seulement à ce spectacle puéril de quatre groupes de fidèles, se faisant face comme des armées sur un champ de bataille, avant de se prosterner, chacun isolément, sous les regards impatients des autres invités. Seule la prière du *maghreb* était célébrée en commun et encore : « à cause de la brièveté de son temps légal », précise Ibn Jobayr. Heureusement, cette situation absurde ne manquait pas d'amuser certains pèlerins. Surtout lorsque devant l'office commun, les appels des différents imams se mêlaient au point de devenir incompréhensibles. On voyait alors une foule de gens se prosterner pendant que d'autres se relevaient; des orants sortir du rang puis y revenir... Trêve d'improvisation et de querelles de mosquées. Les hanbalites séoudiens ont dû unifier les rangs sunnites pour régner sans partage.

De l'arène sacrée, on ne perçoit rien de la ville extérieure. Seul le palais royal domine de son imposante façade tout le Temple. Le ciel dégénère à vue d'œil du bleu sépia au grenat pâle. S'allument brusquement de puissants projecteurs portés par d'énormes lampadaires plantés sur les terrasses du *Haram.* Une lumière blafarde submerge le *mataf.* « On se croirait dans un stade » remarque un étudiant tunisien. Quel contraste entre la lumière ambiante du jour finissant et la clarté artificielle si envahissante qu'elle donne l'illusion d'une nuit déjà avancée! Impossible de lever le regard vers le ciel sans être aussitôt aveuglé par les chapelets de réverbères qui couronnent le sanctuaire.

Un escalier. Il mène à l'étage supérieur de la galerie. Encore faut-il pouvoir y grimper sans piétiner les grappes de croyants qui somnolent ou se recueillent sur ces marches. En effet, il fait plus « frais » ici que sur la bordure du *mataf.* Un Afghan, reconnaissable à sa longue barbe et à son corps émacié, ronfle à tue-tête. Couché sur le dos, les cuisses ouvertes, on aurait pu tout voir de son intimité, n'était la présence d'esprit de son voisin qui a enlevé la partie supérieure de son *ihram* pour en recouvrir le dormeur inconscient. « Tout musulman qui revêtira d'un habit la nudité d'un autre musulman, Allah le revêtira, dans la vie future, des habits verts du paradis » promet le Prophète. Dans le tas, une famille allemande brille par la gaucherie des attitudes et la gêne, lisible sur les visages fatigués, de vivre dans une telle promiscuité. Autant leurs frères en religion s'affalent dans des postures décontractées, autant eux semblent, de la grand-mère aux petits-enfants en passant par les parents, vigilants, raides et sages comme des statues du Bouddha. La mère, enceinte, porte déjà sur le visage la résignation sereine, l'inertie épanouie des femmes musulmanes. Peut-être plus qu'une doctrine, l'islam est une manière d'être, de se mouvoir, une esthétique des gestes, une religion de la convivialité. Un étranger à la Maison de l'Islam qui embrasse la foi du Prophète s'y sentira toujours sinon en porte à faux dans ses murs, du moins à l'écart des mêlées croyantes. On pourrait même affirmer qu'un chrétien ou un juif né en pays d'islam sont plus « musulmans » que le plus sincère et le plus dévoué des convertis « étrangers ».

Premier étage. La même forêt de colonnes. Les mêmes corps gisant sur le sol, éparpillés comme des fruits mûrs tombés d'un arbre. A l'encontre d'un *hadith* qui interdit de s'assoupir dans une mosquée, ils dorment par milliers sous l'haleine des ventilateurs. Un vieux Turc adossé au parapet lit le Coran, tandis que les clameurs du *Taouaf* résonnent de plus belle. Un Indien récite à haute voix le texte sacré en égrenant un long chapelet vert. « Que Dieu fasse miséricorde à cet homme, s'exclame Mahomet, car il me rappelle tel ou tel verset que j'ai omis dans telle ou telle sourate! »

Il n'y a pas de militaires, mais des bureaux de police disposés à tous les angles de la galerie. Encore un escalier. Il conduit à la terrasse : le dallage de marbre est spécialement aménagé pour rester constamment frais. Il y a beaucoup moins de monde. Des badauds se promènent, dominant tout le *Haram*. Les bras posés sur les garde-fous, certains regardent le *mataf* en silence, presque désintéressés. D'autres observent plutôt la ville et son tonitruant fourmillement.

Une caméra. Dans une petite loge vitrée se trouve tout un appareillage sophistiqué : c'est le studio de la télévision séoudienne. Il y a aussi une des nombreuses caméras qui truffent la Maison de Dieu. Cinq fois par jour, la prière est transmise à tous les foyers de la Péninsule. Mais, durant le pèlerinage, toute l'*Oumma* se met à l'écoute et à la vue de la télévision wahhabite relayée par satellite aux quatre coins de la Maison de l'islam. En effet, cinq jours par an – durée légale des cérémonies du *hadj* proprement dit –, tous les petits écrans musulmans délaissent, oh! temporairement, les feuilletons-fleuves égyptiens et les séries américaines pour s'ouvrir sur La Mecque.

« Colbert, la montre suisse. » Rédigée en anglais, la réclame se détache en gigantesques caractères latins sur un panneau planté face au flanc occidental du *Haram*. Un carrousel d'autobus ne cesse de déverser des foules de fidèles venues de tous les horizons de la ville. Bruyante, passablement polluée, poussiéreuse, la Mère des cités ne manque néanmoins pas de pittoresque. Des maisons de tous calibres escaladent le cirque de ses montagnes. Çà et là des immeubles entiers sont « ficelés » comme des paquets-cadeaux par de longues bandes d'étoffes tombant du toit au rez-de-chaussée de chaque façade, énormes drapeaux nationaux signalant des hôtels particuliers. A l'évidence, la Turquie a mis la main et l'emblème sur les plus beaux, les plus confortables et les mieux situés parmi les édifices mecquois. « C'est à croire que seul un État laïque est capable de respecter la foi de ses ressortissants » se demande à voix haute un instituteur marocain. Les étendards indonésiens, malaisiens mais aussi libyens sont relativement bien placés. En revanche, les symboles camerounais, pakistanais ou sri-lankais flottent souvent sur de pitoyables constructions.

CHAPITRE XI

L'ÉTAT DES LIEUX SAINTS

IL faudrait avoir une foi de charbonnier pour voir dans la bâtisse sacrée le nombril de l'univers. Un regard extérieur n'y verrait qu'un hangar de marbre, désarticulé, sans finalité évidente. Goethe disait de l'architecture qu'elle était de la musique pétrifiée : comment résonnerait la mélodie à l'origine du Temple actuel? Un silence de pierre : c'est par cette attitude éloquente que les Séoudiens répondent aux craintes pudiques des plus esthètes parmi leurs pairs arabes et musulmans. La préservation du caractère historique, du tissu urbain séculaire ainsi que des monuments de La Mecque a tout de même préoccupé quelques esprits. En vain : les Wahhabites originaires du Najd, qui ont envahi les Lieux saints une première fois à l'aube du XIXe siècle avant de réussir à s'y imposer un siècle plus tard, ont à chaque fois saccagé, sans vergogne et dans la pure, la pire tradition de la razzia, les mosquées de la Mecque et de Médine, brisant les faïences, emportant l'or et l'argent, déchirant et brûlant étoffes et reliques, renversant les stèles funéraires, incendiant les tombeaux, semant le fer et la flamme sur toute l'étendue du territoire sacré. A leurs yeux, tout souvenir matériel conservé dans le *Haram* ne pouvait que susciter une révérence de la part des visiteurs et se transformer ainsi en objet de culte, en superstition. Il fallait donc faire table rase du passé, éradiquer treize siècles d'embellissements, d'offrandes et de dons, en œuvres et en objets, pour la Maison de Dieu.

La Turquie a, par le truchement de certains travaux universitaires, déploré cette rage destructrice du patrimoine musulman. Laïque, elle se sent néanmoins historiquement concernée. En effet, les monuments extirpés de la Terre sainte, les trames urbaines étaient en grande partie de facture ottomane. La dévastation wahhabite avait également pour effet d'estomper la présence turque, d'enterrer jusqu'au souvenir de son passage. D'engloutir la mémoire de la ville, d'en aplanir l'histoire afin d'articuler l'ère séoudienne à l'époque du Prophète. Selon notre compagnon Atallah, c'est dans ce nœud qu'il faudrait chercher la raison de l'intérêt assidu que porte l'État turc au pèlerinage. Tout se passe comme si les autorités kémalistes encourageaient indirectement, par l'organisation d'une impeccable logistique et de l'affectation de la meilleure hôtellerie locale, leurs citoyens à partir au *hadj*, à faire acte de présence. De fait, la patrie d'Ataturk a toujours fourni les plus gros contingents de pèlerins.

Plus radicale, la République islamique de Khomeyni a publiquement dénié aux princes séoudiens le droit de disposer à leur guise des villes saintes. Elle a affirmé sur tous les tons et avec force arguments que les deux *Harams* et leurs environs appartenaient à l'*Oumma* entière et non à un État particulier. L'Iran a exigé, dans la foulée, l'élaboration d'une sorte de concordat régissant les Lieux saints un peu à l'instar de celui qui préside aux relations entre le Vatican et l'État italien. Que La Mecque et Médine passent sous un régime juridique international indépendant, susceptible d'en sauvegarder le visage traditionnel. Vœu pieux s'il en est : la revendication khomeyniste ne suscita en son temps que de rares échos dans les feuilles intégristes. Quand bien même elle eût été largement approuvée, force est de constater que sur les plans urbain et monumental il n'y a presque plus rien à sauver du déluge bétonnier.

Vu de la terrasse, le *Haram* a bien la forme d'une cornue dont la galerie qui recouvre le parcours de Safa à Maroua serait le col. Configuration on ne peut plus involontaire. Le Temple a visiblement été réaménagé sans plan d'ensemble esthétique, avec, peut-être, la vague intention de maintenir la *Kaâba* au centre de l'édifice. L'emplacement des minarets ou des portes relève simplement des hasards de l'histoire. Quel architecte oserait dire l'évidence : que l'ensemble de la Maison est dépareillé, que l'agencement de ses annexes est absurde, que le clinquant de son décor lui confère l'allure d'un grand hôtel Arts-Déco maladroit, ravalé et pourvu des commodités modernes?

Il est symptomatique que l'ensemble des pays arabes et musulmans continuent, non sans bonnes raisons, de harceler Israël de l'ONU à l'Unesco, de New York à Genève en passant par Paris, afin qu'il n'attente plus à l'intégrité du tissu urbain de la vieille ville de Jérusalem annexée, sans jamais songer au sort des « deux prunelles » de la Maison de l'Islam : La Mecque et Médine. « Les musulmans conservent, au mieux, un droit de visite en Terre sainte mais nullement un droit de regard », souffle Atallah.

Les ressorts de cette ambivalence musulmane à l'égard des Lieux saints sont à la fois plus simples et plus subtils. Autant la mise en accusation d'Israël, pour fondée qu'elle soit, semble relever plus de la tactique politicienne que de l'indignation spirituelle (rappelons à cet égard que les restaurations par des architectes égyptiens des mosquées de Jérusalem à la fin des années 50 ont passablement gâté le troisième *Haram* de l'Islam sans soulever l'ombre d'une protestation durable), autant l'indifférence aux métamorphoses du berceau et du tombeau de Mahomet s'explique par ce que l'on pourrait appeler le tempérament musulman, tout à la fois insensible au contenu matériel des choses et soucieux de leur aspect extérieur. Il préfère la vitrine, la caresse des yeux à la profondeur du champ visuel, la façade au monument, la surface au relief.

La notion de « monument historique » est malvenue en Islam. La pierre restera toujours pierre. Pierre de taille, granit, calcaire, brique ou parpaing : c'est pareil. Ainsi ont toujours raisonné les fidèles du Prophète. Aussi le *Haram* fit-il constamment l'objet d'agrandissements successifs, de décorations fastueuses. Il ne s'agissait jamais de conservation d'un monument témoin, d'un document architectural. Exception : seule la Pierre noire sur laquelle repose le cosmos doit rester à sa place originelle.

Du vivant de Mahomet, la *Kaâba* était parfaitement intégrée à la cité. Des îlots de maisons en délimitaient l'esplanade. Les ruelles formaient donc autant d'accès immédiats au parvis. C'est autour du cube sacré, faisant face à ses quatre côtés, que les grandes familles qoraychites tenaient leurs cercles et ouvraient leurs guichets. Autel de ville, la Maison était également son poumon économique où se réunissaient banquiers, intermédiaires et autres transitaires mecquois.

Pour en agrandir l'espace alentour, le calife Abou Bakr acheta les habitations avoisinant le Temple pour les raser. Son successeur Omar éleva à son tour une enceinte autour du *Haram*. Le troisième calife Othman procéda de la même manière qu'Abou Bakr et les voisins de Dieu, réticents à l'idée de vendre leur pied-à-terre saint, furent sanctionnés et obligés de vider les Lieux. Mais c'est à l'époque du calife dissident Ibn Zoubayr que le *Haram* allait être modifié de fond en comble, « restauré sous sa forme originelle » disait-on. Le restaurateur accordait une telle importance à son œuvre qu'il interdisait formellement l'introduction au *Haram* de matériaux de construction – gravier, pierre et sable – issus des environs « profanes ». La porte de la *Kaâba* fut remise au ras du sol pour faciliter l'accès à la Maison. Le giron d'Ismaël fut intégré à l'édifice cubique et la cour sainte considérablement élargie. Lorsque les Omeyyades reprirent le dessus, ils s'acharnèrent à démolir le Temple, déjà amplement ébranlé par l'assaut des troupes syriennes, pour le reconstruire en le séparant du giron et en surélevant derechef la porte principale. Tous les remaniements dont le nombril du monde fut l'objet avaient pour origine ou des catastrophes naturelles ou des cataclysmes politiques.

En 817 puis en 823, des pluies diluviennes avaient charrié des tonnes de boue et de cailloux autour de la Maison. Dans l'enthousiasme, les fidèles enlevaient avec leurs mains la terre amoncelée dans l'espoir d'obtenir la bénédiction divine. Pour la même raison, des générations de sultans garnirent d'or et d'argent les murs intérieurs et la porte de la *Kaâba*. Autant d'offrances aussitôt volées par les gouverneurs de la Ville sûre. Les personnalités qui souhaitaient financer l'érection d'un petit monument votif ou l'embellissement d'un coin quelconque du *Haram* devaient, rapporte Ibn Jobayr, payer le double du coût de la construction à l'émir de la sainte ville. Qui plus est, l'inscription commémorative devait obligatoirement mentionner le nom du calife régnant, mais jamais celui du prodigue donateur. Un Persan réussit tout de même à jouer un sacré tour à l'avide chérif, comme le raconte plaisamment Ibn Jobayr. Il proposa en effet à l'édile de ravaler la margelle et la toiture en alcôve du puits de Zemzem contre versement d'une somme importante. Une fois les travaux terminés, le malin et généreux Iranien « vida les lieux... enfourcha la nuit pour monture. Le matin trouva l'émir qui se tordait les mains et se frappait la poitrine », sans pour autant trouver un prétexte valable pour détruire l'ouvrage. « L'histoire de cet homme n'a cessé de circuler de bouche en bouche, pour l'amusement et l'émerveillement de tous, et chacun, en buvant l'eau bénite, invoque Dieu en sa faveur », conclut le voyageur andalou.

En 1553, le sultan Soliman le Législateur, dit le Magnifique (1520-1566), fit réparer la terrasse de la *Kaâba*, mais une tempête d'indignation souleva aussitôt les Mecquois lorsqu'il voulut ravaler les parois. En 1612, un autre Ottoman, Ahmed Ier (1603-1617), finança une restauration complète de la Maison. Mais une inondation l'endommagea en 1621 et finit par emporter le mémorial d'Abraham. Une nouvelle réfection fut ordonnée en 1629 par le sultan Mourad IV (1623-1640). Les autorités ottomanes confirmaient ainsi leur sollicitude pour les hauts lieux de l'Islam. Ils prodiguèrent les mêmes attentions aux mosquées de Médine et de Jérusalem. Les enceintes actuelles de cette dernière ville, relevées et renforcées par Soliman, en témoignent encore.

Depuis cette époque, les travaux n'ont rien changé d'essentiel à l'édifice, demeuré en somme tel que le construisit Ibn Zoubayr en 684, remanié par les Omeyyades puis les Abbassides..., jusqu'à l'avènement des Wahhabites. Lorsqu'il pénétra en 1924 à La Mecque, le cheikh Abdelaziz Ibn Séoud ne devait ressentir que mépris et dégoût pour les monuments, fontaines, mausolées et offrandes qui parsemaient le *Haram*. Il fit tout raser sans égards pour les inscriptions qui dataient les différentes restaurations ou signalaient les dons de tel calife, le témoignage du dévouement de tel sultan. Tout s'est passé comme si Ibn Séoud cherchait à estomper, à travers les « reliquats de l'idôlatrie », toute l'histoire de la ville. Comme si chaque pierre était un témoin potentiel contre son pouvoir, comme si chaque graffiti pouvait un jour s'inscrire en faux contre ses violences. Comme si, pour prévenir toute convoitise sur cette cité unique, il avait résolu d'en refaire une ville comme les autres.

Usine de prière

Les guides officiels séoudiens ne mentionnent qu'exceptionnellement la période ottomane de La Mecque, qui court pourtant de 1517, année où le chérif reconnut la suprématie du sultan Sélim Ier (1512-1520), jusqu'aux alentours de 1916, où le dernier chérif, Hussein, se proclama « roi du Hedjaz » avec la bénédiction britannique. Le catalogue de la somptueuse exposition sur les « Lieux saints en Arabie Séoudite » qui fut présentée à l'Institut du monde arabe (IMA) de Paris durant l'été 1988 résume superbement l'histoire des deux *Harams* à l'ampleur des agrandissements et des réaménagements décidés par le royaume wahhabite.

On y apprend ainsi qu'en juillet 1951 commencèrent des travaux d'élargissement des aires sacrées. Ils comprenaient, entre autres, la destruction des immeubles bordant le parcours de Safa et de Maroua, puis l'aménagement du *Massâa* en deux couloirs piétonniers, la création d'un étage supérieur de la galerie, ainsi que l'ouverture d'un niveau souterrain et l'installation d'une conduite de dérivation des eaux de pluie. Le nombre des portes passa de 19 à 64. Avec la minutie d'un cahier des charges, l'édifiante brochure avance, en chiffres arabes, le volume des travaux et leur coût pour traduire l'ampleur de cette transformation : « La surface de la Mosquée sacrée après cet agrandissement atteignit 160 168 m², ce qui permit au Sanctuaire d'accueillir environ 400 000 fidèles », soit la quasi-totalité de la population mecquoise. Et l'inventaire des œuvres royales de promettre qu'un nouveau projet d'extension donnerait au *Haram* une superficie de 309 000 m² pouvant contenir 605 000 orants, soit la totalité des habitants de l'agglomération bordelaise. Ce n'est pas tout. On prévoit aussi la construction de deux autres minarets de 89 m, sur le modèle des sept existants. Disposant déjà d'une galerie environnant la *Kaâba* de tous côtés et pourvue de quatre niveaux, souterrain, rez-de-parvis, premier étage et enfin toiture en terrasses, la Maison ressemble décidément à un grand supermarché. « C'est une véritable usine de prière! » s'indigne un Français converti. Comme pour en forcer la similitude, le catalogue indique qu'afin de faciliter les déplacements des croyants, deux batteries d'escaliers roulants seront construits. « La capacité de chaque batterie est de 15 000 personnes à l'heure », affirme, au présent, la voix autorisée. Les façades extérieures de ce complexe cultuel seront « revêtues de marbre et décorées de figures islamiques ». Que les puristes craignant un mélange des genres et une adultération du caractère singulier de la Maison de Dieu se rassurent donc : « La conception tient compte de la similitude des décorations avec les décorations correspondantes effectuées lors de la première opération séoudienne d'agrandissement tout en soulignant le côté esthétique de l'architecture islamique. »

Enfin, « un tunnel pour les voitures sera percé... aux fins de réduire la bousculade autour de la Mosquée sacrée ». Pour mener à bien ces chantiers, des grues plus hautes que les minarets sont déjà à l'œuvre. Des engins colossaux retournent la terre, creusent au plus profond des entrailles de la vallée stérile. Des légions d'ouvriers, parfois des « ingrats » convertis pour la circonstance, travaillent d'arrache-pied, indifférents aux pèlerins qui les côtoient. De la terrasse du *Haram* nous comptons, après un rapide tour d'horizon, treize grues. Quant aux grondements mêlés des bulldozers, pelles et excavatrices, ils sont aussi familiers ici que les stridulations des cigales ailleurs. On peut donc remuer la terre sainte, la retourner, mais on ne peut en revanche dépoussiérer son histoire. Les recherches archéologiques autour des *Harams* ne sont pas en odeur de sainteté en Séoudie, à fortiori à l'intérieur des Mosquées. Des explorations sont tolérées, notamment des inventaires des tombeaux nabatéens situés au nord du Royaume, ainsi que des fouilles sur des sites préhistoriques [1], mais l'étude des monuments islamiques ou de ce qu'il en reste demeure encore insignifiante.

Il serait toutefois injuste de voir dans les Séoudiens des déprédateurs impénitents ou des imitateurs fourvoyés de l'Amérique matérialiste, des originaux superficiels et funestes. Ils ne sont pas les seuls à voir dans les autoroutes et les tours bétonnées des talismans pour apprivoiser la modernité. La plupart des pays musulmans ont défiguré sans merci leur propre patrimoine monumental. A Alger, à Damas et jusqu'à la Mosquée de Paris, c'est avec une égale incurie que les plus belles œuvres de l'architecture musulmane se dégradent dans le laisser-aller ambiant. De la peinture à l'huile épaisse pour recouvrir une splendide porte en bois sculpté de la Grande Mosquée d'Alger au plâtre ripoliné qui habille les murs intérieurs en pierre taillée de la Mosquée des Omeyyades à Damas, en passant par le fragment de mosaïque tombé d'un mur de la Mosquée de Paris et dont l'emplacement est colmaté avec du ciment, sans parler des enchevêtrements de fils électriques ni de la débauche des néons. Partout, même négligence orgueilleuse, même défiance à l'égard du passé.

Il n'est que d'ouvrir un de ces guides touristiques qu'éditent régulièrement les ministères arabes et musulmans de l'Information. L'iconographie est identiquement agencée, à quelques images d'Épinal près. Alors que ces États ont l'immense privilège de posséder des vestiges archéologiques et artistiques parmi les plus précieux du monde, ils s'évertuent plutôt à mettre en avant le « visage moderne » de leurs nations en prodiguant, photos à l'appui, tracteurs et cimenteries, immeubles en béton et autoroutes, usines textiles et défilés de jeunes femmes en tenue militaire, comme pour se laver les mains des norias millénaires et des verreries traditionnelles, des demeures anciennes et des mosquées, des métiers à tisser séculaires et des adolescents en costumes folkloriques. Nous-même fûmes plusieurs fois pris à partie par des Arabes qui nous surprenaient en train de photographier des moulins ou des maisons anciennes : « Quoi! nous lançaient-ils rageurs, tu viens prendre de notre pays les choses les plus archaïques pour en donner une image mesquine! » Et de désigner à notre sens artistique des façades de supermarchés ou des rocades flambant neuves.

Force est d'admettre qu'en stricts termes de relations publiques, les Séoudiens ne s'y sont pas trompés. Le croyant moyen est réellement émerveillé par le stuc, le marbre et les lampions. Il est ravi que la Maison dans laquelle il est l'Invité soit équipée de ventilateurs et dispose d'un parquet anti-chaleur. Il faut voir ces paysannes anatoliennes qui empruntent les escaliers roulants pour descendre de la terrasse du *Haram* : toute la fierté du monde se lit sur leurs visages figés par l'émotion. Les brochures fondamentalistes qui, de la Malaisie au Maroc, éructent sans relâche contre les Wahhabites et n'ont pas assez de mots pour dénoncer « la corruption, l'usurpation des Lieux saints » par la famille séoudienne, apprécient cependant le ravalement de la Maison de Dieu, qui est justement un des résultats les plus légitimement contestables de leur pouvoir discrétionnaire sur la Terre sainte.

Par exemple, l'ancien recteur de la Mosquée de Paris, le Cheikh Si Hamza Boubakeur, publie dans son *Traité moderne de théologie islamique* [2] le récit de pèlerinage d'une étudiante algérienne qui a émigré vers Dieu en 1982. Un modèle du genre intégriste. L'Invitée de Dieu parle d'une « terre d'insolence policière et de bakchich », gouvernée par des « pivots de casinos », des « pourceaux séoudiens », des « criminels royaux qui se déclarent les soutiens de l'islam en violant sa loi ». Mais à la vue du *Haram*, elle tombe en pâmoison, ses yeux sont « éblouis par l'harmonie, la grandeur et la majesté » du sanctuaire. Elle reconnaît que la « reconstruction de cette enceinte sacrée... l'harmonie et l'élégante sobriété de son style, sont à inscrire à l'actif des souverains séoudiens ».

Heureusement que l'Unesco a classé monuments du patrimoine universel les vieilles villes de Damas, de Jérusalem ainsi que d'autres joyaux de l'art islamique! En dehors de cette vigilance internationale, toute relative par ailleurs, la Turquie est l'une des très rares nations à entretenir méthodiquement ses mosquées et ses palais. Même l'Espagne monarchique et apostolique et la Yougoslavie communiste manifestent davantage de sollicitude pour les monuments islamiques. « Comment justifier la condamnation des fouilles effectuées par Israël dans l'enceinte du troisième Lieu saint de l'islam [la mosquée el Aqsa à Jérusalem] si nous nous taisons sur la démolition délibérée des vestiges que recèlent les deux premiers Lieux saints? » protestaient des *hadjis* à Médine en 1986[3].

Mais en contrepoint de ce délaissement de la pierre sacrée, la chair vivante de l'*Oumma* n'en est que plus palpable. « Que les Croyants soient pour leurs semblables comme les pierres d'une bâtisse qui se renforcent les unes les autres » enseigne Mahomet en s'entrecroisant les doigts. Le corps de l'*oumma* est une mosquée, ses cœurs la vraie Maison de Dieu. La communauté des fidèles en est l'incarnation et le Temple la pétrification. Le grand mystique andalou Ibn Arabi (1165-1240) affirme que la véritable *Kaâba* est notre propre être. D'autres passionnés de Dieu, comme Ibn Fadl († 915), observent que s'il est du devoir des fidèles de « visiter une pierre qui n'est regardée qu'une fois par an, ils sont d'autant plus obligés de visiter le Temple du cœur », tandis que Bistami († 857 ou 874) va encore plus loin : « A mon premier pèlerinage, je ne vis que le Temple, la seconde fois je vis aussi bien le Temple que son Seigneur; la troisième fois je vis le Seigneur seul... La chose la plus sombre en ce moment est la Maison du Bien-Aimé sans le Bien-Aimé. » La Maison n'est finalement qu'un symbole de la présence divine et de l'unité foncière de l'*oumma*. Sa modernisation trahit un mode de consommation, nullement un mode de pensée.

« Les Occidentaux, analyse Atallah, conservent soigneusement les monuments religieux tout en négligeant, sinon en réaménageant constamment les rites et les traditions, contrairement à nous qui conservons intacts nos usages canoniques tout en transformant régulièrement nos lieux de culte. Ce sont des conservateurs de musées, nous sommes des conservateurs de bonne foi. »

Le goût esthétique et intellectuel pour les monuments historiques et les vestiges archéologiques est relativement récent. Il est apparu à la fin du XVIIIe siècle avec l'éclosion du romantisme européen. Ce n'est qu'en 1794 que la Convention proclama en France le principe de la conservation des monuments, signant ainsi la naissance officielle d'une politique de protection des édifices.

En répondant à l'appel du Réunisseur, les musulmans ne se rendent pas à La Mecque pour toucher ses pierres mais pour se frotter à la chair de l'*Oumma*, non point pour l'architecture de la ville mais pour son atmosphère, moins pour les lieux où vécut le Prophète que pour humer l'air qu'il respira, goûter à l'eau qu'il but. On y vient pour le ciel de la Mère des cités, visible d'un seul coup d'œil dans toute son étendue. Ce n'est pas pour rien que l'espace aérien de la cité sûre est formellement interdit à tout survol, civil ou militaire dans un rayon de 15 km, à partir de la *Kaâba*. D'où l'indifférence générale à l'égard du visage actuel de la Maison antique. N'était son ambiance débonnaire, martiale et débraillée, bourrue et lascive, virile et relâchée, la plus désolée des villes nouvelles occidentales n'aurait rien à lui envier.

Et si, en défigurant radicalement l'allure séculaire de La Mecque, les Wahhabites voulaient plutôt lui redonner son relief originel? Le Coran la décrit, en effet, comme une « vallée stérile », impropre à la culture. Les Séoudiens, qui ont non seulement démoli de très anciens ouvrages d'art mais aussi arraché des bosquets et asséché les jardins qui mettaient un peu de vie dans les ruelles et les cimetières de la cité, n'auront pas pour autant attenté à son portrait coranique. S'ils ne l'ont pas cultivée ni boisée comme ils ont notoirement réussi à le faire dans le reste du Royaume, s'ils ont bétonné à tout va la contrée rocailleuse, c'est, peut-être, une manière singulière de conserver le caractère minéral originel de la ville.

LA MECQUE

Le soleil se consume lentement. Une pénombre douceâtre envahit le ciel où veille déjà l'étoile du Berger. Audessus de l'antique Abou Qobays trône une courbe argentée, effilée comme une serpe : le croissant, l'aube d'un nouveau jour musulman, notre deuxième jour à La Mecque. « Tiens! s'exclame un Algérien, il n'est pas debout comme chez nous, il est couché sur le dos, les cornes en l'air. Louanges à Dieu! » De fait, le croissant du firmament mecquois est horizontal, à l'image de ceux qui surmontent les minarets. Sous un lampadaire, les cadrans lumineux d'un couple d'horloges affichent : 19 heures et 0 heure. C'est l'heure du *maghreb*, des prosternations du couchant. La ville de pierre redevient alors ville de prière.

CHAPITRE XII

IMPRESSIONS CROISSANT LEVANT

VOILÀ vingt-quatre heures que nous sommes au cœur de la Maison de l'Islam. Sans repas ni repos ni sommeil, avec pour seuls bagages nos tongs sous le bras. Les corps sont éreintés, leurs exigences éteintes. Mais les esprits semblent brûler d'un feu secret, intime et convivial. De tous les côtés, de toutes les avenues convergent des légions de pèlerins en uniforme. Un paisible déluge humain submerge le *Haram*. Peut-on faire ses ablutions dans l'enceinte de la Maison? « Jamais! répond un agent séoudien de l'administration générale des affaires du *Haram*. La Mosquée est faite uniquement pour la prière. Il n'y a pas de cabinets de toilette. Le Prophète lui-même – que la prière et la paix soient avec lui – ne s'est jamais permis d'y faire sa toilette. Si vous êtes impurs sortez vite, l'appel du muezzin va retentir d'une seconde à l'autre! » De fait, la Tradition rapporte que Mahomet veillait, à chacun de ses séjours à La Mecque, à ne pas « uriner ni déféquer à l'intérieur du *Haram* ».

Une foule d' « impurs » se précipite alors vers l'escalier mécanique. Quelques marches roulantes plus bas et nous revoilà hors du Temple, au milieu des brancardiers. Ils sont une centaine. Fébriles, luisants de sueur, ils se bousculent et s'apostrophent dans leurs retentissants idiomes. Une cohue impensable, au seuil de la Maison. Des Égyptiens bedonnants, des femmes obèses et des Philippins centenaires semblent atterrés par le spectacle de ce début d'émeute.

Un Arabe d'âge moyen sort du *Haram*, une longue trique à la main. Les brancardiers cessent instantanément leurs chamailleries. L'homme au bâton désigne un Égyptien puis lève son instrument et le laisse nonchalemment tomber sur la tête d'un Africain : « C'est pour toi, grommelle-t-il, et ce sera 250 ryals! – Mais, plaide le Noir dans un arabe haché, le client est trop lourd et puis, tu sais, nous sommes quatre à porter la litière... S'il te plaît, laisse-nous le porter pour 300 ryals. – Tais-toi! coupe l'autre, si tu ne le prends pas il y en a dix qui s'en chargeront volontiers! » Les porteurs étalent aussitôt le brancard par terre, agrippent l'encombrant client et le placent sur son débordant séant. Chacun pose alors sur sa tête une étoffe enroulée comme un turban, soulèvent ensemble la civière et la reposent sur leurs quatre chefs cependant que l'Égyptien se répand en louanges à Dieu.

« C'est mon tour! Moi je n'ai rien eu à mettre sur la tête de toute la journée... » Les « porte-fidèles » bousculent d'implorations leur impassible « patron ». Cédant apparemment à un réflexe ordinaire, celui-ci lève son gourdin et l'abat violemment sur la foule suppliante qui l'assaille. Un coup sur une joue, un autre sur un bras : il frappe fort, sans pitié mais avec l'air goguenard et presque détaché d'un mauvais garnement. Des exclamations de douleur fusent. Un homme se retire de la course. Il saigne du nez. Les autres, manifestement cuirassés contre cette bastonnade, se bagarrent de plus belle. Indignés par cette volée aussi cruelle que désinvolte de coups de trique, nous nous apprêtons à admonester ce bourreau du Temple. Un brusque coup de coude au ventre nous coupe le souffle et l'élan. Les vigilants brancardiers, qui ont l'air d'avoir perdu toute illusion sur les humains, nous prennent probablement pour des concurrents.

Les toilettes. Impossible de s'y rendre, elles sont engorgées. Même une souris ne réussirait pas à y pénétrer. La *Sunna* autorise bien les ablutions avec du sable et des cailloux mais la cité n'offre plus cet expédient. Pas une seule ruelle, une impasse ou une cave qui ne pullule d'invités. Il reste la prière du cœur.

Nous traversons le boulevard du Roi, en passant à côté du monument de la Balance, toujours déséquilibrée, pour nous installer au coin de la rue Ajyad, d'où l'on embrasse la partie occidentale du *Haram*. De gigantesques lampadaires jettent une lumière crue sur l'esplanade extérieure, moitié occupée par des autobus arrêtés et moitié par des fidèles agenouillés. Camelots et pigeons se sont volatilisés. Les rangs bariolés des femmes occupent tout un pan de la place. La circulation s'arrête progressivement. Épaule contre épaule, serrés comme les perles d'un chapelet, les *hadjis* font face au sanctuaire en rangées impeccables.

Les toits de la Maison fourmillent déjà de croyants. Un calme, inconcevable cinq minutes auparavant, un apaisement populeux, donnent à la ville tentaculaire l'atmosphère d'une mosquée. Aussi silencieux et vigilants mais à l'écart de la communauté en prière, des soldats. Assis dans trois véhicules blindés, tenue ocre, talkies-walkies et fusils d'assaut américains (les fameux M. 16) sur les genoux, ils observent le pieux panorama. Jeunes, l'allure d'enfants bien élevés, ils semblent, eux aussi, conquis par le recueillement ambiant. Ils relèvent de la Garde nationale. L'insigne qu'ils arborent est éloquent : un casque coiffant un livre ouvert au milieu duquel s'étale, sur les deux pages, un gros œil écarquillé. L'œil du Maître, le livre de Dieu, le casque du bras séculier.

La circulation s'arrête complètement. Places, trottoirs, chaussées, seuils de magasins et parkings à ciel ouvert, tout l'espace est occupé. Combien sont-ils à attendre l'appel du muezzin ? Un million, probablement, les genoux sur l'asphalte rugueux et brûlant. Les « impurs » comme nous se font tout petits dans leur coin. Contre toute attente, des gamins noirs sortent des autobus et se répandent au milieu des travées des croyants. Ils s'interpellent joyeusement, gesticulent et rient au milieu de l'*Oumma* concentrée pour laquelle, décidément, les enfants et les vieillards demeurent les vrais rois de ce monde.

« *Allah Akbar*! » Le rappel à Dieu retentit. La multitude se redresse comme un seul corps. Toute la ville retient son souffle, suspendue aux lèvres de l'imam invisible mais dont la voix métallique, portée par de puissants mégaphones, fait vibrer l'air. Depuis quatorze siècles, même prière, mêmes gestes immuables. «*Allah Akbar.*» La masse se prosterne, se relève, puis de nouveau se prosterne. Les fronts se posent sur le ciment et les poitrines explosent: «*Allah Akbar.*» Quelle grandeur dans cette fervente soumission à Dieu! Ni pompe ni cierges ni fleurs ni contrition. Curieux spectacle aussi, ces garnements qui gambadent au milieu des fidèles prosternés. «*Allah Akbar.*» La forêt humaine se relève. «*Allah Akbar.*» Elle se plie encore comme une vague et se répand doucement sur le sol. «*Allah Akbar.*» Au moment précis où les croyants appuient front et nez sur le sol, les galopins commencent à jouer à saute-mouton par-dessus les rangs. Et hop! un, deux, trois... «*Allah Akbar.*» Les fidèles se relèvent et les gosses s'arrêtent. Les orants se prosternent une troisième fois et les gavroches mecquois d'enjamber à qui mieux mieux les corps en prière: un jeu populaire, à en juger par l'amusement indulgent des soldats qui les observent de loin. «*Allah Akbar.*» La prière s'achève. Les rangs se rompent aussitôt et les camelots resurgissent avec bibelots et tissus. Les flots de l'*Oumma* quittent le cœur de la ville pour se répandre dans ses artères. «La puissance d'attraction de l'islam, explique gravement un pèlerin français, vient de trois choses; c'est une religion d'hommes, son culte paraît simple et son office très bref! – Dieu est plus savant», répond Atallah.

Une gargote. Encore du poulet et du riz. L'avenue du Roi avec son enfilade compacte d'hôtels au pied desquels les boutiques se succèdent. Du clinquant, du bric-à-brac, des lumières à n'en plus savoir où poser le regard. Vers le sud s'étend la Misfala, la ville inférieure, peuplée en majorité de Pakistanais qui gèrent des restaurants. Menu: diverses variétés de riz, poulet cuit à toutes les sauces piquantes. Prix moyen par repas: 40 ryals. Voilà une autre auberge. L'intérieur est voilé par le frimas de la farine. Enfin, de la cuisine traditionnelle... yéménite, comme le revendique haut et fort le gérant. On prépare du pain dans un four profond. On sert du *foul*, cette populaire purée de fèves parfumée au cumin et à l'huile d'olive qui, de l'Égypte à la Palestine et du Soudan à l'Iraq, constitue l'ordinaire des humbles gourmets. C'est aussi une auberge espagnole. On peut y apporter ce qu'on veut, y compris de la viande à griller sur place. Gratuitement. Enfin assis, le contact rassurant d'un dossier de chaise, l'odeur maternelle de la cuisine « maison ». Pain et fèves : 3 ryals, la tape amicale sur l'épaule en sus.

L'*Oumma* s'est diluée dans sa capitale. Certains pèlerins, dans la précipitation, ont chaussé des paires de sandales dépareillées : une rouge avec une bleue, l'une en cuir et l'autre en caoutchouc. Comment reconnaître les siennes dans les montagnes de chaussures qui encombrent les sorties du *Haram* ? Aussi, en quittant la Maison, chacun adopte-t-il la première paire qui correspond à sa pointure et s'en va allégrement sans demander son reste. De toute façon, personne ne sera lésé, il y en aura pour tous les croyants. « Qu'importe, philosophe un instituteur malien, on est tous sur les pas d'Abraham, dans le même chemin... Les pieds se valent et les chaussures ne coûtent rien. » En effet, c'est la Chine communiste qui chausse les Invités de Dieu. Les tongs s'arrachent partout à 5 ryals. Les gens lambinent devant les échoppes, arrêtent un marchand ambulant, boivent debout du thé au coin d'une rue. Un jeune homme, précocement édenté, se tord devant le rétroviseur d'une camionnette pour se coiffer. La foule semble ivre, pâmée de certitudes. Les fidèles virevoltent autour du Temple comme des papillons autour d'une flamme. Ils sont ici en vacance, de leurs familles, de leurs patries, de tout, sauf de Dieu dont ils sont les Invités d'honneur. Sous l'*ihram*, le portefaix, le général comme le jardinier sont égaux dans la soumission. Ridés, froissés, burinés, les visages s'illuminent de regards francs, empreints d'une fierté pudique. Les cœurs n'ont jamais été aussi proches de l'au-delà.

Une imposante cohorte s'ébranle en direction du nord de la cité. Ces pèlerins entreprennent une visite propitiatoire à la Mosquée d'Aïcha, du prénom de l'épouse préférée de

Mahomet, située à quelque 6 km du *Haram*. La procession passe la rue de la Porte de la *omra* (Bab-el-*omra*) et s'enfonce dans l'avenue Khaled Ibn-el-Walid en souvenir d'un des plus coriaces opposants du Prophète qui finit par se « soumettre » puis se dépasser en devenant le « sabre de l'islam » *(Sayf-el-islam)* pour conquérir la Syrie et la Palestine. L'oratoire d'Aïcha constitue une des bornes qui circonscrivent le périmètre sacré propre à la *omra*. Tout fidèle désireux de réaliser le Petit Pèlerinage devra d'abord s'y rendre pour endosser l'*ihram*. C'est seulement en période de grande pérégrination que les limites du *Haram* s'étendent alors très au-delà, jusqu'à Djedda notamment.

Le pèlerinage de l'adieu

En mars 632, en effet, l'Envoyé de Dieu décide de quitter Médine pour La Mecque afin d'entreprendre son ultime *omra* en même temps que son premier et dernier *hadj*. Ses femmes et tous ses intimes l'accompagnent. Il prend l'*ihram* à la sortie de sa capitale natale le 5 de *dhou-el-hidja*, pour commencer aussitôt les rites du Petit Pèlerinage. Aïcha lui annonce alors qu'elle a ses règles : elle est impure et donc ne peut l'accompagner. Le Messager la console puis entame, monté sur sa chamelle, les tournées autour de la *Kaâba*. A Safa, il met pied à terre et prononce sept fois la formule sacrée : « *Allah Akbar!* » Chacun le suit attentivement des yeux car son comportement au cours des rites fera foi. Il quitte enfin l'état de pénitence et dit à ses compagnons : « Désacralisez-vous et rejoignez vos femmes! » Ses partisans protestent aussitôt contre cette innovation stupéfiante qui consiste à désunir la *omra* du *hadj*. Omar en personne, l'énergique et loyal compagnon du Prophète, refuse de le suivre. Il plaide la cause des fidèles qui partagent son opinion : « Alors, dit-il carrément à l'Envoyé, ils vont avoir des relations avec elles sur des lits de nouvelles épousailles et puis ils s'en iront faire leur *hadj* avec le pénis dégouttant... », tant l'écart sera faible, expliqueront les commentateurs, entre leurs copulations et le moment où ils feront le pèlerinage. Mahomet passe outre. Il se fait parfumer par Aïcha et cajoler par son gynécée, donne libre cours à sa sensualité. Il paraît certain que l'Envoyé de Dieu a agi sous le coup d'une « rébellion de la chair » et non pour quelque motif religieux. D'ailleurs, il ne tarde pas à reconnaître implicitement sa faute en transmettant une révélation (Coran : 2; 192) qui imposait au bénéficiaire de cette dérogation le sacrifice d'une victime expiatoire. Il venait d'inventer le pèlerinage de « réjouissance ». L'issue qu'il donne à ses penchants personnels comme aux incidents de sa vie conjugale fait jurisprudence. Il n'empêche que, durant son califat, Omar menacera de punir par la lapidation les émules du Messager qui se permettraient une récréation entre la *omra* et le *hadj*. Depuis, la version *tamattou* du pèlerinage est recommandée, même par les *oulémas* séoudiens. On ne brave pas durablement le Beau Modèle.

Aïcha recouvre finalement sa pureté rituelle au commencement du *hadj*, qu'elle accomplit régulièrement. Mais à la fin des cérémonies, Mahomet lui enjoint de quitter le territoire sacré, de renouveler l'*ihram* pour se mettre en état d'accomplir la *omra* ratée. La jeune femme se rend alors au lieudit Taniim, au pied d'une colline ainsi dénommée. Elle enfile son *ihram* puis retourne au *Haram*. A l'endroit précis où elle s'est changée, on érigera la Mosquée d'Aïcha comme point de repère et de prière. La distinction du Petit et du Grand Pèlerinage est ainsi consacrée. Pour autant, si le *hadj* est obligatoire, la *omra* est tout au plus « désirable ». C'est une bonne action que l'on peut entreprendre à n'importe quelle période de l'année et à toute heure, sauf, justement, pendant la période du *hadj*.

La foule est allègre, fébrile et pacifique. La touffeur de l'air ne désarme pas. Dans le bleu sombre et profond du ciel palpitent quelques étoiles. L'avenue déborde de badauds; les étalages se suivent à perte de vue. Un Turc et sa femme s'émerveillent devant une vitrine d'articles ménagers. Un Algérien cherche un magasin de pneus. Un motard dort sur son engin, la bouche ouverte, la tête tombant sur son épaulette.

Boulevard Taniim : une enfilade désordonnée de maisons basses et d'immeubles étroits. Quelques arbres chétifs égaient un peu ce brouillon d'architecte. Comme dans tous les pays arabes, mais aussi musulmans et communistes, on peut lire des slogans officiels entre deux publicités. Si, au Maroc, on voit souvent que « Dieu, la patrie, le roi » passent avant tout, en Algérie, que le « FLN est l'avant-garde de la nation » et en Syrie que « le chemin de la révolution est pavé des cadavres des martyrs de la révolution », à La Mecque on est plus moralisateur : « A chaque religion sa vertu cardinale, celle de l'islam est la pudeur. » « Gratifie tes parents, tes enfants te le rendront. » « Frère conducteur, le soldat est avant tout un citoyen, respecte donc le citoyen. » Et encore ce savoureux acte de foi qui fait l'unanimité : « Nous, nous aimons et respectons nos parents! »

LA MOSQUÉE D'AÏCHA

Gigantesque béton plâtré et ripoliné, sol marbré. On dirait une de ces demeures que les nouveaux riches algériens ou égyptiens se font construire dans les banlieues d'Alger ou du Caire. Tout est fait pour impressionner. Une confuse singerie hésitant entre une salle de cinéma Arts-Déco et un fortin militaire de l'époque ottomane. Comme pour accuser cette façade arriviste, d'imposants réservoirs de carburant font face, sous de puissants projecteurs, à l'oratoire. « Pétrole et islam, richesses du sous-sol et manne du ciel, voilà les deux mamelles de l'Arabie Séoudite », lâche un Syrien à la vue de cet étrange et même dangereux voisinage.

Marbre, moquette caca d'oie et bois vernis noyés de lumières : l'intérieur du sanctuaire. Un hall d'hôtel cossu, n'étaient les invités et leurs mines éblouies par tant de luxe. Personne ne dort, ici. Les visiteurs prient ou admirent les lambris et la netteté des murs dépourvus de toutes fioritures, décors ou autres arabesques. Au fond du local, un attroupement fébrile de fidèles et de policiers. Trois *oulémas* sans âge trônent sur des tabourets, le regard perdu, au milieu d'une piétaille empressée et suppliante. Le vénérable trio est aveugle; ces savants ne peuvent voir les femmes et leurs ténèbres facilitent la confidence. En islam, perdre la vue est un malheur, détenir la science religieuse est un devoir mais le cumul des deux est une faveur divine. Les trois cheikhs consultent. Que peuvent donc leur demander ces braves gens qui les entourent?

Un Tunisien se jette aux pieds d'un des religieux, lui embrasse le genou, happe sa main et l'appuie contre sa joue. « Que veux-tu? » l'interrompt le docteur impassible. Et le pauvre Maghrébin de lui soumettre un cas de conscience des plus inénarrables. Son frère était marié depuis six ans et n'arrivait pas à avoir d'enfants. Il souffre aussi d'une grave affection rénale. Un de ses amis, français et chrétien, a accepté de lui donner un de ses propres organes. L'opération réussit. « Et alors, remarque l'*ouléma*, le Prophète savait apprécier les chrétiens! – C'est que, dit son interlocuteur en geignant, mon frère a eu un enfant juste après son opération. Vous savez, on veut savoir si le bébé est de lui ou de son copain étant donné qu'il lui a quand même donné un rein... – Pfff! Où vas-tu fourrer ton nez, mon fils? l'arrête son confident; vous les Maghrébins vous confondez depuis toujours les reins [*klaoui*] et les testicules [*qlaoui*]. Bien sûr que c'est son rejeton et non celui de ma sœur! »

Un Libyen tombe à genoux et expose son drame. Il y a un an, son frère est mort en laissant une très jeune veuve sans enfants. Lui-même l'a donc épousée, comme l'autorise la loi musulmane. Où est le problème? Eh bien! le frère a laissé une somptueuse garde-robe. L'héritier peut-il s'en servir? La réponse tombe aussitôt : « Les vêtements européens oui, traditionnels non, car il a dû prier avec! »

Un Marocain immigré en Belgique souffre d'une persécution diabolique. Il a définitivement arrêté de boire de l'alcool. Il prie régulièrement : un bon musulman, quoi. Seulement, de temps à autre, le diable vient lui souffler de mauvaises idées au creux de l'oreille. Tiens! par exemple, en allant à l'aéroport pour venir à La Mecque, il a conduit la voiture de son voisin qui l'accompagnait. En s'apprêtant à stationner, il a percuté un poteau et cabossé le véhicule. Au moment du choc, il a entendu une voix s'exclamer nettement : « Bien fait pour ta gueule! Voilà ce que c'est que de bouder la bière et de faire le croyant! » L'imam fait une moue contrariée. Le problème se révèle sérieux, mais il a une solution miracle : « Ne conduis plus, sinon Satan finira par t'achever ! » tranche le savant de l'islam. Et ce vieillard tremblotant, cette femme au goître qui lui ceint le cou comme un cache-nez, ces jeunes Sénégalais... quelles questions vont-ils poser, quels tourments cherchent-ils à exorciser ? Dieu est plus savant.

Dormir sous la terre sainte

Retour au *Haram*. Il ne désemplit pas. Les soldats ne font pas relâche non plus. Les marchands ambulants vendent des tabliers, des peignes, des chapelets, des grenades en plastique, des Corans et des balles de tennis. Rien ne change sous le croissant de La Mecque. C'est encore le branle-bas de combat chez les brancardiers. Des croyants massifs s'affalent dans les litières et leur chair se répand aussitôt comme un œuf cassé.

Les tunnels qui relient le *Haram* à Mina sont méconnaissables. Ce sont maintenant de véritables quartiers, tenant à la fois d'une ruelle populeuse du Caire ou de Karachi et d'un souk couvert de Damas ou d'Alep. Serrés contre les parois, des myriades de pèlerins s'entassent d'un bout à l'autre des voies souterraines. La nuit venue, ces souterrains se transforment en termitière. Des clans entiers y ont élu domicile. Leurs bagages disposés en haie de fortune délimitent leurs fiefs, garantissent l'inviolabilité de leurs maisonnées. Couchés sur de petits tapis ou des journaux, des Afghans décontractés et torse nu devisent tranquillement. Une femme allaite son enfant tout en lavant l'autre, sous les yeux attendris du père qui fume. Une vieille Algérienne met des chaussettes à sécher sur un cabas. Des hommes dorment, un sac ou une valise sur le ventre. Des femmes somnolent emmaillotées dans plusieurs draps. Une famille dîne – riz et poulet comme tout le monde –, pendant que l'eau du thé bouillonne sur un réchaud à gaz. Chaque petit groupe semble si absorbé par sa propre vie domestique qu'on croirait que d'opaques, d'infranchissables murs invisibles les cloisonnent. Certains se comportent comme chez eux. Cet Algérien de Blida, allongé sur un carton, la tête sur un ballot, a une allure de pacha. Un journal près de l'« oreiller », une pile de livres, un paquet de cigarettes, un briquet, une bouteille d'eau minérale avec un verre, un paquet de biscuits plus un petit transistor et monsieur, appuyé sur un coude, les jambes croisées, sirote son thé en regardant d'un air philosophe l'*Oumma* qui campe à ses côtés. L'homme le plus insouciant du monde. Comme il doit être conscient qu'il est « voisin » de Dieu, que ses fautes passées lui seront pardonnées et qu'en plus ses enfants l'attendent pour fêter son titre de *hadj*, il est un homme comblé. Un Africain dort sur le ventre, la main droite sur un livre ouvert. Un centenaire indien s'applique à remettre son bandage herniaire, une cigarette à la bouche.

Une femme dort près de son mari. Bien recouvertes, les formes de son corps affleurent cependant, harmonieuses et charnues. Elle est nettement séparée de son époux mais quelque chose d'indéfinissable dans les poses des deux silhouettes laisse entrevoir l'esquisse d'un tendre mouvement. Non loin de là, un unijambiste se rase en sifflotant. Des odeurs de safran et de viandes frites se mélangent aux miasmes des jonchées d'ordures qui encombrent le milieu des chaussées habitées. Chaque « foyer » jette ses ordures devant sa « porte ». On nous invite à boire du thé. On vous offre des bonbons. Pour donner l'illusion d'une intimité totale, des familles ont collé des posters de La Mecque et de la Maison de Dieu sur la portion de paroi du tunnel qui leur sert de « mur ».

Combien sont-ils dans cette fraternelle taupinière? Atallah propose un moyen approximatif mais surtout très discret d'estimer le nombre des Invités qui peuplent les tunnels. Il faut d'abord regagner l'air libre puis rentrer une seconde fois en marchant à grands pas mesurés. S'arrêter ensuite à la centième enjambée, tourner les talons et ressortir lentement en dénombrant les personnes qui jonchent les trottoirs. Aussitôt dit aussitôt fait. Le résultat est terrifiant. Quelque 600 pèlerins croupissent sur les premiers cent mètres du passage enterré. Comme chacune des voies mesure environ 800 mètres, cela donne, grosso modo, un total de 4 500 à 5 000 « locataires ». Mais, en dépit de cette promiscuité et de la touffeur d'un hammam asséché, quelle vie, quelle allégresse! L'Islam sait toujours gérer le provisoire, tirer du plaisir de la pierre même, conférer à la détresse un visage humain, une dignité qui transforment l'indigence et le train-train quotidien en épopée. Il y a plus d'attachement, de noblesse et de sensualité dans ces caves que dans les beaux quartiers de La Mecque.

Un café maure. Il n'y a pas de café « arabe » ni d'espresso, seulement du Nescafé plaisamment dénommé « *nousskafe* » (« demi-café », en arabe). En fait d'estaminet, il s'agit plutôt d'une enfilade de tables et de chaises métalliques dans une petite bicoque où deux pitoyables Yéménites s'affairent à bouillir l'eau et à souffler sur les braises destinées aux narguilés. Des relents de lait caillé et de tabac moisi imprègnent le goût du thé. Il est déjà minuit. Les bus gémissent sous le poids des croyants et les chaussées résonnent de leurs pas. C'est une ambiance de carnaval, de début de manifestation et de fin d'émeute. Une fourmilière submergée de lumière, assourdie de bruit, abrutie par la canicule, saoulée par le clinquant de la camelote.

Un consommateur a oublié des journaux sur une chaise. Il y a le quotidien mecquois, *el-Nadoua*, baptisé ainsi du nom de l'antique « Conseil » de la Cité. Daté du 21 juillet, il annonce fièrement l'arrivée du Premier ministre turc, Turgut Ozal, en compagnie de son épouse ainsi que le débarquement à Djedda d'un certain Ahmed Ouajdi, « membre du comité permanent pour le congrès consultatif politique du peuple chinois, vice-président de l'Association islamique de Chine ». Accompagnant les 1 200 pèlerins « communistes », il déclare que « les musulmans doivent remercier Dieu de leur avoir donné un État [Séoudien s'entend] qui pourvoit à leurs besoins et facilite l'accomplissement de leurs obligations rituelles ». Quelle belle revanche de Mahomet sur Atatürk et Mao Zedong! On ajoute que le chef de l'État du Bangladesh, le général Ershad, s'est également invité à la Maison. On apprend que le roi Fahd vient de décider de faire de La Mecque et de Médine les « perles du monde ».

Un autre quotidien de Djedda, *Okaz*, du nom d'une

célèbre foire pré-islamique, qui comporte une page en français à l'intention des « frères » francophones, ouvre ses colonnes au cheikh Ben Baz pour rappeler l'interdit qui frappe l'introduction au Royaume de livres et de « pamphlets publicitaires », en menaçant de sévères sanctions les contrevenants. Sur quatre colonnes s'étalent en grosses lettres : « Tortures, assassinats et confiscations sont monnaies courantes en Iran [1]. »

Figure aussi dans le lot *el-Rabita*, *La Ligue*, revue mensuelle de la Ligue islamique mondiale, fondée en 1962 à La Mecque et où se trouve toujours son siège. On peut notamment lire, dans ce numéro 281 du mois de juillet 1988, un reportage sur le « génocide » que commettent subrepticement les associations caritatives chrétiennes œuvrant en Afrique noire. « Comme je souhaite, soupire la directrice d'un groupe féminin du Comité du secours islamique mondial créé en 1978, voir la mère musulmane nourrir de ses propres mains l'orphelin croyant, plutôt que de le laisser aux soins d'une nonne » On raconte aussi qu'une association religieuse belge a déporté 32 000 petits fidèles sans parents,que la Suisse veut en dérober 30 000 libanais et que les Israéliens en ont ravi autant au Sud Liban. » Plus dramatique, *La Ligue* révèle que les croyants, coincés entre la pauvreté et l'impiété, dépérissent au point que « dans un pays de l'Asie du Sud-Est, 12 millions ont déjà renié l'islam tandis qu'en Malaisie le pourcentage des musulmans est tombé de 70 à 30 % » ! Responsables selon l'enquête : ces chrétiens qui exploitent la faim de l'*Oumma*, les pleurs de ses bébés et les gémissements de ses malades.

Une heure du matin. La radio tait ses mélopées d'une sirupeuse décence et le journal parlé confirme que demain vendredi sera jour du grand rassemblement de la « Nation de Mahomet », samedi sera celui de l'Abreuvement et de la sortie vers le désert, dimanche sera le jour suprême de la station dans la plaine d'Arafat... Le vrai voyage n'est donc pas encore entamé. Il faut ménager la chair, bien manger et dormir. C'est l'évidence même. Mais comment résister à cette exaltation partagée, à ce frottement soyeux des corps et des esprits, à l'apaisant abandon à l'état de grâce qui enveloppe le berceau du « meilleur des hommes » ?

Toute la Cité sainte est une mosquée, dit-on haut et fort, mais aussi un marché, reconnaît-on à voix basse. Au cœur de la nuit, elle devient un dortoir. Partout, sur les trottoirs, aux stations d'autobus, sur les places publiques et dans les mosquées, sur les terrains vagues et les chantiers, sous les ponts et sur les toboggans, des dizaines de milliers de corps gisent à même le sol, à la belle étoile. Voilà une ruelle obscure, jonchée de détritus. Ce pourrait être un coupe-gorge; pourtant un couple de vieillards et une myriade d'enfants y sommeillent paisiblement pendant qu'une meute de chats trie son bien dans les poubelles toutes proches. Il y a les pèlerins qui reposent assis, une cigarette éteinte entre les doigts ou le transistor toujours allumé, ceux qui somnolent allongés sur le dos ou sur le ventre. Sur un terrain pierreux des Africains ronflent, affalés dans la poussière. Des véhicules militaires et des motards veillent.

Le hall de l'hôtel ressemble à un vrai bazar. Les réceptionnistes dorment comme des marmottes. Dans un coin, un petit marché aux puces. On marchande bruyamment chéchias, djellabas et lames de rasoir. Le vendeur est un farouche étudiant algérien d'Oum el-Qoura, l'université mecquoise de théologie. Sur quel sujet travaille-t-il? « Sur le rôle de l'islam dans la propagation de l'islam. » Et d'ajouter, comme pour prévenir d'autres questions, que le commerce reste un des éléments majeurs de la diffusion de la vraie foi. Lui, par exemple, vend ici même des articles à ses compatriotes, d'abord pour « se faire un peu d'argent », mais surtout pour instruire les frères sur des questions de dogme ou de rite. Premiers « bénéficiaires » du souk-séminaire, ces hommes qui trépignent d'impatience. Le savant camelot les a en effet convaincus que s'ils ne s'épilaient pas intégralement aisselles, pubis et autres monts de Vénus, leur *hadj* « ne vaudrait pas plus qu'un oignon pourri ». Du vieillard hirsute au glabre cul-de-jatte, en passant par l'adolescent aux joues duveteuses, ils attendent un des leurs parti acheter des produits dépilatoires. Mais en réalité, les angoisses de cette piétaille jobarde expriment, jusqu'à l'absurde, l'impitoyable lutte d'influence qui oppose les intégristes à certains États. Car ceux-ci ne se préoccupent généralement que du contrôle politique des pèlerins et délaissent l'encadrement proprement religieux du pèlerinage. C'est donc dans cet espace rituel déserté par les délégations officielles que viennent s'incruster des militants islamistes sous la banale couverture du marchand ambulant. Cherchant moins à gagner de l'argent qu'à rallier des partisans, ils récupèrent les fidèles sur place, à la barbe des commissaires nationaux. Ils leur dispensent causeries religieuses et recommandations rituelles, les accompagnent dans leurs achats et, au besoin, sermonnent les médecins de la Délégation pour les obliger à s'occuper des malades. Même à La Mecque, le fondamentaliste musulman se nourrit de l'incurie des administrations. Devant cet empiétement sur leurs prérogatives, la plupart des États sont réduits à courber le dos. Qui oserait interdire à un croyant de parler à ses frères des choses de la religion, au seuil de la Maison de Dieu? Les Séoudiens sont probablement informés de cette guérilla feutrée. Les mauvaises langues les accusent même de l'entretenir en douce. Car le savant camelot est tout de même un boursier du Royaume; à l'en croire, il ne touche que 800 ryals (c'est plus qu'un balayeur sri-lankais), mais il est logé et nourri à la cité universitaire. Les Wahhabites ne voient pas d'un mauvais œil la contestation de certains régimes islamiques pour tolérer autant d'activisme.

Voici un homme jeune, svelte, au teint foncé qui ne donne que plus de lueur à son regard fébrile. Il salue tout le monde, congratule notre *ouléma* en herbe – un imam officiant dans une grande ville de France. A-t-il des relations avec la Mosquée de Paris? Il ne veut pas en entendre parler. Pourquoi ne chercherait-il pas à islamiser d'abord les jeunes Maghrébins de l'Hexagone avant de se préoccuper de la piété des pèlerins? Parce que cette jeunesse est, selon lui, irrécupérable: « C'est un troupeau criard d'aliénés et de ratés, une pépinière de vieux garçons et de vieilles filles », éructe-t-il en serrant les poings. Quels sont ses rapports avec les Séoudiens? On ne peut plus simples: « Nous n'avons rien à donner. Ils sont venus nous voir, ils nous ont versé 50 millions anciens. C'est tout! »

« Eh! là-bas, venez prendre un thé », nous lance depuis la rue un de nos voisins de chambrée. Il nous prend à part et nous souffle : « Ne discutez pas avec ces gens... Regardez, derrière eux, juste à côté de l'ascenseur, le bonhomme qui observe de biais, c'est un agent des services secrets algériens. Il pourrait vous ficher comme sympathisants de ce groupe. » A quoi reconnaît-il que c'est un mouchard? Oh! notre ami est un habitué du pèlerinage; il a fini par se lier d'amitié avec un « officier » qui lui a naturellement présenté ses limiers. Mythomanie, espionnite ou intoxication? Chronique d'un couloir d'hôtel mecquois, vers 2 heures du matin en pleine période sacrée.

La chambre vibre toujours au grondement du ventilateur. Des pèlerins attendent encore leur tour pour aller aux toilettes. Fidèles à la Tradition, ils se bichonnent en suivant au doigt et à l'œil les conseils du « savant » qui leur a vendu, à cet effet, des lames, du savon, des coupe-ongles, du khôl et du henné. « Dieu est beauté et il aime la beauté » leur a-t-il révélé en citant ce *hadith* que beaucoup de bigots préfèrent ignorer, parce que le Prophète justifiait ainsi la coquetterie des hommes de son temps, à commencer par lui-même. La miteuse chambrée mue en salon de beauté. Un vieux Kabyle se fait couper les ongles de pieds tout en peignant sa barbichette. Un immigré en Avignon se fait appliquer par un voisin aux gestes de maçon un cataplasme verdâtre sur la chevelure : du henné, cette « poussière du Paradis ». Un autre se brosse rageusement les dents avec un *siouak*, un cure-dents fait d'une tige d'*arak* – espèce d'arbre à épines qui pousse surtout au Yémen –, une bouteille d'eau à la main pour se rincer la bouche, si jamais les WC se libèrent. A l'aide d'une pince à épiler, le policier retraité s'arrache en grimaçant les poils superflus de l'arcade sourcilière. Il prend ensuite de minuscules ciseaux et taille sourcils et moustaches qu'il passe ensuite au peigne fin. Curieuses pratiques. Voilà des hommes qui ne jurent que par leur virilité, après Dieu et son Prophète bien sûr, mais cependant soucieux d'embellir leurs mines par des massages, des épilations régulières et qui, dans la vie courante, poussent la galanterie jusqu'à parfumer leurs slips et leurs chaussettes. En Islam, la coquetterie comme la dévotion sont d'abord affaires masculines. C'est encore le scrupuleux Tirmidhi († 892), auteur d'un des six recueils de *hadiths*, qui fait dire à Mahomet que « quatre pratiques caractérisent les prophètes : la fornication dans le mariage, le *siouak*, le parfum et le henné ». Une femme qui en ferait autant passerait pour une libertine, sinon pour une sainte nitouche.

Il faut dire que le Beau Modèle était particulièrement soigneux de sa personne. Son engouement pour les femmes et les parfums fait toujours recette. Il s'inondait, confie la Tradition, de toutes sortes d'essences, se soumettait à des fumigations odorantes. Il laissait toujours derrière lui une traînée embaumée. La nuit, cette senteur vagabonde trahissait son passage. Sur ses cheveux et sa barbe, ses proches voyaient les reflets des pommades et des cosmétiques.

Il inondait ses vêtements de parfum. A ses habits, on l'aurait pris « pour un marchand d'huile » s'exclame d'admiration le cheikh Tirmidhi. Tous les vendredis, l'Envoyé faisait parfumer la mosquée de Médine en y brûlant du bois de santal et en déversant sur son propre chef des baumes apportés par l'archange Gabriel. Cet usage intensif des extraits et autres huiles odoriférants a retenu de toute antiquité l'attention des Occidentaux. Des parfums et des aromates, Hérodote (env. 484-425 av. J.-C.) disait déjà dans ses *Histoires* que « l'Arabie en répand comme une odeur divine » (3, 113). Une légende était née. L'Occident allait, des siècles durant, considérer l'Arabie comme une officine d'aromates et de parfums dont l'univers entier devait être tributaire. Du poète latin Catulle (87-54 av. J.-C.) à Pierre Loti (1850-1923) qui en fait le thème de son roman *Le Désert* en passant par Shakespeare, des générations d'historiens et de prosatcurs ont répercuté l'image d'une Arabie et de son peuple enveloppés par les capiteuses émanations de la flore désertique. En fait de senteur, seule la partie Heureuse de la péninsule arabe produisait quelques extraits odoriférants, notamment du séné. Mais elle était surtout un gigantesque emporium par où transitaient nécessairement les produits de la Perse, des Indes, de l'Extrême-Orient et de l'Afrique noire : poudre d'or, ivoires, soieries de Chine, fourrures, épices et drogues médicinales dont l'ancien monde était friand. Les Arabes jouissaient du monopole tant convoité de cet « or noir » de l'Antiquité que furent le poivre et autres condiments rares. Des comptoirs yéménites partaient les précieuses caravanes qui approvisionnaient le monde méditerranéen. La Mecque était, précisément à l'époque du Prophète, une étape majeure sur leur route. La myrrhe, les bois de nard, de cinname et d'aloès, étaient forcément moins chers en terre arabe.

Il y a toute une casuistique musulmane des parfums. Ainsi, pour la prise d'*ihram*, certaines essences sont prohibées. Par exemple, les senteurs considérées comme « femelles », censées préparer à l'effusion sexuelle, sont prohibées : safran, camphre, musc, ambre, aloès, etc. Naturellement, les odeurs « mâles » comme le jasmin et la rose sont permises aux hommes. Les commentateurs avancent toujours l'exemple de l'Envoyé qui s'imprégnait de parfums et faisait le tour de ses onze femmes avant de prendre l'*ihram*. Ils en déduisaient qu'il avait la force virile de trente hommes. On a aussi établi de subtiles distinctions entre les exhalaisons qui peuvent annuler l'état de sacralisation et celles qui ne comportent aucun risque. On peut par exemple respirer à loisir la pomme, le citron et même les fleurs de la campagne. Mais le girofle, la cinnamome, le narcisse, le basilic, la violette ou le nénuphar divisent sérieusement les *oulémas*, car ce sont des plantes aux usages multiples. On en extrait des parfums, certes, mais on en tire aussi des remèdes et des teintures. Peut-on également, sans danger, respirer les odeurs qui flottent dans la boutique d'un parfumeur, s'accouder sur un coussin embaumé, serrer la main à un homme manifestement parfumé? Autant de questions qui divisent profondément les diverses obédiences musulmanes. Mais dans tous les cas, en dehors des restrictions qui s'appliquent ponctuellement au pèlerin, l'usage des parfums, des onctions et des encens constitue un véritable acte de foi; il rapproche le fidèle de son Beau Modèle.

Cet usage limité des parfums et autres baumes parmi les juifs et les chrétiens est peut-être à l'origine d'un préjugé musulman fort répandu dans les couches de l'*Oumma* qui ne sont pas familières des « Gens du livre ». Les fidèles du Prophète créditent souvent les sectateurs de Moïse et de Jésus de certaines qualités humaines à côté de bien des défauts évidemment, mais il croient surtout que ceux-ci sont malpropres et « empestent » irrémédiablement. Les « Ingrats » nourrissent globalement la même opinion sur les croyants mais avec une moindre connotation religieuse. « Certes, juifs et chrétiens ne se teignent pas : distinguez-vous donc d'eux » recommande Mahomet à ses ouailles.

Le dortoir. Un colosse au visage barré d'une épaisse moustache en guidon de vélo applique du khôl sur ses paupières tandis qu'un Français lui tend patiemment un petit miroir. Atallah s'asperge de brillantine et d'eau de Cologne. Une voix crie dans le couloir : « Il n'y a plus de produits dépilatoires dans toute la ville. – Il faut donc se raser ! », lance quelqu'un. Mais où ? Les cabinets de toilette sont engorgés ! « Il faut dormir et demain Dieu nous trouvera bien une issue » suggère le moustachu au regard lourdement fardé.

Il faut dormir malgré les rumeurs affairées qui secouent l'étage, malgré l'irritant crissement caractéristique des lames qui frottent, dans une totale obscurité, aisselles et pubis. Inquiets pour la valeur de leur *hadj*, certains pèlerins préfèrent se raser à l'aveuglette, au risque d'entailler leurs précieuses parties honteuses.

« *Allah Akbar !* » L'appel à la prière de l'aurore retentit... « La prière est meilleure que le sommeil », pérore le muezzin. Notre voisin nous donne un amical coup de pied : « Levez-vous, espèces de fainéants, vous êtes venus pour récolter de bonnes actions ou pour ronfler ? Allez, allez, debout ! » Cette façon brutale de se mêler des « affaires » d'autrui est à la base du savoir-vivre musulman. L'individu n'est pas un corps « indivisible » comme le révèle l'étymologie latine du mot et l'enseigne la philosophie occidentale des Lumières, il est ici une portion indissociable de l'*Oumma*. Sans elle, il n'est qu'un *fard*, une « chaussure unique ». S'il peut, en secret, faire ce qu'il veut de sa vie et de son corps, en société il doit épouser totalement les normes de la communauté, sinon il constitue une menace pour la cohésion du groupe. D'où ce devoir d'ingérence qui incombe à chaque croyant, ce droit de regard sur la vie de son semblable. Chacun doit veiller sur le comportement de son voisin, le ramener sur le sentier de Dieu par tous les moyens, y compris la bastonnade.

Impossible de se laver à l'hôtel. Il y a plus de chance dans les environs du *Haram*. Une brise tiède alourdit l'atmosphère de la rue. Il y a peu de circulation. Le long des trottoirs, des colonnes de bus, de camions et de fourgons attendent déjà le grand départ. Le ciel est bleu pâle mais une vague saumonée y fait lentement tache d'huile. Les invités sont maintenant tous en uniforme. Parfumés, cheveux flamboyants de henné, yeux parfaitement maquillés, gencives et lèvres ocrées par le *siouak* et autres cure-dents traditionnels à base de racines de noyer, mains et pieds teints de henné. Ailleurs, on les prendrait pour des gigolos mais eux sont fiers de leur minutieux apprêt. « Tu es magnifique avec tes cheveux roux et ton khôl », dit un Algérien à son ami. En tout bien tout honneur. Un autre pèlerin surprend ses compagnons, lesquels ignoraient jusqu'ici qu'il portait une perruque. Il marche le crâne nu, luisant sous le soleil. Car le Prophète a maudit l'usage des faux cheveux, même pour les femmes. « Elles ne respireront pas le parfum du Paradis, menace l'Envoyé, les femmes qui recherchent la nudité dans la toilette, prennent des attitudes ou une démarche langoureuse, agitent sur leur tête une bosse comme celle du chameau », précise-t-il en faisant allusion aux traditionnelles chevelures factices, bourrées d'étoupe pour en augmenter le volume. Il n'a pas parlé dans le vent. Les croyantes n'exhibent aucune parure particulière. Elles semblent toujours aussi peu concernées par le *hadj*, silencieuses et effacées, telles les figurantes d'une épopée qui les dépasse.

Nous prenons le chemin du *Haram*. Une escouade d'Afghans nous accompagne. Grands et minces, ils marchent en procession solennelle. Leur barbe est rutilante de « l'éclat d'un buisson en feu », selon les termes de Hassen Ibn Thabit, poète favori de Mahomet, cependant que leurs cheveux présentent une véritable débauche de couleurs, du rouge feu au gris cendre. Ce sont des maquisards qui regagneront le front du *djihad* après cette autre guerre sainte qu'est le pèlerinage. Parmi eux, deux amputés, l'un d'un pied, l'autre d'un bras, portent des prothèses. C'est au demeurant un usage conforme à la Tradition. On connaît l'histoire d'un compagnon du Prophète qui perdit le nez lors d'une bataille. On lui substitua aussitôt un organe postiche en argent. Mais la plaie, mal soignée, s'étant mise à suppurer, le Messager de Dieu, très délicat sur l'odorat, lui conseilla alors de le remplacer par un nez en or.

De toutes jeunes Mecquoises, d'origine javanaise, proposent à la sauvette de petites douceurs aux pèlerins venus de leur lointaine patrie. Graciles, le regard pétillant, elles s'affairent à l'affût du client et du policier. A côté d'elles, l'incontournable cohorte des aveugles, bossus, lépreux, hernieux et autres manchots signale, par leur présence vigilante, la proximité du *Haram*. Discret, un Yéménite décharné s'échine à défaire un fagot de bois d'*arak*, pour en découper les branches en petits bâtonnets de *siouak*. A quoi sert ce cure-dents? «Je ne sais pas, répond-il l'air absent, c'est une *sunna*», autrement dit une habitude du Prophète. Exemple à suivre. Les invités reniflent, soupèsent, marchandent les saintes baguettes. Les Algériens les achètent par gerbes entières pour les offrir ou même les revendre à leur retour. Le *siouak* se réduit pourtant à un banal morceau de bois dont une extrémité est aiguisée en forme de pinceau. Mais son emploi est méritoire et obéit à des règles strictes. Ainsi l'Envoyé conseille-t-il de s'en «nettoyer les dents en largeur», car le diable frotte les siennes en longueur, de haut en bas. Et lui-même se frottait constamment les dents, jusqu'à son dernier souffle selon une confidence d'Aïcha.

Les portes du *Haram* grouillent de monde. Beaucoup de gens n'ont pas fermé l'œil de la nuit. Les soldats déchaussés veillent toujours au seuil de la Maison, mitraillette d'une main, chapelet de l'autre. Nous entrons normalement du pied droit, car un dit l'atteste : « Lorsque vient le jour du vendredi, les anges se tiennent à chacune des portes de la mosquée et inscrivent les fidèles dans l'ordre de leur arrivée. » Nous sommes donc fichés. L'*Oumma* est vraiment uniforme aujourd'hui : *ihram*, petit tapis sur l'épaule, ombrelle, tongs, *siouak* et maquillage... « Par Dieu, elle est comme une armée répondant à un ordre de mobilisation pour se mettre au garde-à-vous dans un point précis de ralliement », remarque un Français.

Curieusement, le *Mataf* est moins engorgé qu'on n'aurait pu le penser. Les fidèles dorment-ils encore? Ou bien sont-ils victimes de Satan comme l'explique Mahomet : « Lorsqu'on vous appelle à la prière, Satan, tournant le dos, lâche un pet, pour assourdir cet appel »? Beaucoup doivent en fait attendre leur tour devant les toilettes pour se purifier. La prière du vendredi qui consacre l'unité organique de l'*Oumma*, est fondamentale. Le nom musulman de ce jour définit, en lui-même, tout un programme : *el-djoumouâa* dérive d'une racine arabe qui se ramifie en une foison de notions distinctes mais connexes : mosquée, ralliement, foule, congrégation, poing fermé, académie, communauté, totalité, consensus, confluence, union sexuelle... On comprend mieux que le fondateur de l'islam fulmine contre les tièdes et tous ceux qui se cloîtrent dans leurs maisons le jour du « Rassemblement » : « Par celui qui tient ma vie entre ses mains, j'ai songé parfois à donner l'ordre d'apporter du bois à brûler, puis, quand il serait là, d'enjoindre de faire procéder à l'appel à la prière et de désigner quelqu'un pour la diriger, afin de pouvoir retourner sur mes pas pour mettre le feu aux habitations des gens qui n'ont pas voulu se rendre à la mosquée. »

Alger 1911 : Embarquement de pèlerins algériens. Le départ en *hadj* des sujets français d'Algérie était soumis à un rigoureux quota qui ne fut levé, après un débat houleux au Parlement, qu'en 1913.

Djedda, juillet 1988 : Arrivage massif en Terre sainte de victimes provenant de Nouvelle Zélande, d'Australie ou de Grande-Bretagne.

Aéroport du roi Abdelaziz, Djedda, juillet 1988 : Débarquement de pèlerines africaines sous les immenses chapiteaux de bâche et d'acier prévus pour abriter simultanément des milliers d'« hôtes de Dieu ».

Djedda, juillet 1988 [à gauche] : Arrivée au « Port islamique » de fidèles déjà vêtus de l'*ihram*.

Vue de l'esplanade sacrée. A gauche de la *Kaâba*, les deux entrées souterraines du puits sacré de Zemzem. Surplombant la Maison de Dieu, les salons du palais royal.

Panorama général de La Mecque [à gauche] : La Mosquée sacrée et ses environs. A droite, longeant le Temple, le palais royal se dresse sur l'antique mont Abou Qobays. Tout en haut, au milieu de l'horizon, pointe nettement le djebel el Nour sur la cime duquel Mahomet reçut la Révélation.

La *Kaâba*, 1988, [pages suivantes] : Une fois par an au moins, la porte dorée de la *Kaâba* est ouverte en présence des plus hautes autorités du Royaume ainsi que des ambassadeurs musulmans. Au premier plan, des membres de la Corporation des eunuques abyssins attachés au service de la Mosquée depuis le Moyen Âge.

La Mecque, 1988 : Au centre, la maison natale de Mahomet, détruite puis restaurée par les Séoudiens et finalement convertie en bibliothèque municipale.

Le couloir bétonné, marbré et climatisé de l'antique parcours entre les deux monticules sacrés de Safa et Maroua. Au milieu, aire de course réservée aux infirmes qui peuvent louer des voiturettes pour la circonstance [à droite en haut].

Le 8 du mois *dhou-el-hidja*, « Celui du pèlerinage », tous les pèlerins quittent La Mecque pour la plaine désertique d'Arafat [à droite en bas].

La caverne du mont Hira baptisé el Nour (« de la Lumière ») après que le Prophète y reçut la Révélation de l'archange Gabriel. Gribouillés sur un tissu de coton les tout premiers versets du Coran « Lis, au nom de ton Seigneur... »

Aperçu de la plaine d'Arafat depuis le djebel el Rahma, le mont de la Miséricorde. Tous les pèlerins doivent y être présents sous peine de nullité de leur pèlerinage.

Arafat : La chaleur atteint parfois 48° à l'ombre. Les fidèles restent couchés sous la tente dans une fervente promiscuité. Des centaines succombent chaque année.

Vue panoramique de la plaine d'Arafat [à gauche]. Deux millions de personnes passent une journée dans cette ville ambulante avant de rejoindre le ravin de Mina.

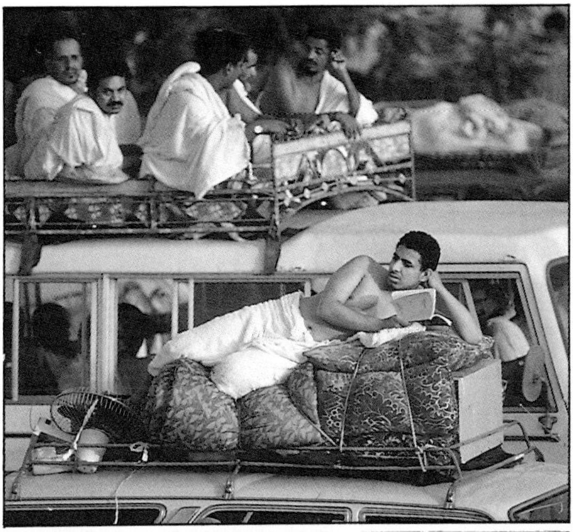

Dès le coucher du soleil, l'*Oumma* lève le camp d'Arafat et se dirige vers Mina.

Comparé à Arafat, Mina est un territoire exigu. Aussi les « hôtes de Dieu » y vivent-ils, trois jours durant, littéralement les uns sur les autres.

Mina [à gauche] : Satan y est représenté par trois obélisques. Afin de permettre la lapidation simultanée à un maximum de fidèles, le gouvernement séoudien a aménagé deux niveaux de rassemblement. Les projectiles tombent dans une sorte d'entonnoir et rejoignent la base de la colonne maudite, au niveau inférieur.

Après la lapidation du diable, les pèlerins doivent se désacraliser en coupant une mèche de leur chevelure ou en se rasant complètement le crâne.

Le 10 de *dhou-el-hidja* est celui du sacrifice. Depuis quelques années, la majorité des pèlerins se contente d'acheter des « bons » de sacrifice à l'administration. Mais il reste des purs et durs qui veulent voir et toucher leur victime.

Dans la furieuse mêlée de la lapidation [à gauche], beaucoup perdent leurs chaussures quand ils n'en usent pas pour bombarder Satan. Plus tard, ils reviennent chercher qui ses tongs, qui sa montre ou sa ceinture.

La Mecque, le 31 juillet 1987 : Des manifestants iraniens empruntent le boulevard du Haram en direction de la Mosquée sacrée protégée, à 600 mètres de là, par d'importantes forces de l'ordre séoudiennes. La manifestation dégénérera en émeute sanglante. Il y aura plus de 400 morts en une seule journée.

La Mecque demeure un forum de l'*Oumma.* Ici, le 25 janvier 1981, pour l'ouverture du IIIe Sommet islamique, les responsables politiques se rendent à la Mosquée sacrée pour une prière commune. A gauche, on reconnaît Goukouni Oueddei, alors président du Tchad et, à droite, un groupe d'eunuques.

CHAPITRE XIII

LES CASTRATS DE LA MOSQUÉE

LA ronde du *Taouaf* se tasse lentement. Ce n'est plus la spirale rejetant continuellement vers le large les fidèles qui viennent s'écraser contre la *Kaâba*. Celle-ci est maintenant entourée d'hommes assis. Les femmes n'ont pas le droit de prier devant les mâles. La Tradition interdit ce voisinage, car elle voit une source éventuelle de « tentations diaboliques » dans le postérieur d'une femme prosternée. Les plus forts parmi les croyants jouent des coudes pour s'installer aux premiers rangs, comme le recommande un *hadith*. Les orants qui font immédiatement face à la Maison constituent la « poitrine de l'Islam » (*sadr-el-Islam*). Au terme d'une harassante et heureuse dérive, nous nous trouvons des « places assises » sur la troisième rangée qui ceint la Maison de Dieu. Ce n'est pas rien. Le large se fait de plus en plus ample autour du Temple au rythme des tournées. Soudain, une file bigarrée de militaires et d'hommes en somptueux uniformes traditionnels fend la foule et accède au giron d'Ismaël. C'est l'escorte de l'imam. La quarantaine avantageuse, la mine sévère et l'air absorbé, le « directeur » de la prière a une belle prestance. Un Noir, parmi les hommes luxueusement vêtus qui l'accompagnent, étale à son intention un tapis au pied de la *Kaâba* tandis que des miliciens installent un microphone sur un trépied.

Cependant que l'imam se met en position de conduire la prière, les soldats prennent du recul de façon à embrasser d'un coup d'œil tout le *mataf*. Les étranges hommes noirs aux costumes blancs, moelleux et lustrés entreprennent fébrilement d'égaliser les rangées, à coups de baguette et d'imprécations. Les croyantes ayant achevé leurs tournées qui accourent embrasser la « main droite de Dieu » sont repoussées avec une grincheuse brutalité et renvoyées vers la « relégation des femmes » (*hassarat-el-harim*), l'emplacement exclusivement réservé aux femmes sur le parvis.

Qui sont ces êtres qui semblent sortis des *Mille et Une Nuits* ou d'une miniature persane? Ils se dandinent. Des pèlerins se jettent à leurs pieds. Un Indien happe la main du plus âgé de cette insolite troupe et l'embrasse furtivement. L'objet de tant de vénération repousse mollement l'intempérant en gloussant. Quelle étrange face-à-face que celui de ce Turc solennel qui baise la robe d'un de ces personnages à la face hilare dont il semble vouloir prendre la baraka! Objets de vénération, ils diffèrent du tout au tout de l'ensemble des fidèles; en revanche, ils se ressemblent étonnamment entre eux. Ils sont tous noirs ou mulâtres, vêtus des mêmes longues robes de satin blanc retenues par de larges ceintures à pans; une manière de fez violet, vert ou marron autour duquel s'entoure un fin tissu de mousseline immaculée. Avec leur mine hébétée, les visages glabres et adipeux paraissent veules, les bustes courts, les corps boursouflés, disgracieusement galbés, avec des poitrines flasques et proéminentes, des hanches rebondies et des mains boudinées. Leur proximité provoque cette « inquiétante étrangeté » chère à Freud.

« Pourquoi ce costume? » osons-nous demander à l'un d'eux. « Quel ignorant! répond-il en se trémoussant; tu t'intéresses à mes vêtements au lieu de remarquer d'abord mon couvre-chef », désignant de la main sa chéchia violette sur laquelle est brodé un motif de cachemire marron en forme de plume de paon. « C'est mon grade! » indique-t-il. De fait, ses collègues ne portent pas cet insigne; la couleur de leur chéchia et de leur ceinture diffère. Serait-ce donc un ordre? Quelle est leur fonction? « Séparer les hommes des femmes sur toute la surface du *Haram* », affirme-t-il, l'air vaguement coquin. Inoffensifs, ces êtres sont néanmoins monstrueux. S'agit-il de ces eunuques qui ont gardé, pendant des siècles, la Maison de Dieu et le Tombeau du Prophète?

Difficile à admettre, même s'ils ont les traits mous qu'on voit aux castrats de l'Empire chinois finissant ou des dernières cours ottomanes, publiés dans de vieux numéros de *L'Illustration*. Plus difficile encore si l'on songe que l'Arabie Séoudite a officiellement aboli l'esclavage en 1962. « Effectivement, nous souffle un policier, ce sont des châtrés, ils forment un ordre spécial, la " corporation des *Aghas* " (*taïfat-el-aghaouat*), placés sous l'autorité du plus ancien d'entre eux », le cheikh à la plume de paon.

Des eunuques? Les anciens gardiens de harem sont donc toujours gardiens du *Haram*. Plus incroyable encore que la permanence de ces créatures dégradées, la distraction des pèlerins qui les approchent, les révèrent sans rien soupçonner de leurs véritable état, l'aveuglement de nombreux journalistes mais surtout l'insensibilité d'ouvrages récents [1] sur le pèlerinage, qui se contentent d'évoquer benoîtement et incidemment ces malheureux mutilés. Nous parlons à nos voisins de l'abominable réalité. Ils restent de marbre. « *Allah Akbar!* » La prière commence. « *Allah Akbar!* » Elle se termine.

Toutes les issues de La Mecque sont envahies par des kyrielles de camelots sortis d'on ne sait quelle taupinière. Ils ne participent pas à la prière. Ils préfèrent se cacher dans les entrées d'immeubles ou sous les ponts pour mieux assaillir les croyants dès la fin de l'office. Et les gens, les yeux encore parfois lourds de sommeil, marchandent et achètent fébrilement tout ce qui leur tombe sous la main : couteaux, shampooings, lots de cuillères à café ou pommades « à faire repousser les cheveux ».

Les eunuques sortent les derniers. Séparément, ils se dirigent vers le quartier pauvre de Misfala en écartant violemment les pèlerins qui se mettent sur leur route pour les saluer révérencieusement. Nous rattrapons l'un d'eux sur le pas de sa porte où l'attend un autre Noir, barbu et mélancolique. D'un air complice, ils échangent quelques phrases âpres et gutturales. Ils parlent en amharique, langue prédominante sur le haut plateau abyssin.

Suant à grosses gouttes, le pieux castrat nous dit d'un air détaché que lui et ses consorts sont d'origine éthiopienne. Plus exactement, ils proviennent de la province de Wollo, située au nord d'Addis Abeba, du pays des farouches tribus Afars, les Danakils des Arabes. Tour à tour niais ou penaud, il raconte, avec des regards fuyants et des mots imprécis, son histoire.

Dans sa région natale, il est semble-t-il courant que, lorsque des clans s'affrontent, chacun s'efforce de capturer des mâles ennemis pour les châtrer. L'explorateur anglais Wilfred Thesiger confirme cette pratique barbare en ajoutant que la réputation d'un chef danakil est « établie en fonction du nombre d'hommes qu'il a tués ou mutilés. Il n'était pas nécessaire pour valider [cette renommée] de tuer quelqu'un au cours d'un combat régulier : il suffisait de couper et de collectionner un nombre déterminé de testicules [2]. » Il arrive que les victimes soient des garçonnets ou même des bébés qui sont systématiquement émasculés. La majorité de ces victimes meurent des suites de leurs supplices, mais quelques-uns survivent. C'est le cas de notre interlocuteur. Comment est-il arrivé à La Mecque ? Sa patrie ayant toujours fourni les Lieux saints en gardiens mutilés, ses parents ont décidé de l'y envoyer. Plus par tradition que par piété. Ses compatriotes chrétiens « abîmés » se retrouvent quant à eux dans les chorales des églises locales. Il vient donc de loin. Son abord reste difficile et sa conversation évasive. Il nous fixe néanmoins un rendez-vous pour « parler plus tranquillement ».

Habillé maintenant d'une djellaba ordinaire, la tête recouverte d'un keffieh bédouin et fumant goulûment des cigarettes blondes, il donne une autre version de sa vie. Il aurait décidé de se faire émasculer afin de pouvoir se consacrer entièrement à la Maison de Dieu. Ce sont, à l'en croire, des prêtres coptes éthiopiens de sa région natale qui « opèrent », apparemment sans anesthésie ni antisepsie. Ils « couperaient » avec des couteaux chauffés à blanc.

Il y aurait 17 eunuques attachés au *Haram* mecquois et 19 à celui de Médine, tous organisés en trois catégories hiérarchisées. A La Mecque, un « cheikh de la corporation des castrats » les dirige : un certain Mohamed Rassoul (Mahomet l'Envoyé). Les supérieurs touchent un gros salaire mensuel de 7 000 ryals, les intermédiaires, comme notre informateur, en perçoivent 5 000, tandis que les rangs inférieurs « ne touchent que 3 000 ryals ». Émoluments pour le moins respectables. Trois d'entre eux seraient mariés, les autres ont quelquefois des gouvernantes attachées à leur service. Ils habitent le quartier de Misfala où ils posséderaient des biens immobiliers. Moyenne d'âge : quarante ans. Notre interlocuteur, qui parle volontiers de son itinéraire personnel, court sur sa trente-huitième année. Il est arrivé à La Mecque en 1965, trois ans après l'abolition de l'esclavage par l'émir Fayçal. Il avait seize ans. Il était déjà mutilé.

Châtre-t-on des enfants dans la Ville sûre? Non, à sa connaissance. Y a-t-il des castrats employés par de riches citadins pour garder leurs gynécées? « Peut-être oui, peut-être non », répond notre *Agha* en se mordillant les lèvres. En quoi consiste le travail des eunuques au *Haram*? « Nous veillons à séparer nettement les hommes des femmes, nous apprêtons les tapis de prière pour l'imam et les personnalités de passage, nous empêchons également les filles et fils d'Adam de se faire la cour dans l'enceinte sacrée. – Cela arrive donc? – Et comment! s'indigne le censeur, tous les jours! » Singulier moyen pour isoler un sexe de l'autre que d'en créer un troisième qui tient partiellement des deux. Un monstrueux tiers état sexuel servant de glacis, de *no man's land* entre le mâle et la femelle.

Que font-ils en dehors de leur travail? Rien. Ils vivent en marge de la société. Après chaque office, ils s'enferment chez eux jusqu'au prochain appel du muezzin. Loin de leur patrie, privés de descendance, ce sont des fantômes dérisoires et terrifiants. Car ici, l'angoisse de la castration cesse d'être un concept freudien. Elle jaillit d'une réalité indiscutable. Cependant, pour leurs parents, ces infirmes restent des êtres chers. Tous les ans, ils retournent quelques semaines chez eux. Ils sont fêtés comme des cousins d'Amérique. Souvent, ils pourvoient eux-mêmes à la subsistance de leur famille. D'ailleurs, de tout temps, dans cette région, des parents sans ressources ont volontairement pratiqué la castration de leurs fils épargnés par les guerres tribales pour les vendre au service d'églises, de mosquées et de harems.

Les eunuques dans l'histoire

La castration n'est bien sûr nullement musulmane. Elle est en réalité aussi ancienne que la polygynie et la jalousie des puissants désireux de jouir seuls de leurs femmes. L'Éthiopie, depuis l'Antiquité, exporte des castrats. Dans la Bible, on voit déjà un eunuque éthiopien à la cour de Sédécias, le dernier roi de Juda (597-587). Mais la tradition mutilatrice remonte plus loin encore. On en retrouve des victimes en Égypte (Genèse : 37; 36. 40; 2, etc.) représentées sur des monuments sous l'aspect obèse et lourd qui les caractérise. En Assyrie, ils étaient légion et occupaient de hautes fonctions administratives et militaires. Ils faisaient également partie du cortège royal et participaient aux cérémonies sacrées. Au point que les auteurs classiques attribuent à une femme, Sémiramis (figure légendaire grecque née autour de la tyrannique reine qui domina Babylone à la fin du IXe siècle av. J.-C.), l'institution des eunuques. Hérodote, pour sa part, l'attribue aux Perses.

Dans le monde hébraïque, Yahvé lui-même annonce que les fils de Juda seront déportés à Babylone pour devenir eunuques au palais du roi (Isaïe : 39; 7). Bien que la loi mosaïque interdise formellement la mutilation sexuelle des hommes et même des animaux, le juge Samuel annonce aux Hébreux que leur futur roi aura des castrats (1 Samuel : 8; 15). Ceux-ci deviennent effectivement influents à la cour de David et des autres monarques hébreux jusqu'à la prise de Jérusalem par Nabuchodonosor (587 av. J.-C.). C'est même l'un d'entre eux qui est à la tête de l'armée judéenne au moment de la reddition de la ville (2 Rois : 25; 19). Pourtant, le Deutéronome exclut radicalement de l'assemblée de Yahvé tout « homme à la verge écrasée ou sectionnée » (23; 2), au même titre que les bâtards et les peuples ennemis d'Israël. Toutefois, les hommes châtrés devaient être suffisamment nombreux parmi les Hébreux pour qu'Isaïe leur adressât cette émouvante consolation : « Que l'eunuque ne dise pas : voici je suis un arbre sec... Je leur donnerai, dans ma maison et dans mes remparts, un monument et un nom meilleur que des fils et des filles; je leur donnerai un nom éternel qui jamais ne sera effacé » (56; 3-5).

Si l'étymologie grecque d'« eunuque » en fait un « gardien du lit des femmes », le *sariss* hébreu désignerait plutôt et la racine d'une plante et son éradication, mais aussi le bannissement et l'expulsion, le même mot qui, en arabe, confond l'homme impuissant avec celui qui est débile et sans descendance. La littérature rabbinique connaît deux types de castrats : l'eunuque « fait de main d'homme » (*sariss adam*) et celui « fait par la chaleur » (*sariss hama*), considérant ainsi que l'émasculation est une conséquence de la fièvre. Elle reconduit l'ostracisme qui frappe l'individu émasculé et considère comme un eunuque tout juif qui, pour une raison ou une autre, n'accomplit pas le commandement de perpétuer le peuple d'Israël [3].

« Il y a, en effet, des eunuques qui sont nés ainsi du sein de leur mère, il y a des eunuques qui le sont devenus par l'action des hommes, et il y a des eunuques qui se sont eux-mêmes rendus tels à cause du Royaume des Cieux. Qui peut comprendre, qu'il comprenne! » (Mt. : 19; 12). C'est en vertu de ce verset que le théologien Origène (185-v.254) s'était infligé la castration. Ses imitateurs devinrent si nombreux que le concile de Nicée (325) dut interdire aux eunuques l'accès au sacerdoce. L'Église, quant à elle, tolérera des siècles durant et à son corps défendant que des enfants soient mutilés pour chanter lors des messes. La chapelle Sixtine compta des castrats jusqu'au début du XXe siècle.

Mahomet ne l'entendait pas de cette oreille lorsqu'il s'opposa catégoriquement au désir d'un de ses fidèles de se mutiler, lui répliquant que le jeûne remplaçait la castration. Curieusement, cet homme, Osman ben Mazoun, musulman de la première heure, était le personnage prédominant du petit cercle de partisans que le Prophète envoya se réfugier temporairement en Éthiopie. En prenant connaissance de cette interdiction de l'Envoyé, un autre de ses compagnons s'écria alors : « S'il le lui avait permis, nous nous serions châtrés! » Tout au plus le fondateur de l'islam, soucieux de voir sa nation proliférer, conseillait-il l'abstinence aux garçons qui ne pouvaient se marier, tout en reconnaissant que cette situation équivalait à la castration.

A priori, l'émasculation des hommes ne paraît pas légale en islam, et rien ne l'encourage. Des eunuques, on en connaissait à La Mecque avant le Prophète. On y voit une allusion dans le Coran qui dit que les femmes peuvent montrer leurs atours à leurs serviteurs mâles « que n'habite pas le désir charnel » (24; 31). Néanmoins, on ne devait pas en fabriquer, du moins régulièrement, en Arabie même, de sorte que la question de savoir si la mutilation sexuelle des enfants mâles était permise ne devait pas être pertinente aux yeux des premiers musulmans. Parmi les serviteurs du Messager, il y avait bien un castrat nilotique (d'origine éthiopienne?) qui lui avait été offert par le souverain d'Égypte. Mais il était déjà « coupé » lorsqu'il arriva au Hedjaz.

Un verset du Livre de Dieu : « Qu'Allah maudisse le démon qui a dit : [...] Je leur ordonnerai de modifier la création de Dieu » (4; 118-119), a donné lieu à des interprétations divergentes. Certains exégètes y ont vu une allusion à la seule castration des animaux, d'autres traduisaient « création » par « religion de Dieu ». Néanmoins, le *hadith* est clair à ce propos : « Celui qui castre comme celui qui sera castré ne seront plus musulmans. » Il restait ainsi comme un scrupule à attenter aux parties nobles d'un homme. Songeons que le mot *dhakr* signifie, presque indistinctement, pénis, mâle, mémoire et invocation de Dieu. Pour autant, le soin de produire des eunuques était laissé aux chrétiens et aux juifs, de préférence étrangers à la Maison de l'Islam. Les musulmans pouvaient par ce truchement en acquérir autant qu'ils en voulaient sans contrevenir à leur loi...

La mutilation des bêtes nécessitait en revanche, pour des raisons pratiques, une solution interne au *Dar-el-Islam*. Les *oulémas* disputaient sans fin mais ne dégageaient que des demi-mesures. Quelques-uns soutenaient qu'on ne pouvait castrer que les chevaux tandis que d'autres y allaient de leur *hadith* pour étendre la prohibition aux taureaux et aux béliers, indispensables à la survie des espèces et sans lesquels les femelles n'auraient aucune raison d'être. C'est d'ailleurs en fonction de cette dernière interprétation que des religieux maliens se sont opposés, il y a quelques années, à l'insémination artificielle des vaches locales. Sexualité et reproduction demeurent ainsi indissociables. Mais, comme il fallait tout de même opérer des taureaux pour les faire travailler et des chameaux pour prévenir les combats ravageurs entre mâles camélidés, on avança à cet effet un argument spécieux assimilant abusivement la castration à la marque au fer rouge pratiquée sur les troupeaux. C'est dire combien la question était cruciale et cependant soluble, comme dans tous les cas de figure inconnus de la *Sunna* et du Coran.

L'étonnant polygraphe irakien el Djahiz (776-868 ou 869) est probablement le premier auteur arabe à avoir consigné, dans son monumental *Livre des animaux*, des observations personnelles minutieuses sur les eunuques, avec un souci du détail qui trahit une sorte de fascination horrifiée pour les particularités et les transformations qu'ils subissent physiquement, moralement et intellectuellement. Il en dresse une véritable typologie. Il remarque que, si l'incision des organes génitaux a lieu avant la puberté, la barbe et les poils des victimes ne poussent pas mais leurs cheveux subsistent et ne tombent jamais, comme chez les femmes qui connaissent exceptionnellement la calvitie. Les castrés vivent très longtemps car ils n'usent pas leurs forces à forniquer, leur démarche est pesante, ils ont de longs pieds, des doigts tordus et leurs aisselles dégagent une odeur fétide. Enfin, l'incontinence est leur lot.

Le caractère des hommes châtrés, toujours selon Djahiz, est très proche de l'humeur des femmes et de la nature des enfants. Capricieux et gourmands, ils pallient la privation des plaisirs de la chair par ceux de la bonne chère. Ils sont naturellement avares, mesquins, indiscrets en diable et prompts à s'emporter comme à manifester leur joie et à pleurer. Cancaniers dans l'âme, ils aiment persifler, méprisent le menu peuple et n'acceptent pour maîtres que les puissants et les riches. Mous, indolents, ils supportent néanmoins mieux que les Turcs les longues chevauchées (!) et excellent au tir à l'arc – surtout contre les Byzantins, pour se venger de la mutilation que ces derniers, considérés alors comme des spécialistes en la matière, leur ont fait subir. Leur haine est si virulente que les plus riches castrats achètent des domaines dans les marches de Byzance d'où ils lancent des raids punitifs contre leurs anciens bourreaux.

Intellectuellement, estime l'auteur irakien, ils sont supérieurs au commun des croyants, sauf les Noirs dont la castration provoque une déchéance totale. El Djahiz, qui semble décidément très au fait de leur intimité, raconte qu'ils deviennent souvent des obsédés sexuels [4] comme ce vieillard yéménite châtré dans sa jeunesse mais que les femmes émouvaient encore au crépuscule de sa vie. Il est piquant de constater que Djahiz, qui a écrit deux pittoresques ouvrages consacrés à la *Précellence des Noirs* et aux *Mérites des Turcs*, sans parler des *Éloges des prostituées et des éphèbes*, y ait inclus son tableau des castrats, pourtant africains et turcs, dans *Le Livre des animaux*. En réalité, son approche traduit bien la répulsion qu'inspire le statut particulier, quasiment sacré, que confère aux eunuques leur monstruosité dans l'inconscient collectif.

Comment qualifier l'innommable? Voilà l'interrogation qui dut exciter la sagacité de ceux qui devaient désigner les châtrés, leur conférer un semblant de statut, les rattacher à une catégorie reconnaissable. Rarement malheur aura reçu autant d'appellations aussi dérisoirement pompeuses. Ainsi divers titres furent-ils appliqués aux eunuques du *Dar-el-Islam*, où ils vivaient surtout dans les palais, fréquemment investis de hautes charges. Le pitoyable mutilé est d'abord un *khassi* [5], « émasculé ». Mais, suivant les époques, les lieux et les aléas de sa fortune, il pouvait devenir un *khadim*, « serviteur », un *mouâlim*, « maître », un *oustadh*, « professeur », ou même un « *cheikh* ». L'époque ottomane fit du *tabouchi*, « domestique », un *agha*, c'est-à-dire un « chef », un officier de la cour du sultan.

Toutefois, ces titres demeurent souvent équivoques, comme autant de reflets de la nature contrariée du castrat. En effet, il demeure difficile de déceler dans certains textes arabes qui se cache vraiment derrière tel « maître » ou tel « laquais », car *tabouchi* désigne également une charge militaire dans une garde du corps en Égypte; de même le *khadim* est aussi un valet de chambre ordinaire et de condition libre. Il est vrai que, dans toutes les langues, certains termes perdent leur sens étymologique pour exprimer une fonction, une dignité qui n'a plus rien de commun avec la signification primitive du mot *.

Les mots restent flous, les titres fluctuants, mais les atroces stigmates du corps demeurent univoques et définitifs. Aussi le substantif *khassi* ne souffre-t-il aucune ambiguïté. A peine quelques nuances dans l'expression de la mutilation. Il y a en effet deux modes d'émasculation: l'ablation des seuls testicules et l'extirpation radicale, « à fleur de ventre », de la totalité des organes sexuels. La première produit un *khassi*, castré, la seconde un *madjboub*, châtré par évulsion. Dans sa *Description de l'Occident musulman*, le grand géographe palestinien Maqdessi (1000 env.) décrit par le menu l'ablation totale telle que rapportée par les eunuques « complets », si l'on peut dire.

« Selon l'un d'eux, la verge et les bourses sont incisées en même temps; d'après un autre, les deux bourses sont ouvertes et les testicules retirés, puis une baguette est placée sous la verge et celle-ci est coupée depuis sa naissance [...]. Après l'opération, on place dans le méat urinaire une tige de plomb que l'on retire pour uriner, mais que l'on conserve jusqu'à complète guérison, afin que les tissus ne se soudent pas. » Maqdessi poursuit son enquête, y compris parmi les castrats byzantins que ramenaient les musulmans après leurs raids en territoire chrétien. Il s'agit, indique-t-il, d'enfants que leurs parents avaient fait délibérément châtrer pour les conserver au service de l'Église orthodoxe.

Il ressort des chroniques arabo-musulmanes que les esclaves comme les eunuques blancs, slaves, francs et galiciens étaient aussi nombreux que les noirs dans la Maison de l'Islam. L'Espagne mais aussi la France abritaient au Moyen Age de véritables usines de castrats européens comme l'Éthiopie en était une manufacture africaine. « Tous les

* Il y a lieu de relever que si le mot « slave » a donné « esclave » en latin, *saqaliba*, sa version arabe, en était venu à désigner l'eunuque.

eunuques slaves qui se trouvent sur la surface de la Terre proviennent d'Espagne. On leur fait subir la castration dans ce pays », consigne Ibn Haouqal, le géographe arabe contemporain de Maqdessi, tandis que le chroniqueur et encyclopédiste égyptien Massoudi (900-956 env.) parle des castrats chinois qui sont mutilés par leurs compatriotes et laisse entendre, avec une fierté lisible entre les lignes, qu'il n'en est pas de même en Islam où tous sont des étrangers. Pour autant, les sources restent très discrètes sur d'éventuelles pratiques castratrices dans l'orbe islamique.

Les Omeyyades de Damas (VIIe-VIIIe siècle) entretenaient des eunuques avec une nette préférence pour les plus âgés, physiquement disgraciés et totalement châtrés. Ce sont toutefois leurs successeurs abbassides de Bagdad qui ouvrent toutes grandes les portes de leurs palais, de leurs administrations et de leurs harems aux châtrés. Durant le règne de El-Mouqtadir (908-932), la cour en abritait 11 000 : 7 000 noirs et 4 000 blancs! L'ère abbasside marque à cet égard un tournant dans le mode de vie, l'esthétique des comportements, la consommation des plaisirs et, bien entendu, l'équilibre démographique et politique de l'Empire musulman. On assiste alors à un effritement croissant de la cohésion du *Dar-el-Islam*, tandis que des multitudes de mercenaires, d'esclaves et d'eunuques se déversent de toutes parts dans l'intimité musulmane, conquis lors de razzias lointaines ou attirés par la prospérité économique de l'*Oumma.*

Justement, pour acquérir une main-d'œuvre taillable, y compris sexuellement, et corvéable, sans contrevenir aux lois musulmanes qui interdisent la réduction en esclavage des croyants et n'encouragent guère la castration ni le prêt bancaire indispensable à l'économie de marché, les califes de Bagdad se tournent vers les territoires païens et les « soustraitants » chrétiens et israélites. « Au VIIIe siècle, note Louis Massignon, l'Empire islamique inaugura l'exploitation coloniale généralisée fondée sur une banque juive, les Jahabidha du Khalifat, finançant les expéditions maritimes [...] racolant parmi les tribus noires la main-d'œuvre nécessaire aux plantations industrialisées d'Iraq [...]. L'orthodoxie bagdadienne des esclavagistes se justifiait en qualifiant ces Noirs d'infidèles [...] et en rejetant le péché d'usure du financement de l'opération sur ces banquiers, à qui elle faisait porter son péché[6]. »

À la même époque, les Vénitiens commençaient, à la barbe de la papauté, une carrière de pourvoyeurs d'esclaves – parfois disciples du Christ comme eux – pour les pays musulmans, tandis que des trafiquants, souvent juifs, acheminaient des Slaves*. D'autres intermédiaires israélites étaient également sollicités par les chrétiens et les musulmans pour châtrer ces esclaves. C'est ainsi qu'apparurent les deux célèbres fabriques de castrats dirigés par des juifs, l'une à Verdun et l'autre à Lucena en Andalousie. Dans ce trafic de bétail humain, dans ces boucheries humaines, les disciples d'Abraham avaient tout prévu, y compris la bonne conscience. Les musulmans ne châtraient pas les esclaves, les chrétiens se contentaient de les laisser aux juifs qui s'y résolvaient car, finalement, la Bible proscrit essentiellement la castration d'un coreligionnaire. Rarement entente fut plus fructueuse entre les trois familles ennemies.

La cour abbasside se transforma au tournant de l'an mille en panier de crabes où prétoriens turcs, ministres persans, esclaves européens et eunuques africains tramaient des complots à longueur de règnes, brefs et instables. Les castrats étaient arrivés au sommet de leur influence dans la majorité des provinces islamiques. Tel le célèbre Abyssin Abou el-Musk Kafour, « l'homme au camphre musqué », qui était au service des gouverneurs ikhshidides (935-969) d'Égypte et qui finit par prendre lui-même le pouvoir en assurant la régence entre 946 et 968, régulièrement investi par le calife abbasside. Il se montra compétent, géra sainement les finances, se révéla généreux mécène; le grand poète Moutannabi (915-965) passa quelques années dans sa cour avant de l'exécrer en des vers racistes.

Le livre des *Mille et Une Nuits* reste, à cet égard, un miroir allégorique éloquent de ce somptueux crépuscule de l'Age d'or musulman. Les castrats hantent les différentes nuits du livre comme ils peuplaient les antichambres de la

* Aujourd'hui encore, Venise a son quai des Esclaves...

cour. Malheureusement, les traductions disponibles, dites « intégrales » ou soi-disant faites d'après les « textes originaux », sont, pourrait-on dire, « émasculées ». La version arabe conservée n'est plus qu'un pâteux bréviaire de contes pour enfants. Malgré cette censure, que seul l'Anglais Richard Burton défia en pleine ère victorienne en traduisant de bout en bout ces chroniques imagées du califat abbasside, les castrats pullulent encore au milieu des bons croyants, des courtisanes et autres gigolos. L'orgie mêlant femmes, esclaves et eunuques du harem, qui fournit à la fois au sultan Chahriar le prétexte de sa vengeance et le ton des célèbres *Nuits*, ne relève pas du hasard. La figure évanescente de l'eunuque gagnait ainsi ses quartiers de noblesse dans les palais, les lettres, mais aussi dans les esprits.

Et jusque dans les mosquées de Médine et de La Mecque lorsque le sultan zankide Noureddine (1146-1174) institua en 1161 un corps de desservants du sépulcre de Mahomet. Il comprenait 12 eunuques abyssins, donc 7 de moins qu'en 1989. Leur entrée en service dut faire sensation, si l'on se remémore cette anecdote vraisemblable où le calife omeyyade Walid Ier ordonne, par écrit, au gouverneur du Hedjaz de recenser les « efféminés » des deux villes saintes. Lisant *akhssi*, « castrez », au lieu de *ahssi*, « répertoriez », le fonctionnaire zélé fit aussitôt châtrer par un circonsiseur un groupe d'homosexuels dont un célèbre chanteur [7].

Piliers de la dynastie fatimide (909-1171), les castrats s'opposent à Saladin (1138-1193) nommé vizir dans la vallée du Nil par Noureddine, le même qui pourvut la Terre sainte d'eunuques. En 1169, Saladin est informé d'un complot ourdi par le chef des eunuques noirs de sa cour, en intelligence, semble-t-il, avec les croisés de Palestine, le décapite et le remplace par un autre mutilé, mais blanc; il suspend ses acolytes et, pour faire bonne mesure, finit par doubler le nombre des eunuques noirs de Médine par des Slaves. Aussi, lorsque Ibn Jobayr visite le tombeau du Prophète en avril 1184, croise-t-il ces « eunuques abyssins ou slaves, d'allure élégante, soignés en leurs vêtements et en leurs tenues [8] ».

L'usage de s'entourer d'hommes châtrés se répandit

ensuite sur toute la surface de la Maison de l'islam. Il est en effet de bonne guerre de se faire servir par des castrats. Exclus de la société par leur infirmité, ils ne peuvent développer d'autres attaches que la dévotion à leurs maîtres et, surtout, ils n'ont pas de descendance à favoriser. L'eunuque devient un auxiliaire incomparable. Des trafiquants se mettent alors à écumer le continent noir, du Soudan au Sénégal méridional actuel, pour voler des enfants – ou en acheter à des indigènes qui les ont eux-mêmes enlevés –, les châtrer puis les vendre en Égypte à prix d'or. Ce négoce pénètre si profondément dans les mœurs qu'un bon musulman comme Ibn Battouta peut inventorier placidement les richesses de cette vaste région d'où l'on amène « les belles esclaves, les eunuques et les étoffes teintes avec le safran[9] ». Quelques cités comme Hadya en Abyssinie et Assiout en Haute-Égypte se transforment en fabriques de castrats afin de satisfaire la demande d'un marché qui s'étend de l'Andalousie jusqu'aux Maldives en passant par les Indes où la cour de Delhi n'en accueille pas moins, dit-on, de 10 000. L'islamo-chrétien Léon l'Africain (1483-1555 env.), auteur d'une copieuse *Description de l'Afrique*, déclare qu'au Maroc une esclave vaut 15 dinars, un homme 20 et un eunuque 40!

À l'époque des Séfévides (1501-1732), ceux-là mêmes qui firent du chiîsme la religion officielle de l'Iran, les eunuques exercent la réalité du pouvoir. On en dénombre jusqu'à 3 000 au palais, provenant de la côte de Malabar ou des rives de la mer Noire. À la mort de Chah-Abbas II, en 1667, ils intronisent un prince à leur dévotion qui leur abandonne totalement la conduite de l'État. Leur pouvoir ne connaît plus d'autres limites que leurs rivalités internes. Le caractère irresponsable de leur gouvernement constitue l'une des principales causes du déclin de la dynastie. Cruelle ironie de l'histoire ou fatalité du destin, c'est à un autre castrat que va incomber la tâche d'installer une nouvelle famille sur le trône du Paon. L'*Agha*, l'« eunuque » Mohamed Khan (1779-1797), châtré encore tout enfant par un de ses proches afin de l'empêcher de régner un jour, réussit néanmoins à se proclamer chah en 1786, à Téhéran, faisant ainsi d'une petite bourgade la capitale de la Perse. La dynastie des Qadjars est née. Intronisation contraire à la loi islamique, qui exige l'intégrité physique du souverain. Parents et neveux vont succéder au chah sans testicules avec des fortunes diverses, jusqu'en 1925 où un ambitieux ministre de la Guerre dépose le dernier des Qadjars et se fait couronner sous le nom de Reza Chah Pahlavi.

Le califat ottoman n'était pas en reste. Sous le sultan Mourad II (1421-1451), une véritable société d'eunuques supervisait toutes sortes d'activités du palais, depuis l'intimité du harem jusqu'aux réceptions officielles. Les Blancs, *ak agha*, et les Noirs, *kara agha*, étaient chargés de fonctions rigoureusement définies : grand eunuque blanc du palais impérial, grand eunuque noir, commis principal du magasin de vivres, etc. Une véritable « eunucharchie ». Beaucoup de Blancs accédaient également au grand-vizirat. Néanmoins la suprématie des Noirs abyssins devient patente dès la fin du XVIe siècle. Ils étaient importés d'Égypte, « prêts à l'emploi », souvent dès l'âge de huit ou dix ans et recevaient une éducation spéciale à Constantinople; on les répartissait ensuite entre palais, résidences des princes et autres dignitaires de l'État. L'interdiction d'émasculer sur tout le territoire de l'Islam n'en était pas moins constamment réaffirmée. On connaît un préfet de Serbie révoqué pour avoir fait « opérer » trois enfants. Certains gouvernants se montrèrent ulcérés par tant de cruauté. En 1715 le grand-vizir Chahid Ali Pacha obtient de haute lutte une décision interdisant la castration des Noirs. Le décret est envoyé en Égypte mais aussi dans les régences turques de Tunis et d'Alger. Un courageux vœu pieux.

L'industrie castratrice continue. En 1813, le voyageur suisse converti à l'islam Johann Ludwig Burckhardt découvre, en parcourant la Haute-Égypte et le Soudan, deux centres de « chirurgie pour esclaves ». À Assiout, écrit-il, « les chirurgiens étaient deux moines coptes, dont on disait qu'ils surpassaient en dextérité tous leurs prédécesseurs. Leur profession est méprisée même des plus vils des Égyptiens; mais ils sont protégés par le gouvernement auquel ils payent une redevance annuelle... Un jeune, sur lequel cette opération a été pratiquée avec succès, vaut 1 000 piastres à Assiout; quelques semaines auparavant, il avait coûté à son propriétaire environ 300 piastres et l'on paye au copte de 45 à 60 piastres pour l'opération [10]. » Quelque 150 enfants par an subissaient la mutilation. Il n'est jusqu'à Méhémet Ali, vice-roi d'Égypte de 1805 à 1848, qui, l'année même où il envoie un corps expéditionnaire réduire la première poussée wahhabite en Arabie (1811-1819), fait châtrer 200 garçonnets pour les offrir au sultan ottoman, son suzerain. Pour leur part, les roitelets africains s'honorent d'envoyer des eunuques originaires des plateaux soudanais du Darfour aux mosquées de La Mecque et de Médine. L'explorateur helvétique qui effectue le pèlerinage de La Mecque en 1813-1814 raconte dans ses *Voyages en Arabie* qu'au service de la *Kaâba* étaient attachés plus de 40 eunuques, chargés notamment de la police et du nettoyage, sous l'autorité d'un *Agha* des *taouachis*, adaptation arabe du *tabouchi* turc [11].

Ce n'est finalement qu'en février 1857, sous le règne de l'Ottoman Mahmoud II, qu'un firman (édit impérial) décréta l'interdiction de l'esclavage, de la traite des Noirs et, par voie de conséquence, de la castration dans les territoires ottomans, à la notable exception toutefois du Hedjaz! Ces pratiques commençaient alors à régresser, mais des castrats officièrent encore au harem du palais jusqu'à la chute du califat en 1924.

Le Britannique Richard Burton, qui accomplissait le *hadj* en 1853, indique dans sa relation de pèlerinage qu'une corporation groupant 120 eunuques était tout entière vouée au service de la Mosquée du Prophète à Médine. Divisés en trois ordres : *baouabin*, les « portiers; *khoubziya*, les « bedeaux »; *battalin*, les « nettoyeurs » du Temple, également habilités à intervenir si les fidèles s'assoupissaient ou commettaient des gestes irrespectueux dans l'enceinte sacrée.

Le chef des eunuques, qui était le vice-intendant de la mosquée, percevait une solde mensuelle de 5 000 piastres. Son supérieur immédiat, un Turc « entier », en touche 30 000. Les trois contremaîtres qui supervisaient chacun des groupes étaient eux aussi honnêtement payés, entre 700 et 1 000 piastres par mois, tandis que les mensualités des desservants sans grade variaient de 250 à 500 piastres. Ils les arrondissaient en extorquant des pourboires aux fidèles. Plutôt respectés, certains castrats étaient mariés, même parfois avec trois ou quatre femmes.

À la Mecque, on en comptait 80 que dirigeait un eunuque indien, esclave gracieusement délégué par Méhémet Ali. Beaucoup moins payés que leurs confrères de Médine, leurs salaires oscillaient entre 100 et 1 000 piastres mensuels.

Être eunuque aujourd'hui

Aujourd'hui il n'y en aurait plus que 17 dans la ville natale du Prophète et 19 dans sa mosquée de Médine. Les traditionnelles attributions des eunuques sont maintenant confiées à de véritables spécialistes. La garde des issues est assurée par des militaires, tandis qu'une nuée de Pakistanais équipés d'aspirateurs assurent le nettoyage des *Harams*. L'institution serait-elle alors à terme condamnée? Ce n'est pas impossible. Mais si l'on songe aux considérations qui ont présidé à la création de la corporation, il y a tout lieu d'en douter. Burton, qui semble avoir interrogé des informateurs compétents, en donne les raisons principales. Déconnectés de la vie ordinaire, les eunuques sont les seuls à même de se vouer exclusivement à une profession, surtout lorsque celle-ci consiste à séparer les hommes des femmes avec le risque de toucher ou de bousculer ces dernières. Leur état les garde de tout péché de chair et ils ne risquent pas de froisser les épouses quand ils doivent intervenir au moment de la prière. Seuls des hommes « que n'habite pas le désir », comme dit le Coran, sont habilités à établir une stricte séparation des sexes dans les *Harams*. De cette « logique » découle probablement l'usage des castrats dans les deux mosquées. Une équivalence entre harem et *Haram* ne se réduit pas à la seule étymologie. Il est étrange, conclut Burton, qu'aussi bien l'Église catholique que la Mosquée aient admis une telle abomination. L'Anglais pensait certainement aux castrats de la chapelle Sixtine.

Comment vit un eunuque à La Mecque? « On ne vit

que pour Dieu », nous répond un *Agha* de rang élevé. Leur origine africaine, leur extraction modeste et leur condition physique en font des sortes de fantômes. Simples fonctionnaires aux yeux de l'État séoudien, ce ne sont que des ombres, à la fois grotesques et fascinantes dans une société musulmane où le « mariage réalise la moitié de la religion » selon un *hadith*, où la famille constitue une seconde peau pour tout individu et où les enfants demeurent, suivant le Coran, « les ornements de ce monde » (Coran : 3; 8. 57; 19. 63; 9, etc.).

L'eunuque est exclu de cette *familitude*, inapte à cette continuité. Sa vie se limite à son corps, s'éteindra avec lui-même. Alors il l'efface, la réduit à un mécanique aller-retour entre la *Kaâba* et son foyer. « Ce sont des cercueils ambulants », dit avec compassion un épicier yéménite. Ils n'ont point d'amis, ne vont jamais au café, ne se mêlent de rien.

L'anthropologue algérien Malek Chebel voit dans ces êtres sans désir la projection, atrocement symbolique, de l'homme musulman avant son mariage. Manière d'épouvantail contraignant à la reproduction du clan paterne[12].

Ils nourrissent adages et mythes, superstitions et cauchemars. On leur attribue une puissance sexuelle décuplée. Certains croient qu'ils sont mariés à des *houris* (vierges du Paradis promises aux croyants vertueux) et qu'ils en ont des enfants. Comment est ce possible? « Nos *aghas*, remarque un administrateur du *Haram*, conservent leurs membres virils et tant qu'il y a un tuyau pour évacuer l'urine, il y aura du sperme! » Il pense même que beaucoup de femmes mariées couchent avec eux. C'est que chez eux « l'érection est facile et l'éjaculation lente à venir », note le géographe médiéval el Maqdessi. Les femmes de leur voisinage, au courant de ces performances, les assailleraient d'autant plus aisément que les risques de conception sont nuls. En plus, ajoute le géographe, elles peuvent s'abandonner à leur propre plaisir, alors qu'avec leurs maris elles doivent se montrer très pudiques.

À La Mecque, actuellement trois ou quatre des eunuques seraient mariés. Ils n'ont pas d'enfants. Ce n'est pas une lapalissade : l'imagination populaire reconnaît à beaucoup d'eunuques une progéniture. Elle l'explique par un « défaut » de l'opération. Il arrive ainsi que l'enfant « opéré » éprouve une telle frayeur, explique Djahiz, que l'un de ses testicules remonte dans l'abdomen et échappe ainsi au bistouri. Si la victime conserve son pénis, avec le testicule gauche, elle peut engendrer. Si c'est le droit qui est rescapé, poursuit le « castrologue » irakien, la barbe pousse mais il n'y a point de semence. Horreur suprême : s'il est châtré à « fleur de ventre » en gardant toutefois un testicule, sa pilosité et ses caractères sexuels secondaires sont normaux, mais il sera perçu comme un monstre car il n'est ni homme, ni femme, ni même eunuque. Entre autres horreurs, on raconte aussi cette histoire : un esclave est surpris par son maître en compagnie de sa femme. Il est châtré sur le coup. Le mutilé prend ensuite les fils de son tortionnaire en otage et oblige leur père à se mutiler lui-même avec un couteau. L'homme s'exécute dans le dessein de sauver ses descendants. Peine perdue, le ravisseur précipite rageusement les adolescents du haut de la maison.

Un inspecteur séoudien du Temple affirme que la castration « barbare et inutile » est interdite dans tout le royaume, cependant qu'un policier de la *Kaâba* prétend qu'il existe en ville des centaines d'eunuques opérés dans le pays même. « Inconcevable! s'indique un chef de clinique originaire du Proche-Orient. Beaucoup de chirurgiens sont étrangers. De tels actes finiraient par être connus. »

Le second *agha* que nous avons interrogé soutient pour sa part qu'il est né il y a une quarantaine d'année à La Mecque et qu'il n'en est jamais sorti, « même pour aller à Djedda! ». A-t-il été opéré dans la Ville sûre? Impossible de lui en faire dire plus. Il est marié. Est-il heureux? « Travailler dans la Maison de Dieu est un bonheur, murmure-t-il l'air rêveur, mais ma femme aurait tellement voulu avoir des enfants. Nous souffrons de cela, mais nous sommes sûrs qu'au Paradis Dieu nous en donnera huit comme à mes parents. » Il est également convaincu que dans les régions du Darfour au Soudan, d'Asmara et d'Addis Abeba en Éthiopie, on continue de châtrer des enfants, quoique secrètement.

« Oui, reconnaît le chef de clinique, j'ai entendu dire que des eunuques servent dans des maisons privées... Vous savez, un douanier ne fouille pas dans les slips des gens. Un jeune castré en Éthiopie peut toujours entrer à La Mecque. » Nous croyons savoir que l'administration séoudienne interdit ces pratiques mutilatoires. Il est probable, mais cela reste à prouver, que des eunuques sont aussi employés dans des maisons privées, à La Mecque comme à Médine.

« On parle beaucoup de l'infibulation en Afrique, observe cet architecte palestinien en pèlerinage, mais pourquoi pas de son équivalent masculin, la castration? On défend partout l'identité nationale et religieuse des gens, c'est bien; mais l'identité sexuelle n'est-elle pas un droit naturel, inaliénable? La tragédie des eunuques existe. Elle concerne les États éthiopien et soudanais en premier lieu. Aux pays de la Péninsule incombe le devoir de les engager à mettre un terme au recrutement des hommes châtrés pour les service des harems et des *Harams.* »

Maigre consolation, pour ceux qui sont déjà atteints dans leur chair, que ce *hadith* qui compte le castrat au nombre des martyrs, à côté du malade incurable, du noyé, du brûlé vif, du pestiféré, de la femme qui meurt en couches, du croyant mort des suites d'une indigestion ou d'un chagrin d'amour.

Troisième partie

L'exode

CHAPITRE XIV

LE JOUR DE L'ABREUVEMENT

L'HÔTEL résonne des protestations des centaines de locataires. Il n'y a plus d'eau. Pourtant, nous sommes bien le 8 *dhou-el-hidja,* le jour de l'Abreuvement *(yom-el-tarouiya).* Dans le temps, les fidèles remplissaient d'eau leurs outres et abreuvaient leurs montures avant de sortir de la ville pour se rendre dans la plaine désertique d'Arafat. Les robinets sont à sec, la délégation officielle toujours invisible et le *moutaouif* ne veut rien entendre.

C'est alors la ruée vers le bureau du maître des lieux. Suffoquant de colère, un vieillard lui lance à la figure : « Écoute, j'ai fait mes ablutions avec deux bouteilles d'eau minérale à 6 ryals... Tu trouves ça normal, espèce de charogne? » Le Séoudien blêmit, ses employés égyptiens se font menaçants. C'est qu'ici personne n'oserait même lever les yeux devant un *moutaouif.* Seuls les salamalecs sont admis. L'hôtelier menace d'appeler la police. « Oui, fais-le, répond la foule, qu'ils viennent arrêter les sionistes qui osent réclamer de l'eau! » L'ambiance s'envenime. « C'est ça votre islam, éructe un jeune pèlerin barbu; vous nous assoiffez pour de l'argent! » On sait en effet que les hôtels économisent sur l'eau qui reste assez chère à La Mecque et sur les climatiseurs qui tombent trop souvent en panne.

Récriminations, imprécations et insultes des plus crues pleuvent sur le *moutaouif* drapé dans sa trop opulente dignité. Quelqu'un crie soudain : « Arrêtez! Ce n'est pas lui le responsable, c'est la *Baâtha* qui joue à cache-cache avec nous. Elle nous abandonne. » On l'approuve. Certains proposent de remuer la ville pour retrouver et lyncher ces « ennemis de Dieu sur sa propre terre ». On ne peut plus cruel, le hautain propriétaire, content de ce retournement de bile, lâche malicieusement : « Entre nous, chez vous en Algérie, l'eau n'est-elle pas coupée plusieurs heures par jour ? » Les révoltés brusquement assagis et honteux acquiescent. « Alors, conclut-il, reconnaissez que dans un désert comme celui-ci, il peut y avoir le même problème ! » Il a visé juste : les croyants s'égaillent dans la rue surpeuplée à la recherche de bouteilles d'eau minérale.

Le soleil brûle déjà, le vent aussi. Comme un avant-goût du désert proche. La veille, dans son sermon prononcé dans le *Haram*, l'imam a mis en garde les pèlerins contre les méfaits de la canicule. Il a parlé de tout en fait. D'abord, des rites du *hadj*; puis des ennemis de l'*Oumma*; de l'Afghanistan; des nausées que provoque la chaleur; de la pilule; de la propagande baptiste... Alors que l'écrasante majorité ne comprend pas l'arabe, elle l'a écouté stoïquement sous un ciel incandescent. Ce prône constitue en fait la première cérémonie du pèlerinage. Le soir, le *moutaouif* nous promet des bus pour 10 heures du matin.

Les trottoirs sont envahis par une masse compacte de pèlerins encombrés de ballots et de victuailles. Un fleuve assourdissant d'autobus, de camions et de taxis ne cesse de couler. Les heures passent, notre véhicule n'apparaît toujours pas. Le patron de l'hôtel est parti; la délégation nationale demeure introuvable. Abandonnés à eux-mêmes, les Algériens voient d'un œil admiratif les Tunisiens, assistés de leurs délégués, grimper dans les cars. Les plus impatients tentent sans succès de monter avec les Libyens; d'autres louent des taxis à 50 ryals la place. La plupart attendent sous les ombrelles jusqu'à... 17 heures. A bout, la troupe prend d'assaut le bus à coups de pieds et de jurons.

Traditionnellement les pèlerins se rendent ce jour-là à Mina, située à environ 6,5 km à l'est de La Mecque, pour obliquer ensuite vers le sud, passer par Mouzdalifa et rejoindre enfin Arafat le 9 de « celui du pèlerinage ». Mais, eu égard au nombre des invités (inconcevable à l'époque du Prophète), aujourd'hui on s'y rend directement, la veille ou le jour même si l'on peut arriver dès le lever du soleil. Sinon, le *hadj* est frappé de nullité, comme le dit clairement Mahomet : « Le pèlerinage, c'est Arafat. » Le car s'insinue dans le cortège tintinnabulant, comme emporté par la clameur de la *talbiya.* « Me voici devant Toi... Me voici devant Toi!... »

Les dévots dédaignent ce confortable raccourci et préfèrent aller d'abord à Mina comme le fit le Prophète, y passer la nuit puis repartir. Ils empruntent à cette fin les deux tunnels du palais royal pour sortir de la ville. Ensuite une autoroute, couverte de bout en bout de tôle ondulée, les mène à destination. Il est louable de faire ce chemin à pied, car on fait ainsi un effort pénible; on souffre. Le fidèle récoltera de cette peine 700 bonnes actions de *Haram (Hassanat-el-Haram)* dont chacune ne vaut pas moins de 100 000 *hassanats* ordinaires.

Pare-chocs contre pare-chocs, la chaîne des milliers de véhicules fait un crochet par la Maâla et prend le chemin du désert en traversant de mornes faubourgs. De la rocaille partout, des montagnes abruptes, chauves et solitaires se dressent ici et là. A gauche la silhouette en pain de sucre du mont de la Lumière *(Djebel-el-Nour)* où le Prophète reçut la Révélation. A l'horizon s'étend la chaîne crénelée du Saraouat. Toutes les nuances de l'ocre sont là. Paysage hors du temps, tel que Mahomet le connut.

Extraordinaire également ce paysage mobile de bus et de camions qui caracolent dans un charivari de klaxons et de prières. Montés sur le toit d'un autobus, des dizaines de Pakistanais agitent drapeaux et draps comme dans une manifestation. Assis sur le capot et le coffre d'une guimbarde, des Africains chantent en applaudissant. Dans l'enfilade de ce rallye baroque, une multitude de mouchoirs et d'étendards de toutes nationalités claquent au vent. C'est un raz de marée qui emporte en une seule vague des foules innombrables. Un carnaval oriental, une revue générale du monde musulman aux allures d'exode motorisé.

ARAFAT

Une vaste plaine, de toutes parts cernée par des montagnes crénelées. Une gigantesque cuvette. Une crique naturelle. A perte de vue s'étalent des rangées de tentes blanches aux toitures coniques, mi-bidonville, mi-camp de réfugiés. C'est une ruche. Des milliers de pèlerins déjà arrivés pullulent, sans autre but que l'attente fiévreuse du lendemain. Un panneau, célèbre par son humour involontaire, indique « Begin-Arafat ». Rien à voir avec les personnages politiques; ce sont simplement deux secteurs du territoire de ralliement. Des drapeaux flottent sur chaque pâté de guitounes: chinois, yougoslave, gambien, comorien, algérien... Le car s'arrête.

Tout le monde descend. Une haie en tôle démarque les habitations de la route asphaltée. Un accès ouvre sur les logements que nous a apprêtés le *moutaouif*: un bloc de tentes disposées en rangs serrés de façon à couvrir un large espace homogène. Sur le sable, des nattes et des tapis. Quelques ampoules électriques pendent au « plafond ». Ni oreillers ni cloisons d'aucune sorte. Chacun entre, choisit un coin et prend place. Ce qui n'est pas de tout repos. Des croyants veulent rester aux côtés de leurs épouses, des fondamentalistes s'opposent à cette promiscuité conjugale. « Non monsieur, non et non... Ici on est sur la terre de Dieu. Les femmes d'un côté, les hommes de l'autre! hurle un bedonnant jeune homme. – Ferme-la! lui répond sèchement un vieux boulanger; tu ne vas pas être enseveli dans le même tombeau que moi, non? »

Le chapiteau se trouve bientôt divisé en deux camps, celui où hommes et femmes sont mélangés et celui où ils sont nettement séparés. En tout, quelque quatre cents personnes s'abritent sous chaque ensemble bâché qui doit mesurer environ 100 m sur 8 m. Il apparaît déjà que personne ne pourra s'allonger sans empiéter un tant soit peu sur le corps du voisin. Pour compliquer encore les choses, des gens de telle ou telle région d'Algérie, désireux de dormir les uns aux côtés des autres, négocient pour déplacer des pèlerins « gênants ».

Dans la « cour » extérieure, une citerne d'eau non

potable est destinée aux ablutions. Des sortes de jerricans métalliques équipés d'un système de réfrigération dispensent un breuvage bienvenu de Zemzem. Mais ils s'épuisent vite et il faut attendre les camions qui viennent sporadiquement les remplir. Des tôles en aluminium délimitent six cabinets d'aisance pour les hommes (il y en a probablement autant pour les femmes), consistant chacune en une simple fosse creusée dans le sol, à ciel ouvert.

L'absence de bains publics et de douches rend plus délicate la conservation de l'*ihram* à Arafat. Les toilettes demeurent constamment envahies de fidèles munis de bouteilles d'eau minérale. Dans un coin, une grande tente. L'intérieur est avenant; tapis, oreillers, réfrigérateur et ventilateurs: le cabinet de la mission médicale algérienne. Quel contraste avec l'extérieur du bloc où le flot des autobus continue de charrier les croyants. La chaleur est encore plus oppressante dans ce bassin désertique. Heureusement, des épiceries et des gargotiers installés dans des abris de fortune vendent à tour de bras limonades, eaux minérales, riz et poulets cuits, pommes, biscuits – à des prix encore plus élevés qu'à La Mecque.

Tout l'espace semble saturé dans cette ville d'un seul jour – le plus important de l'année islamique. Même le ciel, où une noria d'hélicoptères veillent à prévenir d'éventuels foyers d'incendie comme à repérer quelque mouvement suspect de foule. Prudence compréhensible eu égard à l'ampleur du rassemblement. Dans la poussière et le bruit, les Hôtes de Dieu flânent, se montrent curieux de leurs « frères ». Ici on se sent plus libre, moins observé que dans la Ville sûre.

Voici le vénérable mont de la Miséricorde, *(Djebel-el-Rahma)*, une colline conique de granit d'une soixantaine de mètres. Elle trône comme une île dans la partie nord-est de la dépression d'Arafat. Sur le sommet aplani de l'éminence, une foule dense se serre autour d'une colonne solitaire tandis que ses flancs sont occupés par des grappes de visiteurs. Alentour s'étale la blanche étendue des guitounes. On croirait apercevoir un radeau stagnant sur une mer apaisée.

De larges marches conduisent à la « tête du djebel ». Les

gens se bousculent sans aménité. Personne ne semble avoir peur de mourir écrasé ni de renverser ses compagnons de pèlerinage. Trépasser ici serait une bénédiction. Quelqu'un réclame un brancardier pour monter. Un cul-de-jatte est porté à bout de bras par un colosse libyen. Inestimable bonne action! Beaucoup sont au comble de l'émotion. Les pleurs haletants se mêlent aux gémissements et aux prières. Chacun dit « amen » à toute invocation qu'il entend; on s'embrasse, on se soutient, on s'étreint de tendresse et de piété. Une extraordinaire fraternité, désordonnée, immédiate et totale. Une compassion inconditionnelle du musulman pour le musulman. L'humeur égale, au milieu de ce remous sentimental, les « marchands de photos » proposent leurs services à qui veut les entendre. Pour 15 ryals, ils campent le client sur la Miséricorde. La gloire pour le *hadji* qui peut y accéder, car c'est une sorte d'Himalaya pour l'Islam. Juste avant d'accéder à la terrasse de la colline, se trouve un mur rudimentaire dans lequel est creusée une niche. L'aspect en est délabré et craquelé : c'est un *mihrab*, abside orientée vers la *Kaâba* où doit se tenir l'imam lors des prières rituelles et d'où le Prophète se serait adressé à la foule des pèlerins après s'y être prosterné. C'est ici que traditionnellement se tenait l'imam choisi pour prononcer le prône *(khotba)* du pèlerinage.

Le sommet déborde de visiteurs priant, cherchant leurs proches, pleurant d'émotion. Une femme s'évanouit. Un policier chasse ceux qui ont déjà prié mais qui s'attardent trop sur ce belvédère unique. C'est le plus fantastique panorama vivant qu'on puisse contempler. A l'infini, vers le couchant, dans la direction de La Mecque, une étendue compacte de tentes pâles, rosées par la lumière du soir, recouvre toute la plaine sur plus de 10 km de long et 6 km de large. Une fourmilière, un champ de coton quadrillé par de larges voies parallèles et perpendiculaires, sur le modèle des villes américaines. Très judicieusement, les Séoudiens ont assigné un ou plusieurs îlots de tentes à chaque pays. Les drapeaux s'agitent comme des mouchoirs, ils identifient plus de cent nationalités. Mieux encore, cette répartition des pèlerins respecte le voisinage géographique. De sorte que les

Marocains se retrouvent à côté des Algériens, les Pakistanais des Indiens, les Yougoslaves des Turcs, les Chinois des Indonésiens, etc. Depuis 1967, le ministère du *Hadj* classe les invités en six secteurs principaux: États arabes, États du Sud-Est asiatique, pèlerins de Turquie et musulmans d'Europe et d'Amérique, États de l'Asie du Sud, pèlerins iraniens (maintenus à part pour la double raison qu'ils sont chiîtes et contestataires), enfin États d'Afrique non arabe. Chacune de ces catégories est confiée aux bons soins d'un *moutaouif* exclusif. Ces différentes circonscriptions comprennent des matricules repérables. Il est impossible de ne pas reconnaître les siens. L'*Oumma* ne perd ainsi pas sa diversité géographique et ethnique, même lorsqu'elle communie pleinement et passionnément. C'est le plus vaste rassemblement du monde, le plus grand exode rituel de tous les temps. Une spectaculaire reconstitution historique à la Cecil B. De Mille. Le jamboree de l'islam.

Du temps d'Ibn Jobayr s'élevaient sur le mont de la Miséricorde plusieurs édifices dont un minaret et un oratoire ceint d'une terrasse ouvragée. Aujourd'hui, ne subsiste qu'un obélisque construit en pierre gauchement agencée. Sur le plâtre lézardé, un fouillis de graffiti, rédigés dans toutes les langues. « Down Russia, Selcük Istanbul 1984... » Des « Vive Dieu! » et des « Gloire à l'armée du Pakistan! » se détachent en anglais, en arabe, en ourdou. Sur la pointe d'un rocher incliné, un Noir prie. Chaque prosternation menace de le faire dégringoler dans le ravin. Qu'importe, Dieu veille sur ses invités. Ils peuvent faire comme chez eux.

Arafat : le nom tirerait son origine du fait qu'Adam et Ève, chassés du Paradis et tombés – celui-là sur la cime du bien nommé pic d'Adam qui domine l'île de Ceylan et celle-ci à Djedda –, se soient d'abord retrouvés à La Mecque après une dure errance, avant de « se reconnaître » *(Taârafa)* à Arafat; d'où le nom. Cette étymologie populaire jouit toujours d'une certaine vogue, y compris parmi les *oulémas*. Ici plus que partout ailleurs, connaître c'est reconnaître, et savoir c'est se souvenir. D'abord, du premier pèlerinage accompli par le couple originel, mais aussi de l'émigration, en ces mêmes lieux, d'Abraham et d'Ismaël, et enfin de l'ultime *hadj* du Sceau des Prophètes, Mahomet. La charge biblique de La Mecque.

Le *hadj* musulman participe de l'immémorial fonds sémitique. On retrouve la racine *hog* dans l'hébreu biblique où elle signifie à la fois « faire un rond » (Job : 26; 10), célébrer une fête sacrée et offrir un sacrifice à Dieu (Ex. : 10; 9. 28; 18). Le Pentateuque prescrit déjà le pèlerinage comme un devoir strict : « Trois fois par an vous devez célébrer un *hag* en mon honneur » ordonne Yahvé (Ex. : 23; 14). L'Arabie antique était parsemée de sanctuaires qui faisaient l'objet de visites votives. Pour autant que l'on puisse avoir une idée précise de l'histoire mecquoise qui précède l'islam [1], entièrement réécrite par les sectateurs de Mahomet comme le fut celle de Canaan par les rédacteurs de la Bible, La Mecque était devenue, au tournant du VIe siècle, une véritable métropole commerciale et religieuse. Le souk comme le *hadj* exerçaient une attraction croissante sur les tribus environnantes. Tous les participants se retrouvaient à Arafat le jour du 9 *dhou-el-hidja* au beau milieu du trimestre sacré qui marquait, chaque année, une trêve générale. On connaissait également la *omra*, qui se déroulait en *rajab* (le septième mois, correspondant à la récolte des dattes). Le Petit Pèlerinage ne concernait que la *Kaâba,* Safa et Maroua, tandis que le Grand tenait essentiellement à la « station » *(wouqouf)* dans la plaine d'Arafat. On a rapproché cette cérémonie, sans laquelle le *hadj* musulman serait nul, de l'épisode de l'Alliance au mont Sinaï. Les Hébreux devaient s'y préparer en s'abstenant de tout rapport sexuel et en lavant leurs vêtements (Ex. : 19; 15).

Les pèlerins restaient toute la journée du 9 à Arafat puis, le soir venu, prenaient le chemin de La Mecque via Mouzdalifa où ils passaient la nuit. C'est là que les attendaient les aristocrates mecquois qui ne daignaient pas se rendre jusqu'à Arafat. Il appartint à l'un d'entre eux, le Prophète lui-même, de mettre fin à ce privilège en se rendant comme tout le monde dans la plaine désertique. De Mouzdalifa, les visiteurs reprenaient la route, lapidaient à Mina les trois stèles représentant Satan puis regagnaient la ville pour accomplir les septs tournées rituelles de la *Kaâba* et le parcours de Safa et Maroua. Après quoi ils se rasaient la tête afin de rompre l'*ihram*. On respectait les mêmes interdits durant ces cérémonies païennes que pendant le *hadj* consacré par l'Envoyé. Celui-ci, tout en n'y voyant que « glapissements et battements de mains » (Coran : 8; 35), allait néanmoins en assimiler les principaux rites et même des formules comme... « Me voici devant Toi... Me voici devant Toi... » que lançaient les infidèles à la vue du dieu Hobal.

L'étymologie arabe courante traduit *hadj* par « se rendre à ». Le Prophète de l'islam orienta exclusivement le cours de l'antique célébration vers sa ville natale. Il en supprima les pratiques par trop superstitieuses et il l'institua comme un devoir individuel imposé à tout croyant. Prescription si impérieuse qu'on peut la réaliser même par procuration, y compris à titre posthume pour celui qui meurt sans s'en être acquitté.

Une certaine réserve à l'égard du *hadj* marque l'attitude de Mahomet jusqu'au soir de sa vie. Il n'a manifesté son intérêt pour lui que pendant son séjour médinois. Divers facteurs religieux et politiques ont, semble-t-il, déterminé l'Envoyé à se préoccuper sérieusement de La Mecque. D'abord, son offensive de charme envers les tribus judaïsées de Médine – marquée par le choix de Jérusalem comme *Qibla* – s'étant révélée infructueuse, un conflit sanglant ne tarda pas à l'opposer aux juifs, qui furent battus puis bannis de la ville. La Mecque supplante alors la métropole palestinienne comme pôle de la prière rituelle, cependant que le Messager de Dieu conforte sa mission en se rattachant directement à Abraham, « bâtisseur » avec son fils Ismaël de la *Kaâba*. A l'encontre d'Israël, il se proclame l'héritier fidèle du patriarche, ce premier Soumis qui s'exclama en posant la dernière pierre du Temple de La Mecque : « Seigneur! Envoie parmi les habitants de cette ville un apôtre issu d'eux qui leur communiquera tes signes... » (Coran : 2; 126).

Arafat se trouve hors du terriroire sacré. Beaucoup de pèlerins l'ignorent. L'espace du *wouqouf* est pourtant rigoureusement délimité par des stèles qui le démarquent de La

Mecque à l'ouest et du Saraouat à l'est. La « halte », pour être valide, doit avoir lieu dans le périmètre ainsi circonscrit. A l'origine, le pèlerinage d'Arafat n'avait semble-t-il rien à voir avec La Mecque, du moins la littérature traditionnelle le suggère-t-elle, tant elle se révèle souvent imprécise et contradictoire. Toujours est-il que Mahomet a longtemps hésité avant d'accomplir le *hadj*.

En mars 628, il se risque à faire une *omra* lorsque ses ennemis l'arrêtent à Houdaybiya. Il ne peut l'accomplir que l'année suivante avant de conquérir définitivement la ville en janvier 630 où il entreprend un deuxième Petit Pèlerinage, qu'il renouvelle d'ailleurs au printemps de la même année. C'est seulement en 631 que se déroule le premier *hadj* musulman, quoique les païens y participent aussi, mais séparément. L'Envoyé ne veut pas s'y joindre : il n'a pas achevé d'établir sa doctrine dans tous les détails et refuse de pérégriner avec des « mécréants ». Il délègue cependant Abou Bakr pour présider les cérémonies. Ali le retrouve en route, porteur d'une toute dernière révélation transmise par le Ciel au Prophète et dont la teneur est on ne peut plus claire : « Proclamation d'Allah et de son Apôtre aux hommes, au jour majeur du *hadj*... Les infidèles ne sont qu'impureté. Qu'ils n'approchent donc point de la Mosquée sacrée après la présente année. » Ali en fait la proclamation à Mina devant tous les pèlerins. C'est le dernier *hadj* où les non-musulmans sont tolérés. En fait, la mesure vise davantage les pratiques idolâtres, tels les circuits autour de la *Kaâba* accomplis en costume d'Adam, que le bannissement des infidèles de la ville sainte, mais c'est cette seconde interprétation qui est restée valable jusqu'à nos jours.

Après avoir ainsi balisé le chemin de La Mecque, l'Intercesseur annonce, en mars 632, qu'il conduira finalement en personne le prochain pèlerinage dans un temple et des sanctuaires désormais purifiés. Il arrive dans sa ville natale le 5 *dhou-el-hidja* et accomplit aussitôt une *omra*, trois jours à peine avant le début du *hadj*, réalisant ainsi pour la première fois une liaison entre les deux cérémonies, tout en rattachant à l'islam et à la *Kaâba* le Grand Pèlerinage, jusqu'ici étranger à l'un et à l'autre. On ne pouvait mieux consacrer La Mecque comme centre culturel de l'*Oumma*.

Les nuits tombent brutalement en Orient. Mais le vaste et le plus bref campement du monde est éclairé *a giorno* par de gigantesques lampadaires bardés de projecteurs. Autrefois, on allumait des milliers de cierges sur la Miséricorde. Les *Mahmals* étaient disposés autour de la sainte montagne. Les fanfares grondaient du crépuscule à l'aube, ponctuées de coups de canon, pendant que d'éblouissants feux d'artifice mêlaient aux étoiles leurs panaches scintillants.

Des gens dorment déjà sur le sable, au pied de la colline. Une odeur de brochettes, de barbe-à-papa et de pastèques alourdit la touffeur nocturne. Des fidèles agenouillés méditent en direction de la *Kaâba*. Juste derrière eux, dans la même position, des chèvres ruminent sereinement, le museau pointé vers la *Qibla*. Touchant voisinage d'un soir. Beaucoup de pèlerins achètent ici même la victime de leur sacrifice. Des bergers bédouins se promènent derrière leurs troupeaux, surtout des caprins, de pavillon en pavillon. Les prix sont réguliers : 350 ryals en moyenne. On ne marchande pas. Pourrait-on encore se dire *hadji* en lésinant sur l'offrande vouée à Dieu lui-même? Impensable.

Les flots des véhicules se sont tassés. Routes et allées débordent de pèlerins, de militaires et de pompiers. Des ambulances hurlent ici et là. Des agents de la sécurité passent sur de petites motos équipées d'extincteurs ainsi que d'un système complet de communication-radio. Le commerce ne perd toujours pas ses droits. On achète frénétiquement, au milieu de la voie macadamisée, friteuses électriques et machines à coudre miniatures, couteaux, slips ou élixirs aphrodisiaques.

Un brouhaha surgit d'un stand algérien. Sous le chapiteau, c'est un cirque, un ring, une joute inimaginable. Les *moutaouifs* viennent de faire livrer une vingtaine de ventilateurs et leur répartition pose problème. Chacun de protester de son diabète ou de son hypertension pour obtenir davantage de climatiseurs. Les femmes observent immobiles le charivari. Beaucoup de pèlerins sont déjà terrassés par la chaleur et la promiscuité. « C'est l'heure de la prière du soir », lance brusquement un médecin. Chacun regagne sa place. Les divisions de chambrée réapparaissent : rangs des hommes, plus loin ceux des femmes et, au fond, ceux des « mixtes ». Sous les tentes mitoyennes, d'autres fidèles prient simultanément mais... dans la direction opposée. Les deux assemblées sont debout face à face, sans se voir. Tard dans la nuit, les lumières s'éteignent et chacun cherche à trouver le sommeil sous les ventilateurs, sur le sol rugueux, au milieu des ronflements et des conversations d'oreillers. Tout coït demeure rigoureusement interdit. Des cigarettes allumées luisent comme des lucioles. Dehors, la vie continue dans la ville provisoire.

CHAPITRE XV

LE JOUR LE PLUS LONG

Du temps où le *hadj* ne rassemblait que quelques milliers de pèlerins, l'assemblée des fidèles, à Arafat et ailleurs, se levait comme un seul homme pour prier. Aujourd'hui, chacun fait pratiquement ce qu'il veut. Quel imam, quel haut-parleur pourrait se faire entendre simultanément de quelque deux millions de personnes?

LE 9 DHOU-EL-HIDJA

Il est 6 heures du matin et le jour s'annonce fiévreux. Le grondement des hélicoptères se fait assourdissant. Il n'y a plus d'eau dans les citernes; pas d'ablutions, de purification ni de prières: de quoi rater un *hadj* maintenant si proche. Les pèlerins affolés partent à la recherche d'eaux minérales, prennent d'assaut les camions qui distribuent gracieusement l'eau royale, errent en tous sens à la recherche d'un coin improbable pour se soulager. Indifférents à cette fébrilité, les moutons ruminent silencieusement.

Des véhicules frigorifiques distribuent d'énormes morceaux de glace à une foule en délire. On les brise sur l'asphalte, on en ramasse les fragments pour se les passer sur la tête ou les sucer. Le ciel est vaporeux, le sol torréfié. La muraille montagneuse qui cerne la plaine semble plus pesante. Au fond, le mont de la Lumière. Au premier plan, celui de la Miséricorde, déjà blanc de monde. Des fidèles y ont passé la nuit à dormir dans les échancrures de la roche.

Pendant ce temps, à La Mecque, chefs d'État, ambassadeurs et personnalités invités de Dieu et du roi accomplissent les tours de la *Kaâba.* Les personnalités politiques évoluent dans le circuit entre deux haies de gardes du corps : on ne sait jamais. Le roi Abdallah de Jordanie a bien été abattu en 1951, sur l'esplanade sainte des deux mosquées de Jérusalem. Puis vient le moment de changer la *Kissoua.* La Maison, qui a été lavée un mois plus tôt en présence de l'émir Madjed ben Abdel Qziz, reçoit ce jour-là en grande pompe sa nouvelle robe. Montés sur des élévateurs, des ouvriers enlèvent soigneusement l'ancienne vêture pendant que d'autres apprêtent la neuve. Le moment est solennel. Lorsque les derniers pans du nouveau tissu tombent, achevant de recouvrir le Temple, une vibrante ovation monte au ciel. Après quoi, les invités de luxe s'empressent de rejoindre la plaine d'Arafat avant la mi-journée.

Midi. La canicule est infernale. Le sol est une plaque chauffante; le ciel, du plomb fondu. Une chape de torpeur tombe sur l'*Oumma*, étouffe sa rumeur, paralyse ses mouvements. La blancheur des tentes jure avec le bleu du firmament. Tout semble figé pour l'éternité. C'est normalement le début du *wouqouf*, la « halte debout » autour de la Miséricorde, jusqu'au déclin du soleil. Traditionnellement, des « avertisseurs » agitaient des mouchoirs en guise de signal. Les fidèles se rapprochaient alors du monticule, accomplissaient les prières rituelles puis écoutaient, au garde-à-vous, le prône d'Arafat en souvenir de celui que prononça le Prophète en ce lieu.

De nos jours, il n'y a plus de sermon et la station n'est plus obligatoire, démentant l'accusation d'incapacité de l'islam à se réformer. Des *oulémas* égyptiens d'el-Azhar ont autorisé en effet, depuis 1960, les pèlerins à rester sous la tente tout en participant par le cœur au *wouqouf.* Néanmoins, des croyants téméraires escaladent le djebel et y demeurent, recueillis et stoïques, jusqu'au crépuscule. On ne les admire même pas. Leur ténacité paraît gratuite et ostentatoire aux yeux du simple *hadji.*

Le Prophète, déjà sexagénaire, gravit lentement le sentier en lacets qui mène au sommet de la Miséricorde. Il prend la parole d'un ton direct et concis. Il se veut solennel et définitif. Il rappelle les prescriptions sur le calendrier, le retour au comput lunaire. Il énonce les devoirs réciproques des époux. La femme adultère doit être sanctionnée, mais pas cruellement, et reléguée dans ses appartements. Si elle promet de cesser ses écarts, il faut tourner la page. Il met en garde contre Satan, recommande de bien traiter les esclaves, prêche la fraternité entre les croyants et insiste sur l'égalité des hommes devant Dieu. « Un Arabe ne peut être supérieur à un non-Arabe que par la piété. » La foule est bouleversée, les bras se tendent vers lui, ses proches compagnons fondent en larmes. Il termine ce « prône de l'Adieu » (*khotbat-el-wadaâ*) en récitant le verset : « Aujourd'hui, j'ai parachevé pour vous votre religion, vous, si comblés de mes bienfaits. J'ai agréé l'islam comme religion pour vous » (Coran : 5; 3). « Ai-je bien transmis mon message? demande l'Envoyé. – Par Dieu, oui! répond la foule – Par Dieu, je rends témoignage! »

A défaut de stationner au pied de la Miséricorde, les fidèles veillent plus scrupuleusement encore à ne pas enfreindre les règles sévères de l'*ihram*. Pour beaucoup, cette vigilance représente une torture, car l'état de sacralisation s'impose si fortement au fidèle que la doctrine n'admet pas que la maladie le délivre de ses devoirs. Le croyant n'a pas le droit de se gratter le crâne ni de se couper les ongles. Le respect des poils du corps est tel qu'il s'étend à la vermine qui peut les habiter. On a disputé de la validité d'un lavage de tête en ne se servant que de guimauve et de lotus – en plein désert! Certains disent qu'on peut se raser en cas de maladie. Mais si des poux sont nichés dans la barbe ou dans les cheveux, il faut veiller à ne pas les écraser. Quelques *oulémas* supposent qu'on peut les tuer; d'autres ne cèdent point à cette violence : le pèlerin peut, tout au moins, transférer les parasites vers un autre endroit du corps, « s'ils s'y trouvent dans les même conditions de nourriture» – au niveau du pubis ou des aisselles par exemple. Il peut aussi changer son costume de *hadj* à la condition expresse que cela ne cause pas la mort des parasites qui y ont élu domicile. Si l'on se coiffe avec un peigne et que des cheveux y restent attachés, réparation est due à Dieu au moyen d'une aumône symbolique. Peut-on se masser une partie du corps, se faire extraire une dent, subir une saignée, etc., autant de questions qui n'ont pas trouvé de solutions satisfaisantes pour tout le monde. En attendant, on a prévu des sanctions (trois jours de jeûne pour un lavage des cheveux par exemple), mais aussi des amendes : une datte pour chaque sauterelle tuée, bien que les criquets pèlerins soient comestibles aux yeux de la Tradition. Ils proviendraient de l'éternuement d'un poisson qui en expectore des millions de fois par an.

L'obsession de la pureté rituelle atteint ici son paroxysme. La rareté de l'eau aggrave le risque de souiller l'*ihram*. Il faut donc se méfier, après avoir uriné, des gouttes retardataires qui peuvent mouiller le costume à l'insu du fidèle. Grâce à Dieu, les docteurs de la foi ont élaboré, à cet effet, tout une méthode de la bonne miction : l'*istibra,* qu'on pourrait rendre par « immunité » ou « exemption ». Aussi, pour vider totalement la vessie, « faut-il frapper le sol du pied, tousser violemment, enrouler le pied droit sur le pied gauche, descendre et se lever... ». Mais il y a d'autres risques. « Les ablutions sont rompues par tout ce qui sort des deux voies d'écoulement, urine, selles, vents lâchés, sperme et autres liqueurs séminales ». Le *fiqh*, l'« intelligence », la science du droit religieux, dresse un inventaire d'une précision renversante qui en dit peut-être long sur l'inconscient de l'*Oumma*. Il distingue le *mani*, le sperme proprement dit, dont l'odeur évoquerait celle du « spathe de palmier », du *madhy*, le liquide prostatique, sans oublier le *wadhy*, cette urine très épaisse qui, s'écoulant parfois après le coït, serait un mélange de tous ces liquides. Ces mêmes termes s'appliquent à la femme pour désigner les écoulements vaginaux, lochies et glaires [1].

Même s'ils ne comprennent pas toujours le sens du mot *istinja*, « délivrance », tous les croyants en connaissent plus ou moins les principes. Autrement dit, l'art de se purifier après la défécation. « On utilise la main gauche. On doit se rendre aussi souple que possible. On soulève le doigt majeur de manière à ce qu'il soit légèrement poussé en avant par rapport aux autres doigts et on lave l'endroit [l'anus] ainsi touché... » L'index ne doit jamais être utilisé – d'où cette charade que tous les enfants musulmans connaissent : « Quatre enculent et un cinquième regarde. » Les *oulémas* ont prévu même le prolapsus ou « descente » de rectum qui annule momentanément l'*ihram*. Il faudrait, dans ce cas, remettre en place l'anus à l'aide d'un chiffon.

Quel calvaire pour un *hadji* atteint d'une affection de la prostate lorsque les envies d'uriner sont trop fréquentes et l'évacuation lente et difficile! De plus, les éternuements comme la défécation peuvent, dans ce cas, comprimer l'organe malade et provoquer une sécrétion de liquide prostatique. S'agirait-il alors d'une *janaba*, une « aliénation » de soi – impureté majeure qui oblige à un *ghousl* complet? Difficile de répondre, tant les savants ont lâché bride à leur génie inventif et manifesté leur étrange intérêt pour les « cas rares ». Résultat, il y a deux moyens de basculer « à côté de soi » (c'est le sens littéral de *janaba*) : l'émission de sperme suscitée par le regard ou la masturbation, et l'intromission génitale, sous certaines conditions. Le gland doit, dans cette dernière occurrence, disparaître entièrement dans l'orifice de la partenaire. La grande ablution s'impose alors pour les deux intéressés, qu'il y ait eu éjaculation ou non.

Si d'aventure le gland est coupé, l'introduction d'une longueur égale de la verge conduit à la même obligation. Le coït avec un garçon, un eunuque ou un hermaphrodite de naissance, oblige le passif comme l'actif au grand bain rituel. Mais si l'on fornique avec le pénis bandé par une étoffe et qu'on ne sent pas la chaleur intérieure de l'orifice ainsi investi, on n'est pas soumis à la sanction purificatrice. La pénétration sexuelle d'un animal, d'un cadavre ou d'un enfant, non suivie d'éjaculation, n'entraîne pas non plus l'obligation du *ghousl*. En revanche, une femme qui a ses règles en période de *hadj* en perd le bénéfice. Elle devra refaire le pèlerinage.

La majorité des pèlerins ignorent ces détails scabreux. Ce sont les rigoristes qui, pour mieux dominer les simples croyants, entreprennent de les culpabiliser jusqu'à transformer le pèlerinage en purgatoire. Comme ce fut le cas pour un de nos compagnons qui souffrait de nausées mais se refusait à manger, à avaler des médicaments ou à boire. « Cela m'obligerait à aller aux toilettes », gémissait-il. Comme il est loin, l'Age d'or islamique où l'imam Ghazali ne voyait qu'« obsessions » et « fantasmes » dans ce code loufoque. Pourfendant ceux qui s'embellissent comme « une nouvelle mariée » et se lavent à tout vent, le vénérable philosophe ne voyait dans cette afféterie qu'une « ruine, bourrée de vice[2] ».

Les rapports sexuels restent, au demeurant, radicalement proscrits pendant toute la durée du *hadj*. Une confidence d'Aïcha affirmant que « le Prophète embrassait ses femmes alors qu'il jeûnait, mais qu'il était plus maître que vous de son membre viril », autoriserait, pour le moins, un homme à dormir près de sa femme. Toute décision juridique qui supposerait la fornication légale – demande ou rédaction d'acte de mariage – est nulle et malvenue en ces jours de feu et de foi. Signalons que des *oulémas* séoudiens ont proposé quelques audacieuses dérogations aux règles de l'*ihram* sans soulever de tollé sérieux. Les hommes pourraient donc se laver, se peigner les cheveux, se couvrir le visage (les femmes sont tenues pour une fois de montrer leur visage), se gratter la tête, porter des bagues, arracher une dent ou percer un abcès. Indépendamment de ce « laxisme », le *wouqouf* est aujourd'hui réduit à une présence matérielle pour la majorité écrasante des pèlerins. Mais si un fidèle est absent d'Arafat pendant la « halte », il ne lui reste plus qu'à se désacraliser pour ensuite accomplir au moins une *omra*. Quant au *hadj*, il devra attendre l'année suivante. Ce qui précède s'adresse aux sunnites; les chiîtes se montrent plus exigeants encore. Le croyant qui a raté le *wouqouf* doit garder l'*ihram* jusqu'au prochain pèlerinage. Comme en 1731, lorsqu'une caravane iranienne manqua la « station » et revint à La Mecque, où elle demeura et attendit un an, pour le pèlerinage suivant. Mal leur en prit : les habitants de la Ville sûre leur rendirent le séjour infernal, les accusant notamment d'avoir souillé d'excréments[3] la Pierre noire. Le Chérif fut obligé de les chasser. Ils allèrent à Taïf et à Djedda attendre le *hadj* de 1732.

Sous l'ample chapiteau, le vrombissement incessant des hélicoptères assourdit les plaintes des pèlerins pris de nausées, pliés en deux par des coliques intestinales, terrassés par des crises d'asthme ou d'hypertension. Il y a quelque chose d'émouvant et de scandaleux dans cette souffrance alors que l'infirmerie se trouve à portée de voix. Manifestement, chacun endure cette affliction comme un témoignage de son amour pour Dieu. Plus celle-là est épouvantable, plus celui-ci est profond. Ici toute épreuve du corps est une preuve de foi. Ce vieillard prostré à la peau parcheminée qui vomit ses tripes ne veut pas de médecin. Quels péchés ont bien pu commettre ces pères de famille aux visages usés, ces vieillards faméliques, pour tenter de les racheter au prix d'un tel martyre? L'islam proscrit le suicide; néanmoins beaucoup d'invités ne verraient probablement pas d'un mauvais œil un trépas sur la terre bénie. Surtout s'ils songent aux tracas de la vie ordinaire qui les attendent dans leurs foyers. Au jour d'Arafat, dit-on, Dieu lui-même descend sur le premier et le plus bas des sept cieux qui enveloppent la Terre. Tout proche des humains, il les désignera à leurs frères déjà élus au firmament: « Regardez mes serviteurs! Ils sont venus vers moi en mauvais état, couverts de poussière, mordus par le soleil. »

Le paysage semble pétrifié. Mais, sur la Miséricorde, une foule, d'une blancheur aveuglante, reste coite sous le feu solaire. Jeunes et vieux, Thaïlandais, Turcs, Indiens, Yougoslaves, Marocains et même des Français, ils se tiennent serrés, épaule contre épaule, les yeux fixés sur l'horizon ocre des montagnes mecquoises. Au pied de la colline, une ambulance. A l'intérieur, un homme sans âge, probablement un Philippin, semble dormir profondément. Mais ses oreilles, ses narines et sa bouche sont fermées par des morceaux de coton, ses bras attachés au corps, ses pieds ficelés: il est « retourné à Dieu ». Le bienheureux!

CHAPITRE XVI

VOIR LA MECQUE ET MOURIR

La mort et la sépulture en Terre sainte comptent parmi les rêves les plus chers et les plus secrets de tout musulman qui se respecte. Que ne ferait-on pas, plus ou moins inconsciemment bien sûr, pour y laisser sa peau? A cet égard, l'histoire du *hadj* s'apparente à celle des hécatombes auxquelles il donne lieu tous les ans depuis près de quatorze siècles. A telle enseigne que certaines feuilles intégristes affirment doctement que le pétrole séoudien provient de la fermentation de la vase formée par des générations de cadavres enterrés dans la vallée stérile.

Jusqu'aux années 1925, le pèlerinage représentait une aventure très aléatoire, périlleuse même. Des médecins européens, affectés au contrôle sanitaire international des pèlerins, ont calculé que jusqu'en 1902, en dehors de toute épidémie, sur les 25 % des invités de Dieu disparaissant au cours de leur voyage, 20 % mouraient, les derniers 5 % finissant esclaves. En période d'épidémie, la proportion des pertes atteignait 40 % comme en 1891 où, sur 46 000 visiteurs, 21 000 ne sont pas revenus [1].

Du Maroc, de Chine, de Zanzibar ou de Crimée, on se rendait à La Mecque par caravanes, en suivant des routes traditionnelles, jalonnées de caravansérails mais point toujours protégées des pirates du désert. L'Égypte a longtemps constitué le carrefour des routes du Maghreb, de l'Afrique noire et de la Méditerranée orientale. Les fidèles de toutes provenances se réunissaient au Caire, au mois de ramadan, pour s'ébranler par terre ou par le Nil, vers le sud, jusqu'à Qous, non loin de Louxor. De là, ils obliquaient vers l'est, traversaient le désert jusqu'aux ports de Qosseir ou d'Aydhab, sur la mer Rouge. Aydhab constituait une étape dantesque. Les pèlerins étaient souvent malmenés, volés, battus par les habitants et devaient payer des taxes ruineuses. Les indigents qui ne pouvaient s'en acquitter étaient suppliciés et parfois « pendus par les testicules », affirme Ibn Jobayr. On prétendait de ce fait que Salomon, le fils de David, considéré comme un Prophète par l'islam, avait choisi cette maudite cité comme prison pour les démons rebelles.

Après un mois d'attente, les voyageurs embarquaient sur des felouques rudimentaires, aux voiles de nattes. Cet itinéraire fut utilisé jusqu'au temps de Saladin. Mais en 1247, sous le règne de la sultane mamelouke d'Égypte Chagart-el-Dorr, l'« arbre aux perles, » fut inaugurée la route du Sinaï et d'Akaba pour se rendre à La Mecque en longeant la côte orientale de la mer Rouge. La route de Qosseir et d'Aydhab, qui datait de Ramsès III (XIIe siècle av. J.-C.) et monopolisait le commerce de l'Égypte avec les Indes, le Yémen et l'Arabie, allait être définitivement abandonnée. Les caravanes quittaient alors Le Caire en grand apparat, chargées d'eau, de boissons, de nourritures et de remèdes. Les voyageurs emmenaient guides, médecins, orthopédistes, une police des mœurs et même des laveurs de morts. Elle s'enfonçait dans le Sinaï, passait par Aqaba et mettait le cap sur Djedda, parcourant ainsi quelque 1 400 km en 40 jours de route au minimum, dans la chaleur et sous la menace des agressions bédouines.

Une autre caravane ne tardait pas à s'organiser depuis Damas. Elle réunissait les invités venus de Constantinople et d'Anatolie, de Perse et d'Asie centrale. Mille trois cents kilomètres, quarante étapes, sept semaines de route séparaient Damas de La Mecque, par Maân et Médine. Cinq cents soldats d'élite assuraient la protection du cortège, sur lequel devaient veiller, en plus, quatre tribus du désert copieusement subventionnées à cet effet. La richesse du convoi justifiait cette mesure : or, argent, tapis, soieries et 1,8 tonne de bougies nécessaires à l'éclairage du *Haram* mecquois.

Une troisième route, qui charriait surtout des chiîtes, partait de Méched en Perse, rejoignait la Mésopotamie et Bagdad, puis pénétrait dans le désert et gagnait Médine, moyennant de lourds péages prélevés par les bédouins des contrées traversées. D'autres Persans suivaient une quatrième voie: après avoir franchi le *Sinus Persicus*, ils se dirigeaient vers la Ville sûre via le Najd, le pays des Wahhabites. Ils devaient au passage payer de fortes sommes à leurs hôtes dédaigneux. Enfin, un cinquième itinéraire conduisait à bon port les pèlerins du Yémen, en passant par Sanâa puis Taïf. C'était le chemin le plus court et le moins dangereux.

Indiens, Malais, Africains et Comoriens qui arrivaient par voie de mer accostaient à Djedda. A partir de 1858, l'emploi des bateaux à vapeur réduisit sensiblement le trafic des caravanes et le transport des voiliers sur la mer Rouge, alors que s'intensifiait l'arrivée des pèlerins des Indes et de Sumatra. L'ouverture du canal de Suez, dix ans plus tard, détermina une nouvelle route maritime pour les musulmans du Maghreb, d'Asie Mineure et de Russie.

Au tournant des années 1900, le Dar-el-Islam était largement occupé par les puissances occidentales et chrétiennes. Russes en Asie centrale, Hollandais en Indonésie, Anglais aux Indes et Français au Maghreb et en Afrique noire. Pour des raisons politiques évidentes, ces empires veillaient de très près au déroulement du *hadj* tout en améliorant ses conditions et sa logistique. Le sultan ottoman décida de constuire un chemin de fer reliant Constantinople, capitale politique, à La Mecque, métropole spirituelle. Cette voie ferrée devait être un bien de mainmorte. Une souscription générale parmi les musulmans du monde entier, augmentée de la contribution personnelle du sultan-calife, permit d'atteindre enfin Médine en 1908. L'achèvement du dernier tronçon jusqu'à La Mecque était prévu pour 1910. Il ne fut jamais réalisé.

Le gouvernement turc voyait d'abord dans cet ouvrage la possibilité d'acheminer confortablement vers la Terre sainte les musulmans demeurés sous son autorité sans passer par les services des nations occidentales, mais il y voyait surtout un moyen de contrôle plus direct sur le Hedjaz où

Anglais, Allemands et Français se livraient déjà une impitoyable lutte d'influence. En vain, car la stratégie britannique, conduite notamment par le fameux Lawrence dit d'Arabie, de démantèlement de la voie constituait un objectif majeur. La guerre de 1914-1918 l'a détruite sur la plus grande partie de son trajet. Aujourd'hui, on peut encore visiter à Damas la superbe « gare du Hedjaz », avec ses guichets fermés. De la capitale omeyyade à La Mecque, le voyage durait cinq jours. Les voitures étaient ordinairement sans toit; dans chacune pouvaient s'entasser jusqu'à 78 pèlerins. En 1912, 15 370 pèlerins passèrent à l'aller et 16 888 au retour. Plusieurs cas de choléra furent constatés. On découvrit aussi des cadavres de cholériques jetés sur la voie ou cachés sous les bagages, dans certains wagons.

Parmi les migrations religieuses, le *hadj* est celle qui a donné le plus de soucis aux organismes internationaux responsables de la santé publique. La meilleure provision pour le voyage étant la piété aux dires du Prophète, les multitudes de pèlerins se souciaient davantage du salut de leur âme que des soins du corps. Ces rassemblements d'invités avaient beau constituer des foyers épidémiques (peste, fièvre jaune, variole, choléra), le *hadj* ne s'était pas moins déroulé des siècles durant sans le moindre contrôle médical. On se doutait bien, au retour des caravanes dont les effectifs avaient toujours mystérieusement diminué, qu'il se passait quelque chose. Mais Dieu seul sait combien Arafat dut souvent être un champ d'épuisement où la mort frappait. Les rares souvenirs ou les récits plus ou moins apocryphes des rescapés contribuaient plutôt à accroître l'aura du pèlerinage. Pourtant un *hadith* conseille : « Si vous entendez dire qu'il y a une épidémie dans un endroit, n'y entrez pas. Lorsque vous vous trouverez dans un endroit où il se déclare une maladie contagieuse, n'en sortez pas. » En vain : de ces fléaux les fidèles ne parlaient pas, par fierté ou par fatalisme. De leur côté les chérifs craignaient de décourager les candidats au *hadj*, tandis que les Européens (qui officiellement ne pouvaient pénétrer dans les villes saintes) ignorèrent longtemps ces catastrophes endémiques.

TOUS LES CHEMINS MÈNENT AU HADJ

On savait depuis le Moyen Age le danger des maladies importées d'Orient. On connaissait surtout la peste. Quant au choléra, il resta cantonné aux Indes, son berceau, jusqu'au début du XIXe siècle. En 1817, il en sortit par deux portes : Calcutta qui le conduira en Indochine et en Malaisie, et Bombay par laquelle il accédera au Proche-Orient et en Afrique. En 1830, il envahit l'Europe, tuant jusqu'au Premier ministre de Louis-Philippe. L'année suivante, pour la première fois, il fit partie du pèlerinage de La Mecque.

En 1851, une convention sanitaire internationale élaborée à Paris prévoyait notamment le régime des quarantaines et des lazarets placés aux carrefours des voies reliant l'Europe à l'Asie. Ignorant encore l'état sanitaire du Hedjaz, elle passait sous silence le pèlerinage. L'augmentation subite du nombre des pèlerins, grâce à l'usage des bateaux à vapeur charriant des Asiatiques par milliers, allait décupler les risques d'épidémies et attirer l'attention des services sanitaires occidentaux.

CHAPITRE XVII

LE HADJ PAR TEMPS DE CHOLÉRA

En 1865 le choléra sévit à Java et à Singapour. Des pèlerins javanais l'introduisaient à La Mecque. Commence alors le *hadj* de l'épouvante. On compte bientôt 200 décès par jour dans la Ville sûre. L'épidémie terrasse quelque 20 000 invités sur les 90 000 présents. A la fin de la saison sacrée, des navires rapatrient 15 000 Égyptiens à Suez. Les capitaines des deux premiers navires déclarent n'avoir eu parmi les pèlerins, au cours de la traversée, que des décès par « maladies ordinaires non contagieuses »; ils obtiennent de débarquer leurs passagers. On apprendra par la suite que l'un de ces bateaux a dû jeter à la mer plus de cent cadavres terrassés par le choléra. Les conséquences de ces mensonges vont dépasser tout ce que l'imagination peut concevoir : trois jours après le débarquement, la maladie se déclare à Suez puis à Alexandrie avant de s'étendre à toute l'Égypte où elle fait 60 000 victimes en trois mois.

L'épidémie entame à son tour un effroyable pèlerinage à travers le monde. Elle traverse la Méditerranée, touche Marseille en juin 1865, gagne Paris, emportée par des trains de fuyards. Le même mois, elle fait son entrée à Rhodes et à Malte, et une semaine plus tard à Constantinople où elle éteint 15 000 âmes. Le fléau continue sa marche funèbre et arrive le 7 juillet en Italie, non sans avoir investi l'Espagne. Madrid, Barcelone, Séville et même les Baléares sont affectés et des milliers de victimes fauchées. Le Proche-Orient n'échappe pas à la calamité mecquoise qui, depuis la Syrie où elle enterre 10 000 personnes, « rayonne » vers la Perse, s'enfonce dans la Macédoine jusqu'à Odessa d'où elle ne tarde pas à assaillir l'Ukraine, Saint-Pétersbourg, et à mordre sur l'Allemagne, non sans avoir endeuillé le Caucase au passage.

A la fin du *hadj*, les survivants javanais rapatrient chez eux le bacille « virgule », agent du choléra, qui se répand bientôt aux Indes et fauche des provinces entières.

Le désastre franchit même l'Atlantique en partant de Marseille. En octobre 1865, la Guadeloupe est déjà contaminée (on y comptera 10 000 morts). New York accueille un mois plus tard deux familles allemandes infectées. La maladie ne gagnera pas la ville. L'horrible périple s'arrête là. Mais, dans les seules villes d'Europe, on ne compte pas moins de 200 000 morts. Les ravages sporadiques de cette tragique campagne dureront jusqu'en 1874.

Une mission d'enquête envoyée au Hedjaz par le sultan ottoman démontre qu'entre 1831 et l'année fatale 1865, treize épidémies de choléra s'étaient succédé à La Mecque sans attirer l'attention des autorités de Constantinople. Une sainte terreur s'était emparée de toute l'Arabie. En 1856, le gouvernement wahhabite du Najd voyant la cause du mal dans un relâchement de la morale islamique, crée une commission de la vertu « afin d'en garantir la rigueur » : malheur désormais à ceux qui traînent dans la rue au moment de la prière. Les chiens, animaux « impurs », sont proscrits et le tabac mis à l'index. Parallèlement, le chérif de La Mecque constitue un aréopage de 32 notables chargés de « surveiller les pratiques religieuses et l'état moral de chaque individu ». Ces puritains assument leur fonction avec une rigueur impitoyable : les fumeurs sont bastonnés, les musiciens fouettés et leurs instruments brûlés, les enfants interdits de jeux. Rire aux éclats devient presque un délit, surtout pour les femmes.

En Europe, on prend rapidement l'affaire en main, mais à une autre échelle. La panique pousse la France à préconiser une conférence sanitaire internationale. Elle se tient finalement à Constantinople en 1866, non sans arrière-pensées. Les Ottomans tergiversent, qui voient dans l'implication des puissances occidentales une ingérence dans leurs affaires intérieures, tandis que les Occidentaux trouvent là un moyen supplémentaire et pour une fois justifié de malmener l'« homme malade de l'Europe ». Après des débats houleux, avivés par la nouvelle d'une énième épidémie au Hedjaz, la conférence met au point le premier programme international de lutte contre un fléau : contrôle sanitaire des pèlerins au départ des Indes, création d'un lazaret de quarantaine à Tor dans le Sinaï, examen sévère des passagers à Suez par une commission internationale. Le pèlerinage de La Mecque entre ainsi par la porte de l'effroi dans l'histoire sanitaire de la planète. Il n'en sortira plus. Le Conseil supérieur de santé de Constantinople, créé en 1838 par le sultan Mahmoud II, devient dès lors caduc. L'incurie administrative, ce fléau des pays islamiques, y était telle que l'une de ses rares missions au Hedjaz, en 1866, avait eu pour objet « d'y rechercher les épidémies antérieures de choléra »...

La Mecque devient donc, dans la seconde moitié du XIXe siècle, le « relais du choléra » entre le Bengale et le reste du monde. En 1893, il hante de nouveau la scène mondiale. Le mal éclate le 7 juin à La Mecque, provoquant près de 14 000 décès en un mois, soit une proportion d'un pèlerin sur six. La plaine d'Arafat offre alors un spectacle digne de Jérôme Bosch : les laveurs de cadavres travaillent d'arrache-pied, des foules errent dans le désert, les gens gémissent, les chameaux blatèrent à la mort et les vautours festoient dans l'hébétude générale. Des rescapés, 17 000 mourront sur les routes du retour. L'horreur le dispute à l'invraisemblance. La Mère des cités se mue en vaste camp mortuaire. Il n'empêche qu'aux yeux ahuris des fidèles, ceux qui partent ainsi vers Dieu restent les meilleurs. Le choléra devient une fatalité, une tradition. De 1831 à 1912, le choléra fait le pèlerinage de La Mecque une année sur trois.

Pourtant, en 1892, une convention signée à Venise renforce le conseil de quarantaine d'Égypte et révise toutes les dispositions appliquées jusqu'alors. Peine perdue : au *hadj* de 1912, le choléra explose derechef dans la Ville des villes. Les conditions sanitaires y sont effarantes. De l'avis des médecins locaux, « l'état hygiénique de la cité est déplorable à cause du manque absolu de latrines publiques ». De fait, les invités se soulagent à la sauvette, sous les porches des maisons ou dans les impasses.

Alors que le Hedjaz subit, toujours en 1912, un des derniers soubresauts du fléau, une conférence réunit à Paris quarante nations intéressées par les retombées sanitaires du *hadj*. Mais les luttes sauvages qui opposent Hussein, le chérif de La Mecque, à Ibn Séoud le Wahhabite, compliquent les conditions du pèlerinage; plus encore, lorsque le chérif interdit aux Indiens et aux Égyptiens d'y organiser leurs propres hôpitaux. Dans ce climat d'arbitraire, rapine et mégalomanie font la loi. Le règne d'Ibn Séoud, étendu aux Lieux saints à partir de 1924, finit par apporter au moins la sécurité aux invités. Il semblerait que le dernier cas de choléra remonte à cette année-là.

En 1944, un Office international d'hygiène publique, créé en 1903 pour surveiller l'état sanitaire du pèlerinage, passe ses pouvoirs à l'administration des Nations Unies pour les secours et l'hygiène, laquelle ne va pas tarder à s'en dessaisir au profit de l'Organisation mondiale de la santé (OMS) qui siège à Genève. Avec l'avènement des indépendances (Inde et Pakistan : 1947, Indonésie : 1949, etc), cette dernière institution paraît tout indiquée pour pallier le désengagement des puissances occidentales. C'est ainsi que, le 1er octobre 1952, un nouveau règlement sanitaire international du *hadj* entre en vigueur. La même année, l'Inde (8 000 pèlerins) peut librement établir deux dispensaires à Djedda et à Mina, la Turquie (11 000 pèlerins) entretenir une mission médicale de 400 lits, et l'autorité française d'Algérie (2 500 pèlerins) disposer d'une ambulance composée de deux médecins, de deux adjoints techniques et de deux infirmiers, et dotée d'un gros matériel médico-chirurgical, d'une glacière à grande capacité et de deux camions.

Il n'y a plus de choléra, et la dysenterie amibienne et bacillaire, la méningite, qui sévissent épisodiquement, sont souvent traitées à temps. En revanche, les autorités sanitaires s'avouent quasi impuissantes contre l'insolation. Toujours en 1952, on compte 795 décès par insolation. L'histoire du pèlerinage aura trop souvent été un long martyre, une souffrance pieusement acceptée, inconsciemment recherchée même. Car ici, la croyance dans les vertus des tourments du *hadj* s'affermit : ils seront automatiquement retranchés des châtiments que subirait le pécheur dans la vie éternelle. En Islam comme en chrétienté le croyant doit souffrir et, s'il ignore pourquoi, Dieu le sait.

L'air est irrespirable, l'atmosphère nauséeuse. Les visages sont prostrés, absents. Un vieillard prie dans la direction opposée à la *Qibla*, son voisin de lit se lève et le fait pivoter, puis se recouche. Sans un mot. Très digne, une grand-mère musulmane de Marseille médite, les yeux rougis par le manque de sommeil. Il n'y a ni angoisse ni joie dans sa sérénité, mais une présence qui en fait le point d'équilibre de notre dortoir.

La mission médicale algérienne. Un homme gît sur le sol. Il est au ciel. Une femme pleure en silence. Combien y a-t-il eu de décès jusqu'ici? « C'est un secret, esquive le médecin; consultez le ministre de la Santé à Alger. » Un de ses collègues nous souffle : « On a déjà dénombré 24 morts! » L'insolation est, de nos jours, la principale cause des centaines de décès qui émaillent régulièrement le *hadj*. Les cadavres sont enterrés sur place. Et quand un fidèle meurt en *ihram*, les interdictions de vêtements et de parfums qui le frappent persistent. Un *hadith* explique qu'il reparaîtra au jour de la Résurrection dans la même tenue. L'inhumation est simple : le corps est déposé dans une fosse large d'un empan (d'où la maxime : « A quoi bon s'acharner à s'enrichir dans la vie s'il ne t'en reviendra qu'un empan de terre? ») puis couché, sur le côté droit, la face tournée vers la *Kaâba*. Cercueil, balisage de la tombe et autres inscriptions sont proscrits. Aucune famille n'oserait réclamer la dépouille d'un « martyr » du pèlerinage.

Les missions médicales turques et chinoises sont parmi les mieux organisées. Leurs ouailles sont munies d'ombrelles, constamment entourées de guides, jouissent d'un plus grand nombre de ventilateurs. On leur distribue des sels minéraux pour prévenir les syndromes de l'insolation. Quant aux Séoudiens, force est de reconnaître qu'ils ont mis en place sur toute l'étendue du domaine du pèlerinage un dispositif sanitaire relativement efficace. Il y a 870 lits et 11 stations d'ambulances à Arafat; 2 hôpitaux et 18 centres ambulanciers à Mina. Les centres de santé que nous avons pu visiter sont d'une propreté impeccable, les soins et les médicaments gratuits. Dommage que la compétence et les qualités humaines des médecins ne soient pas toujours à la hauteur des circonstances... Néanmoins, beaucoup de croyants cherchent à se faire soigner pendant le *hadj* des maladies souvent anciennes. Ils croient qu'une baraka particulière s'attache aux mains des toubibs locaux. Le résultat n'est, hélas! pas toujours convaincant. Comme dans le cas de cet Algérien incommodé par une petite hernie scrotale qui se fait opérer à La Mecque. Une fois de retour à Alger, il s'aperçoit un beau matin, en faisant ses ablutions, qu'on lui a enlevé un testicule avec la petite tumeur...

CHAPITRE XVIII

LE DÉBORDEMENT

Un tonnerre de klaxons, de sirènes d'ambulances, de cris et de pleurs, éclate brusquement dans le ciel sans nuages de la plaine d'Arafat. « Levez-vous, prenez vos affaires, on part! » lance un vieux bossu, au regard halluciné, à l'adresse de la chambrée ensommeillée qui sursaute comme un seul pèlerin. C'est le branle-bas de combat, aveugle et sauvage. Des hommes ramassent leurs sacs et se dirigent aussitôt vers l'extérieur, piétinant des fidèles encore allongés. Des femmes se mettent à sangloter en suppliant : « Ne nous abandonnez pas! Par Dieu, attendez-nous! » Personne ne les entend. C'est la panique du départ. Il faut partir. « Chacun pour soi et Dieu pour tous », marmonne en français un Algérois. Les invités plient fébrilement leurs balluchons. « Vite, vite, espèce de limace, ordonne un homme à sa femme, vite ou je te laisse tomber ici! » Impavide, elle murmure : « Chiche, fais-le! »

Le 9 dhou-el-hidja

En quelques minutes ce sont des milliers de personnes qui se retrouvent serrées sur le bord des grandes autoroutes, sous les gaz et dans le vacarme des nuées d'autobus gorgés de pèlerins qui commencent à quitter Arafat. Chinois, Tunisiens, Camerounais, Philippins et autres frères en religion, passent devant nous avec de grands gestes de salut. Un Kabyle lève alors le regard et s'exclame : « Mon Dieu, quel mal avons-nous fait pour être toujours les derniers à arriver et les derniers à partir? » La foule partage son dépit. « Si j'attrape maintenant un membre de cette maudite Délégation, je le coupe en morceaux, je les mets dans une cocotte et je le bouffe sans sel... », éructe un Algérien de Nancy. Des rires fusent tout de même au milieu de la panique.

C'est l'*ifada*, le « Débordement » d'un flot violent qui s'écoule, le déferlement d'une marée. Ce pourrait être une catastrophe naturelle, mais il ne s'agit que de la cérémonie rituelle qui rompt la station d'Arafat pour entraîner les invités jusqu'à la vallée de Mouzdalifa située à une dizaine de kilomètres vers l'ouest. Traditionnellement, le *wouqouf* dure jusqu'au coucher du soleil. « Au moment où l'éclat jaune s'atténue en estompant le disque », précise-t-on.

La tombée de la nuit donne le signal du départ. Monté sur sa chamelle, Mahomet indique aux croyants de le suivre par les sentiers caillouteux de la plaine. La cohorte des pèlerins s'ébranle dans le crépuscule en un joyeux brouhaha de prières et de grognements d'animaux. La caravane s'enfonce dans la nuit. « Croyants, du calme! la piété ne consiste pas à forcer vos montures », conseille l'Envoyé à ses compagnons. Par cette recommandation à première vue anodine, le Prophète désire en réalité rompre totalement avec les usages de l'*ifada* païenne. Car il s'agit encore d'une cérémonie préislamique que le Sceau des Prophètes récupère, adapte à ses principes et intègre ensuite au *hadj*.

Avant l'islam, le « Débordement » commençait avant le crépuscule. On suppose qu'il s'agissait d'un rite solaire primitivement conçu comme une poursuite du soleil mourant. Le dieu de Mouzdalifa s'appelait Qouzah, le dispensateur de l'orage couronné d'un arc-en-ciel (*qaous-Qouzah*, en arabe, « arc de Qouzah »). Une divinité des éclairs et des averses, de l'eau et du feu. Il est vrai que les processions du *hadj* préislamique coïncidaient avec l'équinoxe d'automne qui marque l'attiédissement du soleil et la chute des premières pluies. A cet égard, les noms des diverses cérémonies sont éloquents : l'Abreuvement (*yom-el-tarouiya*), puis le Débordement des flots (*ifada*) et enfin le Déluge (*taouaf*). Tout se passait comme si l'étape d'Arafat consacrait l'apogée annuel de l'astre incendiaire, mais aussi le commencement de son agonie. Au moment où il amorçait son déclin vers le couchant, les pèlerins se lançaient furieusement à sa poursuite. Mais le départ de cette course éperdue prenait des allures de sauve-qui-peut et, dans la déroute générale, vieillards, femmes, enfants et infirmes étaient bousculés, renversés, parfois piétinés et écrasés par le torrent des chameaux et de pèlerins mus par la piété plus que par la pitié.

Le Messager de Dieu, dégoûté par ces excès, déplaça le temps de l'*ifada* jusqu'à la disparition du soleil et annula la meurtrière procession en prescrivant de s'avancer lentement. La Tradition insiste à l'envi sur le rythme modéré de la marche de Mahomet vers Mouzdalifa. L'imam Ghazali dit que le « croyant doit faire l'*ifada* avec gravité et sérieux; en évitant de donner aux chevaux et aux chameaux l'allure rapide que certaines gens ont l'habitude de pratiquer; cela est conforme aux actes et aux paroles du Prophète ». Toute sacro-sainte qu'elle soit, la *Sunna* a ses vœux pieux. Pas plus par le passé qu'aujourd'hui, les fidèles ne respectent cette sage modération. C'est dans l'étourdissement des cris, la cacophonie des louanges à Dieu et des injures aux voisins, dans l'irrésistible mêlée des hommes et des bêtes que le débordement musulman explose d'année en année, laissant sur le sable des amas de cadavres écrasés par la multitude des pèlerins, des chameaux, des chevaux, des ânes et des chèvres. Ibn Jobayr rapporte que, lorsque le signal était donné, la foule s'élançait d'une « telle poussée que la terre en tremblait et que les monts en étaient ébranlés ».

Pour beaucoup, le *hadj* s'arrêtait à Arafat. Les vautours du coin en savent quelque chose. Nous nous y sommes attardés un soir et nous les avons vus tournoyer au-dessus de nos têtes. Plus encore, le terrain mal frayé, semé de rochers, ponctué de raidillons que les ténèbres rendaient à chaque pas plus redoutables, avait également son lot de victimes. Certains tombaient de leurs montures, d'autres trébuchaient, aussitôt écrasés par le tonitruant torrent des pèlerins. Autrefois, ceux qui maintenaient le cap s'exposaient, pour leur part, aux coups de main des bédouins pillards embusqués derrière le voile de la nuit. Pour autant, il y a dans la racine de l'*ifada* la « rébellion » *(intifada)*, l' « inondation » *(ayadan)* et l' « anarchie » *(faouda)*.

Arafat. Nos bus arrivent après trois heures d'attente. La portière du car s'ouvre, mais les fidèles s'agrippent si frénétiquement les uns aux autres que personne n'arrive à monter. Un homme accède tout nu au véhicule : dans la foulée, son *ihram* s'est détaché. Les yeux écarquillés, il réclame son balluchon perdu dans la bousculade. Le chauffeur lui glisse un journal entre les mains pour cacher ce que Dieu a caché. Quelle rage de passer avant les autres, quel égoïsme! Les plus forts donnent des coups de coude, des insultes succèdent aux prières. « Laisse-moi passer, morveux! », « Tais-toi, cochon, ou sinon je te tire la langue et je te l'enroulerai comme un turban »... Les hélicoptères continuent d'arpenter le ciel où affleurent les premières étoiles, tandis que des escouades d'ouvriers philippins entreprennent de démonter la ville, tente par tente. Le théâtre déménage, mais le cirque se prolonge dans l'assaut échevelé des autobus. Un cul-de-jatte veut parler au chauffeur, lorsqu'un homme lui marche sur les mains. Des femmes sortent de leur réserve et se mettent à se lamenter : « Des hommes comme vous, j'en fais des paquets chaque fois que je vais aux toilettes! » crache l'une d'elles.

« *Allah Akbar!* » Une fantastique ovation salue l'allumage des projecteurs. Nous démarrons au milieu d'une marée de véhicules. Un policier nous empêche d'avancer plus loin : il y a des dizaines d'infirmes, de malades et de vieillards moribonds que nous avons oubliés sous les chapiteaux. Qui les connaît? Personne, apparemment. « Partez, que Dieu soit avec vous », lâche l'agent séoudien. Que vont devenir ces malheureux? Personne n'y songe plus.

Une gerbe d'autoroutes drainent par flots pèlerins motorisés et piétons confondus. C'est une voie lactée de phares qui serpente dans le désert, mugissant comme un dragon scintillant. Le *hadj* n'est décidément plus ce qu'il était. Autrefois, chaque arpent de la région rappelait un mot ou une sieste du Prophète. Il y avait ainsi, à la lisière de Mouzdalifa, un endroit où l'Apôtre descendit de sa monture, urina derrière un rocher et fit ses ablutions. Des générations de fidèles se sont bousculées depuis pour soulager leurs âmes en vidant leurs vessies. Aujourd'hui encore, des fondamentalistes se livrent à de véritables battues, récits anciens de pèlerinage à la main, afin de retrouver le noble rocher.

« Mouzdalifa! » hurle le chauffeur en freinant sèchement. La nuit est noire, les faisceaux mobiles des phares semblent dérisoires dans ce néant. C'est pourtant ici qu'il faut ramasser au moins 49 petits cailloux, pas plus gros que des fèves, pour lapider les stèles de Satan à Mina.

Qouzah, le dieu local, résidait au sommet d'un éperon qui portait son nom. On attribue l'introduction de cette divinité au grand ancêtre religieux des Qoraychites, Qossey ben Kilab. Les païens allumaient un grand feu dans un joyeux vacarme qui imitait le tonnerre. C'était le carnaval jusqu'aux premiers rayons du soleil qui donnaient le feu vert pour une autre *ifada* vers Mina. Pour prévenir toute confusion entre le rite « barbare » et sa version « croyante », le Prophète recommande de l'entamer avant l'aube. Il y a juste une veillée nocturne *(mabit)*. « Vivre cette nuit dans la prière est l'une des meilleures offrandes que l'on puisse présenter à Dieu », rappelle Ghazali. Les musulmans convertirent le territoire de Qouzah en Machaâr-el-Haram, « le lieu saint du marquage », mais continuèrent d'honorer les rites anciens. Sous les quatre premiers califes comme à l'époque abbasside, la colline sacrée s'illumine de feux et de cierges gros comme des cyprès. Toute cette nuit-là, raconte Ibn Jobayr, « la mosquée n'est plus qu'une lumière. Le spectateur peut s'imaginer que les astres du ciel y sont tous descendus. » Au siècle dernier, la nuit de Mouzdalifa donnait lieu à des feux d'artifice, des fanfares et des salves. Bien que la tradition considère le *mabit* comme un des piliers du *hadj*, aujourd'hui cette étape n'est plus qu'une brève halte au cours de laquelle les pèlerins récitent des prières, glanent leurs lots de cailloux puis rejoignent Mina. L'étymologie populaire rattache Mouzdalifa à Eve qui s'y est « approchée » d'Adam *(izdalafat)*. L'ancienne mosquée de ce haut « lieu saint désolé » a été rasée pour laisser place à un très vaste hangar. Aucune recherche artistique : seulement des murs, une terrasse, des minarets en béton, mais sanitaires, eau potable et ventilateurs. Une bénédiction finalement que ces bâtiments construits sur le modèle des grands supermarchés de banlieue.

Un des meilleurs tuyaux du *hadj* consiste à s'y rendre chaque soir après les rites quotidiens pour y dormir : la moquette est confortable, l'eau glacée et l'air climatisé. Mais il faut se lever tôt pour y trouver une place.

« Ne descendez pas, hurle un rouquin aux dents jaunies, nous ne sommes pas encore à Mouzdalifa! » Le chauffeur s'indigne et proteste de sa familiarité avec le terrain. Les fidèles finissent par mettre pied à terre et entreprennent de ramasser les petits cailloux. Des amoncellements pierreux se détachent confusément dans l'obscurité. Pour faire face à la « demande » croissante des fidèles, des camions-bennes y déversent, le matin, des tonnes de gravier. Des pèlerins allument des briquets pour mieux choisir leurs munitions, d'autres prient bruyamment, quelques-uns s'éloignent, une bouteille d'eau à la main, à la recherche d'un lieu d'aisance. Le carrousel des véhicules ne désarme pas. Au fond, vers l'ouest, scintillent les lumières de Mina.

L'irascible rouquin continue de vitupérer : « On n'est pas à Mouzdalifa! Tu nous casses le *hadj*... » Le chauffeur est ailleurs. Il écoute une cassette d'Oum Koulsoum, les bras appuyés sur le volant, le regard perdu. La mère du contestataire se dresse sur son siège et lance dans le dos du conducteur : « Cocu, maquereau d'Égyptien! » Une rumeur d'indignation secoue l'autobus. Entendre des injures de bas-fonds, prononcées par une vieille femme – un statut honorable en Islam –, en pleine période sacrée de surcroît, voilà de quoi faire saigner les tympans des croyants. Enfin, tous les passagers regagnent leurs places, chacun muni de ses 49 cailloux ou « braises » *(djamarat)*.

Avant d'accéder à Mina, la route traverse le vallon étriqué de l'Oued Mouhassir qui forme une sorte de zone neutre entre Mouzdalifa et Mina. Il est conseillé d'y presser le pas. Ce territoire reste un îlot maléfique au cœur de la sainte terre. On raconte qu'à cet endroit Dieu s'est vengé du négus

Abraha, « qui a le bout du nez coupé », conquérant du Yémen, arrivé aux portes de La Mecque à la tête d'une armée montée sur des éléphants. La *Kaâba* ne dut son salut qu'à une intervention du Ciel : une nuée de petits oiseaux jeta des graviers et de la boue séchée sur les envahisseurs, qui furent aussitôt terrassés par la variole. L'événement fit d'autant plus date qu'il coïncide avec l'année de la naissance de Mahomet, et 570 fut appelé « année de l'Éléphant » *(âm el-fil)*. Lieu maudit que ce « ventre », Batn-Mouhassir, comme on l'appelle également. Une autre tradition suppose que les chrétiens arabes y procédaient à un *wouqouf* rituel; c'est pourquoi les musulmans font le contraire et le traversent en courant. En tout état de cause, de nos jours, personne ou presque ne s'encombre plus de ces scrupules topographiques. La masse des pèlerins, les autoroutes et les contraintes de la circulation rendent finalement caduques de nombreuses dispositions rituelles.

Mina. Un long couloir lumineux, trouant la nuit en direction de La Mecque, flanqué de deux montagnes abruptes, planté d'une forêt de tentes surmontées d'un entrelacs de toboggans. L'« urbanisme » est analogue à celui d'Arafat, à la différence près qu'à Mina il y a quelques quartiers habités. Les véhicules fendent à grand-peine les flots de fidèles arrivés avant nous. Autant avancer dans une forêt vierge. Abrutis par les fatigues du *wouqouf*, les *hadjis* courent sans but apparent, s'interpellent, font des achats.

Les latrines. Tout le monde s'y précipite. Hélas! Il n'y en a pas plus qu'à Arafat. Ce sont les mêmes citernes, les mêmes chapiteaux, la même infirmerie, les mêmes guitounes ponctuées de drapeaux. Chacun choisit son coin, y jette son balluchon et s'affale comme un sac. Dehors, l'air est épais, poussiéreux, étouffant. La chaleur lancinante pressure les corps. Le ciel est en fête. Telle une poignée de couscous répandue sur le firmament, une poussière d'étoiles scintille sur la voûte du *Haram*. Des grappes de tentes sèment de taches blanches l'aridité ocre des versants montagneux qui enserrent le ravin.

Le pèlerinage en chiffres

Personne de la délégation algérienne n'est présent pour accueillir les *hadjis* ni pour les orienter dans la suite des cérémonies. Les uns tombent de sommeil, d'autres se jettent dans les flots de l'*Oumma* en effervescence. Un homme se met devant une citerne, s'assoit sur ses talons, ouvre largement son journal et fait semblant de lire : il fait ses besoins, à l'abri du quotidien mecquois *el-Nadoua*.

La presse du jour publie le compte rendu du *hadj* et en donne des chiffres. Au *wouqouf* d'Arafat, il y avait, selon les statistiques du ministère des Finances, 1 379 557 pèlerins dont 762 755 « étrangers » à la péninsule Arabique. Une ancienne croyance populaire voulait qu'il y ait toujours 600 000 personnes au *hadj*. Chiffre inconcevable il y a encore un siècle et largement dépassé actuellement. Ce nombre évoque une tradition juive suivant laquelle 600 000 Hébreux sortirent d'Égypte avec Moïse.

Il a fallu mobiliser 88 460 véhicules pour transporter les visiteurs. Un demi-million de timbres-poste ont été vendus, cependant que 9 millions de communications téléphoniques étaient échangées avec tous les continents. Cinq millions et demi de litres d'eau emballés dans des sachets ont été distribués gratuitement en un jour. Cette année, la proportion des hommes s'élève à 59 %. Les hôtes de Dieu proviennent de 123 pays. Les médias se félicitent de ce que le *hadj* se déroule pacifiquement, mais ne soufflent mot sur les dizaines de morts.

Les rues sont engorgées de bambins. On marche au coude à coude. Des autobus, des ambulances et des motos de pompiers avancent lentement en frôlant la foule. Il n'est pas un coin de ravin qui ne soit embouteillé. A chaque carrefour s'agitent les camelots et les mendiants. Un lépreux n'a plus de mains à tendre, un aveugle dort les yeux ouverts devant une assiette où s'amassent billets et pièces de monnaie. Mais le « héros » de cette pitoyable galerie, celui qui, à en juger par les dons des croyants, recueille leurs suffrages, est un Indien souffrant d'éléphantiasis : son pouce droit s'étale, volumineux, sur le sol. Des échoppes de fortune surgissent du néant çà et là. Un étalage, une lampe, des tasses et des couverts en plastique, un réchaud, un récipient pour faire bouillir l'eau : un « salon » de thé. On entend de temps à autre l'écho pathétique des bêlements de chèvres et de moutons qui vivent leurs dernières heures. L'espace de Mina est infiniment plus réduit que celui d'Arafat, aussi les gens vivent-ils les uns sur les autres. Impossible de s'isoler une minute nulle part. Qu'une telle foule puisse encore se déplacer dans un lieu aussi exigu constitue un miracle en soi. La Tradition explique qu'au fur et à mesure que les pèlerins affluent, les deux montagnes s'élargissent. « Mina, dit le Prophète, est comme l'utérus. S'il est fécondé, il se dilate par la grâce de Dieu! »

LES STÈLES DU DIABLE

Quatre heures du matin. Un nuage de drapeaux se détache sur le ciel sombre. Une armée d'Indonésiens marche en rangs serrés derrière un meneur muni d'un haut-parleur. « *Allah Akbar!* » hurle-t-il, et les pieuses légions de reprendre en chœur en levant le poing ou en agitant les emblèmes. On se croirait dans une manifestation. C'en est une, dirigée contre Lucifer lui-même. Ces musulmans du bout du monde rappellent à leurs frères maghrébins qu'il faut lapider les stèles du Diable. Les Algériens se saisissent de leurs « cartouches » et entrent dans la bataille. Impressionnant cortège, débonnaire et martial. Combien sont-ils, serrant contre leurs poitrines leurs petits cailloux, vilipendant à pleins poumons « Satan le Lapidé », comme le surnomme le Coran? Trois cent mille au moins. Ces Javanaises au regard grave et aux lèvres pincées, cet obèse Égyptien qui s'exténue à marcher près de son groupe, cet unijambiste qui clame la grandeur d'Allah : où vont-ils avec cette ardeur guerrière, cette hargne désarmante de sincérité?

En se dirigeant vers La Mecque, la colonne populeuse débouche sur une grande autoroute bordée d'escarpements rocheux au pied desquels s'étalent maisons et tentes. C'est l'avenue des *Djamarat el-Aqaba*, des « braises de la pente » : un seul nom pour les cailloux des croyants et les obélisques sataniques. C'est un parcours de quelque 300 mètres surmonté d'un toboggan afin de rassembler simultanément le plus grand nombre de fidèles. La marée humaine s'engage lentement dans les deux voies. Intense émotion. Larmes et sueur inondent les visages empoussiérés. Une femme est terrassée par une crise d'hystérie. Les bras tendus, la langue pendante et les yeux hallucinés, elle sautille, arrache son voile en hurlant. Les marchands de bibelots et de boissons chaudes ne lâchent pas d'une semelle les hôtes de Dieu.

La stèle, un pilier d'environ 20 m de haut sur quelque 80 cm de large, est grossièrement érigée avec des pierres brutes. Une sorte de bassin circulaire l'entoure à la base. Un large trou a été aménagé de façon que l'obélisque puisse traverser le toboggan et affleure sur le pont supérieur, au centre d'une cuvette.

« A BAS SATAN! »

Le remous de la fantastique cohue submerge la stèle du « Grand Satan » *(el-chaytan el-kebir)*, comme on l'appelle familièrement. C'est une *Oumma* en délire qui dans la poussière et le vacarme de son enthousiasme ouvre le feu sur la « braise ». Soudain, une grêle de cailloux s'abat sur le Diable pétrifié sous un tonnerre d'acclamations. Chacun doit en jeter 7 puis se retirer, gardant en réserve les 42 autres pour les jours suivants et les autres stèles. Mais comment se dégager de ce terrible tourbillon? C'est un maelström d'un million d'âmes galvanisées. *« Allah Akbar, Allah Akbar! »*, entonnent les soldats de Dieu en lapidant rageusement l'éternel fauteur de troubles. Les « braises » heurtent l'obélisque, rebondissent et retombent sur les têtes des lapideurs. Un crâne chauve, touché de plein fouet par un projectile, saigne abondamment. Quel déphasage entre ce pont de béton nu et cette humanité d'un autre âge, tétanisée, ivre de vengeance! Un Afghan au regard farouche bombarde furieusement l'ennemi en se mordant les lèvres jusqu'au sang. Des cris de panique fusent. Des gens veulent sortir. Des asthmatiques, des infirmes, des femmes enceintes, des enfants et des vieillards hurlent de panique, pleurent et appellent à l'aide comme des naufragés. Peine perdue. Des corps s'affalent et sombrent dans le tourbillon. Le corps fripé d'un vieux croyant est aussitôt hissé au-dessus de la mêlée. Il passe de bras en bras jusqu'au bord de la chaussée où une ambulance le récupère. Il est mort au combat. Un martyr. La dépouille inerte d'un enfant le suit, puis le corps inerte d'un jeune Pakistanais.

Spontanément, l'*Oumma* retrouve le mouvement naturel de la spirale où il suffit de se laisser porter par le courant humain. Aller à contre-courant serait une folie : les croyants n'ont plus de prise sur la réalité ambiante. Ils avancent dans un état second, renversent et piétinent sans sourciller tous les obstacles qui se dressent sur leur chemin. La base des *djamra* disparaît sous un amoncellement de cailloux, de brosses à dents, de boîtes de conserve, de tongs et d'os de poulet. Il est recommandé de lancer ses pierres le plus près possible de l'adversaire. Mais des gens terrifiés par les flots de leurs frères préfèrent « tirer » à vue, de loin. Leurs rafales de pierres sifflent sur les têtes quand elles ne les cognent pas. Un homme reçoit un caillou dans la bouche... Les cris de douleur se mêlent bientôt aux invocations dans une atmosphère d'apocalypse. Quel contraste entre la grisaille banlieusarde du site et l'inconcevable échauffourée qui submerge l'autoroute! Les « braises » qui s'abattent retombent dans la cuvette en forme d'entonnoir pour se précipiter vers la base de la *djamra*. Des femmes à bout de forces jettent mollement leurs « balles » contre « celui qui souffle la tentation dans le cœur des hommes » (Coran : 114; 5). Au bord des larmes, un Français ponctue ses coups en criant à tue-tête : « A bas Satan! » Mais à quelle débauche, à quelle bacchanale ce pauvre Diable a-t-il pu entraîner cette brave piétaille pour qu'elle le fustige avec une telle fureur?

Tant il est vrai que l'horizon mental du musulman moyen se divise en deux provinces, le Paradis *(el-Djana)* et l'Enfer (*Djahannam,* le *Gé-hinnom* hébreu, d'où géhenne). Dans ce paysage où règne sans partage le « Maître des deux mondes », évoluent pêle-mêle anges *(malaïka),* hommes *(ins),* djinns *(jounoun)* et diables *(chayatin)*, tous êtres animés, responsables et sexués.

Le diable au cœur

Satan ou *Iblis*, l'ange rebelle, est naturellement le pire ennemi de l'homme, tout voué qu'il est à égarer les belles âmes afin de les détourner du sentier de Dieu, de la voie du Paradis, la récompense suprême. Des millions de croyants supportent les pires avanies et la misère la plus infâme avec cette candeur propre à l'Islam parce qu'ils sont sûrs que leurs lendemains chanteront au Paradis. Ils se préparent la vie durant pour ce séjour. Aux yeux de ces futurs élus, *Chaytan* (équivalent coranique du *Ha-Satan* de la Bible), l'« adversaire » principal, est figuré sous l'aspect d'un vieillard borgne * à la barbe clairsemée. Il n'a que sept poils au menton. Les yeux, fendus en hauteur, sont incrustés dans une tête d'éléphant. Les dents sont proéminentes et les lèvres charnues. Les mâchoires tiennent du sanglier et du bœuf. Le démon, chacun peut le rencontrer au coin d'une rue. Le vieillard qui jette péniblement ses cailloux pourrait bien être Satan en personne, insidieusement infiltré parmi les croyants. Ses meilleurs amis : les forniqueurs hors mariage, les ivrognes, les usuriers et toute l'engeance qui « sèche » la prière, qui pisse debout et vient au pèlerinage surtout pour y faire du commerce.

Le Grand Satan dirige une armée hiérarchisée en moyens et petits Satans. Forte de 5 milliards de tentateurs en constante croissance démographique (70 000 enfants d'*Iblis* engendrant chacun à son tour 70 000 diablotins, lesquels se reproduisent indéfiniment). Ils quadrillent l'humanité qu'ils s'efforcent sans cesse de manipuler. Il y a même un état-major qui coordonne les activités de cette armada. Trois fils du Mal sont affectés à des tâches précises. *Atwa*, le « Retardateur », spécialisé dans l'art d'endormir les orants en leur pissant dans les oreilles. *Moutaqadhi,* le « Dénonciateur », qui pousse les époux à divulguer leurs secrets domestiques. *Kouhayla,* l'« Alourdisseur de paupières », qui engourdit les fidèles officiant à la mosquée ou présents à un congrès religieux. Collant à la peau de tout croyant, le démon le suit jusque dans son lit. Il est donc recommandé avant le coït de

* L'islam révère les aveugles mais craint les borgnes, censés être rancuniers et maléfiques.

prononcer la formule rituelle d'exécration: « Je cherche refuge en Dieu du mal de Satan le Lapidé... », pour « monter » ensuite du côté droit sur la femme. Durant l'effusion, le fidèle ne doit pas oublier le « sésame » qui ferme la porte au « Calomniateur ». A la fin, le pieux amant devra « redescendre » du côté droit. Le cas échéant, le Tentateur pourra consommer sa femme avant lui, sinon en même temps (!). Au demeurant, de ces partouzes diaboliques naissent des enfants mongoliens, homosexuels, boiteux ou ivrognes. Les accidents de la circulation, les querelles de quartiers, les guerres entre pays musulmans ont un responsable, le Grand Satan qui peut se cacher derrière un imam indigne, un chef d'État ou même, selon l'Iran khomeyniste, les États-Unis – la France et l'Angleterre jouant respectivement les rôles de moyen et de petit démons.

Contre ce danger primordial, un seul remède : la foi en Dieu, dans son Livre et dans la *Sunna* de son Prophète. Celle-ci s'étend d'ailleurs longuement sur l'art et la manière de ramasser les projectiles et de les jeter contre les stèles. Les cailloux doivent être de la taille d'une grosse fève ou d'un noyau de datte, de façon à pouvoir être lancés avec la seule aide du pouce, un peu comme les enfants poussent une bille en jouant. Il faut éviter de casser une pierre en plusieurs morceaux pour la circonstance. On peut en revanche ramasser des fragments de marbre, d'argile ou de brique. Il est interdit de se servir de pépites d'or, d'argent, de perles, à moins qu'elles ne soient enchâssés dans de la pierre brute. Mais certains *oulémas* acceptent aussi bien des bijoux, des glands, de la fiente de chameau, voire des moineaux morts. « Au besoin, on peut jeter une chaussure, une ceinture, une montre, un dentier, un œil de verre », nous apprend un étudiant en théologie. Des commentateurs vont jusqu'à admettre qu'on puisse lapider le Diable avec une fronde *(khadf).* Mais on ne peut se servir ni d'un arc ni du pied, sauf en cas d'infirmité avérée. Le temps du Chérif a vu des énergumènes tirer à bout portant sur le démon, à coups de pistolet et de fusil, semant l'effroi parmi les lapidateurs.

Le bon pèlerin jette ses pierres l'une après l'autre en proclamant chaque fois la « grandeur » de Dieu: *« Allah*

Akbar! » Les lancer toutes à la fois est nul selon les uns, compte pour un seul projectile suivant les autres. Il faut opérer avec la main droite, à pleine volée, à l'instar du Prophète qui « levait la main en l'air, dit un *hadith,* si haut que l'on voyait son aisselle ». Ce geste est réprouvé chez la femme. Le fidèle n'a pas le droit de se servir des « braises » déjà utilisées par ses compagnons. Aussitôt jetées, les anges viennent les enlever; sinon « l'espace entre les deux monts serait bouché », affirme une croyance.

Le jour lève doucement le voile sur le ravin rocailleux. Dans la touffeur blafarde de l'aurore, les pèlerins qui ont déjà lapidé le démon procèdent à une « petite désacralisation » *(tahlil séghir)* qui consiste à raccourcir les cheveux pour les hommes et couper une mèche pour les femmes. Des centaines de « coiffeurs » d'occasion sont déjà à pied d'œuvre, équipés de simples rasoirs, de morceaux de savon et de seaux d'eau. C'est le plus grand « salon », ou plutôt l'autoroute, de coiffure au monde. Assis sur les talons, têtes baissées en direction de la *Qibla*, des milliers d'hommes livrent leurs tignasses aux lames tremblantes [1]. Un peu d'eau sur la tête, un peu de mousse et la tonte commence. Les mains hésitent, les poils résistent. Il n'est pas un seul crâne qui ne saigne. Un Pakistanais laisse son client coiffé comme un « punk » et court acheter un nouvel outil de travail. Ceux qui sont finalement tondus caressent avec une évidente satisfaction leurs crânes balafrés, paient 15 ryals (tarif unique) et s'évanouissent allégrement dans la cohue. Ils peuvent déjà prendre un bain, mais pas encore approcher leurs épouses.

Où est donc passé le coq d'Allah dont le chant donne, du Paradis, le signal aux coqs de la terre d'annoncer l'heure de la prière? L'appel du muezzin, amplifié et éraillé par une sono détonnante, étouffe le frêle bêlement des bêtes qu'on mène déjà à l'abattoir.

CHAPITRE XIX

LE JOUR DE L'ÉGORGEMENT

LE 10 DHOU-EL-HIDJA

TOUS les pèlerins ont une pensée pour leurs lointaines familles pendant que les musulmans se tournent vers La Mecque. C'est un jour de réjouissances. Avec la « petite fête » (*aïd el-séghir*) qui consacre la rupture du jeûne du ramadan, cette « grande fête » (*aïd el-kébir* ou *Bayram*, en Turquie) est chômée et payée dans les pays islamiques. C'est la fête du mouton, celle où l'on sacrifie une victime pour commémorer le simulacre de l'immolation d'Ismaël par Abraham, son père.

Mahomet a dit un jour que 70 prophètes, dont Moïse, ont prié dans la mosquée de Khayf. Ce matin, il y a au moins 70 000 orants debout, dans un silence « religieux », derrière l'imam. Dehors, toute la ville provisoire s'est figée. Sur les contreforts des montagnes, sur le fouillis des rochers se dressent des silhouettes blanches, immobiles. C'est une communion absolue à peine démentie par les cris des animaux. « *Allah Akbar!* » A la fin de la prière, les fidèles se serrent les mains, s'embrassent, s'étreignent chaleureusement. Turcs, Javanais, Yougoslaves ou Sénégalais fraternisent dans la joie et la canicule. Les *hadiths* abondent qui encouragent les croyants à aller les uns vers les autres, à se soutenir mutuellement. Il n'est, à cet égard, « pas licite pour le musulman de rompre les relations avec son frère plus de trois jours », indique l'Envoyé.

Après le sacrifice de la chevelure vient celui d'une victime animale. Peu de pèlerins savent que l'égorgement d'une bête n'est pas obligatoire, sauf si le croyant est lié par un vœu ou doit réparer un rite imparfaitement accompli. Mais il est recommandé de le faire à l'imitation du Beau Modèle. L'immolation (*nahr*) consacre en réalité la désacralisation. Pour le *hadj*, elle a lieu à Mina; pour la *omra*, elle avait lieu à Maroua[1] : l'un et l'autre marquent les endroits où les Invités s'affranchissent de l'*ihram*.

La victime préférable est un chameau; sinon, un bœuf, une chèvre ou un agneau. Mais il vaut mieux offrir personnellement un humble mouton que participer avec six fidèles à l'égorgement rituel d'un dromadaire. Il y a lieu de choisir un bélier cornu, blanc plutôt que gris ou noir. On ne peut immoler un animal infirme, boiteux, borgne, « bossu », ni malade, galeux, enrhumé, etc. Les *oulémas*, qui gardent toujours les pieds sur terre, ajoutent une autre restriction. Si la bête a été sodomisée par un homme, son lait et sa chair deviennent impurs : elle doit être brûlée et le « violeur » condamné à dédommager le propriétaire. Le chameau offert à Dieu doit avoir cinq ans, la vache trois ans et le mouton un an.

Mahomet arrive à Mina. Monté sur sa chamelle, il se dirige, au milieu d'une procession enthousiaste, vers le Grand Satan et jette ses 7 premières pierres sans mettre pied à terre. Après quoi, Moâouiya, le futur initiateur de la dynastie omeyyade, lui raccourcit les cheveux avec une pointe de flèche. L'Envoyé ordonne ensuite que les poils de sa tempe droite soient remis à l'assistance et réserve ceux de la gauche à l'épouse d'Abou Talha, un fidèle de la première heure. La chevelure du Prophète est imprégnée de sa baraka. La Tradition cite des personnages qui en conservaient des poils et auxquels ils assuraient un bonheur constant. « Certes, confie un de ses compagnons, si j'avais un seul cheveu de lui, cela me plairait plus que de posséder ce bas monde et tout ce qu'il contient. » De nos jours encore, on revendique des reliques « de poils de barbe du Prophète », en Turquie et en Tunisie notamment.

Pour autant qu'on puisse s'y retrouver dans les

méandres des traditions relatives à Mahomet, le Prophète a apprêté ses victimes, des chameaux, dès Médine où il leur fit prendre une façon d'*ihram* en marquant d'une entaille chaque tête avant d'y suspendre des guirlandes. Ainsi sacralisées, les bêtes ont été conduites pour faire avec les hommes la *omra*, le *saây*, le *wouqouf* à Arafat puis l'*ifada*. Au jour de l'Égorgement (*yom el-nahr*), Mina ressemble à un grand marché aux bestiaux. Les chameaux bousculent les chèvres tandis que les hommes, à peine sortis de la mosquée, commencent à aiguiser leurs couteaux sur les rochers. L'Apôtre s'approche de ses victimes, une centaine de dromadaires, dit-on, alignés en direction de La Mecque, et entreprend de les immoler rituellement, à coups de couteau dans le sternum[2]. D'autres fidèles tranchent la gorge de leurs chèvres et de leurs moutons, couchés sur le côté gauche, la tête tournée vers la *Qibla*[3]. Le Messager fait aussitôt bouillir des tranches de viande, en mange et en distribue aux autres. La *Sunna*, qui n'est pas à une imprécision près, manque de clarté quant à la localisation du lieu où le Beau Modèle a abattu ses offrandes. Certains situent le noble abattoir (*manhar*) à la mosquée Khayf, d'autres au pied du mont Thabir qui surplombe Mina au nord, mais les premiers califes sacrifiaient dans le lit du ravin entre la première et la seconde stèle de Satan.

Pendant des siècles la région allait voir défiler des troupeaux chamarrés – dromadaires, vaches, moutons et chèvres enguirlandés de fanfreluches, de sandales et de broutilles odoriférantes, emmenés au son des fanfares et des youyous. Ces bêtes vouées à Dieu faisaient l'objet de soins révérencieux. Les chameaux étaient revêtus de housses fendues de façon à laisser dépasser la bosse de l'animal. Ces beaux tissus étaient distribués aux pauvres après l'immolation des offrandes. On n'avait pas le droit de les monter ni de traire les femelles.

Le fidèle doit en principe tuer l'animal de sa propre main, mais il peut choisir un remplaçant qui peut être, selon le très orthodoxe imam Naouaoui, un infidèle juif ou chrétien. Un texte chiite conseille au pèlerin impotent de poser sa main sur celle du sacrificateur en prononçant la formule classique « Au nom d'Allah; Dieu est grand. Seigneur, de toi, avec Toi et vers Toi! Accepte de moi comme tu as accepté d'Abraham! » Des *oulémas* recommandent non seulement de ne pas tailler davantage dans la chair de la bête morte, mais encore de lui donner à boire avant de l'égorger, de la câliner, de lui dire des mots doux, de ne pas aiguiser le couteau devant elle et surtout de lui éviter le spectacle de quelque immolation. Enfin, la victime n'appartient pas à celui qui l'égorge; elle revient à Dieu comme dans l'Ancien Testament. La chair doit être en principe laissée en l'état et abandonnée aux pauvres et à eux seuls. Mais comme le Prophète, accompagné d'Ali, en consomma la chair cuite et le bouillon, les croyants peuvent récupérer jusqu'au tiers de la victime.

On imagine l'affreux charnier que devait être Mina lorsque des dizaines de milliers d'animaux étaient abattus et se putréfiaient au soleil. Encore au début du siècle, un médecin musulman racontait: « Ces holocaustes inspirent une profonde tristesse. Pendant trois jours, on ne peut, à Mina, faire un pas sans être témoin des exécutions sanglantes ou marcher sur les corps des victimes. » Au bout de quelques heures, en effet, le ravin était envahi par une abominable odeur de cadavre. Des nuages de mouches se promenaient allégrement d'une charogne à l'autre tandis que certains fidèles croyaient entendre les hurlements proches des hyènes. Le choléra, la peste, la variole et toute la cohorte des maladies infectieuses procédaient à des sacrifices autrement épouvantables, ceux des êtres humains, dans lesquels les rescapés voyaient la main du démon et une raison supplémentaire de revenir le terrasser.

Pendant que, dans toutes les villes et les villages de l'Islam, les chefs de famille s'affairaient à tuer un mouton, une chèvre ou, pour les plus pauvres, un poulet, la masse des pèlerins de Mina s'engageait sans tarder sur le chemin de La Mecque afin d'accomplir les rites ultimes du *hadj* : la « ronde des flots » (*taouaf el-ifada*) autour de la *Kaâba*, suivie d'un parcours entre Safa et Maroua pour les fidèles ayant opté pour un pèlerinage de « réjouissance ». Après quoi, les « Hôtes » de Dieu pouvaient quitter totalement l'*ihram*, prendre un bain, se parfumer, s'habiller selon leur goût, etc. Les grands personnages emmenaient une ou plusieurs de leurs femmes ou contractaient sur place des mariages temporaires de « jouissance » (*moutâa*), souvent avec des esclaves que leurs maîtres offraient contre espèces sonnantes et trébuchantes. Cette prostitution « légale », qui était entrée dans les bonnes mœurs jusqu'à l'intérieur de la Maison de Dieu, a été officiellement proscrite par les Wahhabites.

LES 11, 12, 13 DHOU-EL-HIDJA

Avec ce retour à la vie laïque commencent les trois jours *ayyam el-tachriq*, « ceux où l'on fait sécher au soleil la viande des victimes » à Mina. Les pèlerins y retournent chacun à sa convenance, pour séjourner encore deux nuits au minimum, trois au maximum, afin de lapider chaque jour les trois stèles de Satan. Soit 42 cailloux dans le premier cas et 63 dans le second, sans compter les 7 projectiles du jour de l'Égorgement. S'ouvrait alors une période de bombance et de plaisirs, notamment durant la nuit du 11 au 12, marquée par des feux d'artifice, des illuminations et où les chants alternaient avec les salves de fusil et de canon. Même cette féerie se soldait par des victimes humaines tuées par balles perdues ou brûlées par des incendies, sans parler des batailles rangées qui surgissaient entre groupes de pèlerins. On sortait facilement son poignard et les coups de fusil étaient des arguments familiers. C'est probablement à cause de l'insécurité notoire de Mina que les *oulémas* ont fini par instituer une formule « express » (*ta'jil*) qui permet au pèlerin de quitter les lieux dès le 12 du mois.

Historiquement, les cérémonies du *hadj* de Mina remontent à l'époque païenne. Mahomet les a adoptées mais en les reliant à La Mecque, d'où l'intercalage du *taouaf el-ifada*. On connaissait avant l'islam une sorte de carnaval des « trois jours à Mina » qui fournissait l'occasion de nouer des relations amoureuses dans une licence effrénée. Le pèlerinage antique se terminait à Mina. Quant à l'ancien lieu d'immolation situé au pied du mont Thabir, Mahomet lui avait enlevé son importance en déclarant que tout le ravin était un autel, tandis que la Tradition allait s'ingénier à l'identifier avec le « lieu de sacrifice du bélier » où Abraham s'apprêtait à égorger son fils. L'usage de la lapidation devait commémorer les 7 cailloux que le patriarche lança derrière le mouton qui s'était enfui vers la grande *djamra;* suivant une autre version, le père d'Ismaël aurait plutôt lapidé le diable, lequel tenta à trois endroits (localisés par ces stèles actuelles) de le dissuader d'obéir aux ordres de Dieu.

CHAPITRE XX

UN PARFUM DE PARADIS

UNE maxime musulmane dit que la guerre sainte répand un parfum de paradis que dégage la fraternité unanime créée par l'adversité. Comme si la concorde de l'*Oumma* en faisait un jardin. Le *djihad* du pèlerinage, avec ses corvées, ses misères et ses martyrs, force le respect du croyant le plus désenchanté. Cette communion universelle est sans pareille à certains moments. L'ultime bataille contre le Grand Satan et le sacrifice d'une victime émissaire qui efface tous les péchés des « combattants » marquent la trêve finale : les frères d'armes rompent les rangs et s'en vont vaquer à leurs affaires, regagnent leurs foyers. Les pèlerins s'égaillent, visiblement fiers de la plus pittoresque effusion humaine et, cependant, vaguement tristes de se replier brusquement sur leur univers personnel. En quelques heures le paysage se métamorphose, la bigarrure d'une multitude arborant tous les costumes régionaux imaginables succède à l'uniformité poudreuse de la tenue rituelle. Le contraste est saisissant. Chacun peut désormais lapider quand il veut, sacrifier à sa convenance, repartir quand il le désire.

Mais il n'y a pas que la défaite du Démon qui affecte l'atmosphère du pèlerinage. Les temps ont changé. Le développement des moyens de transport, l'afflux soudain de foules considérables, les contraintes imposées par la vie moderne et la conception wahhabite du *hadj* ont irrémédiablement rompu l'enchantement du berceau de l'islam.

Depuis soixante ans, les autorités locales ont réglementé l'abattage rituel en procédant d'abord à l'enfouissement des restes pour effacer le spectacle et l'odeur de l'intolérable charnier, puis, récemment, à la mise en place d'une véritable structure d'immolation à l'échelle industrielle. En effet, des abattoirs ultra-modernes sont installés à Mina. Le pèlerin désirant offrir une victime n'a plus qu'à se rendre à l'une des agences de la Banque islamique de développement (BID), qui est légalement habilitée par une *fatoua* spéciale à procéder à des sacrifices par procuration. Au guichet, le « client » peut choisir entre plusieurs catégories d'offrandes : pour un *hadj* de « réjouissance », « pour un devoir rituel oublié » ou pour une simple « aumône ». Contre 280 ryals (tarif 1988), tous frais compris, il obtient un « bon d'achat » donnant droit à un sacrifice par les soins d'une commission *ad hoc*. Le justificatif précise que le fidèle n'a pas accès aux abattoirs.

Le Royaume wahhabite procède, en liaison avec la BID, à la congélation des viandes, naguère jetées dans la nature, puis à leur distribution à travers le monde musulman. La première expérience a commencé en 1983 par l'envoi de 63 000 têtes de moutons, en Afghanistan, à Djibouti, au Pakistan et au Soudan. Les quantités de ces dons progressent d'année en année : 186 195 têtes en 1984; 307 266 en 1985; 350 140 en 1986 et 478 994 en 1987; cependant que le nombre des bénéficiaires passait de trois à vingt-quatre pays, parmi lesquels le Tchad, le Liban, le Kenya, la Jordanie, la Gambie et l'Égypte. Selon les années, une proportion allant du quart à la moitié de ces lots est affectée aux pauvres du *Haram* et du Royaume.

« Je veux égorger avec mon couteau, me salir les mains, me fatiguer et me régaler ! » lance un Algérien à ses compagnons qui lui montrent leurs « bons d'achat » donnant droit à un sacrifice par procuration dans l'un des abattoirs. « Qui vous garantit qu'ils vont réellement tuer un animal en votre nom ? » renchérit-il en caressant le museau d'un bélier hébété par la cohue ambiante. Et le brave père de famille de renverser la bête au milieu de la chaussée. Des inconnus se joignent à lui pour l'aider. Un Pakistanais bloque au sol les pattes de la victime pendant que le sacrificateur affûte le couteau sur le trottoir. Il palpe ensuite soigneusement la gorge, saisit le gosier avec la main gauche et pose la lame de sa main droite tremblante. Il demande alors à son fils, un gamin joufflu, de poser sa menotte teintée de henné sur la sienne. «*Allah Akbar!*» Le couteau fend la laine, déchire la peau, la gorge résiste, les deux mains insistent puis, brusquement, un jet de sang jaillit et éclabousse les pieux bourreaux qui se répandent en louanges à Dieu tandis que la victime se noie dans son sang avec des spasmes. Sans perdre de temps, l'immolateur se met à genoux, fait une entaille dans le jarret, y colle sa bouche et commence à souffler furieusement. Le bélier gonfle comme une voile et ses pattes se redressent comme des mâts avant d'être porté et suspendu par les pattes arrières à une sorte de patère improvisée. Un coup de poignard sur l'abdomen enflé et voilà les viscères et les poumons qui débordent. Des femmes voilées accourent avec des casseroles et emportent furtivement le foie, les rognons et le cœur. L'homme coupe les parties, arrache un gigot et les rejoint en abandonnant le cadavre sanguinolent et mutilé. Non loin de là, deux Tchadiens maîtrisent une chèvre et aident un sacrificateur aveugle à l'immoler. Ils sont ainsi des milliers à exécuter personnellement leurs offrandes. Chacun prend un tiers de la carcasse et abandonne le reste aux carrefours, à l'entrée des guitounes, devant les échoppes.

Bien qu'il soit interdit de faire la cuisine sous les tentes, l'odeur de la viande grillée imprègne toutes les narines. C'est la fête. Des gens s'invitent à partager un cœur, un rognon ou des testicules. A cet effet, les fidèles n'hésitent pas à acheter de la vaisselle, des couverts et des réchauds à gaz. Mina se transforme en bivouac. Pendant ce temps les abattoirs procèdent à d'interminables hécatombes. Importés de Nouvelle-Zélande et d'Australie, 1,5 million de moutons sont livrés en 1988 aux bons soins de 301 vétérinaires avant de succomber aux surins des 6 000 égorgeurs turcs appelés en renfort. Les nouvelles salles frigorifiques réglées peuvent contenir jusqu'à 700 000 carcasses. Dix chaînes d'abattage tournent à plein rendement à raison de 5 000 exécutions à l'heure. Pendant trois jours, les Turcs tranchent les gorges, les Pakistanais équarrissent les dépouilles et les Yéménites mettent au frais les viandes. Ces cadences font également l'affaire des mégissiers de Mazamet, capitale française du cuir, située au pied des Causses, qui se sont tournés vers l'Arabie Séoudite pour assurer leurs approvisionnements. Depuis 1987, des professionnels du Tarn, installés à Djedda, ont la haute main sur les peaux traitées par des Pakistanais formés par leurs soins. On ne sait pas très bien où va le produit de ces ventes. Peut-être à la modernisation des lieux : les Séoudiens envisagent, semble-t-il, d'installer à Mina un téléphérique porteur de bennes à ordures qui, passant au-dessus des campements, permettrait d'évacuer rapidement les carcasses.

Les trois jours de Mina sont réservés au « tourisme » où, entre trois lapidations successives des stèles démoniaques, chacun prend, à sa manière, un bain d'*Oumma*. On voit alors de petits groupes d'hommes, chapelets à la main, flâner sans but, saluer tout le monde, s'arrêter devant les marchands ambulants, sentir une pomme, tâter une orange, acheter un rasoir électrique. D'autres patientent devant une des 14 000 douches aménagées par le « Serviteur » des Lieux. On croise des pèlerins, portant fièrement, qui un gigot saignant, qui un foie, dans des sacs. Ils exultent : accourus de pays pauvres, ils se retrouvent dans l'abondance en ces jours de vaches grasses; venus de pays déchirés, ils s'abandonnent enfin à la communion, ils découvrent dans la chaleur de la foi populeuse un réconfort. L'*Oumma* est un refuge. Repus de fatigue mais ô combien gavés de paix, pleins de Dieu. La bonhomie de ces jours fastes, la promiscuité candide de ces cohues, la divine sensualité de cette allègre mêlée des pèlerins et des croyants vaut à elle seule l'épuisant déplacement.

A Mina, sous les lampions de la kermesse se croisent militants bannis, intégristes pourchassés et affairistes de tout poil qu'on retrouve parfois autour d'un foie ou d'un rognon blanc grillé. Les exilés renouent les contacts avec les gens du pays ou même reprennent langue avec les autorités, comme cet opposant maghrébin exilé en France depuis des lustres, qui arpente sans cesse les cantonnements de ses compatriotes. Nous apprendrons quelques mois plus tard sa spectaculaire rentrée au pays. Là se tiennent de véritables conclaves annuels, aussi multinationaux que secrets. Des mouvances fondamentalistes font le point de leurs activités, des contrebandiers apurent leurs comptes sous l'œil tolérant (une fois n'est pas coutume) des Séoudiens. Non loin de ces conciliabules, le roi reçoit, dans un somptueux palais perché sur un dos d'âne rocheux, chefs d'État, ministres et hauts dignitaires islamiques pour un « fraternel tour d'horizon » du *Dar-el-Islam*.

Le soleil disparaît derrière les montagnes. Un croissant argenté occupe aussitôt le firmament. Une remuante fraîcheur envahit les rues pendant que les fidèles « rentrent » de La Mecque pour la nuit. Les enfants et les femmes s'éclipsent. « Lorsque le soleil se couche, cachez vos enfants : c'est l'heure où les démons se répandent sur terre » dit le Prophète. L'odeur des viandes grillées se mêle aux miasmes des cadavres déjà putréfiés qui encombrent les allées. Des avions de la sécurité civile passent en rase-mottes déverser des nuages de désinfectant. Certains croient à un bombardement et fuient en tous sens, tandis que des bulldozers entreprennent d'enfouir les dépouilles animales ou ce qu'il en reste. On patauge dans les mares de sang coagulé où s'entassent ossements, reliefs de repas, fruits entamés et épluchures de melons.

Soudain, un éclair fulgurant, un nuage de flammes déchire le ciel. Le feu. En un clin d'œil les lumières du campement s'éteignent, rendant encore plus visible l'incendie. C'est l'épouvante pour un million et demi de personnes confinées dans un ravin parmi des milliers de tentes. C'est la ruée éperdue vers les contreforts pierreux. Les sirènes des ambulances et des motards étouffent les hurlements de la foule. Le stand libyen, celui par qui le sinistre arrive, est pris d'assaut par les pompiers arrivés sur-le-champ. Le camp est inondé, ses habitants évacués tandis qu'un véhicule, équipé d'une caméra montée sur une grue et reliée à une ordinateur, dirige les canons à eau. Un personnel, une célérité et un professionnalisme très « américains ». Les commerçants des environs, spécialement entraînés et dotés d'extincteurs, achèvent de pulvériser les restes calcinés du cantonnement. Les lumières reviennent, les croyants aussi. La chaussée est jonchée de victuailles et de casseroles. Des amas de tongs, de sandales et de sandwichs abandonnés par les fuyards trempent dans les flaques d'eau.

Les Libyens sont traumatisés. Un agent séoudien, courtois comme il n'est pas permis dans les polices arabes, commence son rapport. Le responsable de la Délégation refuse de répondre. « C'est une affaire nationale », lance-t-il à l'enquêteur. Après avoir épuisé toutes les ressources de la rhétorique arabe et de la diplomatie, l'inspecteur décide de pénétrer dans le camp. Son vis-à-vis le repousse. Le ton monte. « Je ne veux pas que des fripouilles vendues aux écuries de l'impérialisme viennent salir nos murs! » tempête le compatriote de Kadhafi : coups de poing, coup de tête et coups de pied donnent raison au Wahhabite qui pérore : « Le roi Fahd lui-même ne m'empêcherait pas de faire mon boulot! » Une escouade d'ouvriers sri-lankais vient nettoyer les lieux. Tout finit par rentrer dans l'ordre lorsqu'une échauffourée éclate entre Libyens. « Où sont donc passés ces chèvres d'infirmières, ces macaques de médecins? » Personne ne le sait. Heureusement, on ne déplore aucune victime. Mais quelle frayeur, surtout si l'on se souvient qu'en 1978 un incendie fit 1 800 morts et 3 000 blessés à Mina!

Partout des lambeaux de viande pendent comme du linge sur des cordes tendues. Surtout des morceaux de gigot, mais aussi des côtelettes et des tranches d'épaule. Séchée au soleil saint, cette chair peut durer des mois et agrémenter les repas. Sous un pont, une salle aménagée pour les communications téléphoniques. Climatiseurs, moquette verte, propreté des lieux. De ce baraquement, on peut téléphoner à la presque totalité du monde, soit 195 pays, Vanuatu, Macao, et Vatican compris. Cuba, l'URSS, le Cambodge et le Vietnam restent injoignables, contrairement aux autres pays communistes. La Rhodésie et Israël ne répondent pas, mais l'Afrique du Sud est au bout du fil. « Et avec ça, on dit que l'Islam ne peut pas égaler le Japon! » s'exclame un Marocain médusé. Non loin de la mosquée de Khayf, une causerie religieuse sous des ventilateurs bienvenus rassemble une flopée de pèlerins assis en tailleur. Un *ouléma* sans âge, au regard et au menton fuyants, prêche lentement en égrenant un chapelet. De quoi peut-il bien parler à trois heures du matin? De l'Occident, thème galvaudé s'il en est par les prédicateurs musulmans... « L'Occident, mes frères, c'est le Couchant. Là où le soleil s'évanouit, où la civilisation sombre. Que Dieu nous en préserve! J'ai été à Londres. Du brouillard. Des rues vides d'enfants. Des foyers peuplés de chiens et de chats. Tu agonises sur le trottoir, personne ne te regarde. C'est une malédiction. Dieu nous ferait la même chose si nous ne renoncions pas à la convoitise, à la luxure, au mensonge. Le Diable est partout. Regardez l'Europe et l'Amérique. Le climat est généreux, les terres fertiles, l'argent coule à flots... Résultat : désespoirs, maladies vénériennes, suicides. Terreur de l'avenir, peur de faire des enfants... » L'assistance, saoulée par la magie du verbe arabe, déguste chaque mot comme une friandise.

Nous sommes aux abords de l'aube. La ligne des crêtes se détache du ciel. A même le sol, des foules de corps confiants, épuisés et heureux dorment au milieu des détritus. Des policiers fument. Un Pakistanais psalmodie la Parole révélée. Des chats farfouillent dans une poubelle. Abrité derrière un amas d'immondices et de rogatons, un vieillard fait ses besoins, l'œil aux aguets. On entend le ronronnement lointain d'un hélicoptère. L'autoroute piétonnière qui relie Mina au *Haram*, en se faufilant entre les montagnes sinon en les perforant de tunnels, est tapissée de dormeurs. A perte de vue ils s'agglutinent sur deux rangées séparées, au milieu, sur tout le parcours, par une pestilentielle traînée d'ordures. Des fidèles ronflent. Sur le trottoir, un homme se taille les moustaches en se mirant au rétroviseur d'une moto. Une rumeur. Voici l'allée aux trois obélisques. Des ruches de fidèles s'agitent, sur la chaussée comme sur le pont supérieur, autour des colonnes sataniques. Le sol en est jonché de cheveux, noirs, gris, châtains, blancs, lisses ou crépus. Une vraie moquette. Sept cailloux pour la « Petite Braise », autant pour la « Moyenne » puis pour la « Grande ».

Nous sommes libres de retourner définitivement à La Mecque et au siècle. Le soleil se lève. Le muezzin réveille l'*Oumma* assoupi. La mosquée el Bayâa la Mosquée du Serment d'Aqaba) est heureusement là, toute proche, à droite en allant vers le *Haram*. Béton et marbre ont eu raison du pittoresque monument où Mahomet conclut durant l'été 622 avec des pèlerins médinois un « serment de guerre » (*bayâat el-harb*) secret par lequel ceux-ci s'engageaient à défendre le Messager de Dieu, si nécessaire par la force des armes.

Après la prière, un joyeux fleuve humain s'écoule pédestrement vers le *Haram*. Tant pis pour le prix du transport déjà payé aux *moutaouifin*. Les bus rentreront à moitié vides. Le ciel est pur et les mamelons rocheux ressemblent à des monceaux de safran, de cacao et de café finement moulus. Quelle allégresse! Des maris tiennent leurs femmes par la main. Des hommes marchent bras dessus, bras dessous. Des enfants gambadent devant leurs parents. Deux soldats prient à même le sol, leurs fusils d'assaut placés devant eux. Quelle paix! « J'ai vu des cérémonies religieuses célébrées dans de nombreux pays, avoue Richard Burton au retour de Mina, mais jamais de manière aussi solennelle et émouvante qu'ici. »

CHAPITRE XXI

LA RANDONNÉE DES ADIEUX

Il ne nous reste plus qu'à accomplir les rituelles « tournées de l'Adieu » (*taouaf el-ouadaâ*), puis les dernières allées et venues entre Safa et Maroua, pour parachever les cérémonies du *hadj*. L'ascenseur vient de tomber en panne. Une foule de fidèles envahit le bureau du *moutaouif*, impatients de récupérer leurs passeports pour rentrer chez eux et s'entendre appeler *hadjis*. Les rues sont miraculeusement clairsemées.

La *Kaâba* : ravissante dans sa robe nouvelle, moirée, scintillante d'or et d'argent. Elle porte toujours la dédicace au nom du roi Fahd « serviteur » attitré des Lieux, mentionne encore que « Dieu est beau et aime la beauté », pour conclure derechef : « Pas d'acrimonie en religion. » Voici la Pierre noire, ou plutôt la gangue cireuse qui la recouvre. Des Afghans portent à bout de bras un quinquagénaire barbu, mutilé des bras et des jambes, le buste emmailloté dans un drap vert. Avec mille délicatesses, ces farouches maquisards approchent le « martyr » antisoviétique de la « main droite de Dieu ». Frémissant d'émotion, celui-ci la baise longuement, la baigne de larmes. Quatre jours auparavant, des gens sont morts ici, piétinés par la ronde impétueuse.

En islam la théologie est encore une passion populaire. Mais peu de pèlerins songent à visiter la maison natale du Prophète, le célèbre cimetière du Maâla ou la vénérable montagne de la Lumière. De l'avis des Mecquois, seuls les fidèles frottés de culture « occidentale » – convertis, Turcs, Yougoslaves ou Maghrébins de France – sacrifient à ces randonnées archéologiques. Nous remontons le boulevard du *Haram (el-Masdjid el-Haram)* par lequel nous sommes déjà à La Mecque. Sur la droite s'élève au nº 31 une modeste construction d'un étage, coincée entre des immeubles imposants. Une plaque accrochée au-dessus d'une porte métallique fermée indique qu'elle abrite la « bibliothèque de la noble Mecque » dépendant du ministère du *Hadj.* Elle ressemble à ces nouvelles maisons en dur que les immigrés maghrébins en France construisent dans leurs villages natals en prévision de la retraite. Au détail près qu'ici il s'agit de la maison natale de l'Apôtre de Dieu revue et corrigée par le wahhabisme triomphant. Le berceau d'Ali, situé à un pâté de maisons en retrait de l'avenue, est un édifice de cinq étages du plus pur style HLM insalubre. Il accueille une « École nocturne de la réussite ». Une plaque oubliée avoue : « Ici est le lieu où naquit le Commandeur des Croyants Ali ibn Abi Taleb, et où fut élevé le Prophète. »

A gauche de cette artère principale se blottit la mosquée du Djinn où fut révélée à Mahomet la sourate des Djinns (vers 622) dont un verset proclame : « Nous avons frôlé le ciel et nous l'avons trouvé empli de gardiens redoutables et de flammes » (72; 8). C'est ici qu'en juillet 1987 les manifestants iraniens ont « frôlé » des éléments de la Garde nationale séoudienne et que les armes à feu ont parlé. Sur les murs qui bordent l'avenue depuis la mosquée jusqu'au cimetière du Maâla situé à un jet de pierre vers le nord, les impacts de balles, les restes de slogans et des lambeaux d'affiches khomeynistes témoignent, un an après, de la violence de l'affrontement, de la furie répressive. « *Down with Israël!* » lit-on sur un mur mal badigeonné; et sur une autre affiche : « Israël tue nos frères avec l'assistance américaine. » « Mort à l'Amérique! » est à moitié déchiqueté par des impacts de balles. Quelqu'un est tout de même revenu sur les lieux pour écrire en arabe : « En souvenir de 1987 Abdel... » sans achever sa commémoration.

Entre les chiites et les wahhabites le fossé de rancœur et

de préjugés remonte à ce funeste 21 avril 1802 où le Séoudite Abdelaziz sema la terreur par le fer et le feu à Kerbala, bourgade irakienne mais surtout ville sainte des chiîtes.

Les relations s'envenimèrent au point que l'État iranien prit la décision, en 1927, d'interdire à ses ressortissants de se rendre à La Mecque. Deux ans plus tard, nouvel épisode : Ibn Séoud conclut un protocole d'accord avec l'Iran par lequel il s'engage à traiter les pèlerins chiîtes avec les égards dus aux « frères » en islam. Mais après la décapitation en 1943 à La Mecque d'un Persan accusé d'avoir souillé la *Kaâba* d'excréments, le Chah interdit encore une fois jusqu'en 1948 la participation de son pays au pèlerinage. Il faut attendre les années 60 pour que, face au nassérisme, l'Iran et l'Arabie Séoudite finissent par rétablir les ponts et ouvrir une ligne aérienne directe entre les deux pays. Ainsi, de 1961 à 1972, le nombre des pèlerins iraniens grimpe-t-il de 12 000 à 57 000. Parmi ces hôtes, la police wahhabite arrête en 1971 des militants distribuant des tracts enflammés au nom d'un certain ayatollah Khomeyni alors exilé à Nadjaf en Iraq. Le message appelle les croyants à transformer la Maison de Dieu en assemblée annuelle de l'Islam où « chaque groupe national devrait, en fait, présenter un rapport sur la situation de son propre État aux musulmans du monde... ». En 1973, l'obscur ayatollah se rend à son tour au *hadj*. A Arafat, puis à Mina il rencontre longuement ses partisans venus de l'« intérieur », prend connaissance de leur « rapport » et leur donne des instructions conséquentes.

En 1981, deux ans après le retour triomphal de Khomeyni, les pèlerins iraniens se répandent en slogans politiques incendiaires dans l'enceinte même du *Haram*. Des heurts violents s'ensuivent avec la police wahhabite. Un chiîte est tué. L'année suivante, les visiteurs iraniens débarquent à la façon d'un corps expéditionnaire. Martialement encadrés par Moussaoui Khoyniha, un religieux expressément délégué par Khomeyni, qui montra ses dons de meneur en occupant l'ambassade des États-Unis à Téhéran en 1979. Ces « soldats de Dieu » se déplacent en rangs serrés. Outre des brassards et serre-tête imprimés de slogans mystiques, ils arborent des portraits de Khomeyni, des caricatures du Chah déchu, de Sadate, de Jimmy Carter et autres « diables ». Amplifiées par de puissants porte-voix, leurs éructations assourdissent la Ville sûre. La police séoudienne intervient lorsque des pèlerins maghrébins, pakistanais et africains commencent à rejoindre le cortège des contestataires. Des bagarres sporadiques éclatent ici et là entre manifestants et forces de l'ordre. Quelques blessés de part et d'autre, l'expulsion de l'imam « agitateur » et la fin de la période sacrée achèvent en point d'orgue un pèlerinage survolté. Les années qui suivent voient les spectaculaires démonstrations iraniennes entrer dans l'ordre du *hadj*. On vilipende l'Amérique, Israël, le roi du Maroc et naturellement Saddam Hussein, le président irakien qui « barre le chemin des combattants de la foi en marche vers Jérusalem ».

Cet apaisement relatif amène Ryad en 1986 à consentir aux Iraniens des « facilités » pour manifester et mener des actions de propagande à La Mecque et à Médine, dans des limites négociées : dans des quartiers éloignés des deux *Harams*. L'Arabie Séoudite fixe des limites : seuls Israël, l'Union soviétique et les États-Unis pourront être conspués. Les gouvernements musulmans et, à fortiori, celui du pays d'accueil ne doivent plus être hués et leurs autorités tournées en dérision. Les Iraniens approuvent ces réserves et entreprennent d'exploiter au maximum les concessions ainsi arrachées. Le nombre des pèlerins manifestants passe ainsi de 100 000 en 1983 à 150 000 de 1984 à 1987. Cependant, ce laborieux *modus vivendi*, auquel les Séoudiens (on l'imagine aisément) se sont pliés au prix d'un reniement partiel de leur credo et de leur souveraineté, ne fait pas l'unanimité à Téhéran. Les « turbans brûlés » y voient une manœuvre wahhabite pour attiédir le zèle des « soldats de Dieu ».

Alors que l'ambassade séoudienne à Téhéran commence à délivrer les visas aux futurs *hadjis*, le quotidien *La République islamique* du 10 juillet 1986, organe des « exportateurs de la révolution », clame noir sur blanc que « le pèlerinage n'est pas un rite religieux, mais une conférence où l'on doit traiter des problèmes politiques, économiques et diplomatiques concernant les musulmans. On ne devient pas *hadji* tout simplement en se rendant à La Mecque. Le *hadj* est avant tout une action politique [1]. »

C'est à peu de mots près le message que diffusait le tract de Khomeyni distribué en 1971 aux abords du *Haram* par des opposants au Chah. Les douaniers séoudiens découvrent peu de temps après, dissimulés dans des valises à double-fond, des engins explosifs. Face aux provocations d'une faction extrémiste de Téhéran, la cour wahhabite garde son sang-froid. Les pèlerins plastiqueurs sont dûment filmés devant leur terrifiant viatique puis emprisonnés et enfin expulsés avec une pragmatique discrétion. La bombe est désamorcée, mais La Mecque aura frôlé le pire.

L'année 1987 est marquée par l'entrée dans le Golfe des marines occidentales, mais également par des revers militaires iraniens qui ne font rien pour conforter les thèses des jusqu'au-boutistes chiites. Les mollahs « modérés » reprennent l'offensive, renouent de discrets contacts avec les « impérialistes », ne souhaitant nullement précipiter le discrédit du régime par une émeute à La Mecque. Les ultras, eux, ne renoncent pas. Le 2 juillet, Radio-Téhéran porte aux quatre coins du Moyen-Orient un discours de Moussaoui Khoyniha, dont les termes nets et le ton cassant ont tout l'air d'une provocation. « Cette année, déclare-t-il, une simple manifestation ou une marche ne suffiront pas. » Et d'exiger : « L'Arabie Séoudite doit permettre au représentant de Khomeyni de pénétrer dans le *Haram* pendant une nuit et d'y mener un référendum parmi la foule de pèlerins », notamment sur le choix par le Koweït d'une escorte étrangère pour ses pétroliers. « Tout ce que nous demandons, c'est que le gouvernement séoudien ne s'y oppose pas... Voyons ce qui se passera. C'est un essai à faire pour une année. »

C'est la panique à Ryad. La Garde nationale est aussitôt mise en état d'alerte. Elle vérifie ses équipements et procède à un entraînement intensif du contingent. La diplomatie séoudienne réaffirme sa volonté de « sauvegarder les Lieux saints ». Oui aux démonstrations de masse, non à l'occupation de la Mosquée. Grand seigneur, le roi Fahd accepte même que le boulevard du *Haram* serve de forum public aux Iraniens. Deux jours avant la date fixée pour ce rassemblement, Khomeyni adresse son message annuel à ses pèlerins. Il leur demande d'« éviter les conflits, les insultes et les disputes », tout en les mettant en garde contre les provocateurs « qui pourraient les entraîner dans des actions incontrôlées ». A l'aube du 31 juillet, jour prévu pour la manifestation, les alentours du Temple, les carrefours et les principales artères de la ville sont investis par la Garde nationale en tenue anti-émeute, bardée de munitions, armée de pistolets mitrailleurs et de fusils d'assaut.

Après la prière de midi, les Iraniens sortent du *Haram* et en remontent l'avenue où la circulation est interrompue pour la circonstance. Depuis les balcons des immeubles environnants, d'autres pèlerins observent, incrédules, le face-à-face entre une masse compacte de soldats et une foule qui ne cesse d'enfler. L'avenue ressemble à une large autoroute. A l'endroit où elle longe le cimetière du Maâla, elle est enjambée par le pont Hajoun sur lequel des militaires ont déjà pris position : vue imprenable sur l'allée qui débouche à la Mosquée, dont on aperçoit les minarets. La chaleur est accablante, l'atmosphère explosive. La ville retient son souffle. Un marée humaine, sur laquelle flottent des houles de drapeaux, de pancartes et même quelques épouvantails de l'Oncle Sam, fait face au barrage des soldats séoudiens. Des slogans soulèvent la ville atterrée : « Dieu est grand, Khomeyni est le chef! » martèlent en chœur des dizaines de milliers de chiîtes. Les forces de l'ordre semblent impavides. Ce n'est pas la première fois que les Iraniens manifestent ainsi. La marche commence en direction du *Haram*. Les policiers reculent pas à pas, les pèlerins les rejoignent pied à pied. Comme par le passé, la procession est menée par des femmes en tchador et des invalides de guerre. Des acclamations exaltées, ponctuées de louanges à Dieu et d'appels au *djihad* lancés par porte-voix, galvanisent le cortège khomeyniste. A la hauteur de la mosquée du Djinn, la Garde nationale cesse de reculer. Un officier parlemente avec des responsables iraniens pour disperser à cet endroit-là les manifestants, c'est-à-dire à environ 600 m de la Maison de Dieu.

C'est au cours de ce bref conciliabule que des étincelles mettent le feu aux poudres. Il appartient aux historiens de reconstituer le tragique enchaînement. Selon des témoins, la tension serait montée d'un cran lorsqu'un soldat repoussa une femme qui trébucha et s'affala sur le trottoir. Des manifestants auraient alors si hargneusement menacé le militaire impatient qu'il aurait tiré une rafale de mitraillette, tuant un Iranien sur le coup et provoquant une mutinerie aveugle de pèlerins fanatisés. Au même moment, semble-t-il, à quelque 800 m vers l'arrière de la manifestation, sous le pont Hajoun, des individus non identifiés bombardent les hôtes de Dieu avec des briques, des bouteilles, des boulons et des barres de fer, tandis que, parmi les partisans de l'Imam, certains lancent le mot d'ordre fatal : « Occupons la Maison de Dieu, écrasons les marionnettes sionistes! » En quelques secondes, on passe des pourparlers à l'échange de coups de poing et de matraque. Une indescriptible mêlée s'ensuit. Des petits commandos persans, armés de couteaux, le visage masqué par des foulards, attaquent les soldats qui perdent pied et s'évanouissent ensuite dans la multitude désorientée. Des femmes hurlent, une foule suffoquée par le nuage lacrymogène cherche à fuir l'avenue par les ruelles adjacentes. Hélas! elles sont bloquées par des policiers terrorisés. Les chiîtes refluent vers l'atmosphère irrespirable du boulevard et se jettent à corps perdu contre le cordon qui ferme les accès à la Maison de Dieu. Des coups de feu partent, des hommes s'effondrent. Le massacre commence. De tous côtés, les soldats font feu sur la masse désemparée. Dans les rues adjacentes, les gendarmes tirent à bout portant sur les fuyards au lieu de leur laisser le passage. Finalement, la force armée se disloque à son tour. Elle couvre sa retraite en mitraillant à l'aveuglette. Sur le boulevard du *Haram*, les blessés s'entassent sur les morts, au milieu des tchadors, des porte-voix, des chaussures, des pancartes, des caricatures et des milliers de tracts. Il aura suffi d'une minute pour planter ce décor d'apocalypse. Les Séoudiens dénombrent 402 morts et 649 blessés, en majorité iraniens mais aussi maghrébins, pakistanais et libyens. Les Iraniens parlent de 650 tués et de 700 blessés par balles. Bilan qui n'empêche pas le journal officiel, *Oum el Qoura*, de titrer en première page sur quatre colonnes : « Réussite de la Maison du *hadj* cette année » (n° 3172, 14 août 1987).

Le monde entier reste interdit devant cette boucherie. L'islam s'en ressent profondément. Alors que les cadavres sont encore chauds, une autre bataille s'ouvre entre Riyad et Téhéran : celle de l'opinion publique musulmane. La Ligue islamique mondiale convoque sur-le-champ une conférence islamique à La Mecque. Elle s'ouvre en octobre 1987 en présence de 600 sympathisants venus de 134 pays. Le roi Fahd ouvre les débats et donne le ton en déclarant que « réprimer la sédition et éteindre les feux d'iniquité est légitime ». L'Iran organise le mois suivant un « Congrès international pour la sauvegarde de la sainteté et de la sécurité du *Haram* ». Trois cents délégués accourus de 36 pays écoutent Hachémi Rafsandjani, très proche de Khomeyni, appeler à la création d'un comité islamique international « qui gouvernerait La Mecque avec un statut de ville libre ».

L'Arabie Séoudite consacre son autorité sur les Lieux saints en mars 1988 à Amman lorsque les ministres des Affaires étrangères de l'Organisation de la conférence islamique confortent les Séoudiens dans leur volonté de ne plus tolérer aucune manifestation politique en Terre sainte, mais surtout lorsqu'ils proposent d'instaurer des quotas nationaux de pèlerins. En vertu de ce principe, l'Iran ne peut envoyer en *hadj* plus de 45 000 personnes, soit à peu près le tiers de l'année précédente. Dans la foulée, Ryad rompt les relations diplomatiques avec Téhéran, qui contre-attaque en boycottant le pèlerinage. Néanmoins, en 1988, plus d'un million (!) d'Iraniens déposent en vain une demande d'agrément auprès des autorités khomeynistes en vue d'accomplir le *hadj*. Signe des temps. Pendant le pèlerinage, le roi Fahd avoue regretter que les Iraniens n'y participent pas. Le 20 octobre 1988, il ordonne aux médias qui ne tarissent pas d'exécrations contre les manifestants chiîtes, assimilés aux Qarmates notamment, de cesser leurs attaques contre le régime de Téhéran.

Ces joutes dérisoires tournent donc au désavantage du régime khomeyniste qui accuse déroute militaire et dérive économique. Finalement, l'Arabie Séoudite remporte, quand elle ne l'achète pas, le soutien de la majorité des États musulmans. Mais les zones d'ombre subsistent quant à la genèse de la tuerie. Ni Ryad ni Téhéran n'ont, en effet, produit de preuve tangible d'une action délibérée de l'autre partie. Des observateurs français voient plutôt dans le régime baâssiste de Bagdad l'instigateur probable des troubles. Suivant cette hypothèse, l'Iraq, qui bénéficie largement du soutien financier de l'Arabie Séoudite dans sa guerre contre l'Iran, aurait perçu dans le rapprochement séoudo-iranien (laborieux mais réel à partir de 1985) l'amorce d'un lâchage. Pour tuer dans l'œuf le ruineux réchauffement des relations entre Ryad et Téhéran, Bagdad aurait confié à des opposants islamo-marxistes au régime de Khomeyni, les moudjahidins de Massoud Radjavi, la mission de se faufiler parmi les pèlerins iraniens pour fomenter l'irréparable. Quoi qu'il en soit de ces supputations, les relations entre le Royaume wahhabite et la République islamique sont gravement compromises. Ainsi les extrémistes de tout poil sortent-ils confortés; quant aux victimes, elles ont trépassé sur le « sentier de Dieu », près de sa Maison, en pleine période de *hadj*.

La Mecque dans tous ses états

La Mère des cités est depuis toujours et reste encore l'unique forum où se retrouvent régulièrement toutes les familles musulmanes. C'est l'oratoire et le parlement de l'*Oumma*. Les effets sociaux, culturels, économiques et politiques du *hadj* sont d'une importance considérable. Lorsque les fidèles y convergeaient par caravanes, ils ne manquaient pas de traverser des contrées sœurs, ils rencontraient des *oulémas* célèbres, acquéraient des livres, contractaient des mariages, tous échanges qui favorisaient le maintien d'un réseau de communication entre pays musulmans éloignés ou divisés politiquement. Les historiens n'ont pas manqué de mettre en parallèle cette mobilité humaine de l'Islam médiéval avec la société stratifiée, rigidement hiérarchisée de la Chrétienté. L'Islam présentait une relative homogénéité des valeurs et des coutumes, sans équivalent dans l'Occident contemporain. « Les Francs, dit un chroniqueur musulman, parlent vingt-cinq langues, et aucun des peuples ne parlent la langue des autres. » Certes, le pèlerinage n'est pas le seul facteur d'unification de l'*Oumma*, mais il reste incontestablement le plus important. Aujourd'hui se rencontrent et communient à La Mecque des fidèles qui vivent sous toutes sortes d'obédiences idéologiques, allant du marxisme-léninisme pur et dur au chiîsme millénariste en passant par les hybridations islamo-libérales et socialo-musulmanes. Turcs d'Anatolie, d'Azerbaïdjan et de Yougoslavie s'y retrouvent, Palestiniens d'Israël, des territoires occupés et de la diaspora s'y donnent rendez-vous, Afghans réfugiés au Pakistan ou résistants prient côte à côte, opposants exilés en Europe et clandestins restés au pays renouent des contacts, croyants modernistes, fondamentalistes, royalistes et républicains, socialistes ou capitalistes débattent, autour de la Maison de Dieu.

On assiste à de véritables conclaves informels de fidèles qui, bravant l'attention des polices secrètes, discutent des problèmes de l'*Oumma* avec une impressionnante liberté de ton. Turcs, Algériens et Tunisiens convergent sur un point paradoxal : ils souhaitent que leurs États deviennent totalement... laïques. Pour eux, seul un gouvernement séculier permettrait aux croyants de penser, d'imprimer livres et journaux et de vivre en « musulmans libres ». De fait, la Tunisie, l'Algérie et la Turquie ne sauraient se réclamer de la laïcité tant qu'elles exercent une mainmise jalouse sur la religion en formant et en fonctionnarisant les imams, en contrôlant étroitement les publications religieuses. Dans le feu du débat, un Anatolien traite Atatürk (l'idole de la République) de « rat » et de « charogne putréfiée », se félicite de ce que la Communauté européenne s'oppose à l'entrée de la Turquie dans la CEE et appelle au rétablissement du Califat. Plus terre à terre, Égyptiens et Syriens proposent de supprimer le port du voile pour les femmes : beaucoup d'hommes, argumentent-ils, recourent à ce déguisement pour rejoindre subrepticement leurs maîtresses...

L'histoire musulmane offre de nombreux exemples de l'influence politique du pèlerinage. L'assemblée annuelle a toujours largement contribué à la formation et au maintien d'un consensus de l'*Oumma*, voire d'une opinion publique islamique. Les révolutions almoravide et almohade qui marquèrent si fortement le Maghreb du XIe au XIIIe siècle furent lancées par des pèlerins qui, en voyageant, s'étaient aperçus du retard de leur province en matière religieuse. A La Mecque, Ali Senoussi fonde en 1837 la confrérie qui porte son nom. La Senoussya organisera plus tard la résistance à la pénétration française puis italienne au Tchad; à la Libye, elle donnera son premier roi, Idriss Ier, qui régnera de 1951 jusqu'à sa déposition en 1969 par Mouammar Kadhafi. C'est encore durant le *hadj* que furent lancés les mots d'ordre qui déclenchèrent la révolte des Cipayes en 1857 (les spahis de l'armée britannique), qui provoqua l'effondrement de la Compagnie des Indes. Le *djihad* de Hadj Omar Tall, qui aboutit à la formation d'un empire éphémère (1852-1862) au Soudan occidental, l'actuel Mali, tout comme l'insurrection du cheikh Bou Amama dans le Sud oranais en 1881, partirent également de La Mecque. Un Indien, Sayyed Ahmed, introduisit dans son pays la doctrine wahhabite qu'il découvrit au cours de son pèlerinage en 1822-1823. De retour aux Indes, il commença à diffuser les idées d'Abdelwahab. En 1824, à la tête d'une armée à Peschawar (aujourd'hui au Pakistan), il prêchait la guerre sainte contre les Sikhs du Pendjab. Les wahhabites indiens allaient devenir une source permanente de troubles au point que les *oulémas* sunnites et chiites publièrent en 1870-1871 des déclarations officielles condamnant leur incursions.

Au Maroc et en Afrique noire, le terme « wahhabite » désigne encore les gens qui, au retour de La Mecque, entreprennent vigoureusement de réformer l'islam de leur concitoyens. Le pionnier de ce prosélytisme est Abderrahmane el-Ifriqui, l'« Africain ». Banni du Mali avant la Seconde Guerre mondiale, il se réfugie en Arabie Séoudite où il adopte le wahhabisme et se met à en diffuser les principes parmi les pèlerins ouest-africains, auprès de qui sa notoriété grandit, notamment au Mali, son pays natal. Mort en 1957, l'Africain laisse une importante œuvre apologétique entièrement centrée sur le *djihad* sous toutes les formes. Il faut dire que, dans le continent noir, le *hadj* confère un prestige démesuré au croyant qui l'accomplit.

Depuis les sultans du Mali – Zakoura qui se rendit à La Mecque en 1300, Kankan Moussa vers 1324 et Mamadou Touré en 1495 qui couvrit la Ville sûre de ses largesses –, il n'est pas une personnalité musulmane noire qui ne prenne à son tour le chemin de la patrie du Prophète. Il existe même des amicales d'anciens pèlerins où les fidèles de la même promotion se retrouvent régulièrement pour des soirées de prières ou des banquets en « tenue de Mecque », comme l'exigent sur les cartons d'invitation la plupart des associations.

Les statistiques du *hadj* sont révélatrices des fluctuations de l'intensité de la pratique religieuse dans les divers États islamiques. C'est au nombre de « Délégués de Dieu » au congrès de l'*Oumma* qu'on mesure le dynamisme de la religion et, partant, de la vie politique des pays participants. Crises économiques et conflits sociaux se répercutent immanquablement sur les effectifs de pèlerins. A titre d'exemple, le nombre des *hadjis* turcs a quadruplé durant la décennie 1964-1974, tout comme celui des Irakiens entre 1975 et 1986, tandis que les Sénégalais, qui comptaient 3 832 fidèles en 1975, se réduisaient à 2 482 en 1985. Les Arabes musulmans d'Israël et de Jérusalem-Est fournissent, proportionnellement à leur population, le plus gros contingent de pèlerins : 1 % environ, alors que le taux fixé par l'Arabie Séoudite ne dépasse guère 1 ‰. (Cf. annexes en fin de volume.)

Le Chérif Hussein, Ibn Séoud, Nasser et Fayçal s'efforcèrent, chacun avec sa vision propre, d'influencer cette assemblée de l'*Oumma*, d'y propager leurs idées pour recueillir ses suffrages. L'ayatollah Khomeyni ambitionnait d'en faire une zone franche pour exporter son implacable messianisme. L'actuel « Serviteur » de la Maison de Dieu l'exploite pour consacrer le prestige de la Maison Séoud au sein de la Maison de l'Islam.

CHAPITRE XXII

HADJIOGRAPHIE

Le *hadj* a engendré un authentique genre littéraire en Islam : la *rihla* (la « pérégrination »), où des pèlerins lettrés accumulent au cours de leur voyage une foule d'observations sur les paysages et les mœurs de l'Orient, mais surtout sur le climat, la topographie, l'architecture et l'atmosphère des Lieux saints du Hedjaz. Cet orientalisme avant la lettre émane à l'origine de l'Occident musulman. L'Andalou Ibn Jobayr (1145-1217) demeure sans conteste le maître du genre. Une jolie anecdote raconte sous quels auspices il alla faire le voyage à La Mecque. Le prince almohade au service duquel il était attaché l'obligea un jour à boire sept coupes de vin l'une après l'autre, moyennant une forte somme d'argent. Mortifié par ce supplice, le jeune fonctionnaire se jura qu'en expiation de son crime il emploierait sa récompense à accomplir le pèlerinage. Il se libéra alors de sa charge, vendit une terre et prit le chemin de la Maison de Dieu. Il quitta Grenade le 1er février 1183 et ne rentra que le 25 avril 1185 après avoir séjourné pendant plus de huit mois à La Mecque et accompli la *omra* et le *hadj* en 1184. Sa narration est un chef-d'œuvre de concision et de truculence. Très pieux, curieux de tout, l'auteur est précis et fait souvent montre d'un rare sens critique en dénonçant sans aménité l'exploitation éhontée, et parfois la torture et le meurtre, des fidèles par les douaniers, les bédouins et même la garde de l'émir de La Mecque. Son enthousiasme pieux en est ainsi atténué. Ibn Jobayr introduit pour la première fois dans les lettres arabes une liberté de ton, une vivacité de témoignage, un tempérament. En un mot, un souffle personnel. Il fait école.

Le Tangérois Ibn Battouta (1304-1377) reprend le flambeau de la sainte pérégrination. Il séjourne une première fois à La Mecque en 1326, pour reprendre la route, arpenter le Moyen-Orient et l'Asie et revenir encore dans la Ville sainte. Son reportage fourmille d'anecdotes, mais le ton se révèle redondant et dénué de tout esprit critique. C'est un pèlerin béat qui en outre recopie sans vergogne des pages entières d'Ibn Jobayr. L'art de la *rihla* ne tarde pas à dégénérer en pur exercice pieux, accumulant poncifs littéraires et préoccupations religieuses. C'est à peine si le récit du Marocain Ayyachi (1628-1679) nous restitue le chemin que suivaient les caravanes du Maghreb en route pour le *hadj*.

Des rapports de voyage à La Mecque commencent déjà à circuler en Europe chrétienne. Ainsi l'Italien Ludovico Barthéma est-il l'un des premiers Européens à pénétrer vers 1503 dans la Ville sûre. Parti de Damas avec une caravane, il est reconnu par un pèlerin turc qui prétend l'avoir rencontré à Venise. Le chrétien sauve sa peau en avouant qu'il est devenu musulman. Après le pèlerinage, il revient par Djedda où il est emprisonné. Libéré grâce à la femme de son geôlier qui lui conseille de simuler la folie, il embarque pour les Indes.

En 1607, c'est au tour d'un certain Johann Vild, prisonnier allemand des Turcs entré au service d'un Persan, d'accéder aux villes saintes. Il séjourne vingt jours à La Mecque et dit pis que pendre de l'immoralité de ses habitants. Joseph Pitts est le premier Anglais à participer au *hadj* en 1680. Capturé sur les côtes d'Espagne par des pirates barbaresques, il est vendu comme esclave à Alger, converti de force et brutalisé. Il accompagne son maître en pèlerinage. La Mère des cités le rebute par sa canicule et sa misère, mais la piété des fidèles l'émeut profondément. Il y rencontre un renégat irlandais, réduit en servitude depuis des années, qui ne parle plus sa langue maternelle. Ces témoignages présentent cependant peu d'intérêt, alourdis qu'ils sont de péripéties apocryphes. En 1814 paraissent en français les

Voyages d'Ali Bey El Abassi en Afrique et en Asie pendant les années 1803, 1804, 1805, 1806 et 1807, rédigés par un prétendu chérif, prince abbasside, religieux, docteur et sage. Il s'agit en réalité de Domingo Badia y Leblich [1], administrateur catalan du monopole royal des tabacs à Cordoue, arabisant autodidacte qui, après s'être fait circoncire à Londres, gagne le Maroc déguisé en seigneur arabe. C'est surtout un espion au service de Joseph Bonaparte. En 1807, il est à La Mecque. L'élégance de la narration, l'abondance des observations géographiques relevées de dessins qui représentent pour la première fois fidèlement les monuments de la Ville sûre, la rigueur émue avec laquelle sont décrites les cérémonies du *hadj* confèrent aux *Voyages* la valeur d'un document d'époque et le souffle d'un roman d'aventures. Badia apporte des indications de première main sur les wahhabites, qui le terrorisent mais dont il loue les qualités de droiture, de noblesse et d'abnégation. Sur le retour, sa caravane est interceptée par ces mêmes fanatiques qui la dépouillent sans vergogne. En 1812, l'Espagnol suit Bonaparte en exil où il achève la rédaction de son livre. En 1818, il entreprend un nouveau périple en Orient mais il meurt, peu après, de dysenterie.

Entre-temps, l'explorateur suisse Johann Ludwig Burckhardt (1784-1817) accomplit un pèlerinage des plus fructueux. En traversant la Jordanie actuelle il redécouvre l'extraordinaire site nabatéen de Pétra. Parti avec un esclave africain, il est pris pour un espion anglais. Il proteste avec énergie auprès de Méhémet Ali qui, doutant de sa sincérité, lui refuse l'entrée de La Mecque. On le soumet à un examen sur le Coran dont il triomphe. Reconnu musulman éclairé, il peut alors prendre part au *hadj* de La Mecque et séjourne ensuite trois mois à Médine. Ses *Travels in Arabia*, publiés à Londres en 1829, traduits en français en 1835 sous le titre *Voyages en Arabie*, présentent une topographie méthodique des Lieux saints, l'auteur se souciant plus de la dimension de chaque monument que des cérémonies qui s'y déroulent. On lui doit un constat rigoureux des dégâts causés par les wahhabites dans les deux *Harams*. Burckhardt trouve la mort en Égypte, où il est enterré selon le rite musulman.

Dix ans à travers l'Islam se présente comme le récit d'une mission en Orient à La Mecque menée par l'auteur lui-même, Léon Roches, à la demande du maréchal Bugeaud en 1841. Ami de l'émir Abdelkader, ce militaire, qui prit part à la conquête de l'Algérie, affirme avoir séjourné au Hedjaz et en donne un journal qui n'est qu'une compilation des *Voyages* de Burckhardt maladroitement émaillée de péripéties imaginaires. En 1845, c'est un Finlandais, George Augustus Wallin, qui se rend au Hedjaz en qualité de médecin.

Après la « pérégrination » d'Ibn Jobayr, le récit de voyage à La Mecque le plus chatoyant et le plus direct demeure le *Personal Narrative of a Pilgrimage to Al Madinah and Meccah* publié à Londres vers 1857. Sir Richard Burton (1821-1890), officier britannique de l'armée des Indes, explorateur impénitent, sexologue amateur, traducteur émérite et comédien génial, embarque à Suez en 1853, déguisé en médecin afghan, et accoste douze jours plus tard au Hedjaz. Il se rend à Médine par caravane, marchant la nuit dans un pays lunaire, « fantastique dans sa désolation ». La Mosquée du Prophète l'impressionne défavorablement : « Un musée de second ordre, pauvrement orné. » Il séjourne cinq semaines et assiste à l'arrivée du *Mahmal* de Damas. Puis il prend le chemin de La Mecque au milieu d'une troupe de 7 000 pèlerins. Après douze jours harassants, il entre dans la Ville sûre qui l'émeut profondément. « A La Mecque, il n'y a rien de théâtral, rien qui suggère l'opéra; tout y est simple et émouvant. » Il juge les habitants « bigots, irréligieux, âpres au gain, immoraux, fastueux; mais aussi courageux, de bonnes manières, dignes, ayant le sentiment de la famille, intelligents [...] plus civilisés et plus vicieux que les Médinois ». Il visite le marché aux esclaves – Abyssins et Somalis assis en rang, vêtus de mousselines colorées. Il décrit les eunuques et indique leurs grades et leurs émoluments. Évoquant les bédouins rançonneurs, il cite avec admiration un proverbe du cru : « Nous ne prions pas parce que nous devons boire l'eau de l'ablution; nous ne faisons pas l'aumône parce que nous la demandons; nous ne jeûnons pas pour le ramadan parce que nous avons faim toute l'année;

nous ne faisons pas le pèlerinage parce que la terre entière est la Maison de Dieu. » Après trois mois en Terre sainte, Burton rentre en Égypte exténué et miné par la fièvre. D'autres Britanniques vont se succéder à La Mecque, dont John Fryer Kean qui y arrive en 1877 sous un déguisement et découvre, à sa grande stupeur, une Anglaise qui réside dans la ville depuis douze ans, mariée malgré elle à un chef bédouin. Il laisse la Mère des cités en proie à la peste, à la variole et au choléra pour rejoindre Médine, « la plus belle ville du monde ».

Parmi tous les vrais et faux pèlerins occidentaux et autres agents coloniaux, l'islamologue hollandais Christiaan Snouck Hurgronje (1857-1936) est celui que les Séoudiens semblent le plus apprécier. En 1880, il présente une thèse à Leyde sur le *hadj* de La Mecque. Nommé fonctionnaire, il part pour les Indes néerlandaises (l'actuelle Indonésie), où l'islam commence à poser de graves problèmes. Converti en 1884, il adopte le nom d'Abdelghaffar, le « serviteur du Pardonneur ». Séjournant à La Mecque entre février et août 1885, il étudie notamment la vie quotidienne de la nombreuse colonie javanaise. Il en profite pour prendre les toutes premières photographies de la Ville sainte, de ses monuments, de la plaine d'Arafat au jour du *wouqouf* et des campements de Mina : saisissants instantanés du pèlerinage à travers les siècles. Il brosse un portrait peu flatteur des Mecquois qui, « du chérif au plus pauvre, n'ont qu'un but : l'exploitation des pèlerins ». Désireux d'accomplir intégralement le *hadj* et de se rendre à Médine, Snouck éveille l'attention du consul de France à Djedda qui le soupçonne de chercher à s'emparer d'une stèle portant des inscriptions babyloniennes, récemment découverte à Tayma au nord du Hedjaz. Les Français, qui veulent la récupérer, s'en ouvrent aux autorités de Constantinople, lesquelles intiment l'ordre au savant hollandais de quitter immédiatement La Mecque. La *Mekka* de Snouck, publiée en 1888-1889, est une véritable somme des usages, des métiers et des populations de la Ville sûre. L'auteur finit conseiller aux Affaires arabes et indigènes du gouvernement des Indes néerlandaises. Sa politique consistera à favoriser le pèlerinage en Terre sainte afin de rallier les populations musulmanes. Sous son impulsion, le nombre des *hadjis* indonésiens passera d'environ 10 000 au début du siècle à 52 000 en 1926, soit 40 % des pèlerins venus d'outre-mer.

Un officier de Sa Majesté britannique, Eldon Rutter, publie en 1929 *The Holy Cities of Arabia*, savoureux récit de pèlerinage plein d'humour et de piété. La même année, le peintre français d'Algérie Étienne Dinet, converti à l'islam sous le prénom de Nasreddine (« Victoire de la religion »), publie en 1930 chez Hachette un *Pèlerinage à la Maison sacrée d'Allah*, émouvant carnet de route des Lieux saints, mais totalement dénué de sens critique, indifférent aux aspects profanes de l'émigration vers Dieu. Au début des années 30, un journaliste juif, Léopold Weiss, né en Europe centrale au début du siècle, embrasse la foi du Prophète sous le nom de Muhammad Asad et débarque en Arabie où il devient l'hôte d'Ibn Séoud. Antisioniste et musulman rigoriste, il se met au service de la diplomatie séoudienne puis pakistanaise. *Chemin de La Mecque* retrace son itinéraire spirituel qui le conduit du judaïsme ashkénaze à l'islam fondamentaliste.

C'est probablement sous l'influence de ces voyageurs occidentaux que des auteurs musulmans se remettent à publier des « pérégrinations hedjaziennes ». Mais la majorité de ces relations ne sont que des guides des Lieux saints, des modes d'emploi du *hadj* sans âme ni couleurs. A l'exception notable de la *Rihla hijaziya* de l'Égyptien Mohamed Labib Batanouni († 1938) parue en 1910 au Caire, qui décrit son *hadj* accompli en 1909-1910 en compagnie du khédive Abbas II. L'ouvrage comporte de sévères observations sur l'épouvantable saleté de la Terre sainte. Dans la même veine, le général Ibrahim Rifaât Pacha, en sa qualité d'émir du *hadj* égyptien de 1904 à 1908, publie en 1925 un copieux *Miroir des Lieux saints (Mir'at el-Haramayn)*, fourmillant de renseignements historiques, économiques et religieux d'une rigueur appuyée par des photographies et des plans précis. Force est de constater que l'ensemble des ouvrages consacrés au pèlerinage et publiés ces dernières années en arabe, français et anglais ne sauraient se prévaloir d'une objectivité comparable.

CHAPITRE XXIII

A DIEU LA MECQUE

« PAS possible! s'exclama un Algérien chenu et bedonnant, la soixantaine pugnace, vous nous faites des problèmes à l'arrivée et vous nous en créez au départ! Incroyable! » Le *moutaouif* et ses employés égyptiens demeurent impavides, comme absents. Voilà trois heures que la réception est envahie de pèlerins pressés de rejoindre l'aéroport de Djedda pour s'envoler vers leurs familles. Mais le maître des lieux ne veut rien entendre : on n'aura son passeport que douze heures avant l'heure d'embarquement mentionnée sur le billet. Quant à ceux qui veulent se rendre d'abord à Médine, leurs documents de voyage seront remis au chauffeur de l'autocar qui les conduira.

Beaucoup de fidèles qui ont accumulé des tonnes de bagages sur les trottoirs ont hâte de partir sans attendre les véhicules du *moutaouif*. Ils sont prêts à louer des camions, car ils savent par ouï-dire que l'affluence est telle à l'aéroport que trente-six heures d'attente sont une moyenne nécessaire avant l'embarquement. Mais le Séoudien se montre intraitable. Les papiers d'identité resteront sous le boisseau jusqu'à la prière de midi. L'hôtelier veut d'abord s'assurer que tous les locataires se sont bien acquittés de leurs frais de séjour. Mais surtout les services de police redoutent que des fidèles, ayant récupéré leurs passeports, ne s'évanouissent dans la ville à la recherche d'un travail au noir ou animés de quelques noirs desseins. Pourtant, il est impossible de descendre dans un hôtel ou d'aller d'une ville à l'autre sans papiers dûment régularisés.

Les pèlerins, exténués, préoccupés de regagner leurs foyers, n'entendant rien à ces calculs de basse police, rouspètent, s'indignent. « Donne-moi mon passeport, hurle une femme au visage du patron, je veux quitter ce pays de poussière. – Ah oui! rétorque le *moutaouif* brusquement furibond, tu as hâte d'aller te vautrer dans l'opulence propre à ton pays! » Les Algériens sont touchés dans leur orgueil national. Un Kabyle s'approche et pose sa jambe sur le bureau : « Tu insultes l'Algérie, lance-t-il avec une moue de dégoût, sais-tu que dans ce pied il y a encore une balle française? » Le Séoudien intime l'ordre à tout le monde d'évacuer son bureau. Un petit vieux bedonnant s'approche et lui annonce sur le ton le plus neutre : « Écoute, il est 6 h 25, je vais faire la prière du matin, puis je reviens et si je ne trouve pas mon passeport posé ici sur la table, je te casse la gueule! » L'assemblée s'esclaffe. Un des employés égyptiens téléphone à la délégation algérienne : « Venez vite, crache-t-il, ça sent le brûlé, il va y avoir de la casse! »

Un frêle moustachu sans âge arrive peu après. « Assassins! lui lance la foule en l'agrippant; juif de Mahomet, c'est maintenant qu'on vous voit! » Le pauvre diable blêmit puis se ressaisit : « Je ne suis pas responsable de la Délégation, mais un simple chauffeur! » Il est aussitôt relâché. Un agent de la circulation, intrigué par le vacarme, s'annonce. Après un long conciliabule avec l'hôtelier, il confirme qu'à 14 heures, « si Dieu le veut » (*inch Allah*), précise-t-il, des véhicules viendront chercher les fidèles en partance pour Djedda et Médine. « Vous récupérerez vos passeports en mains propres à l'aéroport seulement! »

Les trottoirs de la ville ressemblent à des quais de port. Des montagnes de bagages s'entassent devant les hôtels et autres immeubles-dortoirs. Les gens achètent tout et n'importe quoi, à l'aveuglette. Tels ces Oranais qui transportent 400 chapelets, autant de chéchias, des boîtes entières de stylos, des flacons de sirop antitussif. Ceci pour les petites bourses. Les pèlerins aisés ou spéculateurs accumulent chaînes hi-fi, magnétoscopes, transistors, séchoirs, cocottes-minute et des lots d'appareils-photos. Pour pallier la pénurie de pneus et de chambres à air qui immobilise des milliers de véhicules en Algérie, des croyants en achètent à concurrence de toutes leurs économies. Et la douane? « Pff! les produits du *hadj* ont leur baraka », répond cet Algérois avec un air entendu. Il est vrai que beaucoup de fonctionnaires, en cheville avec des officiers de la police des frontières, organisent une véritable « Mecque Connection ». Ainsi trouve-t-on à Alger, au Caire ou à Karachi, sur les marchés parallèles, des bijoux, des tissus, du matériel photographique ou électronique, ainsi que toute une sainte-sulpicerie islamique « made in La Mecque ».

La palme des achats revient aux Libyens. On dit qu'en 1988 le gouvernement de Tripoli a accordé à chaque pèlerin une allocation en devises qui se serait montée à 10 000 F. Le volume, mais aussi la qualité des achats de ces frères en religion, sont ahurissants. Nous avons compté pas moins de 27 camions (!) chargés comme des mules pour transporter les achats effectués par les locataires d'un petit hôtel, soit environ 400 âmes. Frigos énormes, chauffages électriques, machines à laver, cuisinières à six feux, armoire en Formica, salles à manger du même acabit, fauteuils Louis XVI en toc, téléviseurs, ventilateurs, et toute une quincaillerie où des phares d'automobile s'entrechoquent avec des vélos pour enfants, tout est bon pour la révolution de Kadhafi. La Mecque de la consommation.

Depuis la plaine d'Arafat souffle un vent opaque, poussiéreux, âpre. Il se faufile à travers les rues en traînées sableuses. « Il nous rappelle que nous venons du désert et que nous y retournerons », soupire gravement un Constantinois. Aux carrefours, dans les gargotes, en pleine rue, des croyants étreignent longuement d'autres croyants. Ils ne parlent pas, mais leurs sourires entendus et leurs regards émus semblent dire : « A bientôt, au Paradis, *inch Allah*! »

Autrefois, beaucoup de pèlerins s'engageaient avec un pieux délice à se fixer près de la Maison de Dieu si les fatigues et les épidémies du *hadj* ne les y avaient pas déjà enfouis. Quoi de plus louable que de devenir un voisin *(jar)* d'Allah? Afin de prévenir une surpopulation de la ville sainte, des *oulémas* comme Ghazali déployèrent des trésors de perspicacité pour décourager les hôtes du Créateur de s'éterniser dans ses murs. Il est dangereux d'y commettre des fautes, car elles compteront double. En arpentant constamment les galeries du *Haram*, le fidèle, éloigné de sa famille et de sa patrie, se prendrait peut-être à les regretter et donc à oublier la Maison mère, alors que s'il était retourné parmi les siens il soupirerait après elle avec ferveur. « Combien d'hommes, au fond du Khorassan, écrit l'imam, sont plus proches de la sainte demeure que ceux qui tournent rituellement autour d'elle. » Ghazali conclut subtilement en redoutant pour l'hôte de Dieu la banalisation des lieux vénérés. Il conseille à chacun de regagner ses pénates. Les Séoudiens n'agissent pas autrement, mais pour des considérations plus prosaïques.

La Tradition recommande au *hadji* sur le chemin du retour, d'imiter le Prophète : quand il parvenait au voisinage de Médine, il prononçait trois fois « *Allah Akbar* ». Il rentrait chez lui la nuit pour pouvoir laver ses cheveux emmêlés et se parfumer. « Attendez, conseille-t-il, pour entrer nuitamment, l'heure de la prière du crépuscule, afin que celle dont le mari a été absent puisse se peigner et se raser le pubis. » Le pèlerin doit, par ailleurs, se rendre préalablement à la mosquée et y accomplir deux prosternations. Dans certaines contrées, ce « salut du pèlerin » donnait lieu à des fêtes carnavalesques. Au XVe siècle, Bertrandon de la Broquière assista à Damas à l'arrivée de la caravane du *hadj*. Il y « avait devant cette chose, note le voyageur européen, quatre ménestriers et moult grand foison de tambours et naquaires qui faisaient un grand bruit... » et tout autour « ... trente hommes qui portaient, les uns arbalètes et les autres épées nues en leur main et aucuns petits canons de quoi ils tiraient plusieurs fois ». Ibn Jobayr raconte une autre manière syrienne de recueillir la baraka des hôtes de Dieu. Des femmes accouraient vers le pieux cortège et offraient des pains aux pèlerins. A peine les *hadjis* saisissaient-ils les muffins que les femmes les leur arrachaient et s'enfuyaient chez elles avec des cris de joie.

Le *hadj* reste un devoir majeur, à tel point que si un fidèle meurt avant de l'accomplir, il incombe à ses héritiers de se substituer à lui. Tout croyant valide qui néglige ce pilier compromet la paix de sa vie future. La Tradition attribue même au calife Omar l'intention de soumettre à la capitation *(jizya)* les musulmans qui se détourneraient du *hadj*, de les exclure aussi de l'*Oumma* pour les assimiler aux *dhimmis*. Pour autant, les dévots impotents ou gravement malades peuvent donner procuration à un frère en religion pour entreprendre le pèlerinage à leur place. Ils doivent cependant subvenir à tous les frais de l'entreprise ou, sinon, les prévoir dans leur testament. Le candidat au remplacement doit lui-même avoir préalablement satisfait au devoir du *hadj*. Cet usage repose sur quelques *hadiths* où le Prophète encourage des jeunes gens à faire le pèlerinage pour leurs parents. On connaît l'exemple d'un homme qui fit plusieurs *hadjs*. « Seigneur, s'exclame-t-il à Arafat, tu sais que j'ai fait trente-trois stations en cet endroit; une pour mon devoir religieux, une pour mon père et une pour ma mère. Je dédie, mon Dieu, les trente autres à ceux qui n'auront pas accompli un *wouqouf* valable. » En définitive, « un seul *hadji* juste peut sauver tous les autres », rappelle le Prophète.

L'islam a fini par admettre un ensemble d'actes pieux qu'un musulman peut réaliser au bénéfice d'un autre : la prière, le jeûne, l'aumône, la récitation du Coran, l'invocation du nom de Dieu, la visite aux tombeaux des prophètes, des martyrs et des saints, les soins funéraires rendus aux morts, le *hadj* et, d'une façon générale, toutes bonnes actions. Il s'agit là des obligations essentielles du culte musulman. Cette manière de sous-traitance cultuelle donne lieu à une véritable activité intérimaire qui assure aux uns la subsistance ici-bas et aux autres les délices de l'au-delà. Toutefois, le cas le plus intéressant reste celui où le fidèle est mort sans avoir mis les pieds à La Mecque, commettant ainsi une faute grave dont il pourrait pâtir dans la vie future. Les descendants ou les ayants droit du défunt sont liés par ses dettes et le *hadj* en est une envers Dieu. Le pèlerinage doit être financé par au moins le tiers du montant de la succession. Si la valeur de celle-ci se révèle insuffisante, il y a lieu de confier la tâche à un remplaçant résidant à La Mecque même de façon à réduire les dépenses. Les ouvrages de droit s'étendent avec complaisance sur les conditions du « contrat de pèlerinage ». Ils distinguent les dépenses qui incombent au « commanditaire » de celles qui relèvent du pèlerin par intérim. Ils définissent le délai durant lequel celui-ci peut encore séjourner à La Mecque après la fin du *hadj* aux frais de son client et prévoient même les fautes qu'il pourrait y commettre – rupture d'*ihram*, viol, bagarre, etc., au péril de la validité du pèlerinage. Dans ce cas, il serait obligé de rembourser jusqu'au dernier sou l'argent affecté à sa mission. Évoquant l'éventualité d'un fidèle qui, par cupidité, accepterait d'être mandaté par deux personnes à la fois, les *oulémas* décident que le pèlerinage entrepris dans ces conditions est valide pour celui qui se déplace. Auquel cas, le *hadji* devra rembourser ses clients trop crédules. S'il s'agit du père et de la mère du voyageur, on admet par faveur spéciale qu'il pourra déterminer au dernier moment au nom de qui il l'effectue. En revanche, le suppléant peut accomplir une *omra* pour un tiers tout en se réservant le *hadj* pour lui-même.

Le *hadj* par procuration n'est valable que si le bénéficiaire se trouve réellement dans l'impossibilité physique de l'accomplir, insistent les *oulémas* pour dissuader les croyants opulents de recourir à cet expédient pour se décharger de tous leurs devoirs religieux. Lorsque les conditions sont remplies, le remplaçant doit procéder à l'*ihram* et proclamer son intention « au nom » du mandant ainsi que la *talbiya* : « Me voici devant Toi... au nom de X... Me voici devant Toi... » Certains fidèles se donnaient le luxe d'un pèlerinage posthume, demandant que leur dépouille fût amenée dans un cercueil pour accompagner les pèlerins dans l'accomplissement de toutes les cérémonies du *hadj*.

La pratique du pèlerinage par procuration jouissait d'un grand prestige, surtout à l'époque des croisades où les chemins de La Mecque n'étaient pas de tout repos. Les hôtes de Dieu pouvaient acheter des certificats de *hadj*. On les délivrait de manière officielle pour attester, sur la foi de témoins réputés, l'accomplissement des divers rites par tel ou tel pèlerin pour le compte de tel ou tel bénéficiaire. Ces diplômes étaient confectionnés à la main ou imprimés sur de beaux tissus richement brodés, calligraphiés et rehaussés de gravures représentant les principaux monuments de la Terre sainte. Ils pouvaient atteindre deux mètres de long et étaient ainsi authentifiés : « X... voulut faire un présent à Y... et n'en trouva pas de meilleur qu'une *omra.* » Les plus beaux, découverts il y a quelques années à Damas, remontent à l'époque ayyoubide (1171-1260).

Le pèlerinage de remplacement est de moins en moins pratiqué de nos jours et ne concerne d'ailleurs plus que des personnes de la même famille dénuées d'intentions mercantiles. Quant aux diplômes, ils n'existent pratiquement plus. Néanmoins, les *moutaouifin* proposent encore aux pèlerins aisés de leur en établir un à leur nom, signé par quatre témoins. Coût : 1 000 ryals, pour une gravure sur papier représentant les Lieux saints ornés d'inscriptions coraniques. Une autre attestation graphique du pèlerinage, toujours en vogue en Égypte, consiste à laisser les enfants peindre sur la façade chaulée de la maison de l'heureux *hadji* des fresques retraçant les étapes de l'émigration vers Dieu. On voit des chameaux riant de leur fardeau, des barques surchargées de croyants hilares, des bus bringuebalants et des escadrilles d'avions fondant joyeusement sur la *Kaâba* autour de laquelle paissent déjà des moutons à l'ombre de palmiers géants. C'est un ravissement pour tous ceux qui ne peuvent se rendre à La Mecque que de pouvoir compter dans leur famille ou leur village une personne qui affiche si joliment sa piété. Pour les invalides et les indigents, reste la prière rituelle à travers laquelle ils se tournent et se penchent vers la Mère des cités tous les jours. Ce transport quotidien en esprit demeure le rite essentiel de l'islam. Seul celui qui néglige la prière n'est pas reconnu comme musulman. Les hanbalites et les kharidjites vont jusqu'à considérer celui qui ne se prosterne plus dans la *Qibla* de La Mecque comme un infidèle et réclament sa mort.

Le ciel se dégage. Les pèlerins ne cessent d'entasser le butin de leurs onéreuses razzias. Les Algériens préfèrent décidément les pneus, les friteuses électriques et les services à café. La ville ressemble à une salle d'attente dans une gare. Chacun guette l'autocar, ronge son frein, égrène son chapelet. Dévots et curieux en profitent pour faire du « tourisme » religieux en visitant les rares hauts lieux de la ville des villes que l'urbaniste wahhabite n'a pas encore noyés dans le béton.

Voici le célèbre cimetière du Maâla, vaste pente aride coupée perpendiculairement au milieu par le boulevard du *Haram* et l'avenue Hajoun. A l'entrée des baraquements, des hommes affalés à même le sol frottent leurs orteils, un fourgon blanc sur lequel on lit « Administrateur des affaires funéraires, transports funèbres » : un corbillard. C'est un terrain vague, grisâtre, graveleux, sans l'ombre d'une plante. Des petits murets chaulés délimitent des carrés au milieu desquels affleurent des pierres ordinaires : les tombes. Des auvents en tôle couvrent les allées également délimitées. A mi-pente, un mur pisseux et des grillages cadenassés empêchent les visiteurs d'approcher des tombes pourtant dévastées et ensablées. On y décèle des fragments de marbre révélant de gracieuses arabesques. Aucune inscription mais un énorme panneau qui résume, en arabe, en anglais et en ourdou la nécrophobie wahhabite :

« Administration générale de la Conscientisation et de l'Orientation. Section pèlerinage. Frère pèlerin :

– La visite des tombes de musulmans est légale seulement pour les hommes...

– Elle est illégale pour les femmes en vertu du *hadith* qui affirme : “ Que Dieu maudisse les visiteuses de sépultures. ”

– Est illicite toute caresse, prosternation ou invocation des morts devant les pierres tombales.

– Informe-toi auprès des *oulémas* sur les signes de ton dogme et à propos de ce que tu ignores quant aux règles de ton *hadj* et de ta religion. C'est un devoir qui t'incombe. »

A l'extérieur, sur un mur en béton s'étale une immense affiche publicitaire en français : « Jeunesse, eau de parfum, for man, Jeanne Arthes, Paris. »

C'est à Maâla que sont enterrés de nombreux intimes de

Mahomet, notamment Khadidja, sa première épouse. Des savants et des mystiques les y ont rejoint au cours des siècles. Les photographies prises avant l'invasion wahhabite montrent un véritable village en miniature fait de coupoles blanches et de « ruelles » ombragées par des houles de verdure.

L'autocar remonte le boulevard du Haram, bifurque vers l'est et bascule, en quelques feux verts, de la ville au bidonville. Des bicoques en tôles, des masures en brique et des échoppes de bric et de broc s'agglutinent aux abords de l'autoroute. La marmaille grouille dans ces favellas sans carnaval, sans autre joie que celle de la fraternité en religion. A un tournant, l'horizon désertique, dentelé de mamelons pierreux que domine un éperon taillé en pain de sucre, effilé comme la mine d'un crayon : le Djebel el-Nour. En contrebas se blottissent des maisons blanches, séparées par des venelles caillouteuses, parcourues de pieds nus. Les hommes sont au travail, les femmes cloîtrées et les enfants proposent aux fidèles sodas, cigarettes et eau minérale. Derrière une gargote fermée, un dépotoir à ciel ouvert où tourbillonnent des nuages de mouches.

La montagne est abrupte, rêche, majestueuse. Le sentier qui mène au sommet s'accroche comme une ceinture à ses flancs raides, frôle des précipices terrifiants. Il n'est ni balisé ni entretenu. Comme si les Séoudiens cherchaient à dissuader les visiteurs d'y monter.

« Vous croyez que l'Envoyé montait en téléphérique? » nous lance goguenard un Marocain. « Priez le Seigneur et en avant! Si nous mourons, on ne dira pas que nous avons trépassé en attaquant une banque! » Nous commençons l'escalade. Sur un amas de rochers, un auvent et un tapis. Un couple de bédouins. Décharnés, visages fripés, dentition riche de deux couronnes chacun, ils mendient. Simplement, sans main ni regard tendus. Une heure et demie de pas prudents, d'arrêts vertigineux pour accéder enfin à la pointe de cette lame rocheuse légèrement inclinée en direction de La Mecque.

Le panorama est grandiose. Alentour, des amas violacés de rocs gigantesques et tourmentés surgissent du sol sableux et moutonnent à perte de vue. Là-bas, vers l'Orient, derrière une épaisse et rugueuse façade montagneuse s'aplatit la plaine d'Arafat. Tout au fond, la chaîne mauve du Saraouat qui barre en dents de scie l'horizon méridional. A l'ouest, un magma de rochers torréfiés, une lave grisâtre où surnage une coulée de béton armé, blanchi. Les sept minarets du *Haram* émergent vaguement. Au-delà on perçoit à peine le front du mont Thour. Vers le nord se succèdent des collines trapues comme des pommes de terre. On devine le lacet de la route de Médine. Au pied du pic de la Lumière prolifèrent les cités dortoirs et les usines. Fumée, sable et travail. On en oublierait l'existence des arbres. Il y a heureusement une buvette sur cette cime de tous les tressaillements. Un Pakistanais au regard fuyant et aux gestes rapides propose thé, Nescafé et Coca-Cola.

Mahomet s'arrête ici, embrasse le paysage lunaire, ingrat, ennemi des troupeaux et des hommes. Pour fuir les foudres du soleil, il glisse sur le flanc du djebel, pose pied sur un minuscule palier à pic au-dessus d'un précipice, puis s'accroche à un amoncellement de blocs. Là se trouve la caverne de Hira (*Ghar Hira*). Pour y pénétrer, le Messager se faufile à travers les failles et les saillies de la masse pierreuse et débouche dans une niche naturelle minuscule, tout juste propre à abriter un homme. Sur la paroi, une brèche, elle donne sur La Mecque. C'est dans cette retraite entre ciel et terre qu'Amin, l'homme sûr, le caravanier, l'époux de Khadidja, la riche commerçante, le père de famille aisé vient chaque année passer un mois dans une totale solitude. Il a pourtant tout pour être heureux : une maison tranquille, des revenus sûrs, une femme aimante, des enfants. Mais, manifestement, il n'est pas de cette race d'hommes qui se paient d'aisance matérielle. Il est révolté par la suffisance des Qoraychites, ces « requins » du désert auxquels il se rattache pourtant et par le sang et par le rang social. On l'accuse d'écouter les hommes qui parlent une langue étrangère et qui racontent des légendes anciennes (Coran : 16; 105. 25; 5). Il passe des journées à méditer, des nuits à veiller, se nourrissant de dattes et de galettes. Il ne peut se déplacer physiquement mais son esprit s'agite, sa pensée s'aiguise. Il doit avoir quarante ans.

Un dépotoir. Bouteilles en plastique, boîtes de conserve éventrées et rouillées, épluchures de melon, chaussures usées encombrent l'antre perché. L'endroit où dormait l'Apôtre est seulement aplani et marbré, juste assez large pour accueillir un seul orant. Les parois sont saturées de slogans en ourdou, en anglais, en turc et en malais, vantant la grandeur de l'armée pakistanaise, anathématisant l'Union soviétique, chantant la gloire de Khomeyni, crachant sur Atatürk. Au-dessous de la grotte, on peut lire le premier verset coranique « descendu » ici même dans l'oreille et le cœur du Prophète (Coran : 96; 1-5).

Une nuit, l'ermite entend une voie mystérieure : « Tu es l'Envoyé de Dieu. » « J'ai songé, dira-t-il, à me jeter du haut de l'escarpement... » Mais la parole invisible insiste : « Récite! » dit Gabriel. « Que réciterai-je? » murmure Mahomet. L'archange le prend alors par les épaules et le malmène jusqu'à l'épuisement. « Récite, lui répète-t-il, au nom de ton Seigneur... Il a enseigné à l'homme ce qu'il ignorait. » Ces deux versets de la sourate de l'« Adhérence » constituent les toutes premières paroles divines révélées au Prophète arabe. Cette nuit du 27 ramadan 612 deviendra celle « du Destin » *(laylat el-qadr)*. L'Islam en célèbre toujours l'anniversaire.

Frissonnant d'une sainte terreur, l'Élu de Dieu sort de son trou, dévale la pente et regagne son domicile. Haletant, fiévreux, il se met au lit. Il s'ouvre à Khadidja de l'étrange message. Elle croit aussitôt en lui, en sa mission, en Allah.

Nous redescendons sur ses traces. Des hélicoptères survolent la région.

Le Prophète se ressaisit et commence à prêcher, discrètement d'abord, puis publiquement sous les quolibets des mercantis mecquois. Mais le message mord dans les quartiers pauvres où végètent les éclopés, les esclaves et les métèques (Coran : 6; 123. 17; 16, etc.). Ses revendications en leur faveur irritent les riches Qoraychites auxquels, pourtant, il se rattache par le sang et la fortune. Ils le traitent de révolutionnaire. « Je ne suis qu'un mortel comme vous, répond-il, il m'est seulement révélé que votre Dieu est une divinité unique » (Coran : 41; 6). Ils l'accusent de vouloir ridiculiser la *Kaâba*, les rites de la *omra* et ceux du *hadj*.

Les praticiens mecquois se font menaçants. L'Apôtre organise la riposte. Il envoie un groupe des fidèles se réfugier en Abyssinie chrétienne. La sourate du « Voyage nocturne » *(isra')* le fait se transporter à Jérusalem d'où il s'élève au ciel *(Mi'radj)*. L'ancienne capitale de David, la ville où s'achève l'œuvre de Jésus, devient le refuge de l'islam persécuté. Pendant le pèlerinage païen de juin-juillet 622, il rencontre à Mina des pèlerins de Yathrib, ville natale de sa propre mère, que leurs rapports avec les juifs et les chrétiens locaux rendent réceptifs aux idées monothéistes.

Nous traversons Arafat en taxi. Le désert est retourné au désert. Il n'y a plus trace de pèlerinage : chapiteaux, gargotes, hôpitaux de campagne se sont volatilisés. A peine si un vent sec soulève encore des bouts de journaux abandonnés. On ne croirait pas que deux millions d'âmes étaient là deux jours plus tôt. Mouzdalifa : simple terrain vague encombré de graviers.

Mina redevient Mina, un faubourg de banlieue, monotone, poussiéreux. Voici la mosquée du « Serment d'Aqaba », silencieuse, perdue parmi les rochers.

A Mina, les gens de la « Ville » (la future Médine) s'engagent par serment à donner asile au Messager de Dieu. A La Mecque, ses adversaires murmurent contre lui. Ils décident de l'assassiner. Tel un capitaine de navire en plein naufrage, le Prophète commence à envoyer de petits groupes de partisans vers l'oasis médinoise durant l'été 622. Resté seul avec Abou Bakr, Mahomet se résout finalement à quitter les lieux. Disposant de deux chameaux et d'un guide (un païen), tous trois sortent furtivement de la ville à la mi-septembre et se dirigent d'abord vers le sud, dans la direction opposée à celle de Yathrib. Se réfugiant au sommet du djebel Thour, ils y demeurent trois jours tapis dans une grotte afin de s'assurer qu'ils ne sont point suivis. La légende veut que des Qoraychites soient arrivés jusqu'au seuil de la caverne puis s'en soient retournés, ayant constaté qu'une toile d'araignée en voilait l'entrée et que deux colombes roucoulaient paisiblement dans leurs nids.

Le Thour est deux fois plus élevé que le mont de la Lumière. L'ascension par un sentier muletier se révèle épuisante. De la crête on aperçoit La Mecque, qui ronronne à quelque 6 km de là. Mina se cache derrière une enceinte montagneuse, Arafat s'estompe sous les nuages de sable; au fond, vers l'orient, on reconnaît le djebel de la Lumière. Le ciel est bleu outremer, la terre ocre. Des vautours planent au-dessus de nos têtes. La chaleur devient suffocante. La grotte salvatrice est sans prétention aucune. Des blocs entassés, des mégots de cigarettes et des boîtes de Pepsi-Cola rappellent que nous sommes modernes.

Les fugitifs en redescendent, mettent le cap sur la côte de la mer Rouge, puis remontent vers le nord en coupant la route caravanière de Médine par des chemins détournés.

L'autoroute de l'hégire

Nous dégringolons la montagne et sautons dans un taxi. La Mecque déménage. Les portes du *Haram* sont dégagées, les gardiens armés plutôt placides. De l'extérieur nous apercevons le *mataf*. Quelques dizaines de personnes seulement tournent autour de la *Kaâba*. Le moteur de l'*Oumma* ne s'arrête jamais. Des Turcs nous bousculent. Arrivés le matin même, ils viennent accomplir la *omra*. Les autocars ronronnent devant l'hôtel. Le chauffeur égyptien fait viser et tamponner nos passeports, les range dans un sac puis regagne son poste. « *Allah Akbar*! »

L'autoroute de l'hégire *(tariq el-Hidjra)* s'allonge au milieu du désert comme un ruban noir sur une robe plissée. Quelques kilomètres plus loin, elle bute contre des baraquements : contrôle des passeports. Une demi-heure de stationnement. Retour sur la voie asphaltée, aller vers Médine.

La route est lisse. « On pourrait même y rouler du couscous s'exclame un vieux *hadji* plein d'admiration. L'air est conditionné. Le paysage grandiose. La cohorte des véhicules glisse doucement sur le goudron, comme sur des patins à glace. Elle serpente, suit les méandres d'une vallée étale, défile entre d'interminables chapelets de montagnes où se déploient ton sur ton rose saumon, mauve et violet-noir. Un couloir naturel. Un oued asséché. Au fond, le lit déserté d'un torrent, flanqué d'une pâle traînée de verdure, épouse le parcours tortueux de la chaîne montagneuse. Le temps s'arrête.

Les autobus aussi. Nouveau contrôle de la pieuse migration. Enième vérification de passeports. Tout le monde est en règle. Dieu soit loué. Le long corridor naturel continue sa percée vers le nord. La caravane motorisée l'accompagne. De tout temps, cette gorge, tel un cordon ombilical, a relié La Mecque à la Syrie-Palestine. Une double haie rupestre la protège des razzias du Najd – véritable désert des Tartares – et des raids de la mer Rouge. Nos gorges sont à sec. Un plateau, des baraques, des gargotes. Lancinant menu, fatalité du poulet rôti et du riz. Les fidèles prennent d'assaut les toilettes. L'âpre canicule râpe le gosier. Une brise timide murmure depuis l'horizon septentrional. L'haleine de Médine. Nous avons déjà « cousu » la moitié du couloir qui relie le berceau du Prophète à son tombeau. 447 kilomètres de prières, de palabres et de sieste.

Le conducteur réclame sans détour un bakchich collectif. Après la récolte, il rejoint son poste. Les crêtes se remettent à tanguer, le sentier à se faufiler. Dans le sable ocre, tacheté, rouillé, teigneux, surnagent des touffes de verdure sur toute l'étendue du val. Des villages dorment. Tiens! Des camping-cars trônent sur une dune. Du linge sèche. Un groupe électrogène. Une Land-Rover s'éloigne derrière un rideau de poussière : les nouveaux bédouins. Les deux murailles s'affaissent petit à petit, l'oued s'élargit, l'horizon se dégage.

« *Madina Mounaouara* (Médine l'Illuminée), only moslem. » Un pont à péage. Nous sommes au *Miqat* d'*Abyar Ali*, à 4 km de la Ville seulement. C'est ici que les pèlerins de La Mecque revêtent l'*ihram*. Mais l'entrée à Médine n'est pas subordonnée à une quelconque sacralisation. La visite *(ziyara)*, vivement recommandée par les *oulémas*, sans être une obligation canonique, n'obéit à aucun rituel précis. La Mosquée – tombeau du Prophète, est le cœur battant de l'oasis, sa sainte attraction. La délimitation du territoire médinois interdit aux non-musulmans n'a jamais été nette. L'iman Abou Hanifa, le fondateur irakien d'une des principales obédiences sunnites, affirme que le refuge du Prophète n'est pas un *Haram*. Lorsque les Séoudiens mirent la haute main sur la cité, ils dissuadèrent les *hadjis* de s'y rendre. Ils voyaient, et considèrent toujours, la *ziyara* comme une pratique idolâtre, une nécrophilie barbare. Sous la pression des circonstances, le roi Abdelaziz, que les revenus du pèlerinage ne laissaient pas indifférent, finit par tolérer la visite au Tombeau en précisant qu'il permettait aux fidèles de prier dans la mosquée, à condition de ne pas s'approcher du mausolée de Mahomet.

Un rideau bleu nuit tombe brusquement sur la ville. Des flots de lumière crue surgissent et se figent. On aperçoit nettement des minarets pointés vers le firmament comme des fusées. Une autoroute pénètre dans l'oasis, déroule des enfilades d'immeubles et débouche dans une fantastique cohue d'autobus. Arrêt obligatoire. Personne ne bouge. Le chauffeur descend, le cabas à passeports dans la main. Vérifications d'identité. Estampilles. De jeunes scouts grimpent dans le car. Tout sourires juvéniles, ils distribuent des paquets de dattes médinoises. Sacrée baraka. Devant, se dresse une belle façade en pierre de taille, percée de hautes fenêtres à ogives condamnées par un amas de parpaings. On dirait un édifice ottoman de Damas, n'étaient les portes au-dessus desquelles flottent les drapeaux marocain, turc et algérien. « C'est la gare terminale du chemin de fer du Hedjaz », nous apprend un des adolescents séoudiens. Ironie de l'histoire : elle est réservée au stationnement des bus turcs.

Médine ne connaît pas de *moutaouifin*. Cependant, comme à La Mecque, des corporations offrent leurs services aux « frères » en voyage de piété. Il y a « ceux qui conduisent une visite » *(mouzaouiroun)* et ceux qui « guident » *(adilla)* les fidèles. Les premiers peuvent dicter aux visiteurs les invocations et les prières qui conviennent à ces lieux, tandis que les seconds sont chargés de pourvoir aux besoins matériels, au logement surtout. Tous sont divisés en sous-corporations, s'occupant chacune d'une nationalité donnée.

Un « guide » grimpe dans l'autocar et indique au chauffeur l'adresse de notre hôtel. Un carrefour désert, un souk fourmillant, un coup de frein sec, une secousse, un arrêt brutal. La rue n'est pas asphaltée. Des immeubles délabrés, des hommes dorment sur des journaux étendus à même la poussière. On entend un transistor. Tout le monde descend. Tout le monde veut dormir. Patience. Tri des passeports. Les pèlerins venus d'Algérie peuvent aller se reposer. Leur hébergement est payé à l'avance. Ceux venus d'Europe doivent payer. Combien? Mille ryals pour la semaine, lâche le cicérone yéménite. Trop cher! « Allez roupiller dehors, répond-il, c'est gratuit. » Nous connaissons le sésame suprême de l'Orient. Nous ne voulons pas payer le patron, mais seulement récompenser le guide. Il sourit, l'air entendu. Un bon bakchich vaut mieux qu'une mauvaise querelle.

Quatre murs ripolinés, un plafond bas, un sol carrelé, une fenêtre condamnée, un climatiseur en panne et dix personnes allongées : voilà notre chambre. Les robinets sont secs comme des pipeaux. L'interrupteur est cassé. Le néon ne s'éteint plus. C'est la Ville-lumière. Nous sommes arrivés à Médine plus rapidement que Mahomet et ses compagnons. A dos de chameau, le voyage dure une semaine au moins. Les Yathribiens gagnés au message du Prophète attendent sa venue d'un jour à l'autre. Ils rêvent de lui ouvrir leur cité comme ils lui ont ouvert leurs cœurs.

CHAPITRE XXIV

LA SÉPARATION

Il est midi en ce vendredi 24 septembre 622 de l'ère chrétienne. Le ciel miroite, l'air brûle. Engourdie par l'été naissant, Yathrib se recroqueville sur son oasis, se blottit dans ses sombres demeures en pisé, se réfugie à l'ombre de ses vergers. Au sud de la palmeraie, dans le hameau de Qoba, un paysan juif achève de bêcher son potager. Il se redresse pour souffler un peu. Une tache noire s'agite à l'horizon. Un mirage? Des silhouettes se précisent dans la réverbération aveuglante. Trois hommes, visiblement épuisés, et deux chameaux se hâtent vers l'ombre d'un arbre. Mahomet, Abou Bakr et leur guide s'affalent. Le jardinier laisse tomber la bêche et court avertir les adeptes du Prophète mecquois. La nouvelle se répand comme une traînée de poudre et réveille la bourgade assoupie. Soulevés d'enthousiasme, les gens sortent à la rencontre de l'Envoyé lui apportant eau, lait, pain et dattes. Sous un ciel éblouissant, ils le rejoignent en entonnant : « La pleine lune se lève pour nous... » – louange qui se répercutera aux quatre coins du monde et deviendra chant de ralliement pour des millions d'âmes.

C'est une étape décisive dans la vie du Messager, un tournant historique de sa prédication. Une ère nouvelle s'ouvre pour l'humanité. Des générations innombrables d'hommes et de femmes vont mesurer le temps à partir de cette torpide journée, d'une sieste interrompue.

Les juifs comptent le temps à partir de la Création du

monde, les chrétiens depuis la naissance de Jésus, les musulmans à partir de ce jour de vérité, charnière articulant un passé dissipé dans le stupre des siècles « barbares » *(djahiliya)* et un devenir de « soumission confiante » *(islam)* à la raison de Dieu. Ainsi la fin de l'Émigration de Mahomet inaugure-t-elle le début de la chronologie de l'*Oumma*. Latinisé sous la forme « *hegira* », francisé en « hégire » vers 1556, le mot arabe *hidjra* ne signifie pas « fuite », contrairement à une traduction fréquente qui soulève la colère des croyants, mais exprime l'idée de rupture – qu'il s'agisse de liens de parenté, d'amitié, d'association commerciale ou de relation sexuelle. Un divorce. L'expatriation du Prophète représente une hégire absolue. Le nouveau comput ne commence pas exactement à la date de son arrivée à Yathrib, mais au premier jour de l'année lunaire au cours de laquelle cet événement eut lieu et que l'on s'accorde à faire coïncider avec le 16 juillet 622. L'an de grâce zéro.

Les sectateurs locaux de l'Annonciateur, qui hébergent déjà des Mecquois immigrés, se disputent fébrilement l'honneur de le loger. Lui demeure confit en prières devant l'émulation des clans hôtes. Il comprend bien que s'il accède aux vœux des uns il contrarie les désirs des autres. Il temporise jusqu'au jeudi où il s'en remet aux caprices de sa monture. Débridée pour la circonstance, la chamelle gambade sous les palmiers, s'arrête, broute, blatère et continue à errer en direction du nord. Après une errance de quelques encablures elle s'arrête finalement au centre de l'oasis sur un lopin appartenant à deux orphelins. Mahomet saute à terre et jette son dévolu sur l'endroit. L'aire choisie est aussitôt scrupuleusement achetée à ses propriétaires légitimes.

On commence à bâtir. Maçons et charpentiers d'occasion s'y emploient avec ferveur. L'Apôtre les encourage en mettant la main à la pâte. En quelques jours, une demeure sort de terre. Oh! bien modeste : une cour rectangulaire délimitée par un mur de briques séchées au soleil. Des troncs de palmiers soutiennent une toiture de fortune, faite de branchages liés par un mortier d'argile. Sur le côté est, deux humbles cabanes accueillent les femmes du Prophète, Saouda et Aïcha, la fille d'Abou Bakr qu'il épousa durant la construction de la maison. Des nattes posées à même le sol marquent l'entrée des nobles huttes. La première mosquée est née, à la fois oratoire de la petite secte et résidence de l'Envoyé qui y reçoit les délégations extérieures, harangue ses adeptes, légifère. On y attache les prisonniers, soigne les blessés. On s'y livre même à des jeux de lances et de boucliers.

Le pôle de la petite *Oumma.* A l'encontre de La Mecque, cité escarpée à l'aspect tranchant et au corps rocailleux, Yathrib est une vallée étale, accueillante comme la paume d'une main tendue. Même ses montagnes, dos d'âne et bosses de chameau qui rompent la platitude de l'horizon septentrional, affectent les rondeurs moelleuses, brunes et lisses comme une peau mulâtre. La Mecque est un silex coupant, Yathrib une datte juteuse. La première persécuta Mahomet puis le bannit, la seconde le recueille et l'adopte. A l'ombre de ses dattiers le prédicateur houspillé et proscrit se mue en chef de communauté.

Yathrib, possession babylonienne à l'époque du roi Nabonide (556-539 av. J.-C.), qui semble-t-il y séjourna; une des soixante-cinq étapes mentionnées par Pline l'Ancien (XII; 32, 63-64) qui jalonnent la route commerciale reliant Saba (Yémen) à Gaza (Palestine). Connue de Ptolémée sous la forme « Jathrippa », elle renonce même à son nom prestigieux pour devenir tout simplement Madinat ı-el-Nabi, la « Ville du Prophète », el-Madina, d'où Médine.

Depuis l'automne 1984 où le roi Fahd préconisa de « réaménager la Mosquée du Prophète », le centre de Médine n'est plus, en cet implacable été 1988, qu'un colossal champ de démolition, un chantier titanesque. Une armada de bulldozers bouscule, renverse et écrabouille des pâtés entiers de demeures anciennes. Des convois de camions déversent leur trop-plein de ciment et de gravier dans les gueules rugissantes des bétonnières. Des légions d'immigrés – Tunisiens, Sénégalais, Turcs, Pakistanais et même des chrétiens philippins convertis pour la circonstance – s'affairent dans cette fourmilière poudreuse.

Le dôme vert qui surmonte la tombe de Mahomet

émerge à peine de l'épais rideau de poussière qui monte de la terre retournée, des maisons rasées. Le mausolée paraît égaré au milieu des amas de ruines fumantes comme un vaisseau pris dans la masse d'une mer houleuse. C'est le dernier carré de l'ancienne mosquée, l'unique vestige peu ou prou épargné par la rage immobilière qui a entièrement fauché la vieille ville. Depuis la mort de Mahomet, le sanctuaire n'a cessé de subir embellissements et incendies, restaurations et séismes, agrandissements et travaux en tous genres autour du petit lot de 35 m sur 30 m acquis par l'Envoyé. Califes, sultans et émirs ont rivalisé de prodigalité pour embellir les environs. A cet égard, le monarque séoudien pulvérise tous les records de dépenses. Les brochures officielles donnent les mesures du « réaménagement » du tombeau-mosquée. La construction d'un nouveau bâtiment, enchâssant le temple actuel sur les faces nord, est et ouest, prévoit un élargissement de la surface de 16 500 m² à 98 500 m², pouvant accueillir 167 000 fidèles. Les terrasses du nouvel édifice accueilleront jusqu'à 90 000 fidèles sur 67 000 m², soit une capacité totale de 257 000 orants pour 165 000 m² – moins d'un mètre carré par personne. Plus tard, un deuxième étage doublera les possibilités d'accueil. Vingt-trois entrées desservies par des escaliers roulants permettront d'accéder à tous les niveaux de ce fantastique complexe cultuel dont le sous-sol transformé en parking accueillera 4 000 véhicules. Depuis des galeries souterraines, l'air conditionné sera pulsé vers le bâtiment grâce au « plus grand projet de conditionnement d'air au monde ». Six minarets de 92 m de haut couronneront le tout.

C'est donc une mosquée provisoire que des foules impavides investissent en se faufilant sous des nuages de poussière, entre les amas de décombres et les tas de ferraille, de gravier, de ciment. La majorité des pèlerins sont des Turcs. En effet, Médine est la ville du Hedjaz que les Ottomans ont le plus marquée, comme en témoigne l'aspect actuel de la Mosquée du Prophète dont l'aménagement remonte au sultan-calife Abdelmadjid (1823-1861). C'est un trapèze irrégulier de quelque 116 m de long sur 86 m de large au sud et 66 m au nord. Les façades sont revêtues de marbre marron.

Quatre minarets de tailles et d'allures différentes trônent à chaque angle. Deux gardiens, un homme et une femme ainsi qu'un soldat armé veillent à chacune des dix entrées aux noms évocateurs : portes de Gabriel, de la Paix, de la Miséricorde, d'Omar, d'Abdelmadjid, de Séoud... Comme à La Mecque, journaux, livres non religieux, fruits, pain ou appareils photographiques sont rigoureusement interdits.

La température intérieure est à peine moins suffocante que la canicule ambiante, mais l'atmosphère est paisible, les tapis moelleux. De gracieuses colonnes à ogives orientent le visiteur vers un patio où le soleil se déverse à flots. En contournant la cour intérieure vers l'est, on accède au saint des saints : la *Houdjra*, la « Chambre », l'alcôve du Prophète, que surmonte le dôme vert dont la silhouette est aussi familière en Islam que la *Kaâba*. L'intérieur de la *Houdjra* est complètement caché aux regards par d'épais voiles verts suspendus à la voûte, et délimité par des grilles en cuivre ouvragé.

Les visiteurs sont envoûtés par la majestueuse humilité de la nécropole. Tête baissée, mains croisées sur la poitrine, ils murmurent des prières inaudibles. Rien à voir avec les bruyantes effusions autour de la *Kaâba*. Ici tout est feutré, recueilli. Les orants, sagement adossés aux centaines de piliers, prient, somnclent ou conversent à voix basse. L'ambiance d'une bibliothèque, n'était le vrombissement sourd des ventilateurs. A l'angle sud-est du sépulcre, trois guichets en argent, ajourés de splendides calligraphies. De part et d'autre de ces parcimonieuses ouvertures se tiennent des gardes en civil, commis à empêcher tout transport de piété vers les grilles. Même lorsqu'il s'agit de Mahomet en personne, les Séoudiens soutiennent que l'adoration témoignée envers le mausolée se soustrait à celle que l'on doit sans partage à Dieu. S'il ne tenait qu'à eux, les Wahhabites auraient rasé la sépulture du Prophète. Aussi ne peut-on trop s'y attarder. Les croyants qui s'y pressent ont juste le temps de marmonner : « Salut à toi, l'ami du Seigneur, modèle de beauté, la plus sainte des créatures! Salut à toi, vénéré tombeau, où les hommes viennent chercher la lumière et retremper leur foi! », avant de se voir intimer l'ordre de tourner les talons. Une tradition affirme qu'un espace y est réservé pour accueillir Jésus après la parousie.

Moment saisissant! Ces hommes haletants d'émotion, les yeux rougis de pleurs, brûlent de caresser, d'embrasser les saintes grilles face à ces sentinelles tendues comme des arcs, prêtes à les en empêcher. Des gens fondent en larmes, un vieillard pakistanais s'évanouit, un Yougoslave sanglote. « Va pleurer dehors! » lui lance sèchement un garde wahhabite. Les plus malins des visiteurs refont plusieurs fois le tour de la *Houdjra*. Sur le mur oriental de la chambre, de jeunes soldats montent la garde, Beretta en bandoulière. Cette partie de la cabane est censée abriter la tombe de Fatima dont le fils Hassan, par son martyre, a donné naissance au millénarisme chiîte. Et les Iraniens se sont laissés aller à de tels excès de dévotion en cet humble coin de la mosquée que les Séoudiens ont décidé de n'y plus permettre aucun rassemblement.

Derrière le côté nord de la chambre, des personnages pompeusement vêtus de mousseline discutent, assis sur une estrade. Dodus, lascifs, ils arborent des turbans vert cru, violet et grenat : ce sont les eunuques abyssins, affectés à l'entretien du sanctuaire. Il y en aurait 19, plus jeunes que ceux de La Mecque. L'un d'entre eux avoue avoir 26 ans. L'endroit qui leur est exclusivement réservé dans le Temple s'appelle la « tribune des castrats » *(dakkat el-aghawat).*

La *Houdjra* se prolonge à l'ouest par une cour intérieure de 22 m sur 15, recouverte de somptueux tapis. Une chaire *(minbar)* de marbre ciselé la sépare du reste de la mosquée. C'est le « noble Jardinet » *(el-raouda el-charifa).* La foule s'y presse pour prier. « Entre ma maison et mon *minbar,* rappelle Mahomet, il y a une portion du jardin du Paradis. » Ce siège est l'unique objet visible qui puisse se prévaloir de quelques siècles d'ancienneté. Mais que de lumières! Partout, suspendues au plafond, accrochées aux chapiteaux, courant sur les moulures des lampes à arc, à incandescence, fluorescentes, halogènes et des barres multicolores de néon brillent de tous leurs feux.

Une ruche de coupoles disposées autour du dôme vert coiffe la *Houdjra.* La décoration intérieure semble pour le moins insolite en ce lieu. Les ornements les plus éculés de la passementerie Renaissance, les fleurons baroques et les guillochures Belle Époque, maladroitement dessinés et ripolinés en noir et blanc, gribouillent les voûtes. Plus insolites encore, surréalistes même, ces « fresques » qui peignent en couleurs violentes des paysages alpins. Un ciel enflammé, une montagne escarpée, enneigée au sommet, qui surplombe une forêt de conifères bordant un lac. Sur une île s'élève un chalet. Ne figurent dans ces visions bucoliques ni hommes ni bêtes. Toutefois, pour imprimer une touche locale, l'artiste ajoute çà et là des dattiers.

En empruntant la porte de Gabriel, ouverte à l'angle sud-est de la Mosquée, on accède de plain-pied au vaste cimetière du Baqi, le « champ des ronces », où reposent, dit-on, dix mille compagnons du Prophète. C'est un terrain vague entouré d'une grille métallique. Voici des pierres grosses comme des melons qui affleurent simplement du sol : neuf des onze épouses de Mahomet. La cinquième à partir de la gauche indiquerait la tombe de Maria, l'esclave copte qui lui donna vers 628 un garçon qui mourut un an plus tard, et la septième celle de Safia, la belle juive qu'il épousa à Médine. Dans cet espace désolé, des groupes de pèlerins se recueillent, lambinent. Des Maghrébins cherchent l'emplacement de la sépulture de Malek ibn Anas (mort en 795), qui fonda à Médine l'école malékite dont se réclame l'Afrique du Nord.

Le grondement du chantier tout proche suspend toute rêverie sur le passé lointain de la ville. Il suffit de parcourir du regard un horizon où les immeubles style HLM succèdent à perte de vue aux édifices de verre et d'acier dignes d'une quelconque banlieue européenne, pour oublier la *médina* du Messager de l'islam. Toute une histoire.

Mahomet s'installe dans une oasis instable, épuisée par les querelles larvées qui opposent les clans locaux. La nouvelle communauté, composée d'« Émigrés » *(mouhadjirin)* et d'« Auxiliaires » *(ansar)*, se retrouve bientôt à la croisée des chemins : s'affirmer comme une faction supplémentaire ou fondre tous les groupes en une seule fraternité, dans une

« matrie » *(Oumma)*. Avec un rare génie, le Prophète s'immisce dans l'équilibre précaire des groupes, pour les dominer sans en devenir prisonnier. Il propose une Constitution *(sahifa)* qui réglemente les rapports des musulmans et des cinq tribus (deux païennes et trois juives) les plus puissantes. En vertu de cette première charte islamique, tous les habitants de l'agglomération sont partie intégrante de l'*Oumma*. L'Envoyé y est reconnu comme prophète et les litiges doivent lui être soumis. Il entreprend alors de gagner l'approbation religieuse des juifs. Alors que Jérusalem devient la première direction de la prière musulmane *(Qibla)*, les Émigrés adoptent certains usages juifs dans leur coiffure et leur nourriture. L'Envoyé se réclame d'Abraham, revendique l'héritage biblique.

Las! Ses interlocuteurs israélites font d'abord la sourde oreille puis se mettent à le harceler de railleries, le traitent de « gentil » *(oummi)* pendant que leurs poètes le criblent d'épigrammes cruelles. Même les païens murmurent contre l' « intrus ». La poétesse Asma bent Marouan se laisse aller à qualifier d' « enculés » les Médinois favorables à l'Envoyé. Il en est ulcéré. Mais les plus zélés de ses partisans vengent son honneur bafoué dans le sang des satiristes.

En privilégiant la communauté de foi sur la solidarité de sang, la prédication musulmane finit par menacer la cohésion des différents clans. Les conversions se multiplient. La *Houdjra* fait tout autant office d'appartement privé de l'Apôtre que de mosquée, de tribunal et de Trésor de l'*Oumma*. Certaines tribus médinoises s'entendent avec les Mecquois pour anéantir la nouvelle communauté. Prévenu, l'Apôtre se prépare à mener la lutte sur tous les fronts. A la tête de ses partisans, en 624 à Badr, il met en déroute une armée de marchands mecquois. Cette victoire célébrée par le Coran (3; 123) fait sensation dans toute l'Arabie. Dans la foulée, il détourne la *Qibla* de Jérusalem vers La Mecque tout en étoffant la législation de la jeune communauté. En 625, une expédition mecquoise assaille Médine par le djebel Ohod. Les croyants sont battus et Mahomet lui-même blessé. Celui-ci s'attaque aux caravanes de sa ville natale et réduit bientôt son commerce aux abois. Les Mecquois reviennent à l'attaque en 627. Le Prophète fait creuser une tranchée *(khandaq)* qui décourage les 10 000 envahisseurs. A partir de cet avantage, l'Envoyé considère la partie gagnée et conclut à Houdaybiya en 628 une trêve avec les Qoraychites. Les adhérents affluent vers l'*Oumma.* Traité d'égal à égal par sa patrie, redouté à Médine, le Messager se tourne enfin vers les juifs qui complotent contre lui en s'alliant à ses pires ennemis. Après l'expulsion et la confiscation des biens du clan le plus faible, les autres ne désarment toujours pas. Vaincus à leur tour, les mâles sont passés par les armes, leurs femmes et leurs enfants vendus à l'encan.

Prophète de la paix islamique, Mahomet se mue en chef d'État. En 629, il envoie une expédition en Syrie-Palestine – terre « du lait et du miel » pour les Hébreux, « du vin et du levain » pour les Arabes. Les musulmans sont battus près de la mer Morte par des Arabes chrétiens ralliés à Byzance. Il se tourne alors vers La Mecque et y pénètre sans coup férir en 630. En 632, il dirige le « *hadj* de l'Adieu ». Sa patrie qui le fit tant souffrir l'acclame enfin. Elle devient la capitale d'un monde en marche.

Deux mois après son retour de pèlerinage, l'Apôtre tombe malade. Fièvres et maux de tête le tordent de douleur. Bientôt, il sollicite de ses épouses l'autorisation de rester dans la cabane d'Aïcha. Il s'y rend lentement, les jambes molles, la tête bandée. Il dort beaucoup. Il réussit non sans mal à monter en chaire pour prêcher. Il parle avec peine de la mort et de la vie éternelle et s'évanouit de temps à autre. Abou Bakr dirige la prière à sa place.

Le 8 juin 632, léger mieux : il sourit et un témoin trouve son visage plus radieux que jamais. Mais une rechute le tient couché sur le giron d'Aïcha, le regard perdu. Il se met à délirer, marmonne des paroles sans suite. Sa jeune femme, trouvant que sa tête se fait plus lourde, le regarde. Il lève les yeux vers le plafond et murmure : « Le compagnon le plus haut... », pour les refermer à tout jamais. C'est le début de l'après-midi. Le Prophète est bien mort. Il est enseveli, couché sur le côté droit, face à La Mecque, à l'endroit même où il rendit l'âme.

Abou Bakr, Omar et Othman, les premiers « successeurs » du Prophète se maintiennent à Médine. Mais Ali, le quatrième calife, quitte la ville en octobre 656 pour s'installer à Koufa en Iraq. En 661, Damas devient la capitale de l'islam. L'antique Yathrib se réduit à un centre de villégiature pour *oulémas* et aristocrates en mal de tranquillité. Sous les Omeyyades, une atmosphère de luxe y règne; courtisans et chanteurs pullulent dans les nombreuses tavernes. Médine finit par avoir mauvaise réputation.

Cependant, son aura religieuse s'affirme. Le calife de Damas Walid Ier (705-715) aménage la *Houdjra* en une véritable mosquée : massive, décorée de mosaïques, surmontée de quatre minarets. Les écoles juridiques se multiplient et l'exégèse coranique atteint sa maturité. Le courant malékite du sunnisme connaît sa première floraison. Le temple subit maints séismes et autant de restaurations. Soliman le Magnifique (1520-1566) procède à de grands travaux : canalisations, aqueducs et enceintes autour de la ville.

En 1804, le cyclone wahhabite bouleverse l'oasis : tombeaux rasés, sépulture du Prophète profanée, bijoux et reliques qui la décorent pillés par les fanatiques qui tentent même d'abattre le dôme vert. La population s'enfuit, cependant que ses *oulémas* sont forcés de contresigner leur propre condamnation pour « infidélité ». Le café est prohibé parce qu'inconnu au temps du Prophète. En 1813, le cauchemar prend fin avec la déroute d'Abdallah ibn Séoud devant les troupes égyptiennes. En 1861, le sultan Abdelmadjid restaure et embellit le sanctuaire de Mahomet. Le chemin de fer arrive de Damas en 1908 et soulève de grands espoirs de développement, qui s'évanouiront bientôt avec la Première Guerre mondiale.

Les Séoudiens reprennent Médine en 1925. De nouveau, les théologiens locaux sont contraints d'approuver la destruction de tous les cimetières et de tous les tombeaux de saints. Après les cimetières, c'est au tour des souks puis des bains publics et des cafés de disparaître. Médine se métamorphose sans aucun plan préconçu d'urbanisme. La *Houdjra* disparaît derrière des voiles, des bibliothèques réputées sont anéanties.

Des intégristes égyptiens exilés par Nasser fondent en 1960 une Université islamique. A partir des années 70, la vieille ville commence à se rétrécir comme peau de chagrin. La spéculation foncière fait rage. Le prix du m² en banlieue frôle les 2 500 dollars en 1975.

La *Houdjra* de Médine reste le lieu le plus vénéré des chiîtes. Au point que la prise de l'oasis par les Wahhabites, en 1925, déclenchera une grève générale en Iran contraignant le Chah à dépêcher une commission d'enquête sur place. En 1931, les chiîtes indiens offrirent la bagatelle de 50 000 livres sterling au roi Abdelaziz pour qu'il épargne la tombe de Fatima.

En 1981, des heurts opposent Iraniens et Séoudiens dans l'enceinte même du Prophète. On déplore un mort et de nombreux blessés. Ce n'est qu'en 1986 que les khomeynistes obtiennent le droit d'accès au cimetière du Baqi, jusque-là fermé aux visiteurs.

Malgré la poussière et le béton, Médine reste la ville du Prophète et les souvenirs qu'elle évoque apaisent bien des ressentiments. Combien pathétiques sont ces groupes de pèlerins qui s'arrêtent sous un toboggan, se recueillent dans la cour d'un immeuble ou à l'entrée d'un parking, tentant désespérément de retrouver tel lieu où l'Envoyé fit une sieste, telle colline où il récita une prière! Son oratoire de Qoba, refait à neuf, affecte l'allure d'une demeure cossue de style néo-mauresque, perdue au milieu d'une oasis en jachère. Piliers de béton, murs de marbre austère, moquettes et lumières halogènes évoquent le salon d'un grand hôtel. La niche qui commémorait les prosternations de l'Apôtre a disparu, le puits (dont l'eau saumâtre devint douce après qu'il eut craché) est englouti. La mosquée des Deux Directions, celle-là même où le Prophète mecquois se détourna de Jérusalem en faveur de sa patrie, n'a rien à lui envier. Carrelages, stuc et plâtre jurent avec un environnement de masures décrépies. A une lieue vers le nord, la célèbre « Tranchée » qui sauva l'islam est cachée par un pâté d'immeubles aux façades aveugles. Ici, nulle trace de rues populeuses, envahies d'enfants et de vieillards qui font le charme des villes orientales. Tout est grave, empesé, sévère.

Seul le djebel Ohod garde sa majesté. Crâne chauve au teint brique, bosse de chameau ocrée, poing fermé posé sur la ville : le mont « qui nous aime et que nous aimons », disait Mahomet. A ses pieds se blottissent quelques maisons autour d'un autre terrain vague : le « cimetière des Martyrs » de cette bataille où le Prophète faillit laisser la vie. Rien, strictement rien ne subsiste des anciens monuments funéraires.

Don du ciel pour ses fruits, ses légumes et ses forêts d'acacias, la grasse vallée qui cernait Ohod à l'ouest n'est plus qu'une plaine dévastée : autoroutes, ponts, parkings et dépotoirs ont triomphé des futaies de mimosas et du demi-million de palmiers encore debout en 1915. La démolition totale et scrupuleuse des vestiges archéologiques médinois n'entame nullement l'émotion des croyants. Le secret de leur inaltérable quiétude réside dans ce mot du Meilleur des hommes, de l'Envoyé de Dieu parmi eux : « Celui qui me visite après ma mort, c'est comme s'il m'avait visité de mon vivant! »

Il faut encore faire estampiller les passeports pour partir. Le chauffeur égyptien qui répond de ses passagers s'acquitte de cette tâche délicate moyennant un bakchich. La nuit s'abat comme une chauve-souris sur la ville. Une caravane de bus s'ébranle vers Djedda. Quête du conducteur pour récupérer les dessous de table auxquels nous devons notre départ, deux contrôles militaires, un arrêt pour le thé, les besoins et les ablutions ponctuent les 413 km d'autoroute, puis revoilà, enfin, les chapiteaux de l'aéroport, le cirque de la Grand-Mère.

Il y a moins de monde, mais c'est le même monde. Visages tannés, corps rompus, bras ballants, les *hadjis* sont fatigués. Certains campent depuis une semaine, dans l'attente d'une place sur quelque vol, improbable dans l'immédiat. Il se trouve des compagnies aériennes et agences de voyages qui ne reculent devant rien pour vendre des billets. Y compris en « confirmant » au pèlerin la réservation de son retour. Ils sont ainsi des milliers auxquels on a promis un périple sans accrocs mais qui se retrouvent bloqués ici sans un sou ni maille. Le problème prend de telles proportions que les Séoudiens envisagent des mesures de représailles contre les coupables. Certains croyants « patientent » parfois trois semaines avant de pouvoir regagner leurs foyers. Beaucoup sont malades. Couchés sur des morceaux de carton, ils gémissent des heures durant dans l'indifférence générale. Des montagnes de valises et de balluchons encombrent les allées. D'énormes jerricans renfermant le précieux breuvage de Zemzem apparaissent un peu partout. Promesses de pieuses ivresses.

L'atmosphère est irréelle, l'*oumma* taciturne. Chacun semble dialoguer avec lui-même, faire ses comptes, savourer son épuisement. Lisant, dormant ou priant, les croyants sont déjà chez eux, accueillis en héros. Ils offriront des chéchias, on leur donnera du *hadji.* Ils quittent La Mecque sans regret. Le Prophète ne s'en est-il pas définitivement éloigné? « L'islam, dit Mahomet, a commencé expatrié et finira ainsi, tel qu'il avait commencé. » Il faut donc se disperser, ramifier la souche de l'*Oumma* dans toutes les terres émergées.

Contrôle des documents, examen des bagages aux rayons X, fouille. Des militaires saluent chaque passager et lui offrent un exemplaire du « Coran de Médine ». Décor aseptisé, départ feutré.

Aéroport Roissy-Charles-de-Gaulle, 6 h 30 du matin. Vérification des titres de voyage sous les néons blafards. Ambiance glacée, métallique. Les pèlerins se bousculent pour sortir. Une foule de femmes tatouées, d'enfants agités et d'hommes barbus attend. Certains braquent des caméras d'amateurs, d'autres tiennent des flacons d'eau de Cologne. Soudain, lorsqu'un vieux *hadji* apparaît enfin, tout l'aéroport retentit d'un tonnerre inouï de youyous, d'applaudissements et d'acclamations. On se croirait dans une fête de mariage au Maghreb. Les cris, les rires et les interpellations résonnent de plus belle dans une joyeuse cohue sous le regard médusé et indulgent des policiers. Nous demandons à un douanier ce qu'il en pense : « Bof! on a l'habitude maintenant! » lâche-t-il sur un ton amusé.

Quatrième partie

A la cour du roi

CHAPITRE XXV

LA MECQUE AU QUOTIDIEN

« UN invité est un invité même s'il s'attarde hiver et été », affirme un dicton algérien. Après le départ des hôtes de Dieu, La Mecque retrouve son calme provincial, son train-train quotidien, s'installe dans l'attente du prochain pèlerinage. Elle souffle, s'assoupit. Les tournées autour de la *Kaâba* continuent. Les *moutaouifs* et les commerçants suivent le mouvement. En effet, les premiers *hadjis* à peine repartis, des foules de *moutamirins*, « ceux qui accomplissent la *omra* », les supplantent au *Haram*. Tous ceux qui n'ont pu avoir de visa pour le Grand Pèlerinage ou qui en craignaient les hasards affluent au Petit Pèlerinage, infiniment plus commode. Les possibilités d'hébergement sont variées et surtout moins chères. L'on peut même s'offrir, pour 200 F par jour, une chambre individuelle avec douche et télé dans l'un des rares et humbles hôtels que compte la Ville sûre [1]. En outre, l'accès au *mataf* devient aisé : chacun peut s'acquitter des obligations divines sans précipitation.

Au fond, rien ne change sous le croissant de la capitale spirituelle, entre la semaine du *hadj* et les mois de la *omra*, si ce n'est l'ampleur du rassemblement et l'intensité des cérémonies. Tant il est vrai que la pratique de la religion ne saurait osciller entre une haute et une basse saison. A cet égard, on peut affirmer que le *hadj* constitue une excroissance de la *omra* et le mois de *dhou-el-hidja* une apothéose de l'année, comme le résumait subtilement l'imam médiéval Ghazali en observant que le Petit Pèlerinage s'insinue sous le Grand comme l'ablution mineure (*oudhou*) dans la toilette complète (*ghousl*). Après le *hadj*, la Mère des cités rétrécit, la capitale de l'islam se replie sur le chef-lieu du Hedjaz, l'*Oumma* se resserre. La Mecque découvre son visage.

La population de la Terre sainte est cosmopolite par la force des choses, contrairement aux tribus du Najd qui sont d'autant plus homogènes que deux siècles de wahhabisme les ont confinées dans une sorte de splendide isolement. Les « voisins de la Maison de Dieu », proviennent de tous les recoins de la Maison de l'Islam. Les quartiers qui l'entourent conservent toujours un caractère ethnique. Ainsi la communauté javanaise occupe, presque à elle seule, les contreforts du mont Abou-Qobays. Installés depuis des siècles, ces voisins de la Maison sont fort appréciés pour leur discrétion, la beauté de leurs femmes et la qualité de leur artisanat. On leur doit les plus belles calottes, toutes en dentelle et en broderie. Mecquois de souche afghane, caucasienne, turque et ouzbèke se partagent les faubourgs décents de Souleymaniya au nord du *Haram*. Ils excellent dans le commerce. Dans leurs boutiques proprettes et bien achalandées, toute la famille s'agite du grand-père au nourrisson, les femmes exceptées. Ayant fui le « paradis communiste », perdu de vue parents et patrie, ils restent taciturnes, mélancoliques mais avenants. Très pieux, travailleurs acharnés, beaucoup se sont hissés à des postes importants dans l'appareil d'État.

Le quartier de Chamiya (la Damascène) accueille des descendants syriens, égyptiens mais aussi maghrébins qui maintiennent encore des liens avec leurs pays d'origine et sont, de ce fait, moins « intégrés » dans la haute administration. Ils tiennent une partie du commerce locale. A l'ouest de la ville commence un bidonville, un morceau d'Afrique noire : la Hindaouiya, banlieue famélique, aux ruelles de terre battue, ignorant l'électricité et le tout-à-l'égout. Des ribambelles d'enfants jouent et dansent dans ces venelles poussiéreuses, des vieillards palabrent allongés sur des nattes, des femmes vendent des beignets, des chapelets ou des Corans de poche. Ce sont des Haoussas originaires du Nigeria. Résidus du pèlerinage, ils s'entassent là, sans profession ni connaissance de l'arabe. L'implacable législation séoudienne les tolère pour des raisons politiques : cette population est une pépinière de futurs prédicateurs en Afrique. C'est l'unique endroit de la ville où l'on entend chantonner des passants, où les femmes, belles et un tantinet allumeuses, osent montrer leurs bras et leurs corps. Toute cette piétaille erre sans but, se nourrit d'expédients. Quelques Bengalis se mêlent à ce morceau d'Afrique.

La présence des Noirs à La Mecque remonte à l'Antiquité. Un des plus célèbres héros épiques de l'Arabie préislamique était un métis, né d'un père arabe et d'une esclave africaine. L'épopée de ce poète et guerrier du VIe siècle après J.-C. est un classique de la littérature arabe. Les Qoraychites achetaient les services de mercenaires abyssins pour défendre la Ville sûre et convoyer les caravanes. En vieillissant, ces Africains se convertissaient en esclaves domestiques. Certains arrivaient à s'imposer par leur sagesse. Parmi cette tourbe asservie, la prédication égalitaire de Mahomet trouvera des oreilles complaisantes et des voix qui portent loin, comme celle de Bilal l'Éthiopien, qui sera le premier muezzin. Les *hadiths* relatifs aux Noirs sont généralement empreints d'une réelle estime à leur égard. « Les nègres ont reçu en partage les neuf dixièmes du courage », indique l'Envoyé. « Évitez tout différend avec les Abyssins, recommande-t-il, tant qu'ils vous laisseront en paix ! » L'islam n'est pas raciste, au sens académique du terme qui considère chaque groupe humain comme une entité immuable, dotée de caractères psychiques définitifs, mais il s'est souvent accommodé de criantes ségrégations sociales en partie fondées sur la couleur de la peau. C'est une image mitigée de l'Africain que véhicule la tradition arabe : agresseur – comme le roi Abraha qui marcha un temps sur La Mecque – et soumis, infatigable fornicateur et ennuque, croyant vertueux et musulman tiède.

Les Noirs indigènes, descendants d'anciens immigrés ou esclaves, sont citoyens séoudiens à part entière. Souvent instruits, ils comptent des professeurs d'université, des fonctionnaires et des douaniers.

Indigents parmi les indigènes, les clans nomades dont le mode de vie et les moyens de subsistance ont été anéantis par le déluge pétrolier. Sédentarisés depuis une génération, oubliés de tous, ils se blottissent contre leurs chefs traditionnels, vivotent dans de véritables favelas à portée de muezzin du *Haram*, derrière les immeubles flambant neufs qui bordent la Mosquée. Comme dans le faubourg d'Oteybiya (du nom de cette redoutable tribu qui eut son heure de gloire avant d'être écrasée par Ibn Séoud), où les rues attendent d'être goudronnées et où les enfants jouent aux montagnes russes sur des monceaux de détritus. Il est vrai que les pèlerins n'y vont jamais...

Des cubes aveugles de brique s'échelonnent à flancs de collines. Ici et là on aperçoit une vieille demeure désertée, de splendides portraits en bois de teck ouvragé, sortis de leurs gonds, branlants, patios empoussiérés, genévriers solitaires à l'orgueilleuse frondaison, puis un plafond béant, un mur affaissé, des ordures, des cadavres de chats. On dirait des maisons bombardées. Dans une cour, quelques chèvres s'aggrippent à un arbre chétif. Méfiants, des habitants du coin ne lâchent pas d'une semelle le rare visiteur et le pistent en silence. De quoi vivent-ils? Comme ils sont séoudiens, ils ne sont pas ouvriers et échappent ainsi à la servitude salariale. Ils travaillent à leur compte comme chauffeurs de taxis, plantons, policiers et fonctionnaires au *Haram*.

La Mecque n'en présente pas moins des avenues élégantes dont les villas s'étalent non loin de ces abris de fortune.

Le boulevard Settine, c'est un peu les Champs-Élysées de la capitale sainte, le rendez-vous chic. Édifices en marbre, vitrines rutilantes, boutiques de haute couture et de parfums, de matériel hi-fi, supermarchés, accueillent un tout autre monde : jeunes freluquets, dignitaires cravatés, femmes à l'élégance voilée, vendeurs libanais et égyptiens souriants. Une armée de Pakistanais s'emploie à plein temps à balayer les rues plantées d'arbres et à astiquer les magasins. Tout est étudié, calculé, sérieux, triste.

« Les Séoudiens s'imposent, et nous, on compose. » Cette réflexion d'un coopérant français résume la condition des immigrés en Arabie. Ils sont des dizaines de milliers à travailler autour de la Maison de Dieu. Des hommes et des femmes à tout faire : employés municipaux, maîtres d'hôtels, médecins, architectes, chauffeurs de bus, restaurateurs, bedeaux du *Haram*, gardiens d'immeubles, ouvriers, balayeurs, universitaires, boulangers, conseillers auprès de l'Émir, étudiants en théologie. Recrutés individuellement à travers les ambassades du Royaume lorsqu'il s'agit de cadres supérieurs, ou par l'intermédiaire des agences spécialisées dans l'exportation de main-d'œuvre qui font florès au Pakistan, en Inde et aux Philippines, les travailleurs étrangers n'ont guère de possibilité de faire souche dans la métropole de l'*Oumma*. Ils logent généralement chez l'employeur et dépendent totalement de lui pour la moindre démarche administrative ou le moindre déplacement d'une ville à l'autre. Les contacts avec l'environnement séoudien se limitent au strict minimum professionnel. « Ce sont les Prussiens du monde arabe, les Écossais de l'islam », fulmine un ingénieur tunisien contre la quarantaine dont les migrants font l'objet. Depuis cinq ans, il n'a encore jamais été invité dans un foyer séoudien. Pour couper court à toute velléité d'enracinement, les coopérants importés n'ont pas le droit de faire venir leurs épouses ni leurs enfants. Ils ne paient pas d'impôts et devront repartir sans demander leur reste. Le mariage entre un immigré et une Séoudienne est tout simplement inconcevable. L'inverse peut se produire, sous réserve de l'accord de l'administration.

Les chiffres de la population de l'Arabie Séoudite relèvent encore du secret d'État. D'après les services spécialisés des Nations Unies qui reproduisent des chiffres séoudiens, celle-là était évaluée en 1962 à 5 millions d'habitants et, en 1984, à 10 920 000 dont 8 415 000 nationaux et 2 505 000 étrangers. Mais selon une estimation publiée par des chercheurs de l'université Georgetown à Washington, il n'y aurait eu en 1980 que 4 300 000 ressortissants séoudiens et 2 103 000 résidents temporaires. Au milieu des années 80, La Mecque comptait approximativement 366 801 âmes et Médine 198 186, toutes origines confondues [2]. Toujours est-il que la diversité des visages qui animent la capitale sainte reflète en proportion celle de l'*Oumma*. En effet, les croyants asiatiques – Pakistanais, Indiens, Bengalis, Indonésiens – sont les plus nombreux dans la Maison de Dieu comme dans le *Dar-el-Islam*. Viennent ensuite les Africains, les Arabes, les Turcs et enfin les Séoudiens. Tout se passe comme si la Ville sûre assurait une sorte d'assemblée permanente des peuples musulmans avec une représentation proportionnelle des croyants. Aussi les Séoudiens y sont-ils minoritaires et cependant omniprésents. Impossible d'ouvrir une échoppe ou d'exercer la moindre activité remunérée sans le truchement d'un sponsor séoudien. Contre le simple prêt de son nom, il peut prélever jusqu'à 50 % des bénéfices de l'affaire sans bouger le petit doigt. Ce parasitisme ordinaire, cette spéculation sans mauvaise conscience perpétue, somme toute, une des plus anciennes institutions mecquoises. « Les Arabes sont, avant tout, courtiers et trafiquants », observait le géographe grec Strabon au tournant de l'ère chrétienne. La loi islamique condamne le prêt à intérêt (*riba*), voue aux enfers les usuriers, mais admet les hommes de paille.

Le Coran, qui ne tarit pas d'éloges sur le commerce, cette « bénédiction » d'Allah (3; 168), compte le négoce au nombre des « bienfaits divins » (17; 12. 30; 35. 35; 13, etc.). A l'époque du Prophète, La Mecque n'avait ni industrie ni artisanat, encore moins d'agriculture. Elle se réduisait à un entrepôt, une station de transit et une foire. La *Kaâba* faisait à la fois fonction de temple et de bourse. Aux commis, aux convoyeurs de caravanes comme aux pèlerins de passage, les Mecquois louaient le gîte, le couvert et au besoin la monture. Des hommes d'affaires étrangers, notamment des Perses et des Syriens, s'affiliaient à des clans qoraychites, soit à La Mecque même pour entretenir des magasins de produits exotiques, vins, étoffes et autres céréales, soit à Gaza (Palestine), à Bosra et même à Homs (Syrie). L'argent était roi et la passion du lucre si dévorante que les financiers qoraychites de la cité tireront leur patronyme du « requin » (*qarch*). Mahomet, qui en était issu, allait unir la profession commerciale à la vocation prophétique. Embauché comme caravanier au service de Khadidja, il aurait réussi, aux dires d'Ibn Hicham (l'un de ses biographes classiques du VIIIe siècle), à doubler le capital engagé par la raison sociale qu'il devait par la suite épouser. Il se montrait négociant avisé. « Tu cours les bazars en quête d'un bénéfice à réaliser comme le moindre d'entre nous », le houspillaient ses compatriotes excités par ses diatribes contre la fatuité des rupins locaux. Incrédules, ils lui demandent de changer en un monceau d'or la colline de Safa. « Si je connaissais l'avenir, je me verrais maître d'immenses richesses », se défend-il (Coran : 7; 188).

Il y a dans le Livre de l'islam une quantité extraordinaire de mots [3] et de thèmes relatifs au commerce qui supposent un auditoire de marchands. A telle enseigne que l'économie musulmane du salut se pare des arguments et des formes de l'économie tout court. Alors que les figures du serviteur, du vigneron, du berger et du paysan animent les paraboles évangéliques, celles du Coran retentissent du cliquetis des balances et des lingots. Et lorsque Mahomet décrète à l'encontre des païens l'interdition d'accès au *Haram*, il s'empresse de consoler les Mecquois de ce tarissement de clientèle virtuelle : « Si vous craignez une pénurie, de ce fait, sachez qu'Allah vous gratifiera de sa faveur » (Coran : 9; 28). Il moralise les spéculateurs mais encourage les marchands et ne manque pas de blâmer les hommes d'affaires imprudents qui concluent un contrat sans en fixer les clauses par écrit (Coran : 2; 282). Le messager de Dieu proclame « martyr » (*chahid*) le capitaliste mort en défendant ses biens et aurait menacé, selon un *hadith* controversé, de ne pas bénir le convoi funèbre de ses compagnons s'ils venaient à mourir sans avoir acquitté leurs dettes. L'appât du gain s'exerçait jusque dans les rangs de ses partisans au point que, dans la mosquée de Médine où la communauté primitive se réunissait, l'annonce de l'arrivée d'une caravane suffisait pour opérer le vide autour du Prophète... Il en souffrait suffisamment pour que le Ciel le consolât. « Dis-leur : ce qui est auprès de Dieu est meilleur que le plaisir et le négoce » (Coran : 62; 11).

Pour moraliser cette fureur marchande, le Livre loue les hommes que ni le souk ni l'argent ne détournent de l'évocation de Dieu (24; 37) et promet de leur indiquer une forme de négoce destinée à les sauver de l'Enfer (61; 10). Aux impies qui se vantent d'être des calcuteurs incomparables (21; 48), il répond qu'au Jugement dernier il ne sera plus loisible de vendre, de troquer ni d'acheter (14; 36. 31; 32); ce jour-là, les anges, qui notent jour par jour les actes de chacun, produiront leurs fichiers. Pour les honnêtes gens, il autorise expressément le commerce pendant le *hadj* (2; 194). « Si tu tires profit de ce qui est permis, ton action est un *djihad* », juge un *hadith*.

Pour toutes ces raisons, La Mecque demeure un des grands marchés du monde. On y vend de tout ou presque. Demeurent prohibés les instruments de musique, les fourrures (les bêtes pourraient ne pas avoir été rituellement abattues), les poupées et peluches représentant des créatures vivantes, les préservatifs et autres moyens modernes de contraception, et naturellement les boissons alcoolisées. Mais l'or et l'argent, la soie et les parfums, les épices et les médicaments traditionnels ainsi que toute une bondieuserie islamique *made in China* se vendent à foison. Combien de jeunes filles viennent s'y pourvoir en trousseaux! Tant de trafiquants s'approvisionnent là en bijoux pour les revendre ailleurs à prix d'or! Tous les moyens sont bons pour faire de l'argent. La persécution lucrative s'exerce sans vergogne sur l'étranger. Impossible de faire un pas sans qu'un automobiliste le hèle pour le transporter contre argent, sans qu'un rabatteur vienne lui proposer un repas, une chambre ou une visite guidée. Les voisins de la Maison de Dieu ne jurent que par Dieu, le Prophète et le ryal. Leur devise: « L'argent honnête, c'est celui qu'on n'a pas. » Ce sont des courtiers-nés. Comment s'étonner que l'un des plus fameux commissionnaires du monde, le milliardaire Adnan Kashoggi, soit un Mecquois de naissance? Qu'y a-t-il de nouveau lorsque des Séoudiens achètent des actions dans des multinationales, gèrent des placements mirobolants, investissent tous azimuts? Mahomet qui, ne se faisait aucune illusion quant au penchant commercial de ses compatriotes, promet à ces négociants indécrottables (selon Tirmidhi) que Dieu établirait en leur faveur un marché hebdomadaire au Paradis même où ils pourraient continuer, sans se lasser, à vendre et à acheter.

A La Mecque, souks et échoppes ne désemplissent pas jour et nuit. Mais hormis ce commerce, il n'y a point d'autres échanges entre croyants, immigrés et Séoudiens. L'importance sociale du marché, si caractéristique en Islam, a décliné avec l'américanisation de l'urbanisme et du style de vie. Les activités traditionnelles qui allaient de pair, comme les hammams et les cafés maures, ont totalement disparu. Les rares gargotes qui subsistent sont souvent exiguës. L'essentiel de la restauration tient dans d'innombrables petits kiosques qui proposent sandwichs, beignets et pâtisseries à consommer au pied levé ou en marchant.

Hors des relations d'affaires il n'y a point de camaraderie. Tout le monde semble craindre tout le monde. Pendant le pèlerinage, les citoyens de souche se montrent peu, s'évanouissent dans des banlieues résidentielles, lorsqu'ils n'émigrent pas à Taïf, à 188 km au sud-est de La Mecque, ou à Djedda. Ils menaient naguèrent une vie paisible de nomades sans frontières et les voilà arrachés à leurs tentes, privés de leur indépendance millénaire. Ils se retrouvent dans des appartements climatisés, égarés dans le tohu-bohu de villes sans âmes submergées d'Asiatiques dont la plupart ne parlent pas leur langue. Fonctionnaire, le Séoudien de souche sera flanqué d'un « conseiller » étranger; instituteur, il sera sous les ordres d'un inspecteur égyptien ou syrien; malade, il sera soigné par un médecin tunisien ou libanais. Il est partout, sauf chez lui. Taciturne, orgueilleux et mélancolique, le Mecquois est peu loquace, sourit rarement, s'épanche exceptionnellement, ne rit jamais aux éclats. Il est vrai que le wahhabisme met le rire à l'index, qu'il suppose provoqué par des chatouillements diaboliques.

Les immigrés regagnent leurs foyers sans femmes ni enfants, les pèlerins leurs dortoirs tandis que les indigènes se replient vers leurs demeures, loin des yeux et des oreilles étrangères. Comment vit-on au jour le jour? Impossible de le savoir directement. L'intimité familiale wahhabite, de même que celle des mozabites – ces rigoristes kharédjites du Sahara algérien –, reste un domaine inviolable. Néanmoins, une lecture assidue de la presse locale permet de dégager les idées-forces à l'œuvre dans l'âme collective, les préoccupations qui l'agitent, les traditions qui la confortent.

Mais de quelle « lecture » pourrait-il s'agir dans la ville même où fut révélée la « lecture » suprême – c'est le sens littéral de « Coran »? Plume, papier et encre jouissent d'un respect religieux en Islam, par égard pour le Livre de Dieu. Au point que la même racine désigne et la « presse » *(sahafa)* et le Coran *(Mas'haf)*, cependant que la « propagande » *(diâya)* se confond avec la « prédication » *(daâoua)* religieuse.

L'imprimerie coranique n'a été autorisée par *fatoua* qu'en 1729. C'est à Sanâa, au Yémen, que paraît en 1877 le premier journal de la péninsule. En 1908, La Mecque imprime le sien, *el-Hedjaz.* Paraissent ensuite *el-Qibla* sous le chérifat de Hussein, puis *Oum el-Qoura* qui deviendra, jusqu'à nos jours, le journal officiel du Royaume séoudite. Mais les plus fanatiques réagissent violemment à ces innovations et, en 1953 encore, réussissent à faire suspendre un journal, *el-Ryad* de Djedda.

Actuellement, le pays est inondé de quotidiens, d'hebdomadaires et de périodiques en tous genres. L'Arabie comptait en 1988 sept quotidiens en arabe, pouvant inclure, en période de *hadj*, des suppléments en turc, ourdou, malais ou français et trois titres en anglais. La capitale sainte a son propre journal national, *el-Nadoua*, « le Colloque », du nom de l'antique « Conseil » qoraychite *(Dar el-Nadoua).* Y paraissent également le mensuel *el-Katiba*, dépendant de la Ligue islamique, ainsi que l'hebdomadaire anglo-arabe *Muslim World News.* Tous les jours, dans chaque numéro, le menu est identique. Entrée en matière : les activités du roi et de ses frères ministres occupent les premières pages. Plat de résistance : la vie quotidienne du croyant au foyer, dans la rue et au travail. Dessert : des chroniques consacrées aux ennemis de l'*Oumma*, au premier chef les communistes, les sionistes, les francs-maçons, les bahaïs et les musulmans « occidentalisés [4] ». Thème lancinant : le mariage et ses préparatifs, les enfants, la femme au foyer.

La femme. En Arabie Séoudite elle est totalement soumise aux restrictions de la *charia.* Elle ne saurait exercer aucune charge (chef d'État, juge, imam, préfet), ni sortir de sa maison sans autorisation de son tuteur ou de son époux, ni parler avec un homme étranger, fût-ce pour l'avertir d'un danger imminent qui menace sa vie, ni se parfumer hors de chez elle, ni découvrir son visage, ni voyager seule, ni se marier avec un non-musulman. En outre, elle n'hérite que de la moitié de la part revenant à un homme. Elle n'a pas le droit de conduire. Dans les bus, la partie arrière, hermétiquement isolée de l'avant du véhicule, est réservée au sexe faible. Il est vrai que beaucoup de pays musulmans ont pris des libertés avec cette sévère législation. Y compris Ryad, lorsque l'émir Fayçal passa outre l'opposition des *oulémas* pour ouvrir les écoles aux filles. Et lorsqu'en 1962, à Bourayda dans le Najd, des parents empêchèrent les petites croyantes d'aller aux cours, il envoya un détachement militaire sur place pour les y contraindre. Une association pour la promotion féminine obtint la reconnaissance en 1964. Femmes, adolescentes et écolières sont voilées de noir, de la tête aux pieds, le visage complètement recouvert. Suivant le rite hanbalite, la femme n'a même pas le droit de monter ses chaussures, car ces dernières découvrent les talons. Revues et journaux ne publient jamais de photos de femmes séduisantes.

Comment choisit-on une épouse, dans ce cas? On ne choisit pas, on ne cherche pas loin. L'âme sœur idéale, dans la bonne vieille tradition arabe, reste la cousine germaine du côté paternel *(Bent el-âm)*. Le montant de la dot *(mahr)* oscille en moyenne entre 60 000 et 100 000 F. Contrairement au christianisme, le mariage musulman n'est pas un sacrement mais un contrat où n'intervient aucune bénédiction rituelle. Tuteurs de la fiancée et parents de l'élu échangent une simple promesse devant un cadi et l'affaire est conclue. Les noces donnent lieu à des repas de famille à La Mecque, mais jamais à de bruyantes soirées musicales comme ailleurs en Islam. Le mariage n'est pas une joie ostentatoire. Tout juste un devoir religieux, qui réalise la « moitié de la religion » aux dires du Prophète, une délectable obligation. Parmi les cas de nullité du mariage, il y a la folie, la gale, l'éléphantiasis et la castration du prétendant.

A longueur de colonnes, la presse aborde l'inusable

thème du mariage. C'est que beaucoup d'hommes n'arrivent pas à se marier. Par manque de femmes d'abord. Alors qu'au Maghreb le hammam, le souk, le travail et les fêtes populaires sont des lieux privilégiés de « chasse à l'épouse », ces territoires sociaux n'existent pas à La Mecque. Un mur infranchissable sépare les deux sexes. Par manque d'argent aussi. *El-Rabita* ne cesse de chanter les joies du couple et du coït, tant il est vrai qu'en arabe un seul mot *(nikah)* désigne l'union conjugale et la relation sexuelle. On vante sur tous les tons les vertus de la fornication légale à grands renforts de *hadiths*. Elle repose l'âme, clarifie l'esprit, vide la prostate, prévient la folie, assouplit les os, affine la vue... « Je pense me passer de nourriture et de boisson, mais des femmes jamais! » dit le Prophète. Ce qui ne console guère les vieux garçons malgré eux dont il dit, par ailleurs, « qu'ils sont les frères du diable » avant de décréter : « Deux prosternations d'un croyant marié valent plus que 70 d'un célibataire. » Tout au plus conseille-t-il à celui qui ne peut convoler en justes noces de jeûner... L'Arabie manque de femmes et beaucoup d'hommes se trouvent condamnés à une abstinence d'autant moins tolérable que la jouissance sexuelle est non seulement permise en Islam mais est un acte de foi. Un croyant qui ne fait pas l'amour est un musulman diminué.

Rien ne reflète d'une manière plus pathétique cette faim amoureuse que les lettres de lecteurs publiées par la presse. Ce ne sont qu'angoisses quant à la malformation des organes génitaux, préoccupations suscitées par les pollutions nocturnes, terreur de mourir accidentellement avant d'avoir consommé l'acte créateur. Un véritable courrier du corps. « Il m'arrive quelquefois de découvrir des taches d'urine dans mon slip, et ce depuis longtemps. Dois-je douter de ma pureté rituelle? » demande un fidèle à un *ouléma* du ministère séoudien de la Justice. Et le docte turban de répondre : « Ce qui me semble utile pour toi, frère Hassan Ali, c'est que tu occupes ton temps libre à des choses bénéfiques pour toi ainsi que pour l'*Oumma*... Si c'est possible, marie-toi afin d'accomplir la moitié de ta religion... » Dans la même page, un autre lecteur se plaint d'écoulements intempestifs de sperme. On lui rappelle qu'il s'agit d'un phénomène banal, et de citer la Tradition qui fait dire à Aïcha : « J'ai essuyé du sperme des habits de l'Envoyé de Dieu[5]... » (*el-Rabita*, nº 273, novembre 1987). Pour permettre aux lecteurs d'éviter les tourments de la chair, on leur conseille de faire de grandes randonnées à pied, de bricoler, de lire le Coran, d'éviter de rester seul, de ne se mettre au lit qu'une fois au bord du sommeil. Dieu est avec ceux qui endurent.

Il n'y a que deux fêtes en Arabie, l'une pour célébrer la fin du jeûne du ramadan *(Aïd el-Fitr)*, l'autre pour commémorer le « sacrifice » d'Abraham *(Aïd el-Ad'ha)*, qui coïncide avec celui des pèlerins à Mina. Le vendredi est jour de culte, avec prière obligatoire pour tout adulte mâle. Ce n'est pas un jour de repos hebdomadaire – obligation inconnue dans l'islam. Le Coran répugne à le mettre en rapport avec le sabbat qui consacre le septième jour de la Création, Allah ne pouvant éprouver de fatigue (50; 37). Nulle distraction ne vient troubler l'indolente piété de la Ville sûre. Les cinémas y sont totalement bannis, les stades ignorés. Il y a tout juste une cité sportive, située à une vingtaine de kilomètres à l'est de la ville. Les Wahhabites ont élargi l'interdit jeté par le Livre sur les jeux de hasard (Coran : 2; 216) à la loterie, aux dominos, et même au billard[6]. Pour occuper les esprits confits dans la moiteur de la ville des villes, les médias rappellent à tout bout de champ les vertus de la sobriété islamique contre la « débauche occidentale avec son cortège de maladies vénériennes ». Certes, l'Occident est techniquement avancé, mais cela n'est pas faute au Coran. Et les *oulémas*-journalistes de souligner la vocation scientifique du Livre saint. Ainsi, lorsque Allah « roule la nuit sur le jour et le jour sur la nuit » (Coran : 39; 7), il affirme la rotondité de la terre. Les djinns représenteraient l'activité invisible des agents microbiens. Le Coran exhorte à l'étude de la botanique : « Que l'homme considère sa nourriture » (80; 24); de la zoologie : « Eh quoi? Ne considèrent-ils pas comment le chameau fut créé? » (88; 17).

La Mecque n'a pas de zoo. Le chameau a totalement disparu du paysage de la vallée stérile qui pourtant lui doit sa survie. « Qui ne mange pas des chameaux n'appartient pas à ma nation », disait Mahomet, faisant écho à l'exclamation coranique : « Pour vous ils sont orgueil quand vous revenez le soir ou partez le matin. »

La jeune génération mecquoise n'en a même jamais vu ailleurs qu'à la télévision ou dans les revues. Et dire que cet animal fut à la patrie du Prophète ce que la louve symbolisa pour Rome : une mère nourricière. Les représentations des Arabes, en l'occurrence des bas-reliefs assyriens du IXe siècle av. J.-C., les figurent sur des chameaux. Ces vaisseaux des sables jouissaient d'une telle affection que beaucoup de bédouins se faisaient enterrer avec leurs montures afin d'accéder en leur compagnie au Paradis. Aujourd'hui, l'entrée de la ville leur est rigoureusement interdite. Les chiens ont également déserté la cité sainte; on n'y tolère plus que les chats, moins pour leur attachement aux humains que pour leur hostilité aux rats. A La Mecque il n'y a plus de chiens qui aboient ni de caravane qui passe.

La presse, mais également la radio [7] et les deux chaînes de la télévision nationale créée en 1965, l'une en arabe et l'autre en anglais [8], s'efforcent de projeter l'image d'une Arabie stable, fière de sa religion, réconciliée avec elle-même. La Mecque en ressort avec un surcroît de prestige : c'est une ville de prière, d'étude et de piété vigilante. L'avant-garde de l'*Oumma*.

L'université d'Oum el-Qoura, située à l'ouest de Mina, en constitue le poste intellectuel avancé. Elle ambitionne du supplanter la millénaire el-Azhar. A cet effet, elle « débauche » ses meilleurs *oulémas*. On y enseigne la grammaire arabe, l'exégèse coranique, la *charia*, la science du *hadith*, le droit et la morale islamiques, la biographie du Prophète, l'histoire des califes et du monde musulman. Les études durent trois ans en moyenne. Les étudiants viennent du monde entier. On y trouve même des Allemands, des Américains et des Français convertis. Certains diplômés se portaient volontaires, aux termes de leurs études, pour aller combattre en Afghanistan. Le mensuel de la Ligue islamique mondiale publie une liste circonstanciée de 47 martyrs de 13 pays arabes et musulmans qui ont concrétisé l'universalité de l'Islam en tombant sous les balles soviétiques.

Algériens, Irakiens, Palestiniens, Yéménites et Américains sont morts sur le « sentier de Dieu » (*el Rabita*, nº 278, avril-mai 1988).

La presse annonce régulièrement, portraits à l'appui, la conversion à la Religion d'immigrés philippins ou sri-lankais. Il publie également d'étonnants faire-part : « X...-propriétaire de tel magasin, informe son aimable clientèle que Y..., son employé étranger, s'apprête à quitter le pays à l'expiration de sa carte de résidence. Pour toute réclamation le concernant, prière de nous contacter avant telle date... Après ce délai nous ne répondrons plus de rien. » Elle n'évoque les viols et les meurtres qu'après l'arrestation des coupables et ne s'étend jamais sur les lapidations, les amputations et autres crucifixions que la législation séoudienne se vante de maintenir vaille que vaille.

La Mecque, une ville sans histoires? Oui, tout va bien grâce à Dieu, claironnent les médias qui prêchent plus qu'ils n'informent dans une langue de bois dur, boursouflée, irréelle. On y chercherait en vain le frémissement d'un sentiment, le soupçon d'un enthousiasme, l'élan d'une indignation. Seul le fléau de la drogue éclabousse l'indolente sérénité de la presse locale. Et encore, pour en rejeter la faute sur les « ennemis de l'islam ». Une affiche de propagande représente un soldat tirant des rafales de comprimés sur un couple affolé devant son enfant déjà touché par les projectiles. « Mon frère... les stupéfiants sont l'arme de nos adversaires pour nous combattre dans notre foi, notre patrie, notre économie... notre jeunesse et notre renaissance... » Elle n'en dit pas plus sur les milliers de jeunes Mecquois qui se « défoncent » avec des neuroleptiques, en reniflant des colles délétères ou en buvant des Coca-Cola « enrichis » d'alcool chirurgical. Elle ignore le vide culturel de la Ville sainte. Les quelques librairies ouvertes ne proposent que des livres religieux – Ibn Taymiya – et des cassettes d'intégristes vedettes tels l'Égyptien Kichk, le Koweïtien Qahtani, l'Algérien Abou Bakr el-Djazaïri et même les « stars » montantes du fondamentalisme turc comme Ali Ercan, Naïm Karaman, Niyazi Ulusoy.

Elle passe sous silence les affres des rares femmes qui

travaillent, qui n'ont pas le droit de prendre un taxi pour rentrer chez elles et dont le mari peut, du jour au lendemain, briser légalement la carrière. Encore heureux qu'elles ne soient employées que dans des domaines « féminins » : obstétrique, pédiatrie, infirmerie.

Derrière cette bonne conscience dogmatique, une seconde ville grouille de vie et de misère. Ces immigrés célibataires, dormant les uns sur les autres à 6 ou à 8 par chambre, se réduisent-ils à la masse épuisée de leur chair laborieuse? Ils vivotent, s'adaptent à tout comme tous les hommes. Ouvriers dociles, croyants sages, leur corps se rebellent parfois contre sa condition servile, recherche des plaisirs, ne s'en interdit aucun. L'homosexualité est répandue à La Mecque. Elle va presque de soi dans ces ghettos où les hommes ne dorment, ne se réveillent, ne mangent, ne travaillent et ne veillent qu'avec des hommes, des années durant. C'est d'ailleurs une conséquence logique de la terrible ségrégation des sexes en Islam. Mais pour éviter cancans et expulsions, les Afghans « le font » avec les Afghans et les Pakistanais avec les Pakistanais. Certains homosexuels tirent profit de l'ample vêtement arabe comme de l'usage commun du henné et du khôl pour mettre en valeur leur séduction. De loin, on les prendrait pour des femmes. La Tradition voue l'homme inverti à une épouvantable vie éternelle : il ressuscitera sous l'aspect d'un porc ou d'un singe puant. « Il entrera en enfer, précise le Prophète, dans un cercueil de feu fermé et condamné par des clous incandescents. » Les hanbalites vont jusqu'à interdire aux hommes célibataires de marcher sur le même trottoir que les femmes et les adolescents. Qu'importe! Dans tel hôtel, un employé dévore des yeux le client, l'assaille de ses assiduités. Des salons de coiffure sont réputés pour être des lieux de rencontre entre *gays* de la bonne société séoudienne. On y procède à l'épilation des sourcils, on pose des masques de beauté, on drague. Plus naturel, mais infiniment périlleux, reste le commerce illicite avec les femmes. La prostitution existe à La Mecque. Elle est moins discrète qu'on ne pourrait le penser. Toutes les nuits, des femmes seules battent de la semelle les trottoirs de la rue Ajyad qui part du *Haram* en direction du sud. Des hommes passent en voiture, s'arrêtent, une silhouette noire s'engouffre dans le véhicule qui redémarre en trombe vers une destination inconnue.

Il faut de tout pour faire une ville sainte ici-bas. La Mecque fut et reste encore une cité à double face, double langage et double sens. Pieuse et mercantile, généreuse et cruelle, oratoire et dortoir. Les natifs ne s'y sentent pas chez eux et les immigrés n'ont point le droit de s'y enraciner. Capitale de l'*Oumma*, résidence de personne. Fille du ciel et de la terre, elle engendre le vice et la vertu. Maison de Dieu hantée par le Diable : telle est La Mecque terrestre, pâle avatar de La Mecque céleste. Et, comme le dit le proverbe arabe, « le feu engendre la cendre ».

CHAPITRE XXVI

LA PAIX DU CIMETERRE

Ils sont partout. Dans le hall de l'aéroport, dans les stations d'autobus, sur les pare-brise des véhicules, dans les salons d'hôtels, dans les restaurants, sur les vitrines des magasins, dans les premières pages des périodiques et dans chaque journal télévisé. Les trois portraits des piliers du régime séoudien s'étalent dans tous les lieux publics, à l'exception de l'enceinte du *Haram.* L'incontournable triptyque rappelle, si besoin est, au pèlerin que s'il est un invité de Dieu il reste aussi un visiteur temporaire au royaume d'Arabie Séoudite.

Cette troïka royale rassemble « le Serviteur des deux *Harams* » (*Khadim el-Haramayn el-Charifayn*), le roi Fahd, « Guépard », ben Abdelaziz, aux lourdes paupières pesant sur un regard brumeux, vaguement chassieux. A sa droite, Abdallah, « Prince héritier, premier vice-président du Conseil des ministres et chef de la Garde nationale », affiche une mine de père de famille sévère au teint pâle, des traits tirés et des poches sous les yeux. Enfin, à sa gauche, le « Prince Sultan ben Abdelaziz, deuxième vice-président du Conseil des ministres, ministre de la Défense, de l'Aviation et Inspecteur général » fait plutôt jeune et dynamique avec ses sourcils froncés et son bouc de jais. Dans les divers locaux administratifs, ces figures sont « relevées » d'une quatrième autrement prestigieuse : la photo sépia, visiblement retouchée, du légendaire « Sa Majesté le Roi Abdelaziz ben Abderrahmane el-Faycal Al Séoud, le fondateur du

Royaume d'Arabie Séoudite». Elles sont aussi constamment flanquées du drapeau wahhabite. Blanc cru sur vert tendre, il porte en son centre la profession de foi musulmane : «Il n'y a dieu que Dieu et Mahomet est son Prophète», que souligne un cimeterre effilé, «symbole, selon une brochure officielle, de la force au service du droit». C'est la raison pour laquelle l'emblème séoudien ne saurait aucunement être mis en berne. On ne froisse pas le témoignage de la foi. Savant dosage s'il en est de cumul d'une fonction spirituelle unique en son genre et de charges militaires et policières. Là résident la force et l'originalité du système wahhabite.

Le pays est intensément surveillé, inspecté; il est même, pourrait-on dire, cadenassé. Les ambassades du Royaume ne délivrent que deux types de visa, soit pour raison de pèlerinage, soit en vertu d'un contrat de travail dûment en règle. Les visiteurs religieux sont tenus d'avoir un *moutaouif* comme les travailleurs de se mettre sous la coupe d'un «Parrain» séoudien. Dans tous les cas, l'un et l'autre wahhabite confisquent les passeports de leurs protégés durant toute la période couverte par les visas de séjour. Les invités de Dieu n'ont point le droit d'outrepasser les limites du *Haram,* pas plus que les immigrés n'ont la possibilité de voyager à leur gré d'une ville à l'autre. Sauf sur présentation d'une lettre officielle leur permettant de se déplacer ponctuellement et dans des délais précis. Les étrangers non musulmans, identifiés comme tels par un certificat de baptême indispensable à toute demande de visa, ne sont évidemment pas autorisés à empiéter sur le territoire sacré. Des péages leur en barrent l'accès. Les mêmes contrôles ont lieu dans les aéroports et les gares d'autobus pour les déplacements intérieurs.

Les «ingrats», chrétiens en majorité (les juifs étant indésirables), n'ont pas le droit de pratiquer ouvertement leur culte. L'Arabie Séoudite est ainsi le seul État au monde où, officiellement comme dans les faits, une seule religion a droit de cité. Les non-musulmans sont, de ce fait, appelés à observer extérieurement les interdits du ramadan, sous peine de flagellation, de prison, voire d'expulsion immédiate. Un étranger, musulman ou non, ne saurait acheter le moindre empan de terrain ou même un simple studio. Quant aux pèlerins indigents qui s'attardent aux Lieux saints pour se livrer à l'expédient du travail au noir sinon de la mendicité, ils finissent rapidement par se faire prendre dans la toile d'araignée policière. Ils attendront leur rapatriement dans une prison de Djedda. « Avant, ils étaient fatalement réduits en esclavage », rappelle à juste titre un policier séoudien protestant de l'humanisme wahhabite. Mis à part les ressortissants des États membres du Conseil de coopération du Golfe – groupant sous la houlette séoudienne le Koweït, les Émirats arabes unis, Oman, Qatar et Bahrein –, tous les autres sont soumis à l'obligation d'un visa d'entrée en Séoudie.

« Il n'y a aucun doute que le Royaume jouit d'une sécurité et d'une stabilité permanentes, louange à Dieu! » déclament, en chœur, les guides et autres dépliants officiels.

La sainte alliance

Le Royaume Séoudien, seul pays arabe et musulman dont le fonctionnement des institutions traditionnelles n'ait pas été faussé par l'intervention d'une puissance étrangère, repose sur une version islamique de ce que fut, en Chrétienté, l'alliance du sabre et du goupillon. Il tire son origine et son originalité de la rencontre de Mohamed ibn Abdelwahab (1703-1792), un prédicateur-proscrit, avec un obscur émir, Mohamed ibn Séoud (mort en 1765) à Dariya, une oasis perdue sur les confins arabiques de l'Empire ottoman. Le théologien désarmé et le cheikh rustique concluent un pacte en 1744, jurant notamment de faire régner la parole de Dieu par tous les moyens. Les motifs du drapeau séoudien comme l'emblème du Royaume, deux sabres entrecroisés sous un dattier, commémorent cette sainte alliance du bout du monde musulman.

L'accord de Dariya signe le véritable acte de naissance du futur État wahhabite séoudien. Il est l'œuvre de deux hommes, mais surtout le produit d'une époque. En effet, l'expansion ottomane, qui a permis depuis le XIVe siècle la constitution d'un empire s'étendant de la Hongrie au golfe Persique et de l'Algérie au Caucase, bat de l'aile au tournant du XVIIe siècle. La Sublime Porte enregistre des reculs en Europe centrale devant les attaques chrétiennes – russes et autrichiennes en l'occurrence – mais aussi en Azerbaïdjan et en Géorgie où les chiites persans s'opposent fermement à elle sous la conduite de Nadir Chah Afchar (1736-1747). Le plus grand empire de l'histoire musulmane commence à se lézarder au nord et à l'est. Le sultan de Constantinople exerce une tranquille autorité sur les Lieux saints qui, pour toute nominale qu'elle soit, demeure une source de légitimité.

Abdelwahab voit le jour à Ouayna, une modeste bourgade du Najd où son père est cadi, jurisconsulte de tendance hanbalite. Il se rend d'abord à Médine pour suivre les cours d'un théologien fidèle aux idées d'Ibn Taymiya (1263-1328), le Savonarole syrien. Ses biographes le signalent ensuite à Bassora puis à Bagdad où il se marie. Il pénètre au Kurdistan et s'enfonce en territoire chiite. A Ispahan où il arrive en 1736, il étudie la philosophie grecque et le soufisme dont il ne tarde pas à devenir un maître. On le retrouve comme enseignant à Qom, ville sainte du chiisme où naîtra un jour l'ayatollah Khomeyni, ennemi juré des descendants spirituels d'Abdelwahab. On mentionne ses séjours à Damas et même au Caire. Vers 1739, il regagne sa patrie où il passe huit mois dans une retraite studieuse. Le spectacle d'un monde musulman livré à la hargneuse rivalité des trois empires qui le composent (ottoman, séfévide et moghol), comme la prolifération des sectes qui préconisent la macération piétiste au moment où l'*Oumma* tombe en déliquescence, le ramènent à ses premières amours. Il se fait alors l'avocat résolu de l'école hanbalite repensée au Moyen Âge par Ibn Taymiya. Il en interprète la doctrine dans un laborieux manifeste, le *Livre de l'Unité fondamentale (Kitab el Taouhid)* et se lance dans la prédication publique. Le message reprend en somme les idées-forces développées par Ibn Taymiya : la religion et l'État sont indissolublement liés.

Sans la force contraignante du pouvoir politique, la loi divine périclite. Sans la discipline révélée, l'État devient une organisation tyrannique alors que sa fonction essentielle consiste à faire triompher la justice, à « ordonner le bien et à interdire le mal », et à réaliser concrètement l'unité des croyants. Tout en reconnaissant la légitimité des quatre premiers califes, Ibn Taymiya ne considère pas le système califal comme une obligation institutionnelle. Au contraire, l'*Oumma* reste, pour lui, une confédération d'États frères. C'est une idéologie paradoxale. Elle aspire violemment à l'unité tout en relativisant son symbole majeur, le calife.

Ce n'est point par hasard qu'Abdelwahab découvre un précurseur dans la personne d'Ibn Taymiya. Né à Harran, en Haute-Mésopotamie, ce dernier est issu d'une famille de jurisconsultes hanbalites. L'invasion mongole le chasse de sa terre natale en 1268. Il reçoit une solide formation à Damas et se fait remarquer à l'âge de trente ans en réclamant bruyamment la tête d'un Arabe chrétien accusé d'avoir insulté le Prophète. Le chatouilleux dévot est aussitôt condamné pour troubles sur la voie publique. Homme de foi et d'action, théologien subtil et idéologue intransigeant, Ibn Taymiya n'a qu'une obsession : l'effritement doctrinaire, humain et territorial de la Maison de l'Islam.

Redoutable flaireur d'hérésies, il dénonce avec une égale ardeur la conversion des Mongols à la foi du Prophète, la perfidie des chiîtes qu'il va malmener jusque dans la montagne libanaise, les œuvres d'Ibn Arabi. Il compose parallèlement des ouvrages polémiques. Arrivé en Égypte en 1306, il y est emprisonné une année durant. Une manifestation populaire est organisée contre lui. On lui reproche de pourfendre les soufis et de condamner le culte des saints. Exilé à Alexandrie, il passe onze mois en résidence surveillée à rédiger une réfutation de la logique grecque. En 1310, il est rappelé au Caire par le prince ayyoubide Malek el-Nasser, et officiellement réhabilité. Il profite de son élargissement pour écrire son œuvre maîtresse, le *Traité de droit public (El Siyassa el-Charîya)*. En 1313, il retourne à Damas où les autorités mameloukes le sollicitent pour combattre le chiîsme et donner des *fatouas*. A nouveau arrêté en 1326, il est condamné pour avoir derechef maudit le culte des saints. Le 12 avril 1328, on lui retire papier et plumes. Il meurt captif en septembre de la même année, laissant une œuvre qui, aujourd'hui encore, marque et divise l'islam. Cruauté du sort, il est enterré à Damas dans un cimetière soufi et sa tombe est devenue l'objet de visites pieuses.

Ibn Taymiya est né dans un contexte politique dominé par d'anciens esclaves turcs à la formation purement militaire. Ces émirs mamelouks, mal arabisés, se préoccupaient davantage d'affermir leur pouvoir en achetant l'assentiment de certains *oulémas* que de prôner la résistance contre les ennemis de l'*Oumma.* Pour autant, il consacre toute son énergie à lutter pour substituer « au régime d'exploitation sociale fondé sur la domination d'une minorité militaire [...] un idéal de coopération communautaire pour la plus grande gloire de l'islam [1] ». Et cette lutte est le *djihad*, au sens physique et moral du terme : neutralisation des penchants égoïstes, dévouement à la communauté et guerre sainte pour son élargissement et la défense de son intégrité.

Son fameux *Traité* définit le *djihad* comme « la meilleure des formes du service volontaire que l'homme consacre à Dieu. Les docteurs s'accordent à le proclamer supérieur au pèlerinage et à la *omra*, ainsi qu'à la prière et au jeûne surérogatoire... » Hors des sentiers de la guerre sainte, point de salut, affirme Ibn Taymiya, car elle est « beaucoup plus profitable et plus utile que toute autre œuvre pénible ». Au *djihad* comme au *djihad*! « Il est établi, souligne-t-il, par le Coran, la *Sunna* et le consensus communautaire *(ijmâ)* que l'on doit combattre quiconque sort de la loi de l'islam, quand bien même prononcerait-il la profession de foi. » Cette dernière affirmation provoque un tollé parmi les *oulémas*, car la religion du Prophète distingue nettement la foi privée *(iman)* de sa manifestation rituelle et sociale *(islam).* Ainsi peut-on être socialement « islamique » et intérieurement « mécréant » et *vice versa.* Pour prévenir toute inquisition, les théologiens sunnites ont posé que l'observance publique des rites musulmans suffit à fonder l'appartenance à l'*Oumma.* Il n'appartient qu'à Dieu de sonder les cœurs. Or, voilà que le proscrit de Damas exige plus de gages de fidélité à la Parole révélée.

Mais, comme beaucoup de novateurs, Ibn Taymiya s'est trouvé un précurseur dans le cheikh irakien Ahmed Ibn Hanbal (mort vers 855), le dernier en date des quatre grands imams fondateurs des écoles juridiques sunnites. Lorsque le calife abbasside El-Maamoun (813-833) érige en doctrine d'État le dogme rationaliste moutazilite, lequel, entre autres innovations, met l'accent sur la dimension historique du Coran plus que sur son caractère divin, Ibn Hanbal se trouve au premier rang des résistants contre cette « dérive hérétique ». Les autorités organisent une impitoyable *mihna* (« calvaire »), inquisition religieuse contre les *oulémas* réfractaires. Ibn Hanbal est arrêté et torturé.

Il y a dans le rationalisme abbasside et le conservatisme sunnite qui le conteste une préfiguration de certains régimes arabes modernes, laïcisants mais intolérants, et des fondamentalistes qui les combattent. L'œuvre d'Ibn Hanbal tourne le dos à toute innovation et s'accroche fermement au texte sacré et aux *hadiths*. C'est une idéologie de la résistance passive mais inflexible. Ibn Taymiya réussit à en aiguiser les principes pour la transformer en doctrine révolutionnaire. Mais sa vision « catastrophiste » du monde manque d'attraits pour les foules.

Ibn Qayim El-Djaouziya (mort en 1350), disciple ardent et brillant écrivain, le rejoint dans la captivité. Il utilisera avec bonheur ses dons littéraires pour propager les idées du maître.

On comprend qu'Abdelwahab, témoin lui aussi d'un univers musulman livré aux déviations sectaires, proie agonisante des convoitises étrangères, trouve dans l'œuvre d'Ibn Taymiya la panacée aux maux qui ravagent l'*Oumma*. Il en résume la teneur en une idée-force : le mal absolu se définit par le culte des saints et les visites aux mausolées.

Car la multiplicité des personnages vénérés détourne les fidèles non seulement de Dieu mais aussi de leurs ennemis véritables. Le redressement de l'*Oumma* passe par le retour à Dieu, l'unique, le Dominateur commun. *Le Livre de l'unité fondamentale* promet donc la mort à ceux qui associent des saints humains à la Divinité. Il prône la destruction totale de tous les cimetières et des arbres sacrés, l'assèchement des sources révérées et la destruction des talismans. Il prohibe le tabac, le rire aux éclats, les gros mots et le rasage de la barbe. Quarante coups de fouet s'abattront sur tout déviant. Le chapelet devient indésirable et la présence de chacun à la prière publique obligatoire.

D'ailleurs, le fait de s'en acquitter ne suffit pas à prouver une foi cristalline. On doit pousser plus loin l'enquête pour mieux s'assurer des vrais croyants : il faut combattre les chiîtes sans répit. Vaste programme! Abdelwahab fait peur. Ses propres parents le désavouent. Finalement obligé de chercher refuge sous un ciel plus clément, c'est un homme humilié dans sa foi qui arrive à Dariya, minable bourgade de soixante-dix bicoques. L'hospitalité est frugale mais fervente. Mohamed ibn Séoud, le maître de l'oasis, accepte d'emblée la doctrine du fugitif et s'engage à la défendre et à la propager. Entre les dattes et le lait de chamelle les deux hommes décident de faire cause commune. C'est un peu l'alliance de l'aveugle et du paralytique. Tout est prévu : en cas de gain territorial, la souveraineté resterait à ibn Séoud et à ses héritiers, les Al [2] Séoud (Maison Séoud), tandis que l'autorité religieuse appartiendrait à Abdelwahab et à ses descendants, les Al Cheikh (Maison Cheikh). Les termes fondamentaux de cette charte seront fidèlement respectés.

Rapidement, la « réforme » dont ibn Séoud, ce « Calvin des sables » comme le surnomme l'orientaliste belge Henri Lammens, se jure de porter la flamme purificatrice aussi loin que possible, gagne l'assentiment des habitants de Dariya – sauf quatre, dit-on, qui doivent quitter la localité. Une mosquée y est édifiée simplement : le sol reste couvert de sable et tapis, vitraux et faïences sont proscrits. Abdelwahab officie tous les jours. Les villageois qui n'assistent pas à ses cours sont pourchassés et punis. Entre deux causeries religieuses, il enseigne aussi l'usage des armes à feu. En 1747, la nouvelle secte entre en guerre contre le gouverneur de Ryad, un protégé des Ottomans. En 1765, Mohamed ibn Séoud meurt, aussitôt remplacé par son fils Abdelaziz Ier ibn Séoud qui se qualifie d'imam, tout en gardant Abdelwahab comme guide religieux. Entre-temps, les Ottomans sont entrés en guerre contre les Russes sans s'y être préparés.

Allant de l'avant, Abdelaziz occupe Ryad en 1773 et devient le maître de tout le Najd. Pour le sultan d'Istanbul, c'est un sérieux camouflet infligé à son autorité sur le centre historique de l'Islam. Cette consécration des Séoudites est d'autant plus grave qu'elle coïncide, à quelques mois près, avec un revers ottoman dans lequel les historiens voient le prologue au déclin de l'Empire musulman. C'est le célèbre traité de Kutchuk-Kaïnardji, du nom d'une petite localité de Bulgarie où fut signé le 21 juillet 1774 la convention qui mettait fin à la guerre russo-turque et donnait à Catherine II des avantages politiques et territoriaux exceptionnels ainsi que des privilèges commerciaux. La Question d'Orient est désormais posée à toutes les puissances occidentales : comment hâter l'effritement de l'immense domaine ottoman et favoriser la recomposition de ses débris selon un découpage compatible avec les impératifs stratégiques, point nécessairement concomitants, des divers prétendants – russes, français et anglais en tête ?

Dans la foulée, Abdelwahab exige en 1789, de tous les émirs du Najd, un acte d'allégeance à l'égard d'Abdelaziz. Fort d'un ralliement massif, il crée un royaume théocratique couvrant toute la province. La mort de la tête pensante en 1792 n'empêche pas le bras séculier du mouvement wahhabite d'avancer victorieusement vers les rivages du golfe Persique en écumant la région du Hassa dont personne ne soupçonne encore les trésors pétroliers. La Sublime Porte, alertée, décide de sévir contre les « protestants » de l'Islam. Le pacha de Bagdad et le chérif de La Mecque tentent sans succès de réduire le courant wahhabite. Finalement, ce sont les Ottomans qui sont refoulés du Hassa et ils ne maintiennent plus d'influence qu'au Hedjaz, par l'intermédiaire des chérifs locaux.

En Bulgarie, en Serbie et même en Syrie des insurrections secouent en même temps la domination ottomane. A cette désagrégation interne, nourrie d'aspirations religieuses et nationales, s'ajoute la rébellion wahhabite, la première des révoltes arabes – contestation théologique de la légitimité islamique de l'Empire et revendication de souveraineté sur les Lieux saints de l'Islam. La Porte se trouve ainsi combattue sur le terrain de sa propre orthodoxie. L'entrée de La Mecque est alors interdite aux « hérétiques » wahhabites.

Le nouveau sultan ottoman Sélim III (1789-1808) tente, en catastrophe, d'introduire des réformes institutionnelles au moment où l'ouragan napoléonien annonce l'ébranlement général de l'Ancien Monde. Pendant qu'il s'échine à convaincre les *oulémas* de la nécessité d'un aggiornamento de l'islam, les États européens s'affairent à partager la planète en zones d'influences. Les Britanniques sont déjà bien implantés aux Indes; la Russie s'avance lentement mais sûrement vers les mers chaudes; en 1798, Bonaparte débarque en Égypte. Cette expansion occidentale se fait au détriment de l'Islam.

Les moyens de pénétration sont multiples et parfois concurrents, comme le sont les efforts des diverses puissances. Ils convergent toutefois vers la même solution finale du problème ottoman : la réduction de l'Empire à la seule Turquie. Premier axe de destruction, le régime des capitulations, par lequel, depuis la Renaissance, l'État ottoman cède toutes sortes de privilèges judiciaires aux Occidentaux. La panoplie européenne s'enrichit de filons nouveaux au crépuscule du XVIIIe siècle : l'encouragement aux sécessions nationales et confessionnelles et l'occupation pure et simple de territoires ottomans. Une course d'étapes commence entre Français et Britanniques.

En 1799, Bonaparte lance, depuis Gaza, un appel vibrant aux israélites pour qu'ils « reconstituent » en Palestine, sous protection française évidemment, « leur ancienne patrie ». En 1800, comme par hasard, un auteur anglais et chrétien publie à Londres un essai sur *La Restauration des juifs*. Au printemps 1802, les wahhabites organisent leur première sortie d'Arabie pour envahir Kerbala, la ville sainte des chiîtes où le petit-fils du prophète, Hussein, fut tué en 680. Cible privilégiée des assaillants, son mausolée est pillé et souillé. Profanation qui amène le chah d'Iran, Fath-Ali, à proposer de prendre sous sa protection les sanctuaires chiîtes d'Iraq. La noble palmeraie est néanmoins dévastée, ses oratoires saccagés et sa population suppliciée. La haine entre chiîtes et wahhabites est née sur fond de maisons incendiées et de corps gémissants. L'an 1803 marque l'arrivée des légions wahhabites aux portes de La Mecque. Épouvanté, le chérif s'éclipse devant l'entrée en force d'Abdelaziz. Le nouveau maître de la ville entreprend aussitôt de purger ses murs de tout ce qui sent l'idolâtrie : mausolées, reliques et décorations murales, lustres et tapis, tout est démoli, brisé, incendié. Les personnes suspectées de fabriquer des talismans ou de se livrer aux extases du haschich, les amateurs de jeux de hasard et de maisons de tolérance sont sommairement exécutés. La terreur verte. Abdelaziz établit ensuite une garnison dans la Ville sûre et prend le chemin de Médine. Mais ses partisans sont massacrés par les Mecquois et lui-même est assassiné à Dariya par un chiîte de Kerbala venu dans le berceau séoudien en se faisant passer pour un prosélyte du wahhabisme. Séoud, l'héritier présomptif, lui succède sans opposition et désigne son propre fils Abdallah comme commandant de l'armée.

C'est donc un chef de la troisième génération séoudienne « wahhabisé » qui prend la tête du mouvement radical. Il renouvelle sans tarder l'invasion du Hedjaz au cours de laquelle Médine capitule en 1804, La Mecque en février 1806 et Djedda peu de temps après. Sur sa lancée, le Wahhabite menace l'Iraq et vient jusqu'à Damas braver les autorités ottomanes. Il écume la Syrie jusqu'à Alep cependant que d'autres partisans piratent sans merci dans les eaux du golfe Persique. En 1809, le gouvernement anglais des Indes réagit en faisant bombarder le repaire de Ras-el-Khayma sur la côte des Pirates. Le voyageur catalan Badia y Leblich se rend à La Mecque en 1807. Il raconte l'entrée des « Unificateurs » dans la cité : « Le peuple s'enfuit à l'approche de ce torrent d'hommes au regard sauvage [...] portant fusils et sabres, nus jusqu'à la ceinture. » Ils brisent les lampes de la *Kaâba*. Ignorant l'argent, ils paient leurs achats en poudre, en plomb ou en café.

Un rapport confidentiel britannique daté du 5 juin 1803 à Alep fait longuement état de la prise de la Ville sainte par Abdelaziz en des termes révélateurs du retentissement de l'événement dans le monde musulman, mais surtout dans les chancelleries occidentales. Le rédacteur, John Baker, consul à Alep, rapporte notamment qu'après le sac de Kerbala les soudards repartirent avec un butin chargé sur 4 000 chameaux. « On peut, observe-t-il, établir un parallèle entre leur manière de penser et celle de la Réforme chrétienne du XVe siècle, qui cherchait à ramener la foi à sa simplicité primitive. » Les cours européennes sont évidemment prévenues, depuis quelque temps, du mouvement wahhabite et de sa portée internationale. En effet, dès le 1er mars 1803, l'ambassadeur de France à Constantinople mande au Premier Consul un message où il évoque la menace d'un « fameux chef de secte, qui désole une grande partie de l'Arabie[3] ». Dix jours plus tard Londres est à son tour informé de l'invasion probable de La Mecque. Tout l'Orient est décidément sous haute et secrète surveillance. En revanche, ce n'est que le 7 juin qu'on apprend, au Caire, la chute de la Ville sûre, soit deux jours après la lettre de John Baker. L'opinion française découvre les wahhabites à travers un article du *Moniteur* (31 octobre 1804), reproduit aussitôt par le *Journal de Francfort*. Il est rédigé par un certain Corancez, ancien membre de l'Institut d'Égypte qui publiera en 1810 un *Mémoire sur l'histoire des Wahabys*. La sainte équipée cesse ainsi d'être seulement l'épopée d'un clan ou la longue marche d'une secte, elle devient un épisode, une des pièces du puzzle de la Question d'Orient.

Les Occidentaux s'y intéressent. La Porte, un moment paniquée, réagit fermement. Deux hommes vont briser le premier État séoudien. Mahmoud II qui monte sur le trône en 1808 et Méhémet Ali qui renforce son autorité en Égypte tout en restant théoriquement vassal du sultan-calife. Ce janissaire en chef, parti du Caire, pourchasse les « hérétiques » durant quatre années, de 1811 à 1815.

Démoralisé par la mort de Séoud en 1814, son successeur Abdallah est défait l'année suivante. C'est pendant la victorieuse campagne égyptienne du Hedjaz que Burckhardt fait son pèlerinage (1814-1815). Son récit est l'un des très rares témoignages directs de cette période troublée. A son arrivée à Médine, il découvre une foule d'ouvriers occupés à réparer la mosquée du Prophète, ravagée par les Unificateurs. Même les gardiens du temple, y compris les eunuques, sont battus.

Abdallah repart bientôt en campagne. Une nouvelle armée égyptienne quitte alors Le Caire en 1816 et poursuit les wahhabites jusqu'à Dariya, qui est prise en 1818 et détruite. Livré aux Ottomans, le rebelle est ensuite promené dans les rues de Constantinople avant d'être décapité avec ses partisans, le 17 décembre de la même année. Méhémet Ali met à profit la répression des wahhabites pour se tailler un royaume. De Pacha, il devient vice-roi d'Égypte et guigne la Syrie-Palestine. L'idéologie nassérienne, plus tard, hissera le Turc Méhémet Ali (arabisé en « Mohamed Ali ») au rang de fondateur de l'Égypte moderne, voire d'un nationalisme arabe éclairé. Il aura surtout servi en fait à déstabiliser les derniers éléments traditionnels encore susceptibles de s'opposer à la pénétration occidentale. Le massacre gratuit du corps militaire des Mamelouks par Méhémet Ali comme la guerre que décrétera l'émir Abdelkader contre certaines tribus algériennes dans les années 1840 facilitent en réalité les entreprises européennes.

Le premier État wahhabite s'effondre, mais les conditions de son éclosion ont suffisamment marqué les esprits des croyants et clairement intéressé les puissances européennes pour ne pas sombrer dans les oubliettes de l'histoire. La Grèce devient indépendante de la Porte en 1827; la France, pour sa part, a entrepris la conquête de l'Algérie dès 1830. Le processus de désottomanisation de la Méditerranée s'accélère. En Syrie même, les Égyptiens de Méhémet Ali taillent des croupières à l'armée ottomane. En 1839, ils sont aux portes de l'Anatolie centrale. C'est dans ce climat de fin d'un monde musulman que se reconstitue un second État wahhabite qui va progressivement devenir une des pièces maîtresses sur l'échiquier.

En 1823, une branche cadette des Séoud, conduite par l'émir Turki, choisit Ryad pour nouvelle capitale des Unificateurs. Le Najd est aussitôt « libéré » et le wahhabisme restauré à l'abri de la répression impériale. Méhémet Ali réclame au sultan un royaume sur tout le Proche-Orient. Les États européens, qui veulent abattre à leur convenance l'« homme malade », interviennent d'abord en sa faveur. En 1840, en revanche, ils sommeront le vice-roi d'Égypte de tempérer ses ambitions. La vallée du Nil devient un enjeu entre la France, qui y étend son influence culturelle et économique, et l'Angleterre, qui cherche à contrôler l'isthme de Suez, relais vital sur la route des Indes. C'est dans cette optique qu'elle occupe Aden, au Yémen, en 1839.

L'Arabie à la croisée des chemins

Tandis que le sultan Abdelmadjid ouvre la Porte à de profondes réformes, le Royaume wahhabite entre dans le cycle infernal des querelles dynastiques attisées en sous-main par les Turcs; ceux-ci encouragent parallèlement un clan rival, les Banou-Rachid, à occuper le devant de la scène arabique. Des explorateurs européens, espions ou mystiques (ce qui revient au même pour les états-majors occidentaux avides de renseignements sur les conditions climatiques et démographiques de la région), sillonnent la Péninsule. En 1853, le capitaine britannique Burton arrive à La Mecque. Convaincu, à l'instar de Karl Marx, que l'expansion mondiale de l'Angleterre peut avoir un caractère bénéfique, il conseille au Foreign Office d'envoyer un consul au Hedjaz, en prévision du jour « où le cours des événements nous forcera à occuper la ville mère de l'Islam ». Fin juillet 1862, un prétendu médecin syrien débarque à Khayl, la « capitale » des Banou-Rachid. Il s'agit en réalité d'un juif londonien, Guillaume Cohen, entré dans la Compagnie de Jésus à Toulouse en 1849 sous le nom de William Gifford Palgrave. Son expédition est financée par Napoléon III qui cherche, au moment où prend corps le projet de percement du canal de Suez, à obtenir des informations précises sur les forces réelles de l'Arabie. Palgrave est le premier Occidental à parcourir le pays wahhabite et à en décrire les intrigues qui épuisent les Al Séoud et les Banou-Rachid. Son livre, *Narrative of a Year's Journey Through Central and Eastern Arabia*, publié en 1865, fait sensation[4].

Les données essentielles de la Question d'Orient se cristallisent davantage. Toutes les formes d'infiltration dans l'Empire ottoman sont permises. En 1850, la France revendique la protection des Lieux saints de Jérusalem, les Russes s'imposent comme tuteurs des chrétiens orthodoxes, sujets du sultan soutenu par les Anglais. Mais la Porte finit par céder pan à pan sa souveraineté. Les chrétiens, qui ne bénéficient plus du statut de « protégés » *(dhimmis)*, relèvent désormais des différents consulats européens. Dès 1843, la légation allemande de Jérusalem prend en charge les intérêts des israélites locaux. Signe du temps, les missionnaires européens commencent à développer leurs activités, ouvrant écoles, hôpitaux et orphelinats. En Palestine, des Templiers allemands se lancent, bien avant les sionistes, dans la colonisation agricole et les Églises dans la spéculation foncière. L'exploitation économique de l'Empire ottoman est consacrée par la création de la Banque ottomane en 1863 avec des capitaux français et anglais. L'Empire hypothèque ainsi son Trésor avant de renoncer au monopole de la perception des taxes. Les nationalismes sont partout sollicités, excités, encouragés. En 1860, Ernest Laharanne, un aide de camp de Napoléon III, publie un éloquent opuscule, *La Nouvelle Question d'Orient : empires d'Égypte et d'Arabie; reconstitution de la nationalité juive*. L'Empereur propose vainement à l'Algérien Abdelkader, exilé à Damas, de prendre la tête d'un Royaume arabe du Levant allié à la France. Un corps expéditionnaire français débarque la même année au Liban afin de protéger les chrétiens massacrés par des Druzes qui ont la faveur des Anglais, l'année où la première vague d'immigrants juifs originaires d'Europe centrale arrive en Palestine. En 1877, des bateaux de guerre allemands ancrent devant Jaffa, pour assurer la protection des Templiers. L'année suivante, le traité de Berlin marque l'entrée de l'Allemagne dans la farandole, mais surtout la mise à mort, hypocritement déguisée en euthanasie, de l'« homme malade ». De fait, au moment où la nouvelle constitution ottomane fait du sultan-calife le « protecteur » officiel de l'islam mondial, la Tunisie rejoint l'Algérie sous la domination française (1881), la Russie et l'Autriche se taillent des fiefs dans les Balkans. L'Angleterre profite de la banqueroute financière de l'Égypte pour prendre aux Français le contrôle du canal de Suez (1875), inauguré six ans plus tôt par l'impératrice Eugénie, puis de tout le pays. Elle étend sa

« protection » aux Émirats du golfe Persique : depuis Gibraltar jusqu'à l'océan Indien, en passant par Malte, Chypre, l'Égypte et Aden, la route des Indes est, enfin, bien gardée.

Enfermé avec ses eunuques, ses *oulémas*, ses conseillers et autres « coopérants » européens, le sultan Abdelhamid II met en avant le panislamisme. Bismarck et Guillaume II le soutiennent, soucieux d'étendre l'influence de leur pays vers l'est au détriment des Russes et des Anglais. Ces derniers poussent toutefois le sultan dans ses derniers retranchements en contestant sa prétention au califat universel.

En effet, vers 1880, le poète romantique anglais Wilfrid Scawen Blunt publie *The Future of Islam*, livre dans lequel il propose l'idée d'un califat arabe basé à La Mecque. Le propos est clair : les Turcs portent la responsabilité du déclin de l'Islam, les Arabes (qui en furent les promoteurs) méritent de présider à sa destinée. La carte du nationalisme arabe est ainsi abattue par certaines puissances européennes comme le furent celles des particuliarismes serbe et grec. La France, de son côté, encourage un puissant courant moderniste au Levant. Antiturque et laïcisante, cette renaissance arabe *(Nahda)* reste majoritairement l'œuvre des chrétiens d'Orient. Des agents britanniques poursuivent le relevé détaillé de l'Arabie : routes, montagnes, points d'eau, tribus de rapports de forces locaux, tout est noté et analysé, non sans un réel talent littéraire. Ainsi Charles Doughty (1843-1896), qui se joint depuis Damas à la caravane du *hadj* de 1876, parcourt la péninsule durant vingt et un mois, sans se risquer toutefois à entrer dans les villes saintes. Son *Arabia Deserta*, accueillie avec enthousiasme par W.S. Blunt, aura une grande influence sur Lawrence d'Arabie.

En 1884, les Banou-Rachid envahissent le territoire wahhabite, entrent à Ryad et contraignent la dynastie séoudite épuisée par ses guerres intestines à se réfugier au Koweït. C'est l'éclipse du second État des Unificateurs. Une génération plus tard, l'émir Abdelaziz, petit-fils de Fayçal ibn Turki, s'annonce à l'aube du XXe siècle comme l'artisan d'une nouvelle restauration wahhabite. En 1901, il reprend pied défintivement à Ryad et récupère en trois années de guerre tout le pays de son grand-père jusqu'ici « usurpé » par la Porte. Il guigne aussitôt le Hedjaz. Mais il n'est pas le seul à s'intéresser aux Lieux saints. Car, vers la même période, paraît en Égypte un ouvrage que d'aucuns considèrent comme le premier exposé théorique du panarabisme. Le titre, *Oum el-Qoura* (« la Mère des Cités »), en donne le ton. Il s'agit, en somme, d'une actualisation de l'ouvrage de W.S. Blunt, mais opportunement rédigé par un Syrien musulman, Abderrahmane El-Kawakibi (1849-1903), qui préconise également la proclamation d'un califat arabe ayant pour siège la ville natale du Prophète. De manière concomitante, les Français soutiennent un chrétien syro-palestinien, Najib Azouri (mort en 1916), qui publie en 1905 à Paris *Le Réveil de la nation arabe dans l'Asie turque*. Il est le premier à proposer un empire arabe indépendant.

Abdelaziz poursuit la reconquête du royaume ancestral. En 1906, son autorité est reconnue à travers tout le Najd. L'année 1908 marque un tournant majeur dans la Question d'Orient : le chemin de fer arrive déjà à Médine tandis qu'éclate à Istanbul la révolution des Jeunes-Turcs qui affichent un exclusivisme ethnique rebutant les minorités de l'Empire, les Arabes au premier chef. De leur côté, les Anglais s'appliquent à trouver un meneur capable d'entraîner les Arabes contre les Ottomans tandis que des conseillers allemands réorganisent l'armée turque. L'Empire s'effrite : l'Autriche annexe la Bosnie (1908), l'Italie occupe la Libye (1912) et se rend maître de la province du Hassa (1913). L'hallali approche, chaque grande puissance veut sa part du butin.

Les Hachémites qui gouvernent La Mecque se réclament de Hachem, l'arrière-grand-père de Mahomet. Leur lignée descendrait du petit-fils de celui-ci, né de sa fille Fatima et d'Ali son cousin. Les chérifs qui en sont issus règnent depuis près d'un millénaire sur la Ville sûre. Mais les sources concernant leur histoire sont si contradictoires qu'elles découragent l'historien rigoureux. Les homonymes sont fréquents parmi ces émirs, dont certains ont régné quatre fois, d'autre conjointement et l'un d'entre eux moins d'une journée... L'autorité des chérifs, qui fut quelquefois entravée par les pouvoirs abbasside, mamelouk et ottoman, jouissait d'une telle estime, eu égard à la famille de Mahomet, que sa survivance pendant tant de siècles au milieu d'effrayantes pressions reste un des plus remarquables phénomènes de l'histoire musulmane.

CHAPITRE XXVII

LES SEPT MINARETS DE LA SAGESSE

La saga de Hussein ibn Ali et de ses fils – Ali, Abdallah et Fayçal – consacre à la fois l'essor des Hachémites dans le monde arabe et l'extinction du chérifat en Terre sainte. Lorsqu'il est emmené, avec sa famille, à Istanbul en 1894, Hussein croit encore à un geste de courtoisie du sultan. Dans l'atmosphère ouatée du palais impérial où pullulent castrats et militaires, notables locaux et conseillers européens, il mesure l'étendue de la débâcle ottomane. C'est au chevet de l'Empire qu'il songe au berceau de l'Islam et rêve de le régénérer. Quelques années plus tard, il regagne sa patrie où il réussit, en 1908, à se faire nommer chérif et émir de La Mecque. Il s'impose comme souverain du Hedjaz et étend son influence sur les régions limitrophes. Mais il se heurte aussitôt à Abdelaziz le Wahhabite.

En 1913, les Turcs ont chassés du Hassa par Abdelaziz, connu désormais sous le seul nom d'Ibn Séoud, mais renforcent cependant leurs garnisons du Hedjaz tandis que les Français favorisent la tenue à Paris d'un Congrès arabe. Certains délégués y préconisent l'annexion du Levant par la France. L'entrée en guerre des Ottomans aux côtés de l'Allemagne et de l'Autriche-Hongrie (2 novembre 1914) radicalise les options des uns et des autres. Les Allemands poussent le sultan-calife à proclamer le *djihad* contre les Alliés, ce qu'il fait. Les Anglais décident alors d'ouvrir un nouveau front, au Hedjaz même, ventre mou et cœur spirituel de l'« homme malade ». Par l'intermédiaire de Thomas

Edward Lawrence (1888-1935), ils entrent en pourparlers avec les Hachémites et les persuadent de répondre à l'appel du sultan, par un contre-appel du chérif de La Mecque. En contrepartie ils lui promettent la couronne d'un futur royaume arabe. Simultanément, ils s'engagent auprès d'Ibn Séoud à garantir son État dans des frontières à déterminer. Sa Majesté britannique achève ainsi de mettre deux fers au feu qui couve au Proche-Orient. La révolte arabe éclate en juin 1916, animée par Hussein et conduite par Lawrence qui en décrira les péripéties dans son splendide témoignage *Les Sept Piliers de la sagesse.*

Le chemin de fer du Hedjaz est démantelé, le pèlerinage gravement perturbé, les armées ottomanes piétinent. Mais, en réalité, l'arrangement conclu entre le Chérif et les autorités anglaises est un véritable marché de dupes, car à la veille de l'appel mecquois à la guerre sainte contre les Ottomans, le sort de l'Orient proche est déjà scellé par le traité Sykes-Picot (16 mai 1916) – accord franco-britannique secret qui partagent la région en zones d'influences occidentales sous forme de « mandats ». Hussein n'y voit que du feu. Il se proclame « roi d'Arabie » alors que les Alliés le reconnaissent seulement comme « roi du Hedjaz ». Au milieu de ces convulsions, le choléra revient en Terre sainte. En 1908, La Mecque présente l'aspect d'un pandémonium dantesque.

La révélation spectaculaire des accords Sykes-Picot par Trotski, dans les *Izvestia* du 24 novembre 1917, ne détourne pas Hussein de l'horizon de ses rêves, pas plus que la promesse Balfour (2 novembre 1917), encore une, par laquelle l'Angleterre ouvre la Palestine à l'immigration juive. Damas tombe le 1er octobre 1918 et un armistice conclu le 30 du même mois consacre la fin de la domination ottomane sur le monde arabe. Les Alliés vainqueurs montrent cependant peu d'empressement à honorer les engagements pris envers les Arabes. Néanmoins, les Syriens proclament Fayçal, un des fils du Chérif, roi de Syrie-Palestine (8 mars 1920), qui est bientôt chassé (25 juillet 1920) de Damas par le général Gouraud.

Hussein, qui s'accroche encore à son dessein arabe, ne réussit pas à persuader les Britanniques de le soutenir contre

Ibn Séoud qui venait d'obtenir l'allégeance formelle de la province de l'Assir, près du Yémen. Il signe tout de même une convention avec l'Angleterre au terme de laquelle celle-ci s'engage à le protéger contre toute intrusion ou soulèvement interne. Il est aussitôt déclaré « traître à l'islam » par l'opinion croyante. On conteste son contrôle des *Harams*, « propriété inaliénable de l'*Oumma* », on vilipende l'augmentation des taxes imposées aux pèlerins. Les *oulémas* indiens déclarent nuls le *hadj* tant que le chérif restera maître des lieux. Son autorité s'effrite, le commerce des esclaves, un moment arrêté, reprend de plus belle. Des pèlerins maghrébins sont malmenés pour cause de « collaboration » avec la France. L'anarchie règne, c'est la jungle en plein désert. Les bédouins, qui ne perçoivent plus les tributs pour garantir la libre circulation des caravanes, se paient eux-mêmes en prenant en otage et en rançonnant le cortège de la grand-mère de l'Émir d'Afghanistan. Hussein empêche les Indiens de débarquer du matériel médical et achève de se rendre intolérable lorsqu'il interdit le *hadj* aux farouches wahhabites, lesquels n'inspirent guère plus de confiance depuis que, pour venger un des leurs tué par des gens de l'Assir, ils ont égorgé 900 pèlerins de cette région...

Perdant toute mesure, le Chérif se fait proclamer calife en 1924, l'année où Mustafa Kémal, futur Atatürk, abolit la fonction. Ibn Séoud décide alors de porter les armes contre lui pour « usurpation de titre » en obtenant préalablement l'avis favorable des *oulémas* hanbalites. Il n'est en effet pas facile de s'attaquer aux chérifs – ayants droit naturels du sultanat de par leur rattachement à Mahomet. L'armée wahhabite se met en marche. Elle occupe La Mecque en octobre 1924, prend possesion de Médine l'année suivante et triomphe à Djedda en décembre 1925. Les coupoles, les mausolées et les reliques restaurées sont encore une fois mis à bas par les Unificateurs. C'en est fini du pouvoir millénaire des Hachémites sur les Lieux saints. Ils devront désormais limiter leurs prétentions à l'Iraq, jusqu'en 1958, et à la Jordanie où règne encore Hussein, fils de Talal, fils d'Abdallah, fils de Hussein, dernier chérif de La Mecque.

Ibn Séoud s'adjuge aussitôt le titre de roi du Hedjaz

(8 janvier 1926) et en confie la vice-royauté au cadet de ses fils, l'émir et futur roi Fayçal. Le *hadj* rassemble quelque 200 000 fidèles, dont 90 000 wahhabites. De mémoire de pèlerin on ne vit les routes de la Terre sainte aussi sûres. A Arafat et à Mina, la police séoudienne sanctionne immédiatement les voleurs arrêtés. Un Anglais converti, Eldon Rutter, raconte qu'il vit un bédouin, à Mina, tenir dans sa main gauche son avant-bras droit sectionné et tremper son moignon dans un chaudron d'huile bouillante. Pendait à son cou sa main amputée... Un voleur puni selon la loi islamique, comme c'est toujours le cas un demi-siècle plus tard en Arabie. Le sultan wahhabite convoque même un Congrès mondial de l'Islam qui se tient à La Mecque en juin 1926 au milieu d'une opinion musulmane indifférente. Il accède également à la volonté anglaise de réprimer le trafic des esclaves. Dans la foulée, il unifie ses possessions et prend le titre de « roi du Hedjaz, du Najd et de ses dépendances » (29 janvier 1927). La France, suivie par l'Union soviétique et l'Angleterre, reconnaît le nouvel État, tandis que les pays musulmans se montrent réticents.

Reconnu par les principales puissances mondiales, Ibn Séoud est alors, avec l'imam héréditaire du Yémen, le seul et donc le premier souverain arabe et musulman moderne indépendant. Cette consécration internationale ne va pas sans de graves dissensions intérieures. En effet, l'autocrate wahhabite est ouvertement contesté par la cheville ouvrière de son mouvement, les *Ikhouans*, les « Frères », indomptables miliciens-paysans de la foi. Leur confrérie, que Saint John Philby, l'équivalent de Lawrence auprès d'Ibn Séoud, appelle « une nouvelle maçonnerie », constituée de bédouins du Najd, est engagée dès 1911 par Abdelaziz à créer des colonies agricoles, à la manière des kibboutz, dans le désert. Ces centres d'émigration *(hidjra)* et d'agriculture rédempteurs se transforment en pépinières de cadres wahhabites. On y travaille dur à irriguer les sables, on y prie et étudie, avec un rude entraînement paramilitaire. On en compte plus de cent au début des années 20. Certains de ces centres, comme celui d'Artouiya, rassemblent plus de 10 000 habitants. Après sa victoire au Hedjaz, Ibn Séoud devient plus pragmatique à l'égard de l'opinion musulmane représentée par les pèlerins, et les Frères se rebiffent; ils se sentent trahis. En 1926, un incident sanglant les oppose aux soldats égyptiens qui convoient le *Mahmal*. Ils reprochent au roi de confiner le territoire « unifié » au domaine fixé par les Anglais infidèles. Ils dénoncent l'usage de l'électricité, des miroirs, du télégraphe, de la photographie et des voitures. Seule concession à la modernité, ils raffolent des armes à feu. Ibn Séoud tente de les discipliner. Ils passent outre, franchissent les frontières et attaquent la Jordanie, l'Iraq mais aussi le Koweït et le Yémen. Les Britanniques réagissent par des bombardements aériens. En 1928, l'agitation atteint son comble. Une guerre civile se profile à l'horizon. Ceux qui, en 1921, ont proclamé Abdelaziz « sultan du Najd » veulent maintenant le démettre. Les insurgés sont conduits par Fayçal el-Dawich qui jette l'anathème sur les rapports avec les « infidèles » et réclame la conversion forcée des chiites du Hassa.

Ibn Séoud tente alors un coup de maître. Il organise à Ryad une assemblée générale (octobre 1928). Les chefs rebelles boycottent ces assises où le sultan offre même d'abdiquer. Finalement, le congrès dépose les chefs des réfractaires et les *oulémas* présents déclarent que le Coran et la *Sunna* ne contiennent rien qui s'oppose à l'emploi du téléphone, de la radio et d'autres machines « diaboliques ». Sortant grandi de l'épreuve, le souverain somme ses adversaires de baisser les armes. Ils refusent. Il les écrase en 1929. Fayçal el-Dawich, blessé, soigné à Ryad, réussit à s'enfuir et promet de livrer La Mecque au pillage durant trois jours « pour la purifier », puis il se réfugie en Iraq. Mais les fugitifs ne tardent pas à être extradés. Le 18 septembre 1932, Ibn Séoud se fait proclamer roi d'une Arabie Séoudite, baptisée finalement du nom du clan, dont les limites territoriales devaient s'élargir en 1934 par l'annexion de la province yéménite de l'Assir en bordure de la mer Rouge jusque-là gouvernée par les Idrissi, famille de cheikhs originaires du Maroc et arrivés en Arabie au cours du XIXe siècle. L'ère des cavalcades héroïques est révolue. Reste à doter de structures ce nouvel État.

L'afflux de pèlerins ne cesse de croître depuis la neutralisation des Frères en 1929. Les routes sont sûres, les infrastructures s'améliorent. Le pèlerinage commence enfin à ressembler à un pèlerinage avec, tout au plus, des incidents de parcours. Ainsi, en 1930, tout est prêt pour un heureux retour lorsque le paquebot français *Asia*, chargé de 1 000 pèlerins en direction du Yémen, prend feu. Dans la panique, les passagers courent en tout sens à la recherche de leurs balluchons, écrasent les vieillards et se jettent du haut du bastingage, offrant le spectacle ahurissant de têtes qui émergent de l'eau par centaines comme des poissons dans un vivier presque à sec. L'*Asia* n'est plus qu'un brasier. Des détonations retentissent, « éclatements de crânes » affirment des témoins à l'imagination fertile mais ce sont en fait des bonbonnes d'éther et l'alcool qui explosent. Dans un coin du bateau, encore épargné par les flammes, des fidèles prient, indifférents au sinistre. Il faudra les pousser de force vers les échelles de sauvetage. Cent quinze manquent à l'appel. Quelques jours après, on trouvera une mâchoire humaine dans l'estomac d'un requin capturé en rade.

Les progrès du dépistage des épidémies créent également des problèmes aux services sanitaires. Ainsi, lorsqu'en 1930 le lazaret de Tor décide de généraliser l'examen des selles de chaque pèlerin afin d'isoler les porteurs de germes, une véritable organisation « industrielle » se met en place. Les résistances physiques sont au début aussi fortes (les passagers sont habituellement constipés) que les résistances morales. Des Algériens répondent : « Donne-nous à manger, d'abord! », tandis que les Persans s'opposent radicalement à cette « récolte », surtout pour les femmes : « Tue-nous plutôt, nous ne ferons rien dans cette vaisselle! » Néanmoins 20 730 selles sont examinées au microscope après culture.

Ibn Séoud s'applique à donner une administration à son pays. Il fait appel à des milliers de conseillers anglais ou américains, de fonctionnaires syriens, libanais et égyptiens. La concession pétrolière consentie en 1933 à une compagnie américaine, la Standard Oil of California, qui devient l'Aramco en 1936, va bouleverser l'économie, essentiellement fondée jusque-là sur l'agriculture et le pèlerinage; plus grave, elle va creuser un abîme entre l'austère idéologie wahhabite et les besoins et usages qu'impose une richesse quasi miraculeuse. Ibn Séoud, qui n'est pas dupe de cette dérive luxuriante, déclare en 1948 à un diplomate : « Mon Royaume ne survivra que dans la mesure où il demeurera un pays d'accès difficile, à la vie rude, inconfortable, et où l'étranger, fût-il musulman, n'aura d'autre aspiration, sa tâche accomplie, que de le fuir [1]. »

Politiquement, le « système Séoud » repose sur le Coran et la *Sunna* qui tiennent lieu de Constitution. Par voie de conséquence, le roi ne saurait avoir d'autre rôle que d'en assurer l'application, à la lettre dans le cas wahhabite. Les émirs et les *oulémas* forment l'assemblée des *Oulou-el-Amr*, les « Détenteurs de l'autorité », censée représenter la communauté croyante devant Dieu. Il n'y a pas de peuple au sens moderne du mot ni de citoyens, mais seulement des tribus dont les chefs traditionnels touchent une prébende du monarque absolu en contrepartie de leur allégeance. Lorsqu'il meurt en 1953, Abdelaziz lègue un royaume stable mais fragile, au milieu d'un monde en ébullition. Son fils Séoud, qui lui succède, s'efforce de doter le pays de ministères efficaces, d'un réseau bancaire et d'un personnel diplomatique national. Le 7 mars 1954, un Conseil des ministres se réunit pour la première fois, en grande solennité. Si le roi accepte ainsi le jeu de la concertation, certains aspects du régime demeurent immuables. La *charia*, la loi religieuse, continue d'être appliquée. Elle ordonne notamment la lapidation de l'adultère, l'amputation de la main ou du pied pour un voleur.

Séoud n'a pas pour autant la rigueur de son père. Pusillanime, versatile, il a un goût immodéré du faste et de la parade. En 1955, il mène le Trésor au bord de la faillite. Avec l'essor des importations, une faune d'intermédiaires de tout acabit hante la cour. La crise de Suez provoque à partir de novembre 1956 une chute brutale des revenus pétroliers et entraîne l'anarchie dans les finances royales. C'est aussi la flamblée de l'idéologie nassérienne. Séoud s'agite, se rapproche des Hachémites de Jordanie et d'Iraq, ses ennemis héréditaires, se rend à Damas, renouvelle le bail d'une base américaine établie à Dahran en 1945 mais envoie aussi une « mission d'études » en URSS. On l'accuse finalement d'avoir essayé de faire assassiner Nasser. Il dément, mais l'effet produit est tel que ses frères l'obligent à appeler le prince héritier, l'émir Fayçal, à la présidence du Conseil et à renoncer à ses prérogatives de souverain, à l'exception de la dignité royale. Le 22 mars 1958, Fayçal reçoit les pleins pouvoirs.

L'ÂGE D'OR NOIR

Fayçal, l'« arbitre », le conciliateur, fait preuve d'un sens aigu de la *res publica*. A l'intérieur, il ouvre le Conseil des ministres à des technocrates et maintient, symboliquement, Séoud sur le trône. Vis-à-vis du monde arabe secoué par la guerre d'Algérie, la chute des Hachémites en Iraq, l'union syro-égyptienne et les interventions militaires anglo-saxonnes, il fait montre d'ouverture et de fermeté à la fois. Les Anglais et les Français, jusqu'alors maîtres d'œuvre dans la Question d'Orient, laissent la première place aux Américains et aux Soviétiques. Au Yémen, la République est proclamée en septembre 1962 sur les ruines d'un imamat pluricentenaire. Nasser y dépêche un corps expéditionnaire égyptien de 30 000 hommes. L'Arabie Séoudite « réactionnaire, corrompue et défaitiste » se retrouve cernée d'États « progressistes ». Commence alors une « guerre froide » où tous les Arabes sont sommés de choisir entre le « nationalisme socialiste arabe » et l'« islam américano-capitaliste ». Dans un premier temps, l'émir Fayçal ferme la base militaire de Dahran pour mieux solliciter ensuite l'appui des États-Unis. Il rétablit les relations diplomatiques avec la France en novembre 1962 et avec la Grande-Bretagne en février 1963.

Le 2 novembre 1964, les « Détenteurs de l'autorité » prononcent la déchéance du roi Séoud. C'est un Fayçal aguerri qui monte sur le trône. Il a les coudées franches pour relancer les réformes entamées en 1962 : élaboration d'une charte organique, abolition de l'esclavage, création d'un ministère de la Justice pour rationaliser la pratique légale des amputations à défaut de la supprimer, équipement du Royaume, modernisation de l'armée. L'Égypte reste l'adversaire principal. Et pour cause, le souvenir de la répression des Wahhabites par Méhémet Ali reste vivant dans toutes les mémoires. Mais surtout, Le Caire incarne un islam révolutionnaire face à l'intégrisme de Ryad. L'aviation égyptienne bombarde des villages séoudiens, parachute des armes au Hedjaz tandis qu'une radio nassérienne, les « Ennemis de Dieu », stigmatise le wahhabisme. Fayçal garde son sang-froid devant les meurtrières gesticulations égyptiennes, réagit sur le terrain politique et pose les jalons d'une monarchie modernisée, tout en s'alignant résolument sur les États-Unis : « Notre Constitution est le Coran, notre loi celle de Mahomet et notre nationalisme est arabe. Il n'est ni doctrine ni principe ni croyance. Il est race, sang, langue et naissance. » Rappelant que l'Arabie fut le berceau des Arabes, il réaffirme sa vocation unificatrice.

Nasser décompose le monde en trois zones géopolitiques : le monde arabe, l'Afrique, l'ensemble des pays musulmans. Fayçal l'organise en autant de cercles concentriques : le monde arabe, l'univers musulman, le domaine antimusulman. C'est dans cette perspective qu'il donne un nouveau souffle à la Ligue islamique mondiale, esquissée d'abord en 1945 pour faire contrepoids à la Ligue arabe (fondée la même année au Caire sous les auspices britanniques) et mise sur pied en décembre 1962 à La Mecque sous l'impulsion du Pakistan. La Ligue islamique se propose de promouvoir un équivalent musulman de l'ONU et insiste sur sa vocation à dépasser les nationalismes locaux. Elle s'engage à lutter contre les déviations religieuses, les propagandes antimusulmanes, tout en encourageant la diffusion de l'islam « authentique », version wahhabite. Elle préconise la tenue de symposiums annuels à La Mecque durant le *hadj*, la diffusion à l'échelle mondiale d'une littérature apologétique, la défense des minorités musulmanes à travers le monde, la construction de mosquées, la généralisation de l'enseignement coranique et la solidarité effective entre « États frères ». Une véritable guerre idéologique s'ouvre ainsi, opposant le nationalisme arabe, laïcisant, socialiste, levantin, pluriconfessionnel et urbain, celui-là même que favorisèrent les Français et que soutient maintenant l'URSS, à l'islamisme wahhabite, capitaliste et bédouin qu'appuient les Américains comme le firent en leur temps les Anglais.

La débâcle militaire de 1967 ne marque pas tant la déconfiture de Nasser face à Israël que la faillite meurtrière du nationalisme arabe « progressiste ». Grand seigneur, Fayçal accourt au Caire et à Damas : il prend sur lui de financer la reconstitution et la modernisation des arsenaux syriens et égyptiens; il avance à cette fin des milliards de dollars; il conforte son image d'homme intègre et de nationaliste arabe lorsqu'il jure qu'il ne mourra pas avant de prier à la mosquée El-Aqsa de Jérusalem. Lorsque celle-ci est partiellement incendiée en 1969, tout l'Islam est horrifié. Le pape Paul VI s'émeut. L'Organisation de la Conférence islamique (OCI) voit le jour sur fond de mosquée calcinée. L'Arabie Séoudite s'impose d'emblée comme un recours et un arbitre. En 1973, la guerre d'Octobre, dont Fayçal est l'un des commanditaires, achève de redorer le blason wahhabite. Sadate efface Nasser mais la demi-victoire arabe, toute relative qu'elle soit, et l'augmentation spectaculaire des revenus pétroliers créent un climat d'exaltation religieuse dans l'opinion tout en conférant aux Séoudiens une puissance financière démesurée.

L'ÈRE DES TURBULENCES

L'année 1974 est cruciale entre toutes. Elle scelle l'emprise croissante de l'Arabie Séoudite sur les affaires du monde arabe et de l'Islam. En Occident, elle est considérée comme un partenaire majeur. C'est l'année de tous les triomphes. Tant de lustres se sont écoulés depuis ce jour torride où Abdelwahab et Mohamed ibn Séoud se jurèrent de faire triompher la parole de Dieu, fût-ce par le sabre. Le nationalisme arabe ne mobilise plus sur la rue mais l'Islam remplit les mosquées. Et pour cause! Des flots de pétrodollars inondent les pays arabes d'ouvrages religieux, luxueusement édités et vendus pour une bouchée de pain. Les œuvres complètes d'Ibn Taymiya, jusque-là ignorées de la masse croyante [2], s'étalent dans les kiosques. Des revues religieuses sur papier glacé envahissent les foyers du bled tandis que l'industrie égyptienne des feuilletons télévisés tombe sous la coupe de magnats wahhabites. Des instituts, des mosquées, des associations, dotés de budgets faramineux, poussent comme des champignons, du Maroc à l'Indonésie en passant par Buenos Aires et Genève. Les meilleurs journalistes, scénaristes et autre sociologues se mettent au service de cette islamisation tous azimuts. Le Proche-Orient moderniste et islamo-chrétien succombe au chant doré des sirènes wahhabites. « C'est une formidable régression! » s'écrira le philosophe cairote Louis Awad.

La marée intégriste monte irrésistiblement dans l'enthousiasme de la fierté retrouvée après la guerre d'Octobre et de la prospérité pétrolière tombée du Ciel comme jadis le Coran. Finie l'époque où le prince séoudite dissident Talal allait se réfugier en Egypte nassérienne (1962), révolues les campagnes vilipendant la dynastie des Séoud. Fayçal incarne l'unité arabe, l'intégrité de l'Islam. Certains musulmans parlent déjà de « reconstituer le califat vacant depuis 51 ans et de conférer ce titre à Fayçal, chef incontesté du monde arabe » (*Le Monde*, 20 juin 1975). La Mecque redevient le centre de gravité de l'*Oumma*. Le pèlerinage revêt une ampleur sans précédent : on frôle les 2 millions de pèlerins. La Turquie elle-même, qui a pourtant un lourd contentieux avec les wahhabites, prend ses distances avec l'idéologie d'Atatürk, et envoie le plus grand contingent de *hadjis* (106 045) en cette année 1974, le millésime tous les succès et de toutes les revanches.

Las! Arrivée à bout de tant d'oppositions extérieures, la Maison Séoud ne semble pas maintenir sa cohésion. Elle recèle le sérail le plus secret, où s'agitent vrais, demi et faux frères, cousins et parents, où se nouent et se dénouent alliances et querelles. A l'ombre des palais, cette famille d'environ 7 000 princes préside, seule, au destin de tout un pays et pèse sur l'équilibre du monde. La dynastie sait laver son linge sale en privé : le 25 mars 1975, Fayçal est assassiné à bout portant par un de ses neveux.

C'est la consternation quasi universelle. Le régicide

sera décapité en place publique avec le sabre d'or réservé aux princes et sa tête exposée au bout d'une pique. L'opinion n'en saura pas davantage sur les mobiles réels du meurtre. Dans la Maison Séoud l'heure est à l'union sacrée, contre la discorde domestique, intime. Est-ce un hasard si à l'absolutisme de Fayçal succède une monarchie bicéphale représentée par le roi Khaled et le prince Fahd, ses frères? Le monde arabe n'a plus de chef ni l'Islam de figure charismatique. L'incertitude s'installe. La guerre civile libanaise éclate trois semaines plus tard. En juillet 1977, le Premier ministre pakistanais Ali Buttho est renversé par le général Zia Ul-Haq et pendu. L'année suivante, son socialisme « croyant » abandonne le pays à un intégrisme pro-séoudien. En novembre 1978, le président Sadate se rend à Jérusalem. L'Arabie Séoudite rompt, à son corps défendant, avec le plus important des États arabes. Le Chah d'Iran est contraint d'abandonner son trône. En février 1979, Khomeyni triomphe. Les Soviétiques envahissent l'Afghanistan. L'activisme de la République islamique réveille les vieilles rancunes accumulées entre chiîtes et wahhabites tandis que l'*Oumma* jubile de cette « victoire de la foi sur l'arrogance ». Inquiets, les dirigeants séoudiens sont cependant loin de mesurer l'ampleur des périls qui couvent à leur porte et dans leurs murs.

Le 20 novembre 1979 marque le premier jour d'un nouveau siècle musulman, le XVe de l'hégire. C'est la fin de la période du *hadj*: la fête. A 5 h 20 du matin, l'imam accompagné des eunuques et de sa garde appelle à la première prière du siècle. Ces alors que des coups de feu déchirent l'aurore. Un homme arrache le micro du muezzin et hurle : « Le *Mahdi* [3] et les siens viendront chercher aide et protection dans la Sainte Mosquée, parce qu'ils sont persécutés partout... » C'est la panique! Les fidèles restent pétrifiés à la vue des chevelures hirsutes et des regards incendiés des assaillants. La contestation atteint désormais la dynastie wahhabite jusque dans le saint des saints. C'est la plus grave rébellion depuis celle des Ikhouans en 1928-1929. Djouhayman ibn Mohamed el-Oteybi, le chef des insurgés, se révélera un nostalgique des Frères révoltés. Il est aussi probablement issu de la tribu Oteyba qui donna du fil à retordre à Ibn Séoud. Les liaisons téléphoniques sont aussitôt coupées et l'accès de la ville interdit.

Le groupe de Djouhayman tire de la même source que l'État séoudien ses raisons d'agir : le puritanisme égalitaire wahhabite – sérieusement entamé par la dissipation des princes et la corruption aussi discrète que notoire qu'elle nourrit. Deux semaines durant, des commandos tenteront d'investir le Temple pour réduire les insurgés repliés avec armes, vivres et familles dans les galeries souterraines[4]. Chaque fois, les forces de l'ordre seront repoussées. Le *taouaf* est interrompu.

Le gouvernement demande et obtient alors une *fatoua* spéciale délivrée par des *oulémas* du cru l'autorisant à prendre d'assaut le *Haram* dont les accès sont solidement tenus par les insurgés. Hélicoptères et parachustistes appelés en renfort transforment la Ville sûre en champ de manœuvres. Des gendarmes français viennent prêter main-forte à l'armée séoudienne. L'électricité est bientôt coupée dans la Maison. Des soldats lancent une attaque depuis Maroua, mais des tirs nourris s'abattent sur eux depuis les galeries supérieures. On dénombre de nombreux morts. Les forces royales reviennent à la charge et assurent leur progression vers le *mataf* en utilisant des gaz fournis par les Américains, obligeant les rebelles à se barricader dans les sous-sol du parvis sacré. Gaz toxiques, pneus brûlés, inondation des retranchements souterrains, les loyalistes ne reculent devant rien pour déloger les révoltés de leur repaire. Privés d'eau, de vivres et de sommeil, les 170 desperados du nouveau siècle hégirien, comprenant des Séoudiens, des Egyptiens, des Koweïtiens, des Pakistanais et des Américains de la secte des Black Muslims, se rendent finalement après deux semaines de violences. Djouhayman marche en tête du cortège où l'on compte 23 femmes et 13 enfants. L'année 1980 commence par la décapitation publique, le 9 janvier, de 63 séditieux.

Ce n'est pas la première fois, loin s'en faut, que le sang coule à La Mecque ni que des chrétiens viennent y combattre, sous la bannière de l'islam, des croyants. Déjà, lorsque Abdallah Ibn Zoubayr (624-692) jeta l'anathème sur Yazid Ier, le calife omeyyade (680-683), et se proclama « émir des croyants », Damas réagit vivement en envoyant au Hedjaz une armée qui regroupait des contingents chrétiens. En août 683, ceux-ci ravagent Médine et transforment la Mosquée du Prophète en écurie de fortune. En septembre, ils assaillent La Mecque où, dit-on, ils mettent le feu à la *Kaâba* sans toutefois réduire la sécession. Une autre expédition syrienne assiège la ville sainte en mars 692. Sept mois durant, le *Haram* sera bombardé de pierres depuis le sommet de la colline d'Abou Qobays, tuant des centaines de fidèles. Au moment de l'assaut final, un orage éclate et les éclats de la foudre se mêlent aux bruits des pierres lancées par les machines de guerre. C'est l'apocalypse! Ibn Zoubayr est tué près de la *Kaâba* en octobre 692. El-Akhtal (640-710), poète arabe chrétien de la cour omeyyade, célèbre la bravoure de ses coreligionnaire en route vers La Mecque rebelle : « Ils apparurent aux Médinois comme un poison mortel, la croix en tête sur la bannière de saint Serge[5]. »

En janvier 930, les Abbassides affrontent une nouvelle dissidence, celle des Qarmates, intégristes millénaristes qui érigent un État égalitaire et terroriste dans le Hassa et à Bahrein. Ces révolutionnaires attaquent La Mecque en janvier 930, le jour même de l'Abreuvement. Un bain de sang. Des milliers de pèlerins réfugiés sur le *mataf* y sont trucidés, égorgés, certains jetés dans le puits de Zemzem, des femmes sont violées, des enfants mutilés. Selon un chroniqueur, la razzia chiîte fait 2 800 victimes parmi les invités de Dieu. Le chef des Qarmates s'empare de la Pierre noire, la brise, et place les deux morceaux de chaque côté des latrines pour y poser les pieds. Il les emporte ensuite dans son fief du Hassa. L'*Oumma* s'étouffe d'indignation. On accuse les hérétiques de vouloir drainer les pèlerins vers leur capitale, de pratiquer l'inceste et la pédérastie. Abou Tahir, le chef de la secte sacrilège, demande alors au « chef des ordures », le calife El-Mouqtadir en l'occurrence, par quels versets du Coran il justifie sa fringale de vin et de garçonnets. Le maître de Bagdad, qui entretient 10 000 eunuques, finit par payer un tribut annuel pour la libre circulation des pèlerins. Ce n'est que 22 ans plus tard que la Pierre noire sera restituée aux Abbassides contre une forte somme d'argent.

Plus extraordinaire : vers 1182, Renaud de Châtillon, seigneur franc de la forteresse de Kérak (actuelle Jordanie), décide d'organiser une expédition à Médine et à La Mecque. But de l'opération : s'emparer de la Pierre noire, du Tombeau de Mahomet et piller les richesses des deux *Harams*. Des galères chrétiennes investissent alors la mer Rouge et piratent sans vergogne les navires de pèlerins. Ibn Jobayr, alors en Egypte, décrit l'émotion de l'*Oumma* devant un acte si sacrilège « qu'à l'entendre l'oreille se clôt d'horreur et d'exécration ». Les croisés de Jérusalem, de leur côté, s'avouent horrifiés par la folie de leur coreligionnaire. Les Francs s'enfoncent dans le désert, en direction de Médine, lorsqu'ils sont rattrapés par une armée maghrébine : on conduit les captifs à Médine et à La Mecque où ils sont égorgés comme des bêtes à Mina. Après la bataille de Hattin (à l'ouest de Tibériade), Saladin décapitera Châtillon, l'apprenti profanateur (1187).

Lors de l'affaire de 1979, l'impopularité des Séoudiens va se manifester violemment d'un bout à l'autre de l'Islam; l'Iran réclame l'internationalisation des Lieux saints, tandis que Khomeyni acquiert l'envergure d'un héros de l'*Oumma*. La Mecque devient un enjeu mondial. Le roi Khaled ne sait plus à quel saint se vouer lorsque des émeutes chiîtes embrasent la turbulente province du Hassa : il institue la conscription militaire; le prince héritier Fahd s'adresse à l'*Oumma* pour l'appeler au *djihad* contre l'annexion de Jérusalem par Israël (août 1980). Un mois plus tard, la guerre entre l'Iraq et l'Iran éclate. Khomeyni lance l'anathème sur la dynastie wahhabite qui est l'hôte, en janvier 1981, de la IIIe Conférence islamique. A l'issue de ce sommet, l'Arabie Séoudite semble retrouver confiance et sang-froid. L'assassinat de Sadate en octobre 1981, par des intégristes se réclamant d'Ibn Taymiya, achève de neutraliser l'Egypte.

La dynastie des Séoud se ressaisit après la mort de Khaled en 1982. L'énergique Fahd monte alors sur le trône et élargit le pouvoir à une troïka familiale qui cumule autorité spirituelle, pouvoir militaire et contrôle policier. Le roi prend acte de ce que le développement débridé du pays a effiloché le tissu social traditionnel, désintégré la vie pastorale, provoqué une migration massive des ruraux vers les villes anonymes, non sans ébranler gravement l'idéal wahhabite. Il rassure les chiîtes, conforte les *oulémas* dans leur rigorisme et s'adjuge, à l'encontre de la contestation iranienne, la dignité de « Gardien des deux nobles *Harams* », titre remontant à l'époque de Saladin. Les sultans ottomans le revendiquèrent régulièrement comme une prérogative califale. Les différents mouvements intégristes crient à l'« usurpation » de fonction, mais la majorité des États arabes et musulmans soutiennent l'Arabie. Depuis, il ne se passe pas un jour sans que les médias séoudiens rappellent la légitimité de l'emprise séoudienne sur les Lieux saints à grands renforts de messages émanant d'*oulémas* égyptiens, malais, marocains ou sénégalais, quand ce n'est pas danois ou canadiens.

Foi et sécurité

Foi (*iman*) et sécurité (*amn*) ont en hébreu comme en arabe la même racine étymologique. Ces deux notions conjuguées sur l'emblème séoudien et cumulées par la famille régnante nourrissent l'actualité du pays. Quotidiennement, la presse montre le souverain félicitant une promotion d'*oulémas* ou inaugurant une fabrique de munitions. Le régime s'appuie sur une armée pléthorique. La Garde nationale, forte de 30 000 hommes[6] recrutés parmi les tribus du Najd, est l'héritière des Ikhouans; instruite par des Américains, des Britanniques et des Allemands, elle est vouée à la protection de la famille régnante.

La part du PNB consacrée aux armées passe de 25,9 % en 1982 à 36 % en 1988, soit plus que les grandes puissances nucléaires. Avions ultra-modernes, frégates, sous-marins et blindés, tout est bon pour conjurer les périls. Le Maroc, l'Égypte ou la Jordanie y délèguent des cohortes de conseillers et de militaires. La 12e brigade blindée se composait récemment encore de 5 000 Pakistanais.

Depuis 1980 un accord de coopération en matière de sécurité lie la France et l'Arabie Séoudite. Un chiffre donne une idée de l'énormité des dépenses militaires du Royaume : chaque soldat séoudien coûte globablement de 525 475 dollars[7]. L'armée algérienne, forte de 130 000 hommes, dépense l'équivalent de l'entretien de 1 613 soldats séoudiens!

Synthèse suprême de la monarchie et du monothéisme, de la Mosquée et de la cour, du politique et du religieux, le système séoudien est celui qui, par sa structure et sa vocation, se rapproche le plus de la pratique musulmane traditionnelle du pouvoir. Même l'Iran, tout respectueux du Coran qu'il se présente, demeure encore tributaire de l'influence occidentale, à travers son système politique (république, président, parlement, députés et élections – institutions incompatibles avec la conception islamique première du gouvernement). A cet égard, on peut affirmer que l'Arabie Séoudite, alliée notoire de l'Occident, se situe en réalité aux antipodes de celui-ci. Elle refuse toujours d'adhérer à la Déclaration universelle des Droits de l'homme, assurant que l'islam diffère quant au moyen d'assurer le respect de la personne humaine. La liberté absolue consiste, dans l'optique wahhabite, à observer intégralement la loi coranique et les prescriptions de la *Sunna.* Tout individu qui s'en écarte se fourvoie, met en péril la cohésion de la communauté. Il incombe à celle-ci de rétablir son unanimité et de remettre le déviant dans le « sentier de Dieu ». L'implacable législation séoudienne repose sur ce simple postulat : la société n'a d'autre assise idéologique qu'une entière soumission à l'ordre divin. Aussi une des institutions les plus caractéristiques de l'État wahhabite est-elle une police religieuse, au nom éloquent : « Corps pour le commandement du bien et la prévention du mal » (*Hayaat el-amr bil-maârouf oualnahyan el-munkar*[8]). Sa justification découle d'un verset du Livre : « Vous êtes la meilleure des communautés créée pour commander le bien et prévenir le mal » (Coran : 3; 106). La corporation a pris sa forme actuelle vers 1930 mais elle procède historiquement des *moutaouîn*, ces « missionnaires » wahhabites qui formèrent l'encadrement des Ikhouans. Aujourd'hui, leur fonction semble déconsidérée. A en juger par le physique notoirement difforme de ses recrues, on peut penser qu'elle est l'apanage d'une tribu roturière. En effet, au nombre de rachitiques, d'obèses, de bègues et de myopes dans ses rangs, on y verrait presque une condition de leur recrutement. « Ce sont les ravages de la sacro-sainte consanguinité bédouine », explique froidement un médecin séoudien.

Les « missionnaires » modernes veillent à ce que les hommes ne s'approchent pas excessivement des femmes dans les lieux publics; ils pourchassent les jeux de hasard, la prostitution, les distilleries clandestines et... les photographes. Nous avions demandé à l'un d'eux s'il était permis de prendre une photo d'une des rares maisons anciennes subsistant encore; il nous répondit tout à trac : « Par Allah, si je te vois faire ça, je te casse la gueule, je te confisque l'appareil et je t'emmène au poste de police. » Relevant du cadi suprême, le juge religieux en chef du Royaume, et rattachés à la présidence du Conseil, les missionnaires s'occupent notamment de mobiliser la population au moment de la prière. « La prière, la prière! » les entend-on hurler au coin des rues, un gourdin à la main. Ils forcent les boutiques à fermer, sous peine de retrait de licence, et les passants à se précipiter vers la mosquée la plus proche. Ils ont une grande part de responsabilité dans le mélancolique avachissement qui imprègne les cités séoudiennes. Cependant, l'effet produit sur le pèlerin moyen par cette atmosphère puritaine (qui rappellerait à l'Occidental les descriptions littéraires des totalitarismes d'Orwell, Huxley et Kafka) est généralement favorable.

L'Arabie ignore donc élections, parlement, syndicats, médias indépendants. Il n'y a pas davantage de régence ni d'interrègne; aucune compétition apparente pour le pouvoir, qui reste aux mains d'une famille unique quoique nombreuse. Pas un membre qui ne détienne, par la seule vertu de son sang, une rente et une parcelle d'autorité. Chaque ville importante possède un émir gouverneur issu, dans la majorité des cas de la Maison Séoud, particulièrement à La Mecque et à Médine. Chaque agglomération importante compte un cercle littéraire (*Nadi el-adab*), très souvent présidé par un descendant d'Ibn Séoud. Même les principaux clubs de football, les associations charitables, les fondations diverses relèvent d'une protection princière. L'État infiltre ainsi par tous les pores la société, où les contacts personnels importent davantage que les institutions bureaucratiques.

Sur le plan international, le roi, qui ne se présente plus que comme le « Serviteur des Lieux saints », s'active onéreusement à consacrer La Mecque comme la tête et le cœur de l'*Oumma*, le pivot de la Maison de l'Islam. Trois lignes directrices orientent cette stratégie vers autant de cercles (arabo-musulman, non musulman, antimusulman) : la wahhabisation progressive de l'islam, l'arabisation des musulmans non arabes, l'islamisation des « ingrats ». Dans le premier cas, le Royaume finance l'érection de mosquées et de médersas [9], voire d'instituts supérieurs islamiques comme en Algérie, au Mali, au Sénégal et en Indonésie. Il offre des bourses à des étudiants musulmans du monde entier qui sont des milliers à La Mecque et à Médine à se former en théologie « unitaire », c'est-à-dire wahhabite. Des *oulémas* d'el-Azhar, la fameuse « Sorbonne-Vatican » de l'islam, participent à ce recentrage de l'enseignement orthodoxe. Les États qui savent se montrer coopératifs obtiennent, en retour, des aides financières.

Dans le second cas, la stratégie royale consiste à multiplier les éditions du Coran et à entretenir une myriade d'écoles de langue arabe à travers tout l'Islam. En Turquie où la rage laïcisante d'Atatürk n'avait pas épargné l'alphabet arabe, l'enseignement de l'idiome coranique fait de nos jours des progrès foudroyants. Enfin, quant au monde non musulman, un patient effort vise à le convertir. Des centres islamiques existent déjà à Rio de Janeiro, Londres, Rome, Bangkok, Genève, Montréal, etc. L'Arabie finance des mouvements de prosélytisme aux États-Unis, en Afrique noire et surtout en Asie du Sud-Est. Cette islamisation va de pair avec une lutte contre l'« orientalisme rancunier », le sionisme, la franc-maçonnerie, le communisme, le bahaïsme ainsi que toutes les sectes chrétiennes mais aussi musulmanes. Renforcer la cohésion et la pureté du centre de l'*Oumma*, « conscientiser et orienter » ses enfants égarés, combattre ses ennemis : voilà le programme de la croisade wahhabite.

La Ligue islamique mondiale, basée à La Mecque, coordonne tant bien que mal cette activité universelle. Nous avons longuement écouté un des jeunes intellectuels attachés à cette institution nous en expliquer la stratégie. Selon lui les Séoudites aspirent à unifier les rangs de l'*Oumma*, car tous les musulmans veulent une représentation commune, une forme de ralliement par-delà ethnies, nationalités et idéologies. Une manière de Vatican, en somme. A cette fin, la Ligue s'inspire dans son fonctionnement des méthodes de... la Sacrée Congrégation pour la Propagation de la Foi, créée à Rome en 1622 par le pape Urbain VIII, celui-là même qui fit publier une Bible arabe en 1671 pour évangéliser l'Orient. L'organisation interne et le mode de ramification de la Compagnie de Jésus ou du Congrès juif mondial intéressent les responsables séoudiens. C'est dans cette optique que furent fondés le Comité du secours islamique mondial, l'Association mondiale des *oulémas*, celles des étudiants, de la jeunesse et des minorités musulmanes auxquels s'ajoutent l'Association des capitales musulmanes et la Banque islamique de développement. La Mecque occupe le centre de cette nébuleuse avec son Serviteur, l'inspirateur qui s'efforce de rester au-dessus de la mêlée. En effet, ces dernières années, les Séoudiens ont affiché une vocation de sages et d'arbitres entre musulmans et chrétiens philippins, entre Soviétiques et Afghans, factions libanaises... Au Proche-Orient, ils appuient l'Organisation de libération de la Palestine dans sa quête d'une solution négociée. L'Arabie Séoudite aimerait cesser d'être le relais de l'Amérique dans sa lutte contre le communisme, « par égard pour les croyants des pays marxistes ». Même vis-à-vis de l'Iran, les Séoudiens ont su jouer la carte de la modération en permettant des années durant à ses pèlerins de manifester massivement à La Mecque.

L'année 1989 marque le bicentenaire de la reconnaissance de l'autorité wahhabite et séoudienne au Najd (1789). C'est actuellement le régime le plus ancien de l'Islam et le plus proche de la *charia*. La Maison Séoud a ainsi le même âge que la Révolution française. Ses maîtres, dont les ambitions et les méthodes tiennent à la fois des Capétiens et des Borgia [10], sauront-ils l'ériger en « Fille aînée de la Mosquée » ?

EDEN ARABIE

Un lieu saint, c'est d'abord une « représentation de lieu », comme disent les mystiques. Il ressort de la cosmogonie et de la théologie musulmanes que ce bas monde est un avatar, une réplique terrestre, précaire et en miniature, d'un modèle céleste, ample, dense et éternel. La terre est une pâle copie du ciel. La beauté, la foi et la joie; la laideur, l'impiété et le malheur, sont, respectivement, des succédanés de l'enfer et du paradis. La vie n'est que l'ombre de la Vie, le jour une étincelle du Jour, le monde un simulacre du Monde. « Maître des deux mondes » est ainsi un des titres coraniques de Dieu. Entre les deux siège la *Kaâba*. L'anse, le fil ombilical qui suspend le monde au Monde.

La géométrie classique enseigne que la ligne est composée d'un nombre infini de points; le plan, d'un nombre infini de lignes; le volume, d'un nombre infini de plans. Selon la cosmogonie islamique, une hyacinthe octroyée par Dieu à Adam, dont aujourd'hui la Pierre noire constitue l'avatar, est le nombril du monde, à partir duquel les terres se sont étendues, les cieux dessinés, les hommes propagés. C'est aussi le cœur qui l'irrigue, le poumon où souffle l'esprit divin.

Le ciel et la terre forment une sphère, La Mecque en est le nife. La Terre n'est pas un astre errant dans l'infini, elle en est le pivot. C'est sur la Pierre noire que se sont édifiés, pierre à pierre, le « premier temple », la Mère des cités, les mosquées et les villes. De l'âpre terre mecquoise se sont répandues, aux quatre vents, les fécondes plaines et les déserts stériles. De la source de Zemzem coulent les grands fleuves et les petits ruisseaux. Les générations qui y prient, fructifient et s'y abreuvent, divisent et multiplient la turbulente postérité d'Adam, le premier fils et citoyen de La Mecque. Des rouages qui meuvent l'impavide engrenage de l'univers, la ville natale de Mahomet constitue la roue maîtresse.

La centralité du noyau mecquois et du fruit qui l'enrobe, la Terre, est un point de dogme et d'honneur en Islam. A telle enseigne qu'aujourd'hui encore, à l'université théologique, justement dénommée *Oum el-Qoura,* la Mère des cités, des professeurs défendent imperturbablement, à la barbe de Copernic, de Kepler et d'Einstein, devant des étudiants accourus du monde entier, une conception géocentrique de l'univers : la terre en est le centre, La Mecque le nombril. Cette cosmographie apologétique tient également la *Kaâba* pour l'endroit le plus élevé du globe dont l'emplacement correspondrait à l'étoile polaire, le point culminant du ciel. La théorie de l'absolu, en somme.

Se fondant sur les versets épars et les passages énigmatiques du Coran relatifs à la création du monde, théologiens, traditionalistes, exégètes et mystiques ont élaboré un plan cohérent de l'univers, représenté comme une entité unique, formant un tout continu. « La terre, enseigne le Livre, nous l'avons étendue et y avons jeté des cimes et y avons fait pousser toute chose harmonieuse » (Coran : 15; 19). Elle forme donc un disque plat plus ou moins déformé par les montagnes et les vallées, mais d'une solidité à toute épreuve. Elle est un « berceau », une « couche », un « lit de repos » (Coran : 20; 53. 78; 6. 2; 22). Dieu a fait du firmament une « voûte protégée », un « édifice » (Coran : 21; 32. 2; 22). La moitié basse est composée de sept terres étagées tandis que la partie haute superpose sept cieux. Au centre de chacun des niveaux célestes et terrestres s'élève un sanctuaire. La disposition verticale des temples constitue un axe qui traverse de haut en bas le globe. Dans l'empyrée, au zénith de cette échelle des oratoires, trône l'Arche de Dieu environnée de légions angéliques. Source de toute lumière, elle est la matrice de la *Kaâba* qui occupe, elle, le centre de la sphère, au cœur de l'espace circonscrit par le ciel le plus bas et la terre supérieure. Celui où se fait et se défait l'existence humaine. C'est le domaine de la *Dounya* : la « vie » ici-bas, le « monde » visible, contenu dans la succession de la nuit et du jour, ombragé par le ciel et supporté par la terre. Il s'agit d'une notion fondamentale en islam. La *Dounya* y est, en effet, perçue comme un labyrinthe de miroirs, un filet d'illusions, un théâtre d'ombres. Au mieux, elle se résume aux joies et aux biens qui échoient à l'homme avant sa mort mais ne l'accompagnent pas après. Ne pouvant servir deux maîtresses à la fois, le croyant se doit de privilégier l'« autre » *dounya*, la vie éternelle, qui est « bien meilleure » (Coran : 87; 16), et se défier de « ceux qui achètent ce monde au prix de l'autre » (Coran : 2; 80, 86). Au Jugement dernier la *Dounya* comparaîtra sous les traits hideux d'une vieille sorcière et sera vouée au feu éternel.

La *Dounya* est, avec *Din,* la « religion », et *Daoula,* le « gouvernement », un des concepts cardinaux de la spiritualité islamique. Elle détermine le champ où naissent, paissent et trépassent les hommes; cependant que la religion est une « dette » de reconnaissance envers le généreux Maître des deux mondes ». A charge pour le gouvernement de veiller à la bonne conduite des fidèles, à l'acquittement de leur créance conformément à l'énoncé divin. Toutefois, le sentier qui ramène à Dieu passe par La Mecque, l'unique passerelle entre le ciel et la terre; le *Dine* en est le code et la *Daoula* le convoyeur.

Le disque terrestre habité est entouré de sept mers infranchissables, ceinturées par une ample chaîne de montagnes, le *Kaf.* Présentant l'aspect d'un profil humain, cet anneau montagneux est fait d'émeraudes turquoise dont le ciel renverrait la couleur. Comme l'Olympe des Grecs, le *Kaf* dessine la crête de démarcation entre l'ici-bas et l'au-delà. Résidence des *djinns* [1], elle est prolongée successivement par des pays argentés, dorés et musqués s'étendant dans chaque sens sur dix mille journées de voyage et exclusivement peuplés d'anges.

Les sept cieux portent chacun un nom et ils sont séparés l'un de l'autre par une distance de cinq cents ans de marche. Les sept voûtes cristallines sont suspendues au Trône de Dieu par un système de cordage. A l'entrée de chacune veille un ange. Elles sont parcourues par d'inconcevables hybrides qui tiennent à la fois des animaux, des hommes, des enfants, des anges et des *houris*[2]. Mais à chaque niveau des couches célestes résident des prophètes. Ainsi, lors de son ascension visionnaire[3] qui le conduisit de La Mecque à Jérusalem, d'où il s'éleva à la rencontre de son Dieu, Mahomet put saluer ses précurseurs, les messagers divins.

Selon une narration qui lui est attribuée personnellement, l'Envoyé de Dieu s'était un jour assoupi à l'ombre de la *Kaâba* lorsque, racontera-t-il : « Une monture blanche me fut amenée, plus petite que le mulet, plus grande que l'âne : c'était *Boraq*[4]; et alors je partis avec Gabriel jusqu'au ciel le plus proche[5]. » « Sois le bienvenu comme fils et comme prophète », lui dit chaleureusement Adam au premier ciel. Au deuxième, Jésus et Jean-Baptiste l'accueillirent en « frère »; Joseph également au troisième, de même qu'Idris au quatrième, Aaron au cinquième, Moïse au sixième, et enfin, au septième, Abraham qui, à la vue du Mecquois, s'exclama : « Sois le bienvenu comme fils et comme prophète[6]. » Depuis le sommet du ciel boréal, le pôle nord de la sphère en somme, Gabriel désigna au regard enchanté du Sceau des prophètes le « lotus ultime », une immense plante, illuminée comme un astre, dont les fruits évoquent des jarres, et les feuilles, des oreilles d'éléphant. De la racine du luxuriant nénuphar jaillissent les sources de quatre fleuves : deux coulent dans les profondeurs du Paradis tandis que les deux autres (en l'occurrence le Nil et l'Euphrate) sillonnent les terres habitées.

Nombre d'éléments qui entrent dans la composition de la cosmogonie musulmane proviennent, notamment par le biais des convertis, de la Bible, des traditions juives et chrétiennes et même, au-delà, des mythologies babylonienne, perse et indienne. Les musulmans voient, sereinement, dans la concordance des thèmes coraniques et bibliques, non un éventuel emprunt mais plutôt une illustration supplémentaire de l'authenticité de leurs Écritures. N'ayant qu'une seule parole, Dieu tient le même langage à tous. Pour autant, l'univers comporte, aux yeux des hommes se réclamant d'Abraham, trois séjours. Le Ciel, domaine de Dieu, des anges et des élus : le Paradis. L'Enfer, l'épouvantable résidence souterraine des « ingrats », et la terre enfin, le champ d'expérience et de probation avant le passage final vers le monde supérieur ou inférieur. Au carrefour de ces destinations, La Mecque, « porte étroite » du royaume des cieux, trappe de la Géhenne.

Si la cosmographie chrétienne a été pulvérisée, en Europe, par le tremblement de ciel copernicien et n'est plus appréciée depuis que comme une construction littéraire, une élaboration esthétique, la musulmane, en revanche, demeure valable aux yeux de la majorité illettrée des fidèles. Elle offre, à leurs humbles et pieux esprits, l'unique projection imagée du monde qui les guide dans leur cheminement vers Dieu; la seule optique cohérente, la connaissance suprême. Pour l'entendement moderne, les conceptions chrétienne et musulmane du monde sont anachroniques, de simples vues de l'esprit. Une architecture destinée à « loger » le Créateur, les anges, élus et maudits, les hommes, les vivants et les morts, dans un édifice rigoureusement compartimenté. Aussi la comparaison, la juxtaposition des deux plans de l'univers serait-elle fort instructive. Elle révélerait que, sur les mêmes fondations – l'astronomie grecque, les mythes bibliques de la Création et la science musulmane des astres –, les deux religions ont élucubré deux projections de l'univers, lesquelles coïncident à certains niveaux mais divergent nettement quant à la localisation des sites et des repères fondamentaux du monde.

Dans la vision chrétienne, Dieu le Père créa l'homme à sa propre image. Le verbe, « qui est Dieu [7] » et présida à la création du monde, « s'est fait chair », descendit sur terre, condescendit à la condition humaine. « Il a habité parmi nous [8] », prêcha la bonne parole, annonça la fin de ce monde et l'avènement du royaume des cieux [9] auquel les croyants sont conviés. Il fut persécuté, humilié et supplicié, à Jérusalem, dans la chair de sa chair, Jésus. L'humanité a péché, chuté dans l'univers profane, mais Dieu compatit à sa disgrâce au point d'en boire le fiel, par la bouche de son fils, jusqu'à la lie. Et le Christ, qui est la « porte [10] » du royaume des cieux, redescendra parmi les mortels pour les y conduire. Jérusalem sera ruinée et le monde effacé. L'humanité sera rachetée.

Dans l'optique musulmane, le Seigneur sanctionne la désobéissance d'Adam et d'Ève en les précipitant dans l'univers du fini, de la servitude. Compatissant à leur sort, il ne condescend point, cependant, à en partager l'amertume. Il manifeste sa sollicitude en leur adressant une émeraude, extraite du Paradis, pour être le sel de la terre, le levain de leur monde ici-bas. Il gratifie l'humanité d'une Religion, d'un Livre, d'un Temple, d'une cité, d'un univers provisoire qui est une émanation du royaume céleste. La Mecque en est le point d'articulation. En façonnant le monde, le Dieu de la Bible tisse aussi sa propre destinée. Celui du Coran y circonscrit celle des hommes. Toutefois, lors de leur ascension, les élus chrétiens laisseront choir la terre, comme des rescapés un navire naufragé. « Il n'en sera pas laissé pierre sur pierre : tout sera détruit [11]. » Les fidèles musulmans, eux, émigreront vers Dieu en emportant leurs bagages et leurs paysages. La terre, en effet, se rétrécira à la dimension de la *Kaâba*, se repliera comme une valise cubique, ira fusionner avec la cité jumelle de Jérusalem, avant de s'élever pour se fondre dans l'éternité de sa matrice céleste.

Dans la projection chrétienne, Satan est au cœur de la sphère terrestre, il en est le noyau corrupteur. Tandis que la conception musulmane voit dans La Mecque le centre et le cœur vivifiant du monde. Là le diable, ici la Maison du bon Dieu. L'Enfer. La Mecque.

L'heure prochaine à Jérusalem

« Ne sangle pas la selle de ton chameau, sauf pour aller à trois sanctuaires : la Mosquée sacrée de La Mecque, ma mosquée à Médine et la mosquée de Jérusalem », recommande Mahomet. Aussi, jusqu'à l'occupation par Israël de la partie arabe de cette dernière ville, en juin 1967, il était naturel pour un bon pèlerin de clore son *hadj* par l'étape de Jérusalem. Avant la guerre des Six Jours, les juifs ne pouvaient s'y rendre. Aujourd'hui, c'est au tour des musulmans d'éprouver la même frustration. Car la « Sacrée » ville, comme l'appellent les fidèles du Prophète, tient une place particulière dans la topographie spirituelle de l'Islam. C'était en effet le premier pôle de la prière islamique. Et, lorsque La Mecque lui arracha cet honneur, Mahomet veillait toujours, avant de prier autour de la *Kaâba*, à se placer dans l'axe de Jérusalem. La valeur religieuse attachée à chacune des deux cités a donné lieu à une immense littérature hagiographique et théologique. Si l'on croit l'historien de l'époque abbasside el Yaqoubi († 897), les califes omeyyades élevèrent le *Haram* de Jérusalem dans le but de détourner vers cette ville le pèlerinage de La Mecque. L'eschatologie traditionnelle et populaire s'est également emparée de cette sainte rivalité pour tisser une splendide et apocalyptique réconciliation entre les villes sœurs.

L' « heure » viendra du Jugement dernier où toute l'humanité sera rassemblée et chacun répondra de ses actes. « Peut-être est-elle proche? » (Coran : 33; 63). « Elle vient sûrement » (22; 7). Cette heure-là, le ciel se déchirera, un abîme écarlate s'ouvrira au-dessus de la terre, les étoiles seront dispersées, la lune se brisera comme un cristal, les nuages tomberont comme des flocons de laine sur des montagnes embrasées. Les morts se dresseront dans leurs tombes. Les femmes qui allaitent oublieront leurs nourrissons, celles qui sont enceintes avorteront. Tous les hommes tomberont ivres de peur sous les bouffées de feu qui jailliront de toutes parts. L'islam s'effacera comme se déteindra la couleur d'un tissu. Le Coran regagnera sa matrice céleste. Mais Jésus descendra du firmament revêtu d'un burnous, à la taille trapue, au teint roux et aux cheveux lisses. Il posera le pied sur le minaret blanc de la mosquée des Omeyyades à Damas. Il baissera la tête et des gouttes en tomberont, la relèvera, et des diamants en jailliront. Il pourchassera l'Antéchrist, un laideron aux cheveux crépus, à l'œil éteint comme un raisin sec. Il l'atteindra à l'entrée d'el-Lidda (Lod) et le tuera, il brisera la croix, exterminera le porc. Il n'y aura plus ni querelles ni haines ni jalousies. Le Messie se dirigera ensuite vers La Mecque, accomplira la *omra* puis le *hadj* et se rendra à Médine pour saluer Mahomet. La Mecque se parera et se parfumera pour l'occasion comme une fiancée, rejoindra à Médine les deux prophètes, puis s'envolera avec eux jusqu'à Jérusalem dont elle épousera tous les recoins. Les générations de messagers de Dieu ainsi que les meilleurs parmi les croyants afflueront de tous les horizons. Les musulmans entameront alors la suprême hégire, l'émigration ultime vers Dieu. Moïse, Mahomet et Jésus dirigeront dans la ville « Sacrée » la dernière prière ici-bas. Il n'y aura plus de jeûne, plus de *hadj*. Des cinq piliers de l'islam ne subsistera que la *chahada*, la profession de foi. Jésus se mariera. Lavée comme une assiette, purifiée, parcourue de senteurs captivantes, rutilante de fleurs, la terre s'épanouira comme un jasmin puis s'élèvera gracieusement vers sa destination finale, sa source : La Mecque céleste.

Une croyance populaire affirme que, pour hâter ce « retour » vers Dieu, tout un chacun se doit d'en parler longuement à ses semblables. Dont acte.

GLOSSAIRE

Allah : « Dieu » par excellence. Le Coran répète plusieurs fois que « les noms les plus beaux conviennent à Dieu » (7, 180). La tradition musulmane connaît 99 noms de Dieu dont la majorité figurent dans le Coran : l'Écouteur, la Lumière, le Guide, le Réunisseur, le Riche, le Permanent, l'Avanceur, le Retardateur, le Pardonneur, le Bon, le Juste, le Donateur, le Bien-Informé, le Prodigue, l'Affectueux, le Promoteur, le Sage, la Paix, etc. Un centième nom divin, tenu secret, ne sera révélé que dans la vie future. « *Allah Akbar* » : « Dieu est le plus grand. » Exclamation qui ponctue notamment chaque mouvement des prosternations rituelles.

Baâtha : « Délégation » officielle commise par chaque État pour l'accompagnement des pèlerins.

Bayt Allah : « Maison de Dieu », la *Kaâba* en l'occurrence.

Cadi : « Juge » religieux.

Calife : « Successeur » de Mahomet à la tête de la communauté musulmane.

Chaféite : L'une des quatre écoles de jurisprudence de l'islam sunnite, prépondérante surtout en Égypte et dans l'océan Indien.

Chahada : Profession de foi musulmane : « Il n'y a de dieu que Dieu et Mahomet est son prophète. »

Charia : « Droit » inspiré par les textes sacrés de l'islam.

Chaytan : Satan, en arabe.

Cheikh : « Vieillard », ancien, chef d'un village ou d'une tribu, savant religieux.

Chérif : « Noble », descendant de Mahomet. Titre des princes hachémites qui régnèrent à La Mecque du xe siècle à 1924.

Dalil : « Guide » des pèlerins.

Daoua : « Appel » à l'islam, prédication.

Daoula : « Succession », gouvernement, État.

Dar-el-islam : « Maison de l'Islam », l'ensemble des terres musulmanes.

Dhimmis : Les juifs et chrétiens vivant en terre d'islam « protégés » quant à l'exercice de leurs cultes mais empêchés de se livrer au prosélytisme.

Dhou-el-Hidja : « Celui du pèlerinage », douzième mois du calendrier hégirien dans la deuxième semaine duquel se déroulent les cérémonies du Grand Pèlerinage.

Dine : « Dette » envers Dieu, culte, religion.

Djahiliya : « Ignorance ». Époque du paganisme chez les Arabes avant Mahomet.

Djamrat : Pluriel de *Djamra*, « braise ». Stèles symbolisant Satan que les pèlerins lapident à Mina. Par extension, le terme désigne les cailloux utilisés à cette fin.

Djihad : « Effort », combat sacré dans le sentier de Dieu pour promouvoir l'islam. Le « grand » *djihad* consiste à lutter contre les mauvais penchants du croyant, le « petit » à combattre les ennemis de l'islam.

Djinn : « Esprit » créé d'une flamme sans fumée (Coran : 40; 14) et destiné soit au Paradis, soit à l'Enfer.

Dounya : La « vie » ici-bas, le monde.

Émir : « Commandeur », prince, meneur.

Fatoua : Avis juridique autorisé, prononcé par un *moufti*, « donneur de *fatouas* », et fondé sur la *Charia*.

Ghousl : « Lavage » rituel de tout le corps, indispensable pour pénétrer dans le territoire sacré en période de pèlerinage.

Hachémites : Famille qoraychite qui a pour ancêtre éponyme Hachem, l'arrière-grand-père de Mahomet. Elle s'illustra par plusieurs lignées de chérifs de La Mecque (du Xe siècle à 1924) et par les rois qu'elle fournit au XXe à l'Iraq et à la Jordanie.

Hadith : « Dits » du Prophète et récits concernant son existence retenus par plusieurs auteurs (Bokhari, Tirmidhi...) qui constituent l'exemple de la perfection que doit s'efforcer d'atteindre tout croyant.

Hadj : « Fête », « procession », pèlerinage annuel et obligatoire pour tout musulman qui en a les moyens, un des cinq piliers de l'islam.

Hadji : Version commune en langue turque du *haadj* arabe (avec un *a* long), personne ayant déjà accompli le pèlerinage de La Mecque (*hadja*, pour la femme). Les pèlerins passent pour être les « Délégués » de Dieu, ses « Hôtes », ses « Invités », ses « Émigrés » et ses « Visiteurs ».

Hanbalite : L'une des écoles de jurisprudence sunnite. La plus rigoriste, elle est illustrée par le wahhabisme au pouvoir en Arabie Séoudite et connaît une faveur remarquable auprès de certains mouvements intégristes.

Hanéfite : La plus ancienne des obédiences de jurisprudence sunnite. École officielle de l'Empire ottoman, elle domine encore dans l'islam turc.

Haram : « Sacré », « interdit », le terme englobe particulièrement la Mosquée sacrée de La Mecque et généralement la ville sainte ainsi qu'un périmètre environnant, strictement interdit aux non-musulmans. Le Tombeau du Prophète à Médine ainsi que le territoire de celle-ci sont également considérés comme *Haram*, de même que l'esplanade des deux mosquées de Jérusalem.

Hégire *(Hidjra) :* « Séparation », départ de Mahomet de La Mecque vers Médine en 622 qui marque le début de l'ère musulmane.

Hidjra : Voir Hégire.

Hobal : Divinité principale de la *Kaâba* avant l'islam.

Ifrad : *hadj* « singulier » sans corrélation intentionnelle avec la *omra.*

Ihram : Désigne à la fois l'état de sacralisation auquel doit se soumettre tout pèlerin avant de pénétrer dans le territoire sacré (abstention, après un lavage de tout le corps, de se raser, de se parfumer, de coïter...) et le costume rituel du *hadj* consistant en deux grands linges blancs et sans couture faisant office de pagne et de châle.

Imam : « Chef de file. » Celui qui dirige la prière dans la mosquée. Titre de certains souverains musulmans.

Islam : « Soumission » confiante de soi à Dieu. Les musulmans sont des « soumis ».

Kaâba : « Cube », sanctuaire antique de La Mecque, la « Maison de Dieu » en islam.

Kafir : « Ingrat » envers Dieu. Dans son acceptation polémique, tout non-musulman ou mauvais musulman.

Kissoua : Draperie en riche étoffe et brodée d'or fabriquée spécialement pour recouvrir la *Kaâba*. Elle est changée chaque année au jour d'Arafat (9 *dhou-el-hidja*).

Mahmal : Caravane transportant la *kissoua*, envoyée en grande pompe par les souverains égyptiens du Moyen Âge au début du XXe siècle.

Mahomet : « Mohamed » en arabe, « Celui qui est digne de louange ». Le Coran l'appelle également Ahmed, « Celui qui est loué », l'Avertisseur (27; 94), le Sceau des Prophètes (33; 40), le Père des Croyants (33; 6), le Beau Modèle (33; 21). Dans la Tradition, il est le Prophète, l'Annonciateur, l'Apôtre, l'Envoyé de Dieu, l'Effaceur de l'idolâtrie, le Prophète du Repentir.

Makka : La Mecque, reconnue par le Coran comme Mère des cités (6; 92), Ville sûre (2; 120), Vallée stérile (14; 40) et Ville sacrée (27; 93). La Tradition lui donne une trentaine de noms, tels le Pays, la Mère du Clément, la Sainte, la Matrice, etc.

Malékite : Une des écoles de jurisprudence sunnite, adoptée surtout en Afrique du Nord.

Maroua : Colline sacrée située dans La Mecque sacrée.

Massâa : « Parcours » entre les collines de Safa et de Maroua.

Mataf: Esplanade intérieure de la Mosquée sacrée où se déroulent les « tournées » *(taouaf)* autour de la *Kaâba.*

Mektoub: Ce qui « est écrit » dans le livre des destinées jusqu'aux infimes détails de la vie.

Mihrab: « Niche » qui, dans les mosquées, indique la direction de La Mecque.

Miqat: Borne ou localité délimitant l'entrée du territoire sacré.

Mojaouir: « Voisin » de la Maison de Dieu.

Moutaouif: « Celui qui aide à accomplir les tournées » autour de la *Kaâba.* Aujourd'hui, hôtelier habilité à accueillir les pèlerins et à les héberger aussi bien à La Mecque qu'aux étapes d'Arafat et de Mina.

Niya: « Intention. » Le futur pèlerin doit d'abord impérativement formuler l'intention de se rendre à la Maison de Dieu.

Nour: Lumière.

Omra: « Petit Pèlerinage. »

Ouléma: Personne versée dans le *ilm,* la « science » des textes sacrés, et habilitée à les commenter.

Oumma: Dérivé de *oumm,* « mère », désigne la « communauté » des croyants dispersés dans le monde entier.

Qibla: Direction de La Mecque vers laquelle se tournent les musulmans pour prier. Dans les mosquées, elle est indiquée par une niche spéciale *(mihrab).* L'expression « Gens de la *Qibla* » désigne les fidèles de Mahomet.

Qiran: combinaison de la *omra* et du *hadj* sans interruption de l'abstinence rituelle.

Qoraychites: Tribu qui dominait La Mecque au début du VIIe siècle et comprenait plusieurs clans d'inégale puissance. En sont issus Mahomet, les 4 premiers califes, les Omeyyades et les Abbassides.

Radjab: Septième de l'année musulmane, c'était un mois sacré chez les Arabes païens.

Radjim: Lapidation.

Ramadan: Neuvième mois de l'année musulmane, au cours

duquel le Prophète reçut la Révélation; devenu, depuis, période de jeûne rituel constituant un des piliers de l'islam.

Ryal : Unité monétaire séoudienne.

Saây : Course entre les deux monticules de Safa et Maroua.

Safa : Rocher sacré situé dans la Mosquée sacrée à 400 mètres environ face à celui de Maroua.

Sunna : « Tradition » du Prophète constituée par ses dits et gestes, sur laquelle se fondent les *oulémas* pour préciser le contenu de la loi islamique issue du Coran.

Takbir : Réaffirmation de la « grandeur » de Dieu par la formule « *Allah Akbar*! ».

Talbiya : Invocation rituelle du pèlerin arrivant en terre sainte : « Me voici devant Toi, ô mon Dieu, me voici devant Toi!... »

Tamattou : Combinaison de la *omra* et du *hadj* avec levée des interdits rituels entre les deux cérémonies.

Taouaf : « Tournées », circuit autour de la *Kaâba*.

Tradition : Voir *Sunna*.

Wahhabites : Mouvement politico-religieux à tendance puritaine née au XVIIIe en Arabie. Doctrine officielle de l'actuel Royaume d'Arabie Séoudite.

Woudhou : Ablution partielle du corps précédant chacune des cinq prières quotidiennes.

Wouqouf : « Stationnement » (debout) des pèlerins à Arafat, moment décisif du *hadj*.

Yathrib : Ancienne appellation de Médine.

Zemzem : Puits sacré creusé dans l'esplanade de la Mosquée sacrée.

NOTES

I. – LA MECQUE DE L'ISLAM

1. Nicolas Saudray, *La Maison des prophètes*, Seuil, 1984.

2. La couleur verte symbolisait, chez les anciens Arabes, la fortune et le bonheur. Mahomet disait que la vue de la verdure était aussi ravissante pour les yeux qu'une belle femme. Les croyants rentreront au paradis sous les formes de petits oiseaux verts. Le Prophète lui-même est surnommé au Maghreb : « Celui au turban vert » (Bou Amama el-Khadra).

3. *Halal* et *Inhilal*.

4. Ce point ne fait pas l'unanimité parmi les *oulémas*, sans parler des milieux universitaires et intellectuels. Un théologien orthodoxe égyptien, Ali Abderrazzaq, publia sur cette question, polémique entre toutes, un essai sous le titre suggestif *L'Islam et les racines du pouvoir*, Le Caire, 1925, dans lequel il développa, selon les procédés de l'exégèse traditionnelle et en s'appuyant sur le Coran, les dits et les faits de Mahomet, la thèse selon laquelle les niveaux de la religion et de la politique étaient manifestement démarqués, du vivant du Prophète.

II. – UN ALLER COMPLIQUÉ

1. Régis Blachère, *Le Coran*, éd. G. T. Maisonneuve et Larose, éd. 1980, p. 88.

2. *Le Monde*, 27-28 avril 1986.

3. *El-Djazira*, 16 février 1988.

4. En 1892, les puissances occidentales interdirent pour cette année-là le pèlerinage aux sujets musulmans de leurs colonies à cause du choléra qui sévissait au Hedjaz.

5. *Le Message de l'islam*, Téhéran, juillet 1988.

IV. – LA TERRE PERMISE

1. La désignation classique d'« Arabie heureuse » est vraisemblablement une translation de Yémen, son nom sémitique. Le radical *YMN* est, en arabe, à la base de notions aussi distinctes et cependant connexes que : se diriger du côté droit, main droite, prospérité. Le Yémen est, dans l'optique de celui qui vient de la Méditerranée, le pays situé à « droite ». C'est également « le Sud » par opposition à la Syrie, le *CHMAL*, « sinistre » dans le sens latin du terme de « défavorable » et de « côté gauche ». Par extension, *AMN* signifie aussi la « foi » religieuse, la confiance et la « sécurité », en hébreu comme en arabe.

2. L'Arabie heureuse porte dans l'Ancien Testament le nom général de pays de Kouch, c'est-à-dire l'Éthiopie, nom qui s'est ensuite transmis aux Grecs, lesquels appliquaient également au sud de la péninsule Arabique la dénomination d'Éthiopie orientale.

3. L'« Arabie Pétrée » recouvrait toute la péninsule sinaïtique et s'étendait, vers le nord, jusqu'aux confins méridionaux de la mer Morte.

4. L'expression « Croissant fertile » a été forgée par l'archéologue américain Breasted au début du XXe siècle, pour désigner une entité géographique assez imprécise qui s'étend en fer à cheval de l'Égypte à l'Iran, en incluant la Palestine, le Liban, la Syrie occidentale et septentrionale, une partie de l'Anatolie et les plaines de la Mésopotamie.

5. La partie méridionale est connue comme l'« espace vide » par excellence, le Roub el-Khali, immense désert de sable d'une superficie de 130 000 km^2. Il se prolonge, vers le nord, par un large couloir de sable rouge, le Dahna, qui rejoint les solitudes du Nefoud. S'étendant sur plus de 400 km du nord au sud, son inhospitalité lui a valu l'appellation de « Muraille de Chine de l'Arabie ».

6. Le Cassius des classiques est une adaptation de Khazzi, le nom cananéen de cette montagne dont la silhouette impressionnante tombant sur la mer a dû lui valoir de tout temps d'être sainte. En effet, même la Bible hébraïque l'assimile au mont Sion (Psaumes : 48,3).

7. *Exode :* 19,11; 24, 16; 31,18; 34, 32, etc. Lévitique : 25, 1; 26, 46; 27, 34, etc.

8. Ibn Battouta : *Voyages,* t. I : « De l'Afrique du Nord à La Mecque », FM La Découverte, Paris, 1982, p. 286.

9. *Géographie,* 95,8.

10. Zacharie : 11,17.

11. Deutéronome : 28,28.

12. Isaïe : 29,18; 35,5.

13. *Ibid. :* 42,16. Jérémie : 31,8.

14. Évangile selon saint Luc : 14,13-21.

15. Malek Chebel, *Le Corps dans la tradition au Maghreb,* PUF, 1984, pp. 45-47.

16. Gilles Kepel, *Le Prophète et Pharaon, les mouvements islamistes dans l'Égypte contemporaine,* La Découverte, 1984, p. 167.

17. Henri Lammens, *La Mecque à la veille de l'Hégire,* Imprimerie Catholique, Beyrouth, 1924, p. 90.

18. *Ibid.*, p. 109.
19. *Mekka;* 1,20.
20. Ernest Renan, *Histoire du peuple d'Israël, le Sinaï, in Histoire et parole,* Robert Laffont, « Bouquins », Paris, 1984, p. 867.

V. – LA SIRÈNE DU DÉSERT

1. La vraie « Cité des Pèlerins » est située quelques kilomètres plus loin. C'est un ensemble de bâtiments à 5 étages, dont la capacité d'accueil s'élève à 7 000 personnes environ. Une autre cité d'hébergement se trouve non loin du gigantesque « port islamique » de Djedda, lequel peut recevoir 8 bateaux de gros tonnage à la fois et dispose d'une salle de réception de 7 000 m^2. Cependant, aux yeux de la plupart des pèlerins, *Madinat el-Houdjadj* s'applique surtout à l'immense cantonnement qui prolonge l'aéroport.

VIII. – LES CAVES DE LA MECQUE

1. *Le Monde,* 10 janvier 1975.

X. – AU SEUIL DE LA MAISON DE DIEU

1. Maurice Gaudefroy-Demombynes, *Le Pèlerinage à La Mekke,* Paris, Geuthner Paul, 1922, p. 154.
2. Jean-Pierre Péroncel-Hugoz, *in Le Monde,* 9 juillet 1988.
2. Les résultats de ces fouilles sont publiés dans la revue *el-Athal, Les Vestiges.*
3. Si Hamza Boubakeur, *Traité moderne de théologie islamique,* Maisonneuve et Larose, 1985, pp. 316-324.
4. *In Jeune Afrique,* 5 novembre 1986, nº 1348.
5. Ces versets, proclamés par Mahomet, attestés par l'historiographie musulmane, n'ont jamais figuré dans le corpus du Coran : le Prophète s'est en effet rétracté, attribuant à Satan leur inspiration.

Cet épisode de la prédication coranique constitue le point de départ du roman de Salman Rushdie *(The Satanic Verses),* condamné à mort en février 1989 par l'imam Khomeyni pour blasphème.

X. – AU SEUIL DE LA MAISON DE DIEU

1. *El-Ryad* (*Le Jardin*), 4-5 juillet 1988.

XII. – IMPRESSIONS CROISSANT LEVANT

1. *Okaz, Djedda,* 17 juillet.

XIII. – LES CASTRATS DE LA MOSQUÉE

1. K. M'Hamsadji, *Aller à Arafat,* ENAL, Alger, 1986, pp. 109, 115.
2. Wilfred Thesiger, *Le Désert des déserts,* Plon, 1978, coll. « Terre humaine », p. 24.
3. Cf. *The Jewish Encyclopaedia,* New York.
4. A Cheikh Moussa, « Gahiz et les eunuques ou la confusion du même et de l'autre », *Arabica,* t. XXIX, fasc. 2, éd. Brill, Leyde-Paris, juin 1982.
5. *Khassi* dériverait du grec *eunoukhos* : « qui garde le lit des femmes », d'où l'« eunuque » français. Cf. *Encyclopédie arabe pratique,* Beyrouth, 1986.
6. Louis Massignon, *La Parole donnée, op. cit.,* p. 433.
7. Les sources historiques relatives aux eunuques demeurent confinées dans des publications spécialisées. J'ai eu recours pour la documentation de ce chapitre essentiellement à l'*Encyclopédie de l'islam,* articles « Agha », « Khadim », « Khassi »; au *Dictionnaire de la Bible,* articles « Castration », « Eunuques »; et à l'*Encyclopaedia Judaïca,* articles « Castration », « Eunuchs ».
8. Ibn Jobayr, *op. cit.,* t. II, p. 223.
9. *Ibid.,* t. III, p. 439.
10. Bernard Lewis, *Race et couleur en pays d'islam,* Payot, 1982, pp. 93-94.
11. Il est symptomatique de constater que le dialecte algérois a forgé, probablement à partir du vocable *taouachi* et par allusion à la nature enfantine des eunuques, des mots pour désigner un garçon espiègle : *taouaychi,* et ses incartades : *taouayech.*
12. Malek Chebel, *L'Esprit de sérail. Perversions et marginalités sexuelles au Maghreb,* Lieu Commun, 1988, pp. 37-39.

XIV. – LE JOUR DE L'ABREUVEMENT

1. En dehors des traditions musulmanes, l'on ne sait presque rien de fiable sur le passé de La Mecque. Seule la mention de la ville par le géographe grec Ptolémée (90-168 ap. J.-C.) sous le nom de Macoraba (*Géographie,* VI, 7) laisse supposer que le temple existait déjà. En effet, Macoraba paraît avoir le même sens que *Mikrab*, terme sud-arabique et éthiopien signifiant « sanctuaire ». Des fouilles réalisées au Yémen en 1937-1938 ont mis au jour un temple consacré au dieu lunaire *Sin*, de forme cubique et orienté sur les axes des points cardinaux. Il présente, en outre, les mêmes dimensions que la *Kaâba.*

XV. – LE JOUR LE PLUS LONG

1. Ces chicaneries ne sont pas un apanage de l'islam. La tradition juive est tout aussi prodigue en ergoteries relatives à la pureté. Dans l'Ancien Testament, le Lévitique décrète temporairement impur l'homme qui a un épanchement séminal naturel ou maladif. Vêtements, lit, meubles, objets et humains s'avilissent à son contact.

2. Abdelwahab Bouhdiba, *La Sexualité en islam,* PUF, 4e éd., 1986, pp. 59-74.

3. Les chiites furent souvent accusés de ce mode particulier de profanation. En 1943, un pèlerin iranien fut condamné à mort par un juge religieux séoudien et décapité. Il était accusé d'avoir souillé le *Haram* avec des excréments apportés dans ses vêtements. Ibn Séoud renchérissait devant des Américains en concluant « que c'était bien là le genre de crime que l'on pouvait attendre d'un Iranien ».

XVI. – VOIR LA MECQUE ET MOURIR

1. Firmin Duguet, *Le Pèlerinage de La Mecque au point de vue religieux, social et sanitaire,* Rieder, Paris, 1932, p. 32.

XVIII. – LE DÉBORDEMENT

1. Suivant la *Sunna,* le pèlerin se place dans la direction de la *Qibla* et, prenant la mèche de son front à la main, prononce un *takbir*. Ensuite, le barbier fait sa besogne en commençant par le côté droit du devant de la tête

« jusqu'aux deux os qui dominent la nuque », avant d'attaquer le versant gauche du crâne. On peut également tailler la chevelure avec des ciseaux, les arracher avec les dents ou les brûler. Quant au chauve, on fait le simulacre de le raser en passant sur son crâne un rasoir. Au terme de cette toilette, le fidèle doit accomplir deux prosternations.

XIX. – LE JOUR DE L'ÉGORGEMENT

1. Cette cérémonie a été supprimée, probablement au début du siècle.

2. Une version précise qu'il sacrifie de sa propre main 63 victimes, autant que son âge.

3. Il y a deux manières d'abattage : le *Nahr*, par rupture de la « clavicule », réservé aux chameaux, et le *Dhabh* (*Zabh* en hébreu), « égorgement », prescrit pour les bovins et les ovins.

XX. – UN PARFUM DE PARADIS

1. *Libération*, 26 juin 1988.

XXI. – LA RANDONNÉE DES ADIEUX

1. *In Jeune Afrique*, 20 août 1986.

XXII. – HADJIOGRAPHIE

1. Burton prétend qu'il est d'origine juive.

XXIV. – LA SÉPARATION

1. *Madinat* dérive de l'araméen *Medinata*, « lieu de juridiction », lui-même construit à partir de la racine sémitique *Dine* signifiant sanction, jugement. En hébreu, elle désigne la loi religieuse et en arabe la religion. *Madinat el-Nabi* consacre donc une « circonscription » où la Révélation de

Mahomet s'affirme. De même l'État moderne d'Israël est-il qualifié de « *Madinat Israël* », c'est-à-dire la « province » où s'exerce la loi juive.

XXV. – LA MECQUE AU QUOTIDIEN

1. Aussi incroyable que cela puisse paraître, La Mecque ne compte qu'une trentaine d'hôtels. Au début des années 80, elle n'offrait que quelque 800 chambres (cf. revue *Hérodote*, n° 36, Paris, 1985, p. 113). Chiffres nettement au-dessous des normes internationales.

2. « Country Profil », *Saudi Arabia*, Londres, 1987-1988.

3. Entre autres : *Dine*, « dette » pour religion, *Hissab*, « compte » pour Jugement dernier.

4. Le terme arabe *tagharoub* signifie à la fois « s'exiler », devenir « aliéné », « s'occidentaliser ».

5. La phrase entière se présente ainsi : « J'ai essuyé du sperme des habits du Prophète et lorsqu'il allait à la mosquée, on voyait encore les taches mouillées du lavage. »

6. Pour éradiquer la fièvre du jeu et des combats d'animaux, le Prophète et ses deux successeurs, Abou Bakr puis Omar, auraient ordonné de détruire les coqs, les pigeons et les chiens de Médine.

7. « La Voix de l'Islam » émet 18 heures par jour en une dizaine de langues en direction des cinq continents.

8. Un programme en français – traitant souvent d'ailleurs de sujets américains – est diffusé à raison d'une demi-heure par jour sur le même canal.

XXVI. – LA PAIX DU CIMETERRE

1. Henri Laoust, *Essai sur les doctrines politiques d'Ibn Taymiya*, éd. Le Caire, 1939.

2. A ne pas confondre avec *el*, l'article. *Al* (avec un *a* long) désigne plutôt la « famille » dans le sens noble, dynastique, du terme.

3. *Mélanges William Marcais* : Gaston Wiet, G.P. Maisonneuve et Larose, 1950, pp. 322-329.

4. R.H. Kiernan, *L'Exploration de l'Arabie*, Paris, Payot, 1938.

XXVII. – LES SEPT MINARETS DE LA SAGESSE

1. J.-L. Soulié, L. Campenois, *Le Royaume d'Arabie séoudite et l'islam révolutionnaire*, Paris, Armand Colin, 1966, p. 23.

2. Ses contemporains jugèrent, aux dires d'Ibn Battouta, qu'il « avait dans son cerveau quelque chose de dérangé ». De nos jours, il est exalté et cité à la fois par les wahhabites et les islamistes révolutionnaires.

3. « Celui qui est guidé par Dieu », désigne dans la tradition sunnite un mystérieux personnage qui doit, à la fin des temps, restaurer la religion et faire régner la justice. En milieu chiîte, l'attente messianique du *Mahdi* est un point de doctrine majeur.

4. Absolument interdites aux fidèles depuis cette date. Leurs accès sont d'ailleurs condamnés par des grilles métalliques.

5. Joseph Nasrallah, *Saint Joseph de Damas*, Harissa, Liban, 1950, p. 46.

6. *Military Powers Encyclopedia*, 3, Paris, 1988.

7. Soit douze fois plus que le soldat français.

8. Littéralement : « Corps du commandement du reconnu et de la dissuasion des abomination inavouées... »

9. Collèges spécialisés dans l'enseignement des sciences religieuses et principalement du droit coranique.

10. J.-P. Péroncel-Hugoz, *in Le Monde*, 20 juin 1975.

CONCLUSION

1. La tradition musulmane enseigne que Dieu a créé les anges de lumière, et de feu les génies. Ainsi Satan a-t-il été créé « du feu » (Coran : 7; 12) et les djinns, « du feu de la fournaise ardente » (15; 17). Les *djinns* évoquent, d'après la racine arabe *Djna*, des créatures qui se « dissimulent » et dont les formes sont invisibles. Le Livre saint évoque leurs cœurs, leurs yeux et leurs oreilles (7; 179). Il précise, en présentant les vierges du Paradis, que ni les hommes ni les *djinns* ne les ont approchées (55; 56,74). Ils ont donc un sexe. Créés pour adorer Dieu (55; 56), les génies sont toutefois « semblables aux bestiaux » (7; 179). Ils égarent les fidèles. Le « fou » est le *Madjnoun*, « celui qui est possédé par un *djinn* ». Au contraire des anges, il y a parmi les *djinns* des mâles et des femelles qui procréent, constituant des communautés, certaines croyantes, d'autres pas. La Tradition affirme qu'ils peuvent même être juifs ou chrétiens.

2. Les *houris* sont des « adolescentes d'une égale jeunesse » (Coran : 56; 34). Vierges célestes, elles ont été divinement créées pour l'agrément et la jouissance des élus au Paradis. « Il y aura là des *houris* aux grands yeux, semblables à la perle cachée, en récompense de leurs œuvres » (Coran : 56; 8-38). La racine du mot, *Hour*, évoque l'idée de blancheur. Certains commentateurs des Écritures relèvent que cette notion marque le contraste entre le noir des pupilles de leurs yeux et la blancheur qui les entoure. Ces créatures paradisiaques étaient déjà connues des poètes arabes préislamiques.

3. C'est exactement « le voyage nocturne », « *isra'* », qui est également qualifié d'Ascension, *Mi'radj,* « gloire à celui qui a fait voyager de nuit son

serviteur de la Mosquée sacrée à la Mosquée ultime dont nous avons béni l'enceinte... » (Coran : 17; 1). L'exégèse identifie la première mosquée à La Mecque et la seconde à l'esplanade de Jérusalem où s'élevait, jadis, le temple de Salomon. De cet emplacement Mahomet fut porté sur sa jument fantastique jusqu'au septième ciel, au seuil de la Cité de Dieu. Cette pérégrination mystique rappelle un transport similaire d'Ezéchiel qui, depuis son exil babylonien, eut une fulgurante vision : « L'Esprit m'enleva entre la terre et le ciel; et il m'amena à Jérusalem en des visions divines... » (8; 3).

4. Animal fantastique souvent représenté dans les miniatures musulmanes sous l'aspect d'une jument ailée dotée d'une tête humaine féminine. La provenance de ce gracieux « centaure » musulman serait iranienne.

5. Le ciel le « plus proche » est le plus bas des sept. Il ombrage immédiatement le monde du visible. Il enveloppe la *Dounya*, la « vie » contenue dans la succession de la nuit et du jour, supportée par la terre.

6. El-Bokhârî, *L'Authentique Tradition musulmane*, choix de hadiths, trad., G.H. Bousquet, Sindbad, Paris, 1988. pp. 57-60.

7. Évangile selon saint Jean : 4,1.

8. *Ibid.* : 1,24.

9. Évangile selon saint Marc : 1,15.

10. Thessaloniciens : 2,12.

11. Évangile selon saint Jean : 10,1-10.

BIBLIOGRAPHIE

AL-HARAWI, *Guide des lieux de pèlerinage*, traduction annotée par Janine Sourdel-Thomine, Institut français de Damas, Damas, 1951.

BENOIST-MÉCHIN, J., *Mustapha Kémal, le loup et le léopard*, Albin Michel, Paris, 1954.
Ibn Séoud ou la Naissance d'un royaume, Albin Michel, Paris, 1955.
Un printemps arabe, Albin Michel, Paris, 1959.
Le Roi Séoud ou l'Orient à l'heure des relèves, Albin Michel, Paris, 1960.
Lawrence d'Arabie ou le Rêve fracassé, Clairefontaine, Lausanne, 1961.
Fayçal roi d'Arabie, Albin Michel, Paris, 1975.

BOUHDIBA, Abdelwahab, *La Sexualité en islam*, PUF, Paris, 1975 (réédition).

BURCKHARDT, J.L., *Travels in Arabia*, Henry Colburn, Londres, 1829.

BURTON, Richard Francis, *Personnal Narrative of a Pilgrimage to al-Madinah and Meccah*, 2 vol., Tylson and Edwards, Londres, 1893.

COLLECTIF, *Les Pèlerinages*, Seuil, Paris, 1960.
La Péninsule arabique aujourd'hui, CNRS, Paris, 1982.
La Mecque et Médine aujourd'hui, Jeune Afrique, Paris, 1980.
Pèlerinage à La Mecque, La Bibliothèque des Arts, Lausanne, 1980.

COURTELLEMONT, G., *Mon voyage à La Mecque*, A. Cadet, Paris, 1896.

DINET, Etienne, *Le Pèlerinage à la Maison sacrée d'Allah*, Hachette, Paris, 1930.

DOUGHTY, C.M., *Travels in Arabia Deserta*, Cambridge University Press, Cambridge, 1888.

DUGUET, Firmin, *Le Pèlerinage de La Mecque au point de vue religieux, social et sanitaire*, Rieder, Paris, 1932.

FEUILLET, Claude, *Le Système Saoud, après l'Iran l'Arabie?*, P.M. Favre, Lausanne, 1983.

GAUDEFROY-DEMOMBYNES, Maurice, *Le Pèlerinage à La Mekke*, Paul Geuthner, Paris, 1923.

GILIS, Charles-André, *La Doctrine initiatique du pèlerinage*, Les Editions de l'Œuvre, Paris, 1982.

HOLDEN, David & JOHNS, Richard, *La Maison des Saoud*, Ramsay, Paris, 1982.

IBN BATTOUTA, *Voyages*, 3 vol., FM La Découverte, Paris, 1982.

IBN JOBAYR, *Voyages*, 3 vol., Paul Geuthner, Paris, 1951.

IZZEDINE, Cassim, *Le Choléra et l'hygiène à La Mecque*, Paris, 1909.

JAHIZ, *Le Cadi et la mouche* (Anthologie du « Livre des Animaux »), Sindbad, Paris, 1988.

JUNG, Eugène, *La Révolte arabe*, 2 vol., Colbert ch. Bohrer, 1924.

KAMAL, Ahmed, *The Sacred Journey: Being Pilgrimage to Makkah*, Duell, Sloan and Pearce, New York, 1961.

KEANE, T.F., *Six Months in Meccah*, Tinsley Brothers, Londres, 1881. *My Journey to Medinah*, Tinsley Brothers, Londres, 1881.

KEPEL, Gilles, *Le Prophète et Pharaon*, La Découverte, Paris, 1984.

LACEY, Robert, *Le Royaume, la grande aventure de l'Arabie Séoudite, 1744-1982*, Presses de la Renaissance, Paris, 1982.

LAWRENCE, Thomas Edward, *Les Sept Piliers de la sagesse*, Payot, Paris, 1986 (réédition).

LONG, David, *The Hajj today, A survey of contemporary Makka-pilgrimage*, State University of New York Press Albany, 1979.

LOUTFI, Z.E., *La Politique sanitaire internationale*, Rosseau, Paris, 1906.

LYAUTEY, Pierre, *L'Arabie Séoudite d'aujourd'hui*, Julliard, Paris, 1967.

MONTEIL, Vincent-Mansour, *Lawrence d'Arabie, le lévrier fatal 1888-1935*, Hachette, Paris, 1987.

MOUSSA, Suleiman, *Songe et mensonge de Lawrence*, Sindbad, Paris, 1973.

MUHAMMAD ASAD (alias WEISS, Léopold), *Le Chemin de La Mecque*, Fayard, Paris, 1976.

PÉRONCEL-HUGOZ, Jean-Pierre, *Le Radeau de Mahomet*, Lieu commun, Paris, 1983.

PHILBY, H. St. John B., *Arabia of the Wahhabis*, Constable, Londres, 1928.

RODINSON, Maxime, *Mahomet*, Seuil, Paris, 1961.

ROMAIN, Jean, *Le Pèlerinage aux lieux saints de l'islam*, Baconnier, Alger, 1954.

ROUSSEL, Romain, *Le Pèlerinage à travers les siècles*, Payot, Paris, 1954.

RUTTER, Eldon, *The Holy Cities of Arabia*, 2 vol., P.G. Putnam's Sons, Londres, 1928.

SNOUCK HURGRONJE, C., *Mekka in the Later Part of the 19th Century* (trad. anglaise du néerlandais), E. J. Brill, Leyde, Luzac and Company, Londres, 1931.

TOURKI, Abdel Magid & SOUAMI, Hadj Rabah, *Récits de pèlerinage à La Mekke*, G.P. Maisonneuve et Larose, Paris, 1979.

VITRAY-MEYEROVITCH, Eva, *La Mecque, ville sainte de l'islam*, Robert Laffont, Paris, 1984.

WATT, W. Montgomery, *Mahomet à La Mecque*, Payot, Paris, 1977.
Mahomet à Médine, Payot, Paris, 1978.

WAVELL, A.J.B., *A Modern Pilgrim in Mecca*, Constable and Co., Londres, 1918.

ZADEH, H. Kazem, *Relation d'un pèlerinage à La Mecque en 1910-1911*, Ernest Leroux, Paris, 1912.

ANNEXES

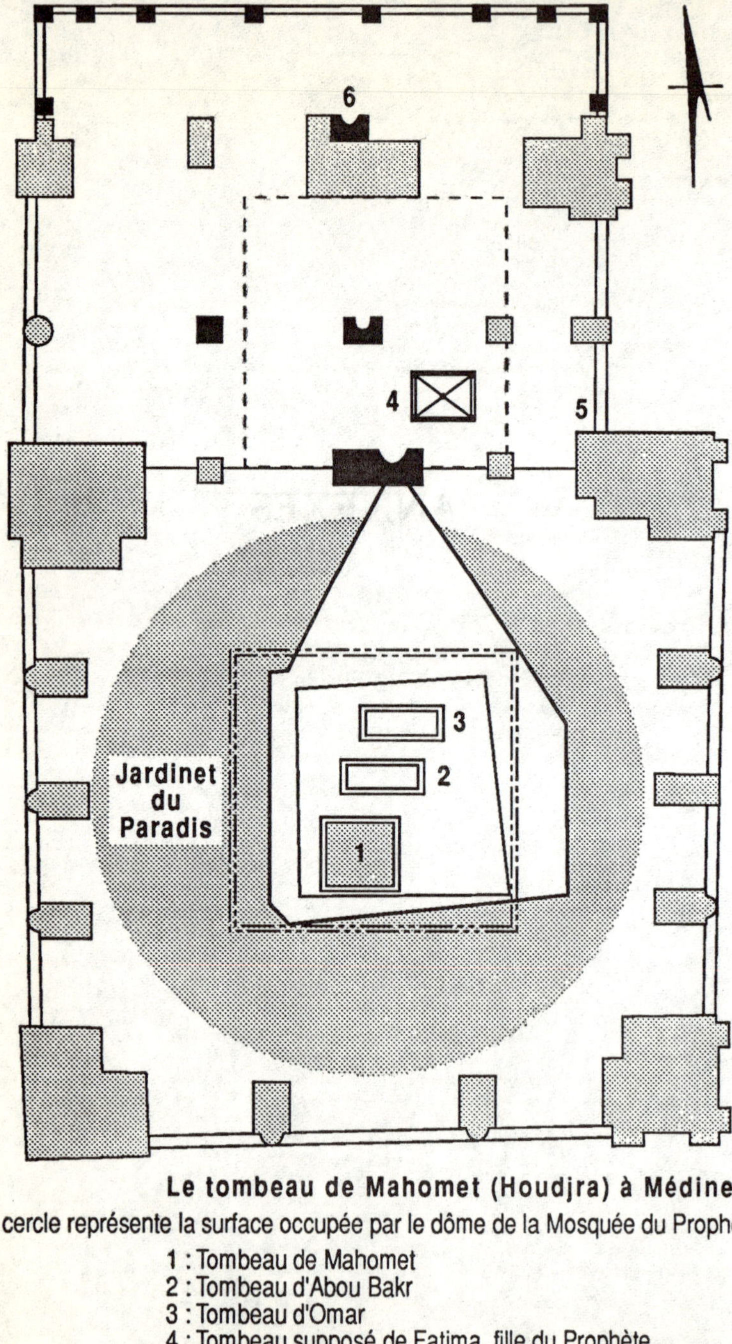

Le tombeau de Mahomet (Houdjra) à Médine

Le cercle représente la surface occupée par le dôme de la Mosquée du Prophète

1 : Tombeau de Mahomet
2 : Tombeau d'Abou Bakr
3 : Tombeau d'Omar
4 : Tombeau supposé de Fatima, fille du Prophète
5 : Porte de Gabriel
6 : Tribune des Eunuques

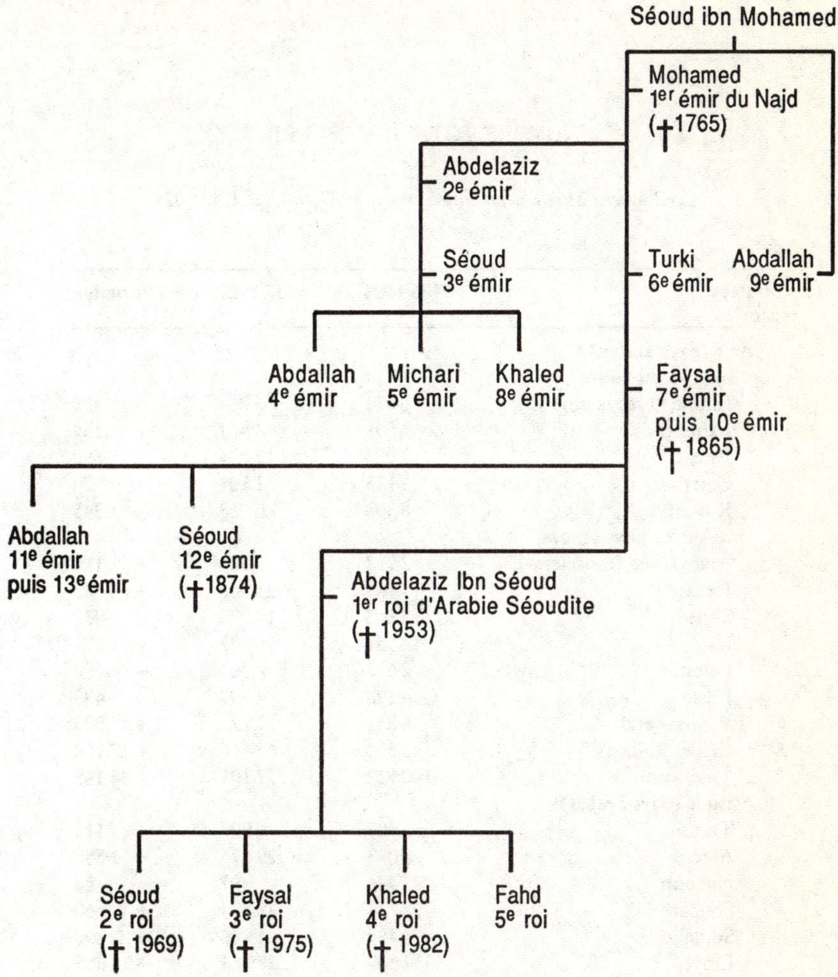

La Maison SÉOUD

NOMBRE TOTAL DE PÈLERINS
1986-1987

Source : *Saudi Economic Survey,* 1987, vol. XXI, n° 1027.

Pays	**1406/1986**	**1407/1987**	**Variation**
Asie (pays arabes)			
a) Pays du Golfe			
Émirats arabes unis	6 549	6 261	– 288
Bahrein	4 561	4 407	– 154
Oman	12 084	12 114	– 690
Qatar	1 125	1 201	+ 76
Koweït	8 308	6 963	– 1 345
b)Autres pays arabes			
Israël (avec Jérusalem-Est)	2 728	3 908	+ 1 180
Jordanie	17 165	21 748	+ 4 583
Syrie	15 803	14 972	– 831
Iraq	14 551	29 522	+ 14 971
Palestine	2 657	2 567	– 90
Liban	4 298	4 797	+ 499
Yémen (Sud)	6 852	7 225	+ 373
Yémen (Nord)	43 512	61 416	+ 17 904
Total	**140 913**	**177 101**	**+ 36 188**
Afrique (pays arabes)			
Tunisie	6 887	6 997	+ 110
Algérie	28 093	29 675	+ 1 582
Djibouti	444	497	+ 53
Soudan	28 724	28 784	+ 60
Somalie	4 487	4 886	+ 399
Libye	14 509	28 864	+ 14 355
Égypte	98 606	97 216	– 1 390
Maroc	22 912	29 334	+ 6 422
Mauritanie	1 243	1 633	+ 390
Total	**205 905**	**227 886**	**+ 21 981**
Total pays arabes	**344 090**	**401 079**	**+ 56 989**

Pays	1406/1986	1407/1987	Variation
Asie (pays non arabes)			
Afghanistan	4 603	5 430	+ 827
Indonésie	59 172	57 519	– 1 653
Iran	152 149	157 395	+ 5 246
Pakistan	92 305	93 013	+ 708
Bangladesh	13 631	17 644	+ 4 013
Brunei	2 954	3 253	+ 299
Birmanie	187	117	– 70
Thaïlande	1 685	2 405	+ 720
Turquie	54 624	96 711	+ 42 087
Maldives	461	757	+ 296
Singapour	2 873	3 090	+ 217
Sri Lanka	1 314	1 657	+ 343
Taiwan	30	160	+ 130
Chine	2 267	1 418	– 849
Philippines	1 323	1 424	+ 101
Total	**389 578**	**441 993**	**+ 52 415**
Afrique (pays non arabes)			
Éthiopie	947	901	– 46
Ouganda	188	344	+ 156
Botswana	–	21	+ 21
Burundi	3	4	+ 1
Tchad	1 720	1 310	– 410
Tanzanie	937	787	– 150
Togo	250	222	– 28
Gabon	162	142	– 20
Gambie	425	797	+ 372
Comores	347	387	+ 40
Afrique du Sud	2 498	2 329	– 169
Bénin	425	431	+ 6
Ruanda	30	10	– 20
Zimbabwe	28	32	+ 4
Zaïre	11	14	+ 3
Zambie	55	50	– 5
Côte-d'Ivoire	1 090	701	– 389
Sénégal	2 501	3 139	+ 638
Sierra Leone	30	147	+ 117
Ghana	990	1 066	+ 76
Guinée	851	1 094	+ 243
Guinée-Bissau	1	302	+ 301
Guinée-Équatoriale	–	4	+ 4
Burkina Faso	822	976	+ 154
Cameroun	1 233	1 259	+ 26
Congo	8	10	+ 2
Kenya	725	973	+ 248

Pays	**1406/1986**	**1407/1987**	**Variation**
Lesotho	1	11	+ 10
Liberia	121	75	− 46
Mali	2 092	2 167	+ 75
Madagascar	16	8	− 8
Malawi	26	10	− 16
Maurice (î.)	363	385	+ 22
Mozambique	7	7	0
Nigeria	29 899	20 737	− 9 162
Niger	1 465	868	− 597
Centrafrique	207	391	+ 184
Namibie	3	−	− 3
Seychelles	2	−	− 2
Total	**50 481**	**42 111**	**− 8 370**
Europe			
Espagne	7	10	+ 3
RFA	84	83	− 1
Irlande	14	7	− 7
Italie	6	7	+ 1
G.-B.	3 336	4 059	+ 723
Portugal	13	14	+ 1
Danemark	33	41	+ 8
Belgique	6	19	+ 13
Suède	27	31	+ 4
Suisse	15	12	− 3
France	510	807	+ 297
Finlande	1	4	+ 3
Pays-Bas	125	214	+ 89
URSS	16	17	+ 1
Yougoslavie	769	914	+ 145
Grèce	159	164	+ 5
Total	**5 150**	**6 454**	**+ 1 304**
Amérique	1 631	1 990	+ 359
Océanie	372	384	+ 12

Évolution de 1978 à 1988 du nombre de pèlerins provenant d'Israël et de Jérusalem-Est. Ces chiffres doivent être rapportés à une population musulmane de 650 000 habitants environ pour ces territoires.

1978	2 450
1979	4 350
1980	4 702
1981	3 194
1982	3 150
1983	4 019
1984	2 379
1985	2 285
1986	2 728
1987	3 908
1988	5 638

Source: Ministère israélien des Affaires religieuses, Jérusalem, janvier 1989.

Évolution sur 10 ans du nombre des pèlerins
provenant de 10 pays musulmans « sensibles »

(Nombre total des pèlerins sur dix ans, tous pays confondus : 2 537 228)

	Turquie	Iran	Nigeria	Égypte	Indonésie	Syrie	Soudan	Libye	Jordanie	Liban
1964	21 602	19 073	12 299	18 683	15 234	20 918	14 050	12 181	8 771	4371
1965	25 984	24 937	7 623	19 495	15 291	18 458	6 454	14 788	10 434	5 409
1966	39 309	35 334	8 535	10 005	16 130	19 208	20 168	18 326	7 380	4 762
1967	41 998	22 903	10 790	7 134	17 569	14 521	18 035	10 444	4 449	3 563
1968	51 055	13 642	16 177	12 413	17 062	12 814	21 649	16 565	5 179	3 901
1969	56 578	15 132	24 185	10 875	10 615	22 383	20 495	13 547	6 376	4 570
1970	13 269	48 367	35 187	11 490	14 633	42 339	14 865	11 835	10 909	6 712
1971	23 922	30 299	14 061	29 171	22 753	27 045	29 004	16 861	15 933	6 404
1972	27 235	45 298	48 981	39 606	22 659	31 777	29 506	23 774	25 819	6 715
1973	36 258	57 230	38 869	36 452	40 668	10 448	33 222	30 705	12 851	5 355
1974	106 045	57 314	51 764	89 617	68 872	31 583	42 084	30 715	19 391	9 525
Total	443 255	369 529	298 471	284 941	261 486	251 494	239 532	199 741	127 492	61 287
Population totale (en milliers)	35 563	28 668	66 174	33 329	121 198	6 098	15 312	1 880	2 317	2 787
% de musulmans par pays	90	98	75	93	90	87	82	99	90	57

Source : Ministère séoudien du Hadj et des biens religieux, Ryad, mai-juin 1975.

Crédits photographiques

Recherche iconographique CLAM!

P. 1. Ph. © BRANGER-VIOLLET.
P. 2. Ph. © M. Lounès/GAMMA.
P. 3. Ph. © M. Lounès/GAMMA.
P. 4. Ph. © Aral/SIPA.
P. 5. Ph. © M. Lounès/GAMMA.
P. 6-7. Ph. © M. Lounès/GAMMA.
P. 8, en haut. Ph. de l'auteur, D.R.
P. 8, en bas. Ph. © Arikan/SIPA.
P. 9, en haut. Ph. © DALMAS/SIPA.
P. 9, en bas. Ph. de l'auteur, D.R.
P.10. Ph. © M. Lounès/GAMMA.
P. 11. Ph. © Aral/SIPA.
P. 12. Ph. © M. Lounès/GAMMA.
P. 12-13. Ph. © M. Lounès/GAMMA.
P. 13. Ph. © Aral/SIPA.
P. 14. Ph. © Arikan/SIPA.
P. 15, en haut. Ph. © M. Lounès/GAMMA.
P. 15, en bas. Ph. © Aral/SIPA.
P. 16, en haut, Ph. © S.P.A./GAMMA.
P. 16, en bas. Ph. © Abbas/GAMMA.

TABLE

Annexes

Cet ouvrage a été réalisé par la
SOCIÉTÉ NOUVELLE FIRMIN-DIDOT
Mesnil-sur-l'Estrée
pour le compte des Éditions Hachette
en août 1990

Imprimé en France
Dépôt légal : 9536, août 1990
N° d'édition : 90102/12264 – N° d'impression : 15608
23.42.4369.03
ISBN : 2.01.013947.X
ISSN : 0768.0074

23.4369.7